REVISTA
TRIMESTRAL DE
DIREITO PÚBLICO

4/1993

Revista Trimestral de Direito Público

Órgão do

IDEPE
INSTITUTO INTERNACIONAL
DE DIREITO PÚBLICO E EMPRESARIAL

INSTITUTO DE DIREITO ADMINISTRATIVO PAULISTA
IDAP

REVISTA TRIMESTRAL DE DIREITO PÚBLICO
publicação trimestral de MALHEIROS EDITORES LTDA.
Rua Paes de Araújo, 29, cj.171
CEP 04531-940
São Paulo, SP — Brasil — Tel. 822-9205
Fax 829-2495

Assinaturas e comercialização:
CATAVENTO DISTRIBUIDORA DE LIVROS S.A.
Rua Conselheiro Ramalho, 928
CEP 01325-000
São Paulo, SP — Brasil — Tel. 289-0811
Fax 251-3756

Diretor Responsável: Álvaro Malheiros
Diretora: Suzana Fleury Malheiros
Supervisão Gráfica: Nadia Basso

Composição: GraphBox
Impressão: Gráfica e Editora FCA
(Fundação de Ciências Aplicadas)

SUMÁRIO

DOUTRINA

PERECIMENTO DO ESTADO — ***Ataliba Nogueira, 5***

CONSTITUIÇÃO E LEIS A ELA ANTERIORES — ***Paulo Brossard, 15***

DESVIO DE PODER NO CONTROLE DOS ATOS ADMINISTRATIVOS, LEGISLATIVOS E JURISDICIONAIS — ***Caio Tácito, 31***

ESTRUTURA, NATUREZA E EXPANSIVIDADE DAS NORMAS CONSTITUCIONAIS — ***Raul Machado Horta, 40***

EMPRESAS ESTATAIS E REGIME ADMINISTRATIVO (SERVIÇO PÚBLICO — INEXISTÊNCIA DE CONCESSÃO — DELEGAÇÃO — PROTEÇÃO AO INTERESSE PÚBLICO) — ***Geraldo Ataliba, 55***

"PODER" REGULAMENTAR ANTE O PRINCÍPIO DA LEGALIDADE — ***Celso Antônio Bandeira de Mello, 71***

CONDICIONAMENTOS E SACRIFÍCIOS DE DIREITOS — DISTINÇÕES — ***Carlos Ari Sundfeld, 79***

PARECERES

DESAPROPRIAÇÃO — IMISSÃO PROVISÓRIA — DEPÓSITO — ***Caio Tácito, 84***

DEMONSTRAÇÕES FINANCEIRAS — CORREÇÃO MONETÁRIA DE BALANÇOS (LEI 8.200) — ***Fábio Konder Comparato, 91***

APOSENTADORIA — REAJUSTE — ÍNDICES — ***Amauri Mascaro Nascimento, 97***

PRINCÍPIO DA LIVRE CONCORRÊNCIA — FUNÇÃO REGULAMENTAR E FUNÇÃO NORMATIVA — ***Eros Roberto Grau, 104***

LEGITIMIDADE DA "OPERAÇÃO PATRÍCIA" E O MODO DE SUA LIQUIDAÇÃO — ***Luciano Benévolo de Andrade, 130***

ESTUDOS & COMENTÁRIOS

PORTARIA, COMO ATO ADMINISTRATIVO — ***João Luiz Teixeira Neto, 149***

COMISSÃO PARLAMENTAR DE INQUÉRITO — INDICAÇÃO DE INTEGRANTES — ***Josaphat Marinho, 156***

ORGANIZAÇÃO POLICIAL INTEGRADA — ***Dalmo de Abreu Dallari, 161***

EMENDA 3/93 (À CONSTITUIÇÃO DE 1988) — *Geraldo Ataliba, 172*

A DIMENSÃO DA REVISÃO CONSTITUCIONAL — *Diógenes Gasparini, 176*

EFETIVAÇÃO DE SERVIDORES CELETISTAS E CONCURSO PÚBLICO — *Carlos Ari Sundfeld, 179*

A AVOCAÇÃO DE CAUSAS PELO SUPREMO TRIBUNAL FEDERAL — *Carlos David S. Aarão Reis, 190*

MANDADO DE SEGURANÇA E DECADÊNCIA (INCONSTITUCIONALIDADE DO ART. 18 DA LEI 1.533/51) — *Francisco Barros Dias, 195*

CONFERÊNCIAS & DEBATES

A INDEPENDÊNCIA DO PODER JUDICIÁRIO E DOS MAGISTRADOS — *José Neri da Silveira, 199*

O SUPREMO TRIBUNAL FEDERAL, CORTE CONSTITUCIONAL (UMA PROPOSTA QUE VISA A TORNAR EFETIVA A SUA MISSÃO PRECÍPUA DE GUARDA DA CONSTITUIÇÃO) — *Carlos Mário Velloso, 215*

CONTROLE DA ADMINISTRAÇÃO PÚBLICA NA CONSTITUIÇÃO DE 1988 — *Sérgio Ferraz, 239*

PROCESSO LEGISLATIVO: NATUREZA JURÍDICA E OBJETO — A LEI INJUSTA E SUA INCONSTITUCIONALIDADE SUBSTANCIAL, NO ESTADO DEMOCRÁTICO DE DIREITO — *Antonio Souza Prudente, 247*

JURISPRUDÊNCIA, 258

DOUTRINA

PERECIMENTO DO ESTADO[1]

ATALIBA NOGUEIRA
Catedrático de Teoria Geral do Estado na Faculdade de
Direito da Universidade de São Paulo (1940-1971)

Tem-se a impressão hoje de que o Estado é robusto, em plena vitalidade, talvez até eterno.

Nunca como nos nossos dias reuniu em sua inteireza os caracteres que o distinguem de qualquer outra sociedade política do passado ou do presente. Preenche satisfatoriamente a definição: *sociedade soberana surgida com a ordenação jurídica cuja finalidade é regular globalmente a vida social de determinado povo, fixo em dado território e sob um poder.*

Já na época que se dizia liberal, o grande Spencer clamava contra a ingerência excessiva do Estado na vida individual e dos grupos.[2] É que não atinou que isto mesmo constitui a tarefa do Estado.

Que diria hoje!

Por definição, o Estado é totalitário, absorvente das atividades sociais que entende passar para a sua direção, assenhoreando-se do que deseja, sejam bens ou pessoas. Não admite concorrência alguma. É soberano na extensão da palavra e regula esta ou aquela ou aqueloutra relação social ou deixa de regulá-las ao seu talante.

Se várias vezes em sua história pareceu não despótico, deve-se a circunstâncias fortuitas, como o estarem exercendo o poder pessoas tolerantes, de índole bondosa, de formação verdadeiramente cristã. Na constância da sua história, não lhe valeram para amainar o totalitarismo nem o cristianismo nem a fórmula tão maneirosa da Igreja unida ao Estado. Quantas lágrimas ela acarretou à Igreja e quanto falseamento da religião!

Pois bem, não obstante o que acabamos de salientar, há prenúncios de que o Estado tende a desaparecer.

São fatos que verificamos no Ocidente e no Oriente, na vida interna dos Estados e na internacional.

Nem são poucos nem pouco perceptíveis, pelo contrário se foram acumulando nos últimos anos e tornando-se nitidamente instituições de luta contra o Estado.

1. Lição no encerramento solene dos cursos jurídicos de 1970, no salão nobre da Faculdade de Direito, a 9.11.70. A republicação póstuma desta "aula magna" é homenagem da *RTDP* ao fundador da *RDP*. Seu conteúdo — mais atual hoje, do que quando proferida, às vésperas da aposentadoria compulsória do autor — revela a argúcia do teórico do Estado e o sentido de antevisão científica que sua observação e meditação permitiram.

2. Herbert Spencer, *The Man "versus" the State*, Londres, 1884, p. 105; do mesmo autor, *Principes de Sociologie*, t. II/223, Paris, 1876.

A fórmula do totalitarismo era: *Entre l'individu et l'État pas d'intermediaire*. Não se admite intermediário entre o indivíduo e o Estado.[3]

Tropeça hoje o Estado com numerosos grupos surgidos no seu seio. Sendo obrigado a tolerá-los, buscou fórmulas de contemporização e recorreu ao subterfúgio de reconhecê-los oficialmente — como se fora favor seu — e de regular-lhes o funcionamento. Mesmo assim, nem sempre logrou êxito e a luta com certos grupos tem sido permanente.

Analisemos alguns deles. Primeiramente os partidos políticos.

Formam-se os partidos políticos para atingir o poder e subjugar o Estado aos seus interesses, quanta vez egoísticos. No poder ou fora dele são forças atuantes. O ativismo é o seu característico. Outrora jamais o Estado tolerou tal concorrência, o que se deu apenas há pouco mais de um século. Mesmo assim, é patente a luta entre ele e os partidos políticos, pois o Estado arranja meios e modos de reobter o seu contato direto com os indivíduos.

Todas as funções sociais, busca unificá-las em suas mãos.

Os sindicatos surgiram no seio do Estado para unificar os trabalhadores. Se tomarmos o exemplo da França, vemos que o Código Penal napoleônico, sob penas graves, proibia a coligação dos trabalhadores e a legislação civil era orientada pelo axioma *pas d'intérêt pas d'action*, pelo quê os sindicatos não podiam comparecer em juízo para defesa de interesses de classe. Só cada trabalhador individualmente. Neste século, em 1913, é que os tribunais admitiram em juízo os sindicatos, mas a lei só em 1920 acolheu o que já havia firmado a jurisprudência sete anos antes.[4]

E tudo isto foi obtido mediante violência, em face da violência do Estado.

Tal força cobrou hoje o sindicato que é preciso a mais forte repressão para que ele se não contraponha ao Estado, que não quer nem pode abdicar da sua nota característica de regular globalmente as relações sociais.[5]

A CGT e outras sociedades análogas são as unificadoras de numeroso grupo de sindicatos dentro no território do Estado, o qual se arroga, todavia, ser o unificador único de toda autoridade e função. E, como tal, o único a editar o Direito e o único garantidor da liberdade e da justiça, ao seu modo, é bem de ver!

De outro lado, as federações da indústria e do comércio constituíram-se igualmente forças dentro do Estado e muitas vezes contra o Estado.

A universidade esforça-se pela sua autonomia e a sua linha de coerência leva-a a se opor ao Estado e o Estado lhe tem feito concessões, na esperança de subjugá-la de novo. É sabido que tendo sido supressa pela revolução francesa, como toda as corporações, Napoleão se recusou a restaurar a verdadeira universidade. Fundou, antes, faculdades profissionais, entre as quais as de Direito para o ensino apenas da legislação do Estado.

Voltando-nos para as associações culturais, literárias, artísticas, científicas, ve-

3. Ganshof van der Meersch, *Pouvoir de Fait et Règle de Droit dans le Fonctionnement des Institutions Politiques*, Bruxelas, Ed. Librairie Encyclopedique, 1957, pp. 37 e 59.

4. Paul Cuche, "La législation du travail et les transformations du Droit", in *La Cité Moderne et les Transformations du Droit*, Paris, Bloud & Gay, 1925, pp. 169, 177, 186, 187 e 190.

5. Ganshof van der Meersch, ob. cit., pp. 70 e ss., 81 e ss., 114 e 140. Refiro-me de preferência a este Professor de Bruxelas porque, protestando não ser totalitário, lamenta, entretanto, que o Estado esteja submergindo sob a ação desenvolta dos vários grupos sociais. Interessante aludir a um "governo invisível", p. 142, como certo professor de Harward, que se refere a "forças ocultas atuantes" (Raymond Vernon, "A empresa multinacional", in *Diálogo*, Revista publicada pela Embaixada Americana no Rio de Janeiro, III/29, n. I).

mos que se insurgem contra a ingerência nelas dos Poderes Públicos, pois deles esperam o dinheiro e nada mais.

A Igreja Católica manteve ou procurou manter a sua independência em face do poder temporal, mas, desde que surgiu o Estado, a sua atitude foi de luta aberta ou de submissão à nova forma política de absolutismo. Agora, porém, parece recobrar a sua liberdade, não admitindo a ingerência do Estado nas relações sociais que são da sua competência. E o Direito Canônico, como o de várias outras sociedades, timbra em não ser Direito do Estado.[6]

A Federação, que existe desde o nascimento dos Estados Unidos da América do Norte, é forma de Estado que reduziu a soberania do Estado. Pois tanto o Estado federal quanto os Estados federados são soberanos nas matérias da sua competência, o que significa que nenhum deles é soberano no sentido do antigo instituto jurídico característico do Estado. É, pois, mais um fato que prenuncia o perecimento do Estado. Daí a crescente ação do Estado contra a Federação.[7]

Finalmente, a nossa análise dos fatos atuais na vida do Estado encontra estupefata a realidade de que "o Estado cessou de ser o ponto máximo de referência e de unidade entre os homens e a instituição" que até há pouco lhes merecia lealdade. Na última grande guerra — recorda Balladore Pallieri — os cidadãos combateram, de uma e outra parte dos Estados beligerantes, de acordo com as suas convicções políticas e independente da posição oficial do Estado.[8] E mereceram elogios também os *maquis* e os *partigiani*.

Na Constituinte de 1946, no plenário, indagaram em aparte do discurso que proferia o Senador Luiz Carlos Prestes: se houver guerra entre o Brasil e a Rússia, de que lado ficaria? Pois não vacilou um instante em responder: jamais do lado de um Estado capitalista.

Nos derradeiros meses de governo do Presidente João Goulart, em 1964, certo jornal de São Paulo afirmou em editorial que, se o Presidente da República lançasse o Brasil em guerra contra os Estados Unidos, nós deveríamos estar com os Estados Unidos. É que, "postos diante da própria responsabilidade, escolheriam não por pertencerem ao Estado, mas de acordo com as suas convicções de outro gênero".[9]

Esboroa-se o Estado "sob os nossos olhos".

O princípio, tão tenazmente perseguido pela ordenação jurídica do Estado, de unificar nas suas mãos todas as funções sociais é solapado em sua base e no seu próprio conceito inspirador.

As ideologias são mais potentes que os Estados. Não conhecem as fronteiras que os separam. Informam as inteligências e movem as vontades para a atividade política, sem se impressionarem com a ideologia oficial do Estado. É isto que leva à guerrilha, cujo objetivo se não circunscreve ao território do Estado, pois não se contém nas suas lindes.

Estamos compendiando fatos que anunciam o perecimento do Estado. Apresentamos vários deles no mundo ocidental. No mundo não-capitalista, das simples perspectivas do futuro e conseqüentes promes-

6. No Brasil, ao tempo do Império, o Estado somente admitia o Direito Canônico quando não contrariasse o seu próprio Direito. Mera tolerância. Assim, dentre muitos outros episódios, na célebre questão religiosa, que levou dois bispos a serem condenados a dois anos de prisão com trabalhos forçados, as sentenças deixam bem claro que o único Direito é o do Estado. Revista *O Direito*, ano II, v. III/445, n. 2, Rio de Janeiro, 1874.

7. O fenômeno não é apenas brasileiro ou dos Estados Unidos da América do Norte. É universal. Chegaram a afirmar, por isso, que a Federação é mera transição para o Estado unitário, sem perceberem que, nos últimos tempos, o Estado (que é o mesmo que Estado totalitário) não tolera concorrentes.

8. G. Balladore Pallieri, *Dottrina dello Stato*, Pádua, CEDAM, 1958, p. XI.

9. Idem, ibidem.

sas, também já se vai passando para os fatos.

Na Rússia soviética, a longa experiência política em que vive equacionou o problema de se entregarem algumas das funções que hoje cabem aos organismos do Estado à competência de organizações sociais. Caminha-se, pois, para a extinção gradual do Estado.

Enveredaram primeiramente para a transferência de algumas funções ligadas às atividades culturais do povo a organizações sociais. Assim, a "União das Sociedades Esportivas" substituiu a comissão do Estado encarregada da educação física e dos esportes.[10]

Como dizem os documentos soviéticos, em medida crescente as organizações sociais ir-se-ão encarregando das questões relacionadas com a sanidade, a ordem pública e a observância das regras de convivência socialista.[11]

O futuro governo há de buscar novas formas de participação do povo na direção do Estado. Estão na senda da futura "incorporação dos trabalhadores ao trabalho cotidiano de direção do Estado".

O desenvolvimento sucessivo do espírito de iniciativa e da atividade política do povo conduzirá, na Rússia, as organizações sociais a assumirem algumas das funções executadas hoje pelos órgãos do Estado.

Tal processo de ampliação do papel e das funções das organizações sociais já está operando em nossos dias. Prepara-se por este modo a criação de condições propiciadoras da futura extinção do Estado. A finalidade é um regime social em que a sociedade possa dirigir-se sem o aparelhamento político do Estado.

Afirmam que o Estado propriamente não será *abolido*; ir-se-á extinguindo paulatinamente, até que o poder político deixe de ser necessário.

Os organismos locais e as próprias empresas vão logrando, cada vez mais, autonomia em face do Estado. Passam para organizações sociais certos aspectos da educação, saúde, esportes. É método mais eficaz, pois despertam o interesse pessoal de cada cidadão e os das próprias localidades.[12]

Aquelas funções perdem o seu caráter político e transformam-se em funções de órgãos do autogoverno social.

As primeiras medidas a respeito destas reformas foram anunciadas por Kruschev, no 22º congresso do partido comunista, na sessão de 18.10.61.[13]

Externamente: na ordem internacional, como vimos até agora na ordem interna de cada Estado, não é ele mais a sociedade dotada do poder incontrastável de querer coercitivamente e de fixar as competências.[14]

Tomemos como exemplo os dois maiores Estados do mundo. As duas maiores potências mundiais, nem elas, podem subsistir mais sozinhas. Não são auto-suficientes.

O Presidente Roosevelt afirmou que as fronteiras dos Estados Unidos da América do Norte estão em Dakar e, por isto, necessitavam àquele tempo de bases militares no Brasil e nos Açores.

10. *La URSS de Hoy y de Mañana*, Moscou, Ediciones en lenguas extranjeras, 1960, pp. 46 e 47.

11. P. Romashkin, *Fundamentos del Derecho Soviético*, sob a responsabilidade do *Instituto do Estado e do Direito*, da Academia de Ciências da URSS, Moscou, Ediciones en lenguas extranjeras, 1962, pp. 16-18.

12. *Revista de Estudios Políticos*, janeiro-fevereiro/62, Madri, Instituto de Estudios Políticos, p. 72.

13. "Documentos del XXII Congreso del partido comunista de la Unión Soviética", 17-31.10.61, in *El Camino del Comunismo*, Moscou, Ediciones en lenguas extranjeras, 1961. Contém as primeiras medidas para a passagem do socialismo ao comunismo, cf. especialmente pp. 599 e 600.

14. Herculano de Freitas, *Direito Constitucional*, Curso dado na Faculdade de Direito de São Paulo, Edição do centenário do nascimento do autor, São Paulo, 1965, p. 28.

A Rússia soviética arrosta com o maior desprestígio internacional ao manter os seus satélites pela força do seu Exército.

Cada Estado está bem distante de se bastar; necessita de outros. Ora, é isto a negação viva da velha asserção jurídica de que "o Estado é sociedade perfeita".

Até alguns decênios atrás o soberano não podia admitir agrupamentos superiores, "com interesses próprios, exigências próprias e diante dos quais deva ceder". Não obstante a resistência baseada nos velhos princípios, o Estado vai perdendo a pouco e pouco a soberania, perdendo o seu primeiro caráter histórico e jurídico e as suas demais características; vai deixando de ser Estado.

As Nações Unidas surgem em detrimento do Estado, esta é que é a verdade, pois a ordenação jurídica internacional se afastou da sua forma típica tradicional. Contam ainda com defeitos em sua estrutura, mas as linhas mestras são lançadas.

Salienta Balladore Pallieri, em seu *Diritto Internazionale Pubblico*, que, até há poucos decênios, nos casos em que os Estados "agiam no sentido de tutelar interesses gerais ou em nome de princípios mais gerais, sempre o fizeram com as mesmas formas e os mesmos limites e os mesmos meios empregados para os seus interesses privados".[15] Era o regime dos simples tratados.

A partir das Nações Unidas, porém, os Estados, com o próprio sacrifício, enveredaram para a "*organização* internacional", para uma associação que não visa a cuidar dos seus interesses particulares, nem dos interesses comuns de apenas um ou mais Estados. Visam as Nações Unidas aos interesses da comunidade maior de Estados, interesses da *organização*, desvinculados dos interesses dos Estados.

A ordenação jurídica internacional tem em vista a formação de vontade unitária. "Tal vontade não apresenta mais qualquer laço, nem ao menos indireto e de fato, com a vontade dos Estados componentes. Pelo contrário, em muitas hipóteses, têm até *o dever de prescindir* da vontade dos Estados."[16]

Analisemos as *Nações Unidas*. Já esta organização foi objeto de estudo, nesta Faculdade, pelo Prof. Marotta Rangel, Catedrático de Direito Internacional Público, em tese de concurso para livre-docência.[17]

Façamos hoje considerações de outra ordem, buscando mostrar como as Nações Unidas e outras organizações internacionais, delas oriundas, concorrem para o futuro desaparecimento do Estado.

A atividade de tais organizações separa-as dos Estados componentes, não tem em vista os interesses particulares de um ou de outro Estado, são-lhe atribuídas tarefas e, para a sua realização, poderes que Estado algum estaria disposto a reconhecer em outro Estado.[18]

Nenhum Estado acataria de outro prescrições referentes à sua política como as faz o Conselho de Segurança quando intervém em questão perigosa para a paz. A simples recomendação das Nações Unidas a um Estado é interferência nos seus negócios internos. E os inquéritos? E o envio de comissões?

Há novidade na organização e nas suas funções, sem precedente nas praxes internacionais. E novas obrigações para os Estados: fornecimento de informações, de meios financeiros, de pessoas e até de contingentes militares; obrigação de submeter-se a inquéritos e suas interferências;

15. G. Balladore Pallieri, *Diritto Internazionale Pubblico*, 8ª ed., Milão, Giuffrè, 1962, p. 505.

16. Idem, ibidem, p. 514.

17. Vicente Marotta Rangel, *Do Conflito entre a Carta das Nações Unidas e os demais Acordos Internacionais*, São Paulo, Saraiva, 1954.

18. G. Balladore Pallieri, *Diritto Internazionale Pubblico*, 8ª ed., Milão, Giuffrè, 1968, p. 531; Claude-Albert Colliard, *Institutions Internationales*, 5ª ed., Paris, Dalloz, 1970, p. 338.

reconhecer valerem em seu território certos atos; de executar ordens.[19]

Em outras organizações, como a *Comunidade Européia do Carvão e do Aço,* a *Comunidade Econômica Européia* e a *Comunidade Européia de Energia Atômica*, acentuam-se ainda mais as limitações à competência dos Estados que as criaram e patenteiam os sintomas do futuro desaparecimento do Estado, pois já funcionam em tempo suficiente para provar que substituem com vantagem aquelas pessoas de Direito Internacional, caducas para aqueles assuntos vitais.

Os seus órgãos dirigem-se diretamente aos cidadãos dos Estados-membros, às empresas, aos indivíduos que se encontrem em seu território, dando-lhes ordens, impondo-lhes tributos, sobre eles exercendo fiscalização, o que acarreta também interferência direta na sua legislação.[20]

Na hipótese de contestação sobre se tal ou qual ato é válido, o Estado não lhe pode, por sua única autoridade, recusar aplicação. Importa suscitar a questão na ordem internacional e aguardar a decisão.

É irreconhecível o antigo Direito Internacional, tais as profundas modificações nele introduzidas com a criação destas organizações.

Nos tratados do tipo antigo, os Estados, depois de discutirem todas as cláusulas do texto, as suas fórmulas, os vocábulos, as vírgulas, sabem exatamente em que posição se encontram, quais os compromissos subscritos ou recusados, o que devem e o que não devem fazer e quais as liberdades que conservam.[21]

Hoje, entretanto, uma vez assinado o tratado dessas organizações, os Estados *não sabem mais quais as conseqüências que dele se derivam* para cada qual dos Estados que o subscreveram.

Os compromissos são assumidos de tal modo que não são eles que vão dar ordens, mas uma vontade diferente, uma autoridade com competência para lhes dar ordens.[22] Reza o art. 9º da *Comunidade Européia do Carvão e do Aço*: "No cumprimento dos seus deveres, os membros da Alta Autoridade...[23] não solicitam nem aceitam instruções de nenhum governo nem de nenhum organismo... Cada Estado-membro compromete-se a respeitar este caráter supranacional e a não procurar influir nos membros da Alta Autoridade na execução de sua obrigação".

Portanto, os Estados são submetidos à autoridade pessoal de um órgão, que se apresenta separado complemente deles, portador de interesse distinto do interesse dos Estados e que, na defesa de tais interesses, pode dar ordens aos Estados e cujo conteúdo lhes é imprevisível.

Avalie-se a grande novidade. Até há pouco, o Direito Internacional estava na fase rudimentar, pois elaborava instituições de Direito Privado, instituições que diziam respeito a cada qual deles. Passou a buscar, agora, o interesse geral, para o quê recorre decididamente a fórmulas de Direito Público. Não se lhe aplicam conceitos privatistas de delegação de poderes ou outros análogos. Os seus poderes são públicos e a sua função é de natureza pública em relação aos Estados.[24]

Por exemplo, a inovação carreou para o Direito Internacional o *desvio de poder,*

19. G. Balladore Pallieri, ob. cit., p. 532; Claude-Albert Colliard, ob. cit., p. 338.
20. G. Balladore Pallieri, ob. cit., pp. 540 e 541.
21. G. Balladore Pallieri, *Problèmes Juridiques de la CECA*, Milão, Giuffrè, 1957, p. 6.
22. Idem, ibidem, p. 7.
23. Hoje, em lugar de "Alta Autoridade" diz-se: "a Comissão".
24. G. Balladore Pallieri, *Problèmes Juridiques* cit., pp. 8 e 9. Balladore Pallieri analisa a nova construção jurídica com aguda penetração. Não está sozinho, mas a maioria dos internacionalistas, erroneamente, ou recorre à impossível analogia com o Direito Privado ou à também impossível analogia com certos institutos de Direito Público interno, como faz C. A. Colliard, *Institutions Internationales* cit., p. 343. Assimila as organizações internacionais à Federação!

instituto do Direito Administrativo (art. 33) tão bem estudado pelo Prof. Cretella Júnior, em sua tese de livre-docência.[25]

Vão caindo muitas das concepções tradicionalmente aceitas.

Assim, as novas organizações internacionais a que nos referíamos, sem serem Estados nem por analogia, possuem os três chamados Poderes: Legislativo, Executivo e Judiciário. Mais uma vez verificamos o golpe profundo sofrido pelo Estado, que se mostrara incapaz de por sua ordenação jurídica reger aqueles assuntos ora confiados às organizações internacionais.

Diante de tudo quanto observamos até aqui, revelando que o Estado vai perdendo as notas que o caracterizam[26] e, pois, vai desaparecendo a pouco e pouco, enxergamos dois aspectos das novas questões que se apresentam. Primeiramente, não estamos diante de crise do Estado, somente verdadeira se os fenômenos fossem temporários, mas nos defrontamos com a morte do Estado; em segundo lugar, não divisamos o superestado a substituir a sociedade que sucumbe. O superestado seria nova edição de instituições já ultrapassadas com o Estado.[27]

Segue-se indagação ingênua: caminhamos para a anarquia, como parecem indicar os movimentos subversivos em toda parte do mundo, a generalizada insegurança dos direitos, a perversão das instituições políticas, econômicas e sociais?

Não é exato.

A tudo que apontamos acrescente-se o anacronismo do Estado onisciente, do Estado enciclopédico, na época do tecnicismo e da especialização, como ensina o douto Balladore Pallieri.[28] Sob o peso de competência que abrange tudo, sucumbe o Estado pela sua incapacidade de a tudo prover. Cumpre mal a sua tarefa, quando cumpre.

Nada de anarquia. O homem não prescinde da sociedade, a sociedade exige o Direito, o Direito exige a autoridade. Eis a *sociedade política*. Ela, sim, tem que existir sempre: a sociedade política. A forma de organizá-la, porém, varia de época para época e de lugar para lugar.[29]

Nem sempre existiu o Estado. É ele criação do Renascimento. É por isto que o des-

25. J. Cretella Júnior, *Desvio de Poder*, Ed. RT, 1964.

26. Ataliba Nogueira, *Lições de Teoria Geral do Estado*, São Paulo, Empresa Gráfica da Revista dos Tribunais, 1969, pp. 46-67.

27. A primeira vez que me feriram a atenção alguns dos fatos que patenteiam a impossibilidade do Estado de cumprir a sua missão e que demonstram perder até notas que o caracterizam, entendi que se caminhava para o *superestado* (*Lectio de Sapientia*, na Universidade Católica de Campinas, 8.3.43; "O pan-americanismo e o superestado americano", *Revista do Instituto Histórico e Geográfico Brasileiro* 195/35-41, Rio de Janeiro, 1949). Entendi que se dirigia para o governo mundial.

Posteriormente, verifiquei que jamais poderia existir o superestado, que não passaria, aliás, de Estado em grande tomo, se acaso pudesse surgir. Nem, conseqüentemente, governo mundial.

Assim, até 1961, o meu programa de ensino, no Curso de Bacharelado da Faculdade de Direito da Universidade de São Paulo, manteve um dos pontos derradeiros *O Estado e o superestado*. A partir do ano seguinte, quando refundi o programa, na terceira e última parte, rejeitei o superestado e passei a cogitar de *A superação do Estado* (1962, pontos 29, 30 e 31). Já em 1963, coloquei como terceira parte o *Perecimento do Estado* (pontos 41, 42 e 43).

Todos os programas foram impressos no início do ano respectivo.

28. G. Balladore Pallieri, *Problèmes Juridiques de la CECA* cit., p. 15.

29. Com a devida vênia dos mestres cuja opinião é contrária, não é possível confundir *sociedade e Estado*, como, aliás, eu próprio confundi nos primeiros anos de ensino (cf. o meu trabalho *O Estado é Meio e Não Fim*, 3ª ed., São Paulo, Saraiva, 1955, *passim*).

Entre as numerosas formas de sociedade estão as *sociedades políticas*. Estas, por sua vez, também assumem *formas as mais diversas*. A sociedade política é que não pode deixar de existir. Uma das suas formas é o Estado. Surgiu no Renascimento e não antes. Poderá desaparecer para dar lugar a outras formas de sociedade política.

É anacronismo denominar *Estado* às formas de sociedade política do mundo antigo. Daí a dificuldade e a divergência dos que se propõem traduzir, p. ex., o vocábulo *polis*. Para alguns é o *Estado*, para outros a *cidade*. Fustel de Coulanges, o insigne historiador, assim denominou a sua conhecida obra: *La Cité Antique*, Paris, 1864. Historiadores e juristas modernos, afeitos ao novo vocabulário do Direito Público, verificam que *polis* não é nem cidade, nem Estado, nem *Estado-cidade*, nem *cidade-Estado*.

O que se conclui do conhecimento daquela sociedade política de determinada época da Grécia antiga é que o vocábulo é intraduzível. Desde que não existe mais o que os gregos denominavam *polis*, também não temos palavra que lhe corresponda. O principal, porém, é que os característicos da *polis* não são os mesmos do *Estado*, como se verifica do cotejo das aludidas instituições políticas. Não sendo possível traduzir a palavra, havemos de empregar sempre *polis*.

Diga-se outro tanto do *tiranado*: *Reino*, *império*, *principado* etc. são formas de *governo*, não são formas de *Estado*, vocábulos que nada têm de unívocos.

Também em Roma a forma política nas várias épocas não se assimila ao Estado. Foi o Império ou, melhor, o imperialismo da cidade de Roma sobre boa parte do mundo então conhecido.

Poder-se-ia referir a palavra *status*, que se encontra no início do *Digesto*.

Mas, convém atentar bem no texto do Direito Romano (D, I, 1,2): "publicum ins est quod ad statum rei romanae spectat" (*Corpus iuris civilis*. *Digesto*, ed. Theodor Mommsen, Berolini, *apud* Weidmannos, 1905). Traduzo por esta forma: Público é o Direito que diz respeito ao *interesse* da República.

O referido texto de Ulpiano é assim traduzido por Reynaldo Porchat: "Direito Público é aquele que se refere ao Estado dos negócios romanos, isto é, do govenro da República" (*Curso Elementar de Direito Romano*, v. I/208, São Paulo, Duprat, 1907).

Bento de Faria, ao traduzir a obra de Mackeldey, assim põe em linguagem: "Público é o que diz respeito ao Estado da coisa romana (República)". F. Mackeldey, *Elementos de Direito Romano*, trad. de A. Bento de Faria, Rio de Janeiro, Jacintho Ribeiro dos Santos, 1907, Parte Geral, n. 24.

A palavra *Estado*, portanto, no Direito Romano, não se traduz por "sociedade política" e nada tem de comum com o vocábulo de hoje. Este, "quase" bem empregado por Maquiavel, somente se apresenta com todas as suas notas características nos tratados de Westfália (1648).

Assim mesmo, a generalização do uso rigoroso do conceito não foi rápida, sendo empregada a palavra, durante longo tempo, em sentido bem *diferente do que hoje significa*. No Direito português, p. ex., encontramos *Estado* da Índia, *Estado* de Goa, *Estado* do Brasil, *Estado* do Maranhão etc. Em outros Direitos Públicos da época: *Estados Gerais* dos Países Baixos.

A pulverização da sociedade política da Idade Média criou numerosas formas, nenhuma das quais apresenta as notas características do Estado.

Não enveredemos, repito, para as formas de governo: reino, império, principado etc. Não são formas de Estado. O vocabulário jurídico atual não tolera mais tais confusões. Ou então nunca construiremos a Ciência do Direito Público. Somente agora é que buscamos concertar o vocabulário, não por acordo dos especialistas, o que não ofereceria rigor, mas apenas comodidade; é por exigência da *definição* de cada instituto e o emprego rigoroso de cada vocábulo.

Já não é possível continuar-se também com a confusão entre Estado e Nação; Nação, povo, população; Estado e País; Federação e descentralização; cidadania e nacionalidade etc.

Cf. as minhas *Lições de Teoria Geral do Estado*, São Paulo, Empresa Gráfica da Revista dos Tribunais, 1969. Às pp. 41 e ss., exponho a origem do Estado.

conheceram o mundo antigo e o medieval. Ainda nos últimos tempos da Idade Média, quem poderia prever que, ao desaparecerem as formas políticas então existentes, havia de surgir em seu lugar o Estado?

Também não exite o Estado nos dias de hoje por toda parte. Há várias formas de sociedade política nesta nossa época: para nos referirmos somente às mais conhecidas — emirados, sultanados e tribos. Existem tribos nas cinco partes do mundo. Na Europa, ao norte da Suécia, Noruega e Rússia, aliás tribos nômades. Ora, ninguém dirá que são Estados. Mas são sociedades políticas.

Podemos ponderar também que se espalham por toda parte e cada vez mais as *empresas multinacionais*. É sobejamente comprovado que tais empresas entram em conflito com a soberania do Estado.

Vários dos seus aspectos foram estudados recentemente por Raymond Vernon, Professor em Harward.[30] Considera os investidores estrangeiros nos Estados em desenvolvimento e nas superpotências econômicas. O curioso é referir-se, em seu estudo, a "forças ocultas atuantes".

Vamos ater-nos às conclusões a que chega. Filia-se ao grupo dos que preconizam "uma entidade empresarial de âmbito mundial, que seria orientada e fiscalizada

30. Raymond Vernon, "A empresa multinacional", in *Diálogo*, Revista da Embaixada Americana do Rio de Janeiro, III/29-37, n. I.

por algum órgão supra-estadual". E acrescenta: "As empresas de âmbito mundial realmente parece merecerem um regime em que se sujeitam a autoridades de âmbito tão amplo quanto o seu".[31]

Outro fato que chama a atenção para a tese que sustentamos é o referente aos direitos fundamentais da pessoa humana.

É domínio hoje defeso ao Estado, ainda que ele teime em pretender impor-se como definidor e garantidor único de tais direitos.

A verdadeira vida do homem, a sua vida moral e a sua liberdade são direitos seus, unicamente porque nasceu homem. Desenvolvem-se fora de todo coletivismo e fora de toda ordenação jurídica do Estado. A circunstância de não serem sancionadas pelas normas do Estado significa que não acompanham a sorte e a mutabilidade com que se apresentam as normas estaduais.

É por isto que hoje se regressa ao compêndio de tais direitos à parte da enumeração acolhida pelas Constituições políticas. São declarações e não leis do Estado, princípios e não normas do Estado. Diante deles o Estado tem que estacar.[32]

O certo é que se caminha, neste assunto como em outros, para o âmbito internacional. Os direitos do homem já saem da esfera dos Estados.

A mais notável de todas é a *Declaração Universal dos Direitos do Homem*, adotada e promulgada pelas Nações Unidas, ainda em Paris, em 1948.[33]

No tocante aos Estados componentes daquela organização, comprometeram-se todos a assegurar em cooperação com ela o respeito universal e efetivo daqueles direitos e liberdades fundamentais.

Por último, resta-nos indagar se a nossa tese é marxista. Vamos analisá-la sob este prisma, ainda que toda a nossa demonstração só se baseasse na *história do Estado* e não na *história das idéias políticas*, pejada, como tenho dito sempre, de aberrações da inteligência humana. É de pouca serventia a *história das doutrinas políticas*.

Na verdade, Carlos Marx, ao fundamentar o materialismo histórico na realidade econômica como realidade fundamental, associa ao perecimento da sociedade capitalista a extinção do Estado.

Mas o faz em caráter hipotético. Sem dúvida, a hipótese é admitida nos métodos científicos. Importa, porém, verificar em que se baseia o cientista.

Afirma que tudo depende da realidade econômica. O mais são realidades derivadas, o Estado, o Direito, a Religião, a Arte, a Filosofia etc. Assim, ao término da sociedade capitalista, tais concepções se desenvolverão ou não, adequando-se à nova estrutura econômica. As que se não adequarem desaparecem. Entre elas menciona o Estado.[34]

Não aceitamos tal hipótese porque, bem ao contrário, a realidade fundamental é a realidade espiritual; porque, ainda, é falso que a realidade social caminha fatalmente para o comunismo,[35] porque, a final, o perecimento do Estado, que também entrevemos, é devido à sua natureza contingente, não necessária, e à sua origem empírica, histórica, não lógica. Surgiu o Estado com certa ordenação jurídica; ora, o Direito Positivo nem é imutável nem eterno.

Asseveramos que o Estado vai perecer porque os fatos da vida política interna no Oriente e no Ocidente e também da vida

31. Raymond Vernon, ob. cit., p. 37.

32. G. Balladore Pallieri, *Dottrina dello Stato*, 2ª ed., Pádua, CEDAM, p. 235.

33. Cf. a minha tradução da "Declaração Universal dos Direitos do Homem", in *Lições de Teoria Geral do Estado*, São Paulo, Empresa Gráfica da Revista dos Tribunais, pp. 136 e ss. Algumas traduções em linguagem são claudicantes, p. ex., quando confundem "ordem" e "ordenação jurídica". Ora, a *ordenação jurídica* tem por objetivo a ordem. Não é possível confundilas. E, como esta, outras imperfeições.

34. Cf. exposição sucinta nas minhas *Lições de Teoria Geral do Estado* cit., pp. 218 e ss.

35. Idem, ibidem, pp. 221 e 222.

internacional nos mostram os sintomas do seu trespasse, e não porque tal ou qual doutrina o preconize.

Para onde caminhamos? Qual será a futura forma da sociedade política?

Como já dissemos, igual previsão não foi possível no final da Idade Média e a nova forma surgiu no Renascimento. Só se previa a extinção do regime político feudal. O mais era imprevisível.

Assim também hoje. A mudança das estruturas há de ser profunda. As fronteiras dos Estados já não são mais adequadas para conter as instituições que regulem globalmente a vida social. E tais instituições hão de ser múltiplas, ao contrário do Estado, que pretende monopolizá-las.

A Religião, a Educação, a Ciência, a Economia, o trabalho, a agricultura, a indústria e o comércio, a higiene e saúde, os transportes, a segurança pública, a defesa militar, principalmente a bomba atômica e os mísseis, tudo parece que há de ser regido por setores diferentes e autônomos entre si.

Longinquamente as Nações Unidas, a Unesco, a OIT, o GATT, a CECA, o Mercado Comum, a Euraton, o Comecon dão idéia de algo do que talvez venha a ser a ordenação jurídica da sociedade política do futuro.

Aos políticos, aos estadistas, aos juristas e a outros técnicos incumbe a tarefa de inventar formas e institutos jurídicos para regerem os interesses diversos e superiores aos dos Estados.

Sejam convictos de que a tendência é para a organização pública internacional.[36 e 37]

36. G. Balladore Pallieri, "Verso l'organizzazione pública internazionale", conferência na Universidade de Nápoles, in *Jus* (publicata a cura dell'Universitá Cattolica del Sacro Cuore), Milão, Vita e Pensiero, 1961 (giugno), ano XII, fasc. II, pp. 165 e ss.; Wolfang Friedmann, *De l'Efficacité des Institutions Internationales*, Paris, Armand Colin, 1970.

37. Não se trata de sutilezas, mas de fenômeno jurídico fundamental: a época das obrigações convencionais entre os Estados vai sendo superada pela quadra da criação de instituições públicas, muito embora também estas hajam surgido de obrigações convencionais.

DOUTRINA

CONSTITUIÇÃO E LEIS A ELA ANTERIORES

PAULO BROSSARD
Ministro do Supremo Tribunal Federal

O tema não é novo, mas ainda assim dividiu o STF em julgamento recente, oito votos num sentido, três em outro — ADInconst 2 — de modo que, a despeito de não apresentar novidade, retorno a ele, com o propósito de deixar documentada a solução vitoriosa, aliás, na linha da jurisprudência da Corte.

Que efeitos acarreta o advento de uma Constituição relativamente à legislação existente, que se lhe oponha? Em tal caso, pode-se falar em inconstitucionalidade da lei antiga ou, em ocorrendo conflito entre elas, haverá sua revogação por força da lei constitucional superveniente?

Esta a questão.

Não diria um paradoxo se dissesse que a declaração da inconstitucionalidade das leis antecedeu à sua teoria. Antes que a doutrina a formulasse, Marshall desenvolveu-a em julgado imortal, Marbury *v.* Madison. Nele aparecem apenas os nomes de Blackstone e de Lord Mansfield, a propósito do *mandamus*. Nada mais. Quanto à extraordinária construção, nenhum autor é citado, nenhum precedente invocado. Como a água que brota da fonte, o raciocínio do juiz se desenvolve nítido e claro, como o traço do pintor em tela virgem, ele vai se desdobrando e impondo pela sua poderosa força lógica e pela singela transparência dos seus argumentos, cuja simplicidade é modelar. Compete ao Poder Judiciário aplicar a lei ao caso que tiver de julgar. Mas para fazê-lo é preciso saber qual a lei aplicável. Assim, em havendo duas leis em tese aplicáveis à espécie, e sendo elas contraditórias, ao Judiciário cabe verificar qual delas deve ser aplicada. Se ambas fossem da mesma hierarquia ou da mesma natureza, é claro que a lei posterior preferiria a anterior. Mas se o antagonismo se verificar entre uma lei superior, como a lei constitucional, e uma lei inferior, como a lei ordinária, é óbvio que o Judiciário afastaria esta para aplicar aquela, embora a lei ordinária fosse posterior à lei constitucional, uma vez que, neste caso, a lei posterior não revoga a anterior, por ser-lhe superior; se a revogasse, não haveria diferença entre a lei constitucional e a lei ordinária. Ou, para repetir as palavras do próprio Marshall: "Se duas leis se contrariam, aos tribunais incumbe definir-lhes o alcance respectivo. Estando uma lei em antagonismo com a Constituição, e aplicando-se à espécie a Constituição e a lei, de modo que o Tribunal tenha de resolver a lide em conformidade com a lei, desatendendo à Constituição, ou de acordo com a Constituição, rejeitando a lei, inevitável será eleger, dentre os dois preceitos opostos, o que dominará o assunto. Isto é da essência do poder judicial" ("If two laws conflict with each other the courts must decide on the operation of each. So, if a law be in opposition to the Constitution; if both the law and the Constitution apply to a particular case, so that the court must either decide that case conformably to the law, disregarding the Constitution, or conformably to the

Constitution, disregardind the law, the court must determine which of these confliting rules governs the case. This is of the very essence of judicial duty" — Marshall, *Complete Constitutional Decisions*, Ed. Dillon, 1903, pp. 33 e 34).

A idéia nuclear do raciocínio reside na superioridade da lei constitucional em relação às demais leis. A Constituição é superior às leis por ser obra do poder constituinte; ela indica os Poderes do Estado, através dos quais a Nação se governa, e ainda marca e delimita as atribuições de cada um deles.

Do Legislativo, inclusive. Tendo este a sua existência e a extensão dos seus poderes definidas na Constituição, nesta há de encontrar, com a enumeração de suas atribuições, a extensão delas. E na medida em que as exceder estará praticando atos não autorizados por ela. Procede à semelhança do mandatário que ultrapassa os poderes conferidos no mandato.

Assim, uma lei é inconstitucional se e quando o legislador dispõe sobre o que não tinha poder para fazê-lo, ou seja, quando excede os poderes a ele assinados pela Constituição, à qual todos os poderes estão sujeitos.

Diz-se que a Constituição é a Lei Maior, ou a Lei Suprema, ou a Lei Fundamental, e assim se diz porque ela é superior à lei elaborada pelo poder constituído. Não fora assim e a lei a ela contrária, obviamente posterior, revogaria a Constituição sem a observância dos preceitos constitucionais que regulam sua alteração.

Decorre daí que a lei só poderá ser inconstitucional se estiver em litígio com a Constituição sob cujo pálio agiu o legislador. A correção do ato legislativo, ou sua incompatibilidade com a lei maior, que o macula, há de ser conferida com a Constituição que delimita os poderes do Poder Legislativo que elabora a lei, e a cujo império o legislador será sujeito. E em relação a nenhuma outra.

O legislador não deve obediência à Constituição antiga, já revogada, pois ela não existe mais. Existiu, deixou de existir. Muito menos à Constituição futura, inexistente, por conseguinte, por não existir ainda.

É por esta singelíssima razão que as leis anteriores à Constituição não podem ser inconstitucionais em relação a ela, que veio a ter existência mais tarde. Se entre ambas houver inconciliabilidade, ocorrerá revogação, dado que a lei posterior revoga a lei anterior com ela incompatível, e a lei constitucional, como lei que é, revoga as leis anteriores que se lhe oponham.

Marshall extraiu esses princípios e deduziu essas conclusões da Constituição americana, que não tem uma palavra a respeito, e os enunciou com tal simplicidade, e com tamanha lógica, que não houve quem não os compreendesse. No entanto, a Europa levou mais de século para absorver, e ainda assim em parte, a teoria, que foi a grande contribuição do Direito americano ao acervo universal da Ciência Jurídica. Aos juristas europeus custava aceitar que um juiz, no exercício da sua jurisdição, pudesse dizer que um ato saído do Parlamento e revestido das formalidades extrínsecas da lei, e devidamente sancionado, não era lei e, por isso, deixava de aplicá-lo ao caso em julgamento.

Por essas razões, sempre se entendeu que as leis, porém, anteriores à Constituição não eram nem podiam ser inconstitucionais em relação à Constituição superveniente e se conflitantes seriam simplesmente revogadas pela lei constitucional posterior, como o seriam pela lei ordinária posterior. A voz dissonante foi do saudoso Min. Castro Nunes, em seu belo livro sobre o Poder Judiciário; mas ele não deixa de reconhecer que a jurisprudência do STF já então, e "de longa data", era adversa ao seu entendimento; se assim era em 1943, quando da edição do livro, e mesmo anteriormente, assim continuou a ser, como se pode ver da seguinte relação de julgados:

1952 — RE 19.656, rel. Min. Luiz Gallotti, *RT* 231/665; RE 19.887, rel. Min. Luiz Gallotti, *RT* 231/665

1974 — RE 78.984, rel. Min. Cordeiro Guerra, *RTJ* 71/291

1975 — RE 78.486, rel. Min. Rodrigues de Alckmin, *RTJ* 76/538

1977 — Repr. 946, rel. Min. Xavier de Albuquerque, *RTJ* 82/44

1979 — Repr. 1.012, rel. Min. Moreira Alves, *RTJ* 95/980; Repr. 1.016, rel. Min. Moreira Alves, *RTJ* 95/993

1980 — Repr. 765, rel. Min. Soares Muñoz, *RTJ* 98/952

1981 — Repr. 969, rel. Min. Antônio Neder, *RTJ* 99/544; RE 91.604, rel. Min. Néri da Silveira *RTJ* 116/652

1983 — RE 100.596, rel. Min. Rafael Mayer, *RTJ* 109/1.220

1986 — Repr. 1.303, rel. Min. Octávio Gallotti, *DJU* 1.8.86

1987 — Repr. 1.334, rel. Min. Carlos Madeira, *RTJ* 124/415

Na sessão de 6.2.92 o STF ultimou o julgamento da ADInconst 2/88; nela se questionava a inconstitucionalidade de lei anterior à Constituição; depois de madura deliberação, oito Ministros votaram pela impossibilidade jurídica do pedido, enquanto três deles conheciam; estava assim reconsagrada, e por expressiva maioria, a jurisprudência do Tribunal Excelso; a partir desse julgamento, foram apreciadas mais 32 ações diretas, que aguardavam a decisão na ADInconst 2.

Jurisprudência do STF

Com efeito, é nesse sentido a jurisprudência do STF.

Publicando, em 1943, a *Teoria e Prática do Poder Judiciário*, escreveu o saudoso Min. Castro Nunes: "Tem-se dito — e é essa a opinião generalizada, quer na exposição do nosso Direito Constitucional, quer na jurisprudência — que as leis preexistentes e havidas como incompatíveis com a Constituição são leis revogadas, que escapam ao tratamento da declaração da inconstitucionalidade. Tenho divergido desse entendimento assentado de longa data pelo Supremo Tribunal" (pp. 600 e 601).

"Assentado de longa data pelo Supremo Tribunal", por conseguinte, essa jurisprudência tem mais, muito mais, de meio século.

Na sucessão de acórdãos a respeito, todos coerentes e harmônicos, há uma nota discrepante. Foi no RE 17.961-SP. Nesse caso, a 2ª Turma, por maioria (2 a 1), relator o saudoso Min. Orozimbo Nonato, sem julgar o recurso, mandou que o TJSP apreciasse a espécie com observância do art. 200 da Constituição, maioria absoluta do Tribunal. Foi isto em 22.6.52.

Em outro julgado, porém, de 14.9.49, o sábio Magistrado deixou expresso: "A revogação tácita não se presume, mas somente ocorre quando as leis sucessivas mostram inconciliabilidade manifesta e palpável. Desde que ocorre possibilidade de conciliar as leis, domina o princípio da continuidade, ainda através de vários regimes políticos" (*RF* 180).

Tratava-se de conferir o Dec.-lei 431/38 com a Constituição de 1946.

De outro lado, por esse tempo, 19.6.52, em duas decisões unânimes, nos RE 19.656 e 19.887, ambos de São Paulo, relator o saudoso Min. Luiz Gallotti, a 1ª Turma manteve o fio tradicional da jurisprudência desta Corte, asseverando: "O problema da derrogação da lei por dispositivo constitucional superveniente não chega a configurar propriamente uma argüição de inconstitucionalidade de lei; basta considerar que a derrogação pela lei nova, se incompatível com a velha, se daria, quer fosse ou não de categoria constitucional a disposição superveniente" (*RT* 231/665).

E desde então não conheço decisão que discrepe dessa linha, que é de longa data a jurisprudência do STF. Mais recentemente, há diversos julgados nesse sentido.

Com efeito, aos 9.10.74, o STF, em sessão plenária, deu provimento ao RE 78.984-RJ. Seu relator foi o Min. Cordeiro Guerra. Enquanto o Min. Thompson Flores entendia que o art. 58, I, da Lei 4.881-A/65 estava revogado pela Constituição de 1967, nos termos da Lei de Introdução ao Código Civil, o relator entendia não haver dificuldade "em se aplicar aquela lei que não foi revogada", "não vejo que esteja realmente revogado o art. 58, I, da Lei 4.881-A/65". E o Min. Rodrigues de Alckmin: "não se declara inconstitucional uma norma emitida de acordo com a Constituição que vigia anteriormente" (*RTJ* 71/291-293).

A 22.8.75, a 1ª Turma do STF apreciou o RE 78.486-DF, relator o Min. Rodrigues de Alckmin. A ementa do julgado diz tudo: "Funcionário público. Diplomata. Possibilidade legal da aposentadoria compulsória em idade inferior a 70 anos, nos termos da Lei 4.415/64, que não foi revogada pela Constituição Federal em vigor" (*RTJ* 76/538).

Na Repr. 9.946-DF, relator o Min. Xavier de Albuquerque, em 12.5.77, à unanimidade, o STF reiterou a tese consagrada. Discutia-se a validade do art. 902, § 1º, da Consolidação das Leis do Trabalho, que é de 1943. Diz a ementa: "Não constituindo ato normativo — dado que o art. 902, § 1º, da CLT, que lhe atribuiu tal caráter, foi revogado pela Constituição de 1946 — não pode ser objeto de representação por inconstitucionalidade" (*RTJ* 82/44).

Sendo o relator o Min. Moreira Alves, ao julgar as Repr. 1.012 e 1.016, ambas de São Paulo, por unanimidade, decidiu esta Corte, em 20 e 27.9.79: "Em se tratando de leis anteriores à Constituição Federal vigente, não há de se cogitar — como tem entendido o STF — de inconstitucionalidade, mas, sim (e se for o caso), de revogação, matéria estranha à representação de inconstitucionalidade" (*RTJ* 95/980 e 993).

Na Repr. 765-CE, em acórdão unânime de que foi relator o Min. Soares Muñoz, em 24.4.80, assentou o Supremo: "O essencial é a contemporaneidade da decisão final com a vigência da Constituição Federal, que teria sido ofendida por lei ou ato normativo do Poder Público. E essa coincidência temporal não existe no caso" (*RTJ* 98/952).

Na Repr. 969-DF, em 21.5.81, relator o Min. Antônio Neder, em decisão unânime, afirmou o STF: "O § 1º do art. 75 da Lei 1.341, de 30.1.51 (Lei Orgânica do Ministério Público da União), e o § 1º do art. 27 da Lei 4.737, de 15.7.65 (Código Eleitoral), estão revogados pelo art. 125 da Constituição de 1946, que lhes é posterior. Portanto, não podem ser considerados inconstitucionais, nem por contrariar a citada norma constitucional, nem por contrariar o art. 94 da Constituição de 1967, com a Emenda 1. Representação de inconstitucionalidade a que o STF nega conhecimento em sessão plenária e em julgamento unânime" (*RTJ* 99/544).

A 9.12.81, em Tribunal Pleno, o STF negou provimento ao RE 91.604-BA, relator o Min. Néri da Silveira. No que importa, eis o que enuncia a ementa: "Se, dessa maneira, não mais é viável, por lei complementar, após a Emenda Constitucional 1/69, dispor sobre aposentadoria compulsória com menos de 70 anos de idade, força é reconhecer estar revogado o art. 58, I, da Lei 4.881-A/65, em face de sua incompatibilidade com o regime da Emenda Constitucional 1/69" (*RTJ* 116/652).

No RE 100.596-DF, relator o Min. Rafael Mayer, em 23.11.83, à unanimidade de votos, o STF reafirmou sua velha jurisprudência: "2. A legislação ordinária pretérita, institutiva de aposentadorias especiais, reduzindo o limite de idade para a aposentação, compulsória ou voluntária, está implicitamente revogada, a partir da vigência do texto constitucional inserto na Emenda Constitucional 1, porque com ele incompatível" (*RTJ* 109/1.220).

Em 1.6.86 o STF, em Tribunal Pleno, apreciou a Repr. 1.303-DF; o Min. Octávio Gallotti foi seu relator. No que interessa, sua ementa diz assim: "Representação de que não se conhece, em face do entendimento, já firmado pelo Supremo Tribunal, no sentido de não ter cabimento a representação, para obter-se a declaração de inconstitucionalidade de leis anteriores à Constituição vigente".

A 6.5.87 o STF julgou, e ainda por unanimidade, a Repr. 1.334-PR. Seu relator foi o Min. Carlos Madeira. Eis a ementa do acórdão: "Representação de inconstitucionalidade. A incompatibilidade entre a lei e o texto constitucional superveniente importa sua revogação. Precedentes do STF. Representação não conhecida" (*RTJ* 124/415).

Reaberto o debate após a promulgação da Constituição de 1988, o STF manteve sua orientação tradicional, depois de ouvir por miúdo todos os argumentos de ambas as correntes. Na ADInconst 2, de que foi relator o Min. Paulo Brossard, foi redigida esta ementa:

"Constituição. Lei anterior que a contrarie. Revogação. Inconstitucionalidade superveniente. Impossibilidade.

"A lei ou é constitucional ou não é lei. Lei inconstitucional é uma contradição em si. A lei é constitucional quando fiel à Constituição; inconstitucional, na medida em que a desrespeita, dispondo sobre o que lhe era vedado. O vício da inconstitucionalidade é congênito à lei e há de ser apurado em face da Constituição vigente ao tempo de sua elaboração. Lei anterior não pode ser inconstitucional em relação à Constituição superveniente; nem o legislador poderia infringir Constituição futura. A Constituição sobrevinda não torna inconstitucionais leis anteriores com ela conflitantes: revoga-as. Pelo fato de ser superior, a Constituição não deixa de produzir efeitos revogatórios. Seria ilógico que a Lei Fundamental, por ser suprema, não revogasse, ao ser promulgada, leis ordinárias. A Lei Maior valeria menos que a lei ordinária.

"Reafirmação da antiga jurisprudência do STF, mais que cinqüentenária.

"Ação direta de que se não conhece por impossibilidade jurídica do pedido."

A esta decisão seguiram-se mais 32, como já mencionado. Desta forma, desde os acórdãos relatados pelo saudoso Min. Luiz Gallotti, em 1952, decorreram mais de 40 anos; durante esse apreciável período o STF se manteve fiel à jurisprudência que assentara, "de longa data", bem antes de 1943. São verdadeiros arestos, *res perpetuo similiter judicata* (Ruy, *Obras Completas*, XXV, 1898, IV, p. 288; Macedo Soares, voto no HC 1.073, acórdão de 16.4.1898, in Rui, loc. cit., pp. 347 e 349).

Jurisprudência estadual

Mas não é apenas do STF. Do antigo Tribunal de Justiça do então Distrito Federal contam-se diversos acórdãos com igual orientação. Assim, a 2.1.47, relator o Des. Mem de Vasconcelos, reitera a doutrina consagrada, ao asseverar: "Não há falar em inconstitucionalidade de lei anterior à Constituição. Quando um dispositivo legal, anterior à Constituição, com ela conflita, opera-se a sua revogação. O problema é de intertemporalidade, não de inconstitucionalidade. Compete às Câmaras isoladas o conhecimento, a solução das questões da revogação da lei ou sua intertemporalidade" (*RF* 121/493).

Em acórdão de 17.1.47, relator o Des. Serpa Lopes, o mesmo Tribunal consagrou igual entendimento: "A inconstitucionalidade de lei ocorre quando se mostra contrária a preceito constitucional vigente ao tempo de sua promulgação. Se a prescrição constitucional em conflito com a lei ordinária é posterior a este, o que se tem é questão de Direito Intertemporal e não de inconstitucionalidade" (*RF* 112/125).

Novamente em 16.9.47, relator o Des. Sá e Benevides: "A constitucionalidade da lei somente se afere em face da Constituição vigorante à época de sua promulgação" (*RF* 125/499).

No mesmo sentido o acórdão de 21.10.59, relator o Des. Francisco Baldessarini: "A lei anterior, incompatível com a Constituição, por ela fica revogada, mas não se trata de declaração de inconstitucionalidade" (*RDA* 65/67).

Também o TJSP consagrou o entendimento tradicional. Em 26.1.49, em Tribunal Pleno, relator o Des. Mário Masagão, decidiu que: "O vício de inconstitucionalidade só pode inquinar leis posteriores à Constituição e, assim, tratando-se de lei anterior, a competência para declará-la subsistente ou não, em face de Constituição nova, é da Câmara e não do Tribunal Pleno" (*RT* 179/922 e *RF* 123/176).

Assim também o acórdão de 17.5.50: "Lei. Dispositivo anterior à Constituição Federal. Incompatibilidade com esta. Revogação. Considera-se revogado o dispositivo de lei anterior à Constituição Federal, que com esta for incompatível" (*RT* 188/853).

Da mesma forma o acórdão de 20.12.51: "Lei. Dispositivo anterior à Constituição Federal. Incompatibilidade com esta. Revogação. Considera-se revogado dispositivo de lei anterior à Constituição Federal, que com esta for incompatível" (*RT* 197/406).

Também o acórdão de 17.12.52: "Inconstitucionalidade de lei. Anterioridade desta à Constituição. Ocorrência de revogação da lei. Apreciação da matéria. Tecnicamente uma lei que seja contrária à Constituição posterior representa a revogação da primeira e não a sua inconstitucionalidade" (*RT* 208/197).

Igualmente, o acórdão de 18.5.73: "Quando a Constituição diz coisa diferente da lei ordinária anterior, dá-se a revogação desta. A partir da vigência da Constituição do Brasil de 1967 ocorreu a derrogação tácita da Lei 1.380/65, de São Bernardo do Campo" (*RT* 458/77).

Pelo exposto, não hesito em declarar que esta é a jurisprudência a respeito da tese em exame, tanto do STF como de ilustres Tribunais locais. Jurisprudência tranqüila.

Assim, se há meio século o Min. Castro Nunes podia dizer que era esse o "entendimento assentado de longa data pelo Supremo Tribunal", pode-se dizer, sem deslize, que nesse mesmo sentido tem sido a jurisprudência do STF nos 50 anos passados desde o aparecimento da *Teoria e Prática do Poder Judiciário*.

Doutrina

Contudo, esta jurisprudência não vale apenas por ser antiga e numerosa, mas por sua irretocável fundamentação teórica.

A questão foi superiormente examinada pelo arguto espírito do saudoso Min. Víctor Nunes Leal:

"11. Ainda no que respeita a leis existentes, mas que ficaram parcialmente revogadas pela Constituição, ou não se inspiram na mesma orientação doutrinária, cumpre recordar uma controvérsia doutrinária sobre o problema de vigência. No caso de colisão entre o texto constitucional e leis preexistentes, é evidente que estas não podem ser aplicadas. Mas a questão doutrinária consiste em saber se, no caso, a lei incompatível com a Constituição deve ser declarada inconstitucional, ou se apenas deve ser tida como revogada.

"O problema não é bizantino, porque a Constituição exige maioria qualificada para a declaração de inconstitucionalidade pelos tribunais (art. 200) e permite que o

Senado suspenda, no todo ou em parte, a execução de lei ou decreto declarados inconstitucionais por decisão definitiva do STF (art. 64). Se se tratar, porém, de mera revogação no caso em que a lei anterior colidir com o texto constitucional, nem se exige maioria especial para que a lei deixe de ser aplicada pelos órgãos judiciários, nem tampouco pode o Senado suspender a sua execução. Nesta hipótese, portanto, mesmo que o Supremo Tribunal dê pela colisão entre a norma legal anterior e os preceitos constitucionais, qualquer juiz poderá ulteriormente decidir que a lei continua válida por não existir a alegada incompatibilidade. É, pois, uma questão aparentemente de somenos importância, mas que tem relevantes conseqüências práticas.

"Parece-nos mais acertada a corrente que vê na incompatibilidade entre a lei anterior e a Constituição nova um simples caso de revogação e não de inconstitucionalidade. Em primeiro lugar, porque o conflito que aí se abre é tipicamente um conflito de normas no tempo: a norma anterior considera-se revogada pela promulgação da norma posterior com ela incompatível.

"Pouco importa que, na hipótese, a norma posterior não tenha apenas este caráter de norma posterior, mas seja também uma norma superior do ponto de vista hierárquico. A razão parece clara. O vício de inconstitucionalidade importa nulidade da lei. A lei que ofende a Constituição é como se não existisse, e a sua nulidade resulta da incompetência do órgão que a editou, já que o legislador ordinário não tem poder para emendar a Constituição. Mas, se a norma constitucional, com a qual a norma legal é incompatível, for posterior a esta, então não era incompetente o órgão que promulgou a norma legal, porque ao tempo de sua promulgação o legislador ordinário não exorbitara de sua competência: como a norma questionada não era incompatível com a Constituição vigente na época, não pertencia ela à competência do legislador constituinte, mas justamente à competência do legislador ordinário que a decretou.

"Nessas condições, como é possível considerar que uma lei seja válida até o momento da promulgação do novo texto constitucional e daí por diante se considere nula ou inexistente? Se nulidade houvesse, essa nulidade atingiria a lei desde o seu nascimento, e conseqüentemente deveriam ser desfeitas todas as relações jurídicas constituídas sob a sua égide. Mas tal não acontece. As relações jurídicas que se constituíram ao amparo da norma em questão até o momento de ser promulgado o novo texto constitucional com ela incompatível são plenamente válidas e subsistentes. Desse momento em diante é que a lei deixa de operar, mas não por motivo de nulidade. E sempre que uma lei opere validamente até determinado momento e daí por diante deixe de operar, em virtude da expedição de uma norma nova, o fenômeno jurídico que temos é o da revogação, pouco importando que a norma nova seja de categoria igual ou superior à da norma anterior revogada. O mesmo fenômeno se passa quando uma lei nova é incompatível com uma norma regulamentar anterior, expedida legitimamente nos limites do poder regulamentar. A norma do regulamento, no caso, não se tornou ilegal em virtude da norma legal nova, mas simplesmente foi revogada.

"As Constituições de 1934 e 1937 consagravam implicitamente essa doutrina, quando dispunham, respectivamente nos arts. 187 e 183, que continuavam 'em vigor', enquanto não revogadas, as leis que explícita ou implicitamente não contrariassem as disposições constitucionais. Semelhantes eram os termos do art. 83 da Constituição de 1891. *A contrario sensu*, portanto, as leis incompatíveis com a Constituição não continuariam em vigor, isto é, seriam tidas por ab-rogadas, já que a expressão 'em vigor' traduz um problema de vigência, um problema de conflito de leis no tempo, e não um conflito de leis de valor hierárquico diverso" (*RDA* VII/389-391).

À lição do Min. Víctor Nunes Leal se soma a do Min. Celso de Mello. Em sua obra *Constituição Federal Anotada*, doutrina o eminente Publicista:

"Lei anterior incompatível com Constituição posterior. A incompatibilidade entre uma lei anterior e uma Constituição posterior resolve-se, tecnicamente, pela revogação da lei. Nesse sentido: *RT* 179/922, 197/406, 208/197, 231/665, 188/853, 458/77. O STF tem reiteradamente proclamado que, 'em se tratando de leis anteriores à Constituição Federal vigente, não há que cogitar — como tem entendido o STF — de inconstitucionalidade, mas, sim (e se for o caso), de revogação, matéria estranha à representação de inconstitucionalidade' (*RTJ* 95/993, 95/980). A constitucionalidade, ou não, de uma lei deve ser aferida em relação à Constituição vigente à época em que essa mesma lei foi editada".

"Lei anterior incompatível com Constituição superveniente. Se a lei dada como inconstitucional é anterior à Constituição, não cabe a argüição de inconstitucionalidade, mas a simples verificação sobre se ela foi, ou não, revogada pela mesma Constituição" (*RF* 221/167). No mesmo sentido: *RTJ* 95/980, 95/993 e 99/544" (*Constituição Federal Anotada*, 1986, pp. 197 e 346).

Não falta o magistério de Pontes de Miranda: "Se com a nova Constituição forem inconciliáveis, implícita ou explicitamente, todas as regras, escritas ou não, do Direito anterior, todas elas deixarão de vigorar no instante mesmo que se iniciou a vigência da nova Constituição" (*Comentários à Constituição de 1946*, 3ª ed., t. VI/395; *Comentários à Constituição de 1967 e 69*, 2ª ed., t. III/595).

Eis a lição de Francisco Campos: "Todas as leis anteriores incompatíveis com a Constituição encontram-se tacitamente revogadas, havendo, assim, incidido em revogação constitucional o Dec.-lei 9.125, de 4.4.46" (*Direito Constitucional*, v. II/103, 1956).

Na mesma linha a lição de Washington de Barros Monteiro: "Tecnicamente, uma lei contrária à Constituição posterior representa a revogação da primeira e não da sua inconstitucionalidade" (*Direito Civil — Parte Geral*, 12ª ed., 1973, p. 29).

É o que, ainda agora, em notável monografia, assinala Gilmar Ferreira Mendes (*Controle da Constitucionalidade*, 1990, p. 336) e, não faz muito, em monografia igualmente valiosa, Marcelo Neves fazia constar (*Teoria da Inconstitucionalidade das Leis*, 1988, p. 96); anteriormente, em monografia também dedicada ao tema, Ronaldo Poletti externava igual entendimento (*Controle da Constitucionalidade das Leis*, 1985, p. 165).

Legislação preexistente

Sobrevindo uma Constituição, a legislação existente ou (*a*) com ela é compatível e continuará em vigor ou (*b*) com ela é incompatível e por ela será revogada.

No primeiro caso, a legislação continua em vigor, independente de cláusula expressa, como o fez a Constituição de 1891, em seu art. 83: "Continuam em vigor, enquanto não revogadas, as leis do antigo regime, no que explícita ou implicitamente não for contrário ao sistema de governo firmado na Constituição e aos princípios nela estabelecidos".

Esta cláusula mereceu de Ruy Barbosa o seguinte comentário: "Não havia mister de que a Constituição formalmente o declarasse, para se ver ou saber que não repudiava as leis e instituições anteriores, com ela compatíveis, ou dela complementares. Em todas as Constituições, está subentendida essa disposição" (*Comentários*, v. VI/406, 1934).

No segundo caso, em havendo incompatibilidade entre a legislação preexistente e a Constituição superveniente, quer dizer, quando a Constituição sucede à lei, não se pode falar em inconstitucionalidade desta, mas em sua revogação.

"Mesmo sem ela (a regra do art. 83), escreveu Barbalho, ficaria revogada toda a legislação avessa aos princípios e preceitos da Constituição" (*Constituição Federal Brasileira*, 1902, p. 356).

Comentando o art. 187 da Constituição de 1934, segundo o qual "continuam em vigor, enquanto não revogadas, as leis que, explícita ou implicitamente, não contrariarem as disposições desta Constituição", Pontes de Miranda fez esta observação: "À Constituição têm de amoldar-se as leis, assim as leis a serem feitas, as leis futuras, como as leis já promulgadas. Mas a noção da constitucionalidade é juridicamente, a partir do momento em que começa a ter vigor a Constituição; todo o material legislativo, que existe, considera-se revogado, no que contrariar os preceitos constitucionais".

E, mais adiante: "Quando uma lei anterior à Constituição é contrária a essa, a Constituição revogou-a a 16.7.34; quer dizer, a 16.7.34 já não incide nos fatos que ocorreram a 16.7.34 ou depois. É uma lei revogada pelo art. 187 da Constituição de 1934" (*Comentários à Constituição do Brasil*, t. II/559 e 563).

Inconstitucionalidade

A tese segundo a qual as leis anteriores à Constituição quando inconciliáveis com esta não são revogadas, mas são inconstitucionais e assim devem ser declaradas através do procedimento adequado, subverte a noção da inconstitucionalidade.

Com efeito, que vem a ser uma lei inconstitucional? A lei que contraria a Constituição. Por isto ela pode ser definida como uma lei que o Congresso fez, sem poder fazer. Por que não podia fazê-la? Porque não estava em sua competência, porque escapava de suas atribuições, competência fixada pela Constituição, atribuições por ela demarcadas. E, porque fez a lei que não podia fazer, agiu *ultra vires*, além dos seus poderes, fora de suas atribuições, ao arrepio de sua competência. Contrariando a Constituição.

Agindo assim, fora de sua competência, além de suas atribuições, o Poder Legislativo agiu como se fosse soberano, como se os seus poderes fossem ilimitados, quando eles são limitados pela Constituição, que é a lei que delimita o espaço no qual pode agir e expandir-se legalmente o Poder Legislativo.

A lei que o Poder Legislativo haja elaborado além desses limites, gizados pela Constituição, será ilegal; por ser ilegal, de lei tem apenas a aparência, pois lei não é, e não é exatamente porque o Legislativo, para fazê-la, transpôs as fronteiras de sua competência constitucional, e abusivamente fez o que não lhe era permitido fazer. Fruto ilícito de um abuso de poder ou de um procedimento ilegal, a lei nascida nessas circunstâncias tem o mesmo vício de origem; é uma "lei ilegal", ou "lei inconstitucional", expressões que se equivalem e em contradição nos seus próprios termos.

Ao ultrapassar os limites fixados pela Constituição, o Poder Legislativo passa a exercer poderes que não tem, invade uma competência que não lhe pertence, e o que fizer terá a marca desse vício fatal, "nullus est major defectus quam defectus potestatis".

Mas que Constituição será esta que limita e legitima a competência do Poder Legislativo ao fazer a lei? Não pode ser outra senão a Constituição em vigor.

A teoria da inconstitucionalidade das leis supõe uma Constituição como Lei Suprema, hierarquicamente superior às demais leis, que lhe devem fidelidade e nela encontram a origem de sua validade; supõe que os Poderes do Estado estejam sujeitos a essa lei maior, com atribuições por ela definidas e competência por ela limitada.

Por que na Grã-Bretanha não há lei inconstitucional? Porque nela o Parlamento é soberano, não sofre limitação de nenhuma lei constitucional, de modo que, não tendo limitação ao seu poder de legislar, tudo quanto ele fizer será legal. Segundo as palavras de Blackstone, "en un mot il peut faire tout ce qui n'est pas naturellement impossible" (*Commentaire sur les Lois Anglaises*, v. I/279, 1822), como transformar um homem em uma mulher e uma mulher em um homem, segundo a pitoresca e sugestiva sentença de De Lolme. Naquele país não existe Constituição no sentido do Direito continental e americano, como lei hierarquicamente superior, a limitar o poder do Poder Legislativo, ainda que a Constituição histórica e orgânica da Grã-Bretanha tenha mais rigidez e solidez que muita Constituição rígida e formal de outros países.

Se há algo que tenha a intangibilidade do dogma em matéria constitucional é a noção da inconstitucionalidade da lei, presa necessária e indissoluvelmente à existência de uma Constituição anterior, na qual o Poder Legislativo encontra o molde da sua própria existência e a medida de sua competência, a Constituição sob cujo império a "lei ilegal" foi feita, num autêntico abuso de poder do Poder Legislativo, com ou sem a sanção do Poder Executivo.

Presunção de constitucionalidade

Segundo axioma incontroverso, a lei se presume constitucional.

A lei se presume constitucional porque elaborada pelo Poder Legislativo e sancionada pelo Poder Executivo, isto é, por dois dos três Poderes, situados no mesmo plano que o Judiciário. Como este, eles têm o encargo de aplicar a Constituição nas respectivas áreas de competência, e, por conseguinte, de interpretá-la, dado que é a lei que marca e delimita os poderes e atribuições de cada um dos três Poderes.

Assim, como não ter por bom, em princípio, o entendimento constitucional adotado pelos Poderes Legislativo e Executivo? Os legisladores, como os juízes, devem obediência à Constituição, e por isso há de entender-se que eles avaliam criteriosamente a regularidade constitucional dos atos que praticam e elaboram. Outrossim, ao Presidente da República compete vetar os projetos de lei, no todo ou em parte, se entender que eles, em parte ou no todo, ofendem a Constituição; a sanção importa a concordância do Executivo com a deliberação legislativa, na ausência de mácula constitucional.

Esta a primeira razão por que a lei se presume constitucional e por que não se presume a sua inconstitucionalidade.

Do axioma, a presunção de constitucionalidade de lei, decorrem algumas conseqüências.

(1) Se a lei se presume constitucional, (2) se em caso de dúvida acerca de sua constitucionalidade decide-se em favor da lei, (3) se o conflito entre a lei e a Constituição deve ser acima de toda dúvida razoável, (4) se entre duas interpretações possíveis deve-se preferir a que torne possível conciliação entre a lei e a Constituição, (5) segue-se que somente pelo voto da maioria absoluta dos seus membros os tribunais declaram a inconstitucionalidade da lei.

Pois se a tese da inconstitucionalidade não logra obter o voto da maioria absoluta do tribunal é que o conflito alegado entre a lei e a Constituição não é manifesto, que a dúvida é razoável, e, por conseguinte, a presunção de validade deve prevalecer.

Por que a presunção?

Ora, como e por que uma lei anterior à Constituição haveria de ter por si a presunção de constitucionalidade em face de Constituição superveniente?

À clara inteligência e ao saber do Min. Castro Nunes não escaparam as incongruências que fluem da posição por ele defendida.

Assim, ele reconhece que as leis anteriores à Constituição não gozam da presunção de constitucionalidade, "sendo antes de presumi-las contrárias à nova ordem de coisas implantada pela Constituição" (ob. cit., p. 601).

É a primeira vez que se proclama que uma lei não tem em seu favor a presunção de inconstitucionalidade. E não tem porque não poderia ter, pela mais óbvia das razões. Ao ser elaborada pelo Poder Legislativo, ao receber a sanção do Poder Executivo, nenhum dos dois Poderes a conferiu, nem poderia fazê-lo, com a Constituição que, ao tempo, não existia, e só depois dessa suposta lei veio a ser promulgada.

A lei em causa teria sido contrastada, obviamente, com a Constituição vigente ao tempo de sua elaboração parlamentar e da sanção presidencial. Não poderia ser comparada com uma Constituição inexistente.

Também aqui o absurdo da conclusão se encarrega de mostrar a inaceitabilidade da tese. Haveria leis presumidamente constitucionais e leis presumidamente inconstitucionais.

Por que maioria absoluta do Tribunal?

Mas se a lei anterior à Constituição não tem por si o benefício da presunção da constitucionalidade, como não poderia ter, como exigir-se o voto da maioria absoluta do Tribunal para a declaração da suposta inconstitucionalidade, quando essa exigência não é mais que o expediente para, nos julgamentos coletivos, fazer valer praticamente as regras da Hermenêutica que o juiz singular deve levar em conta ao enfrentar a questão da alegada inconstitucionalidade?

Concessão reveladora

É tamanha a força da evidência que o laureado escritor terminou por reconhecer que: "Algumas vezes o texto constitucional repele tão explicitamente o texto legal que o caso assume as proporções de uma revogação expressa; o que impressiona em tais casos é a flagrância da incompatibilidade" (ob. cit., p. 602).

A proposição é inaceitável.

Aceitá-la importaria afirmar que, quando o conflito entre a lei velha e a Constituição nova for flagrante, tratar-se-ia de revogação; quando o antagonismo não se revelasse com a mesma evidência, tratar-se-ia de inconstitucionalidade.

O fato de a antinomia entre as duas normas não ser indubitável não exclui a sua possível revogação, nem transporta o problema do terreno da intertemporalidade para o da inconstitucionalidade. Dependendo do exame acurado entre as duas normas, o seu exegeta há de concluir pela conciliabilidade delas ou pelo seu antagonismo.

A proposição em exame faz lembrar, *mutatis mutandis*, o aforisma *interpretatio cessat in claris*, que, em verdade, envolve uma petição de princípio. Diz-se que a lei clara dispensa interpretação. Mas, que vem a ser lei clara? Quantas vezes o que é obscuro para o noviço nos estudos jurídicos não é claro para o jurista consumado, experiente e culto? A claridade de lei é variável na medida da sabedoria ou mediania do intérprete. A propósito, notou Ruy Barbosa: "*Interpretatio cessat in claris*. Seja. Mas, quem é o juiz da clareza, senão o da aplicabilidade da lei ao caso controverso? E esse exame da aplicabilidade da lei ao caso em litígio, que vem ele a ser, senão um juízo sobre a clareza dos textos? Há nada mais relativo do que a clareza? A sua transparência não variará conforme as discrepâncias da normalidade na visão intelectual do apreciador?" (*Obras Completas*, XXIII, 1896, II, p. 168).

Aliás, o mesmo problema existe quando a revogação é feita de maneira genérica — "revogam-se as disposições em contrário"

— ficando a cargo do intérprete verificar, caso a caso, o eventual conflito com lei ou leis anteriores e sua conseqüente revogação.

O caráter menos flagrante da antinomia entre a lei velha e a Constituição nova é que não poderia jamais gerar a inconstitucionalidade. Esta é sempre congênita, e nunca superveniente.

Constituição vigente

A inconstitucionalidade é uma ilegalidade em grau superlativo. "A inconstitucionalidade não é mais do que espécie — a espécie mais conspícua — da ilegalidade", conforme Pontes de Miranda (*Comentários à Constituição de 1946*, t. II/155).

Por isto, lei inconstitucional seria o mesmo que lei ilegal, ambas as expressões contraditórias consigo mesmo.

Pergunta-se, agora: como uma lei pode ser inconstitucional ou ilegal senão contrastada com a Constituição vigente ao tempo em que a lei foi elaborada? Como poderia ser inconstitucional ou ilegal em função de uma Constituição inexistente ao tempo em que foi editada?

É de uma evidência solar que a inconstitucionalidade somente pode ocorrer em relação à Lei Maior vigente, e em caso algum em relação a uma lei futura, de cujos termos e preceitos nem o legislador poderia ter ciência para poder ser-lhes obediente.

A teoria da inconstitucionalidade de lei supõe a existência de uma Constituição que delimite os poderes dos Poderes do Estado, que fixe as suas atribuições e demarque as suas competências. Se o Poder que faz a lei ultrapassa esses limites, fixados na Constituição, ele procede *ultra vires*, fora de suas atribuições legais, e por isto a lei que fizer será ilegal, quer dizer, inconstitucional.

Que Constituição? Evidentemente, a Constituição vigente ao tempo em que o Legislativo elaborar a lei, a Constituição a que está sujeito o mencionado Poder, a Constituição que define e delimita a competência desse Poder.

Não poderia ser a Constituição anterior, porque deixara de ser Constituição, para transformar-se um documento histórico, nem poderia ser em relação a uma Constituição que viesse a ser promulgada, pela simples razão de que era inexistente; o legislador não é adivinho, e quando tivesse o dom de adivinhar nada lhe autorizava descumprir a Constituição vigente para afeiçoar-se a uma lei a ser feita.

Uma lei promulgada e sancionada em 1950 não poderia ter a sua constitucionalidade questionada à luz da Constituição de 1891 ou de 1934, porque, ambas revogadas, tinham deixado de ser Constituições, da mesma forma que não poderia ter questionada a sua constitucionalidade em face da Constituição de 1967 ou da Constituição de 1988, porque nenhuma delas havia tido ingresso no mundo jurídico, mais, no próprio mundo das realidades, jurídicas e não jurídicas.

Lei de 1950 só poderia ter a sua constitucionalidade questionada em relação à Constituição de 1946, vigente ao tempo de sua elaboração.

E, se ela era perfeitamente constitucional em face da Constituição sob cujo império agiu o Poder Legislativo, ela não poderia converter-se em inconstitucional pelo advento da Constituição de 1967 ou de 1988, uma vez que a inconstitucionalidade é congênita à lei ou não existe.

Se existir, porém, conflito entre a lei de 1950 e a Constituição de 1967 ou de 1988, é claro que a lei anterior terá sido pela posterior revogada.

Leis de igual categoria

Por fim, o escritor reconhece: "Não contesto que a incompatibilidade se resolve numa revogação, o que resulta da anterioridade da norma. Mas perde-se de vista o outro elemento, a diversidade hierárquica das normas. A teoria da ab-rogação das leis supõe normas da mesma autoridade" (ob. cit., p. 603).

Da mesma autoridade ou de autoridade superior.

Alega-se que a lei constitucional não revoga a lei ordinária por ser de categoria superior a ela, e a revogação supõe leis da mesma hierarquia.

Em primeiro lugar, não há princípio segundo o qual a lei maior valha menos que a lei menor e que os efeitos da lei maior sejam menores do que os efeitos normais da lei menor.

Não se admite, obviamente, que lei inferior revogue lei superior; a recíproca, porém, não é verdadeira. E não haveria razão alguma, de ordem lógica ou de natureza jurídica, para que uma lei de hierarquia superior não pudesse revogar lei a ela inferior. De resto, a experiência é de todos os dias.

A lei complementar não é revogável por lei ordinária, mas a lei complementar revoga a lei ordinária e, por sua vez, será revogável por lei constitucional a ela superveniente.

Efeitos contraditórios

Sustentar que a Constituição superveniente não revoga a lei anterior, porque de hierarquia superior, importaria sustentar que a lei constitucional vale menos que a lei ordinária ou que a lei complementar, o que seria rematado absurdo.

Em verdade, a Constituição superveniente revoga a lei ordinária existente não por ser lei constitucional, mas por ser lei, e lei posterior, independente de sua superioridade hierárquica.

Não fora assim e a lei comum valeria mais que a lei constitucional. A lei revoga as leis a ela anteriores na medida em que dispuser de maneira contrária a elas; para se concluir que se deu a revogação basta uma operação mental; a lei constitucional, para prevalecer sobre a ordinária, com ela conflitante, teria de sujeitar-se a um processo especial, e os tribunais somente pela maioria absoluta dos seus membros poderiam proclamar a incompatibilidade.

Chegar-se-ia a este absurdo. Promulgada a Lei 5.000, diria ela, no seu artigo final: "revogadas as disposições em contrário, esta lei entrará em vigor na data de sua publicação". O juiz ou o tribunal, entendendo que a Lei 5.000 continha dispositivos inovadores em relação a lei anterior, a Lei 4.000, por suposição, deixa de aplicar esta para aplicar aquela, dado que a Lei 5.000 revogara, em todo ou em parte, a Lei 4.000. Para isto, basta o entendimento do juiz da comarca ou de Turma. Não há necessidade de levar o caso ao Tribunal Pleno a fim de, pelo voto de maioria absoluta dos seus membros, reconhecer que a Lei 4.000 foi derrogada ou revogada pela Lei 5.000.

Se em vez da Lei 5.000 se tratar de lei constitucional superveniente, a Lei Maior, a Lei Suprema, não apagaria, pela revogação, a lei menor, e não a revogaria exatamente por ser maior, por ser suprema, por ser hierarquicamente superior.

A lei constitucional teria menos força e menor eficácia do que a lei ordinária. A lei ordinária teria um efeito maior, mais direto, mais eficaz, do que a lei constitucional, o que é absurdo.

A última concessão

O saudoso Min. Castro Nunes, cuja opinião é invocada por quantos sustentam que a tisna da inconstitucionalidade se estenda à legislação anterior à Constituição, com estas reflexões encerra sua apreciação da matéria: "Dir-se-á, por aplicação das regras comuns, que a lei anterior incompatível, ainda que implicitamente, com a posterior é lei tacitamente revogada. Assim é" (ob. cit., p. 602).

Mas adianta:

"Não contesto que a incompatibilidade se resolve numa revogação, o que resulta da anterioridade da norma. Mas perde-se de vista o outro elemento, a diversidade hierárquica das normas.

"A teoria da ab-rogação das leis supõe normas da mesma autoridade. Quando se diz que a lei posterior revoga, ainda que tacitamente, a anterior, supõem-se no cotejo leis do mesmo nível. Mas se a questão está em saber se uma norma pode continuar a viger em face das regras ou princípios de uma Constituição, a solução negativa só é revogação por efeito daquela anterioridade; mas tem uma designação peculiar a esse desnível das normas, chama-se declaração de inconstitucionalidade" (ob. cit., p. 603).

O eminente Publicista foi obrigado a conceder e ceder, mas ainda resiste ao asseverar que a revogação em tais casos "tem uma designação peculiar ... chama-se declaração de inconstitucionalidade" (p. 603).

É a designação peculiar que se trata do conflito entre a Constituição anterior e a lei posterior. Quando se trata, porém, de lei anterior e Constituição posterior, incompatíveis, a questão é de Direito Intertemporal e nada mais. E, por isto, de simples revogação.

Semelhante é o entendimento de Lúcio Bittencourt: "A inconstitucionalidade da lei ... tem como conseqüência necessária ou a sua revogação, ou a sua inexistência, ou sua ineficácia. A revogação se verifica quando a lei, taxada de incompatível com a Constituição, já se achava em vigor por ocasião do advento desta. Não se trata, porém, de revogação pura e simples, como a que decorre em virtude do conflito intertemporal entre duas leis da mesma hierarquia ... a revogação é conseqüência da inconstitucionalidade" (ob. cit., p. 131).

O TJSP, em acórdão de 17.9.52, depois de aludir a acórdão de que foi relator o Des. Mário Masagão, onde foi dito que "não ocorre inconstitucionalidade de lei em sentido técnico quando se cuida de apreciar texto legal anterior à Constituição: aí se trata então de saber se o primeiro subsiste em face da segunda, ou se foi por esta revogado", enfrenta a solução defendida pelo tratadista:

"O argumento do eminente Sr. Castro Nunes é o de que a antinomia entre a lei e a Constituição, embora posterior, tem, tecnicamente, a denominação de inconstitucionalidade. Mas a esse argumento pode-se também responder que a insubsistência de uma lei anterior, diante da outra posterior, tem, tecnicamente, a denominação de revogação. Assim dispõe o art. 2º, § 1º, da Lei de Introdução ao Código Civil: lei posterior revoga a anterior quando seja ela incompatível. A Constituição atual não tem, como as anteriores, um dispositivo genérico revogando as leis com ela conflitantes (art. 83 da CF de 1891; art. 187 da CF de 1934; art. 183 da CF de 1937); mas assim o fez considerando que se trata de uma disposição inútil e, pois, dispensável, em face do princípio de ab-rogação tácita das leis (cf. Ruy Barbosa, *Trabalhos do Código Civil no Senado*, v. I/24 e nota, *Comentários à Constituição*, v. 6/406. Planiol, criticando precaução semelhante do Código Civil francês, taxou-a de inútil, acrescentando que: 'C'est parler pour ne rien dire' (*Droit Civil*, v. I, n. 228). E razões lógicas acodem em favor desta solução. É que a lei já existente na data da promulgação da Constituição não poderia contrariar esta; não poderia desconhecê-la nem violá-la, tornando-se, destarte, anticonstitucional.

"O que ocorreu com o advento da Lei Maior foi a ineficácia da lei anterior; o problema é de revogação, de aniquilamento da lei menor pela de maior graduação, diferente do problema, já mais grave, de uma lei posterior que atenta contra a Constituição, que lhe afronta a hierarquia, tornando-se inconstitucional, incorrendo por isto mesmo em nulidade, no caso concreto" (*RT* 208/198).

Efeitos "ex tunc" e "ex nunc"

A defeituosa colocação do problema leva a sucessivos absurdos e, segundo velha lição, a interpretação que leva ao absurdo deve ser recebida com reserva e, ao cabo, não deve ser acolhida.

Não é só. Segundo doutrina consagrada, é *ex tunc* o efeito da declaração de inconstitucionalidade. Porque ela é congênita à lei, ela preexiste à declaração judicial. O julgado não muda a lei, fazendo-a nula quando era válida, apenas declara o vício preexistente. A Corte verifica e anuncia a nulidade, como o joalheiro pode afirmar, depois de examiná-lo, que aquilo que se suponha ser um diamante não é diamante, mas um produto sintético. O joalheiro não fez a pasta sintética, apenas verificou que o era.

Também, a decisão judicial não muda a natureza da lei, como o joalheiro não mudou a natureza do suposto diamante.

Ela nunca foi lei, ele nunca foi diamante. Aquilo que se supunha ser um diamante e que o perito verificou ser um produto sintético não deixou de ser diamante a partir da verificação do joalheiro, mas *ab initio* não passava de produto sintético.

Também a lei inconstitucional. O Judiciário não a fez inconstitucional, apenas verificou e declarou que o era. Por isso o seu efeito é *ex tunc*.

Como poderia falar em efeito *ex tunc* da declaração de inconstitucionalidade da lei anterior à Constituição, se ele coubesse, se ele não fosse, como é, um contra-senso? Ou teria de ser *ex nunc*?

Ter-se-ia de admitir dois tipos de inconstitucionalidade, um a produzir efeitos *ex tunc*, outro a produzir efeitos *ex nunc*.

Um exemplo mostra, à evidência, esta realidade. Suponhamos que a Lei 5.000 tenha sido elaborada sob a Constituição de 1967. Ela se ajustava perfeitamente às regras constitucionais vigentes quando de sua elaboração. Sobreveio a Constituição de 1988, e entre ela e a Constituição posterior se nota irredutível antagonismo.

Se não se reconhecesse que o caso é de revogação, se se quisesse que a lei em causa, de n. 5.000, fosse inconstitucional à luz da Constituição de 1988, ter-se-ia que da data de sua promulgação até o advento da Constituição de 1988 ela era constitucional, e passaria a ser inconstitucional a partir da Constituição de 1988 e por causa desta. A mesma Lei 5.000 seria sucessivamente constitucional e inconstitucional. Mas, se ela fosse rigorosamente constitucional até 5.10.88 e tivesse se tornado inconstitucional a partir desta data, ou seja, quando promulgada a vigente Constituição, o efeito da declaração de inconstitucionalidade não poderia ser *ex tunc*, teria de ser *ex nunc*.

A posição em causa, que pretende sustentar que a lei anterior à Constituição e com ela incompatível não é revogada pela Constituição superveniente, mas é inconstitucional em relação a ela, leva a absurdos sucessivos.

Exemplo convincente

Se Ruy tinha razão em afirmar que, "em contravindo a Constituição, o ato legislativo não é lei; porque, transpondo a Constituição, o legislador exorbita do seu mandato, destrói a origem do seu poder, falseia a delegação da sua autoridade", como se pode acoimar de inconstitucional a lei, não porque tenha ofendido a Constituição sob cujo império foi ela elaborada, mas porque veio a revelar-se incompatível com a Constituição inexistente ao tempo em que foi editada, eis que a ela superveniente?

Como poderia o legislador observar Constituição inexistente no tempo em que elaborou a lei, como poderia quebrantar normas constitucionais que só mais tarde viriam a ser promulgadas?

Mesmo que o legislador fosse vidente, e tivesse a antevisão do que iria acontecer, e de antemão soubesse que uma Constituição com tais ou quais preceitos viria a ser promulgada, mesmo assim não lhe poderia obedecer, por estar sujeito aos preceitos e termos da Constituição vigente, à qual devia fidelidade, não podendo transpor os limites traçados à sua ação, visto que: "A lei tem os seus poderes confinados pela Constituição" (Ruy, *Comentários*, v. I/20, 1933).

A lei inconstitucional não é lei exatamente por contrariar a Constituição, que é a Lei das Leis.

Caso contrário, a lei que contrariasse a Constituição, em vez de ser írrita, tê-la-ia alterado e reformado sem a observância dos preceitos reguladores da sua reforma, ou seja, de maneira ilegal.

A toda evidência, o conflito de inconstitucionalidade só se dá em face da Constituição vigente.

A teoria da inconstitucionalidade supõe, sempre e necessariamente, que a legislação, sobre cuja constitucionalidade se questiona, seja posterior à Constituição. Porque tudo estará em saber se o legislador ordinário agiu dentro de sua esfera de competência ou fora dela, se era competente ou incompetente para editar a lei que tenha editado.

Quando se trata de antagonismo existente entre Constituição e lei a ela anterior, a questão é de distinta natureza; obviamente, não é de hierarquia de leis; não é, nem pode ser, exatamente porque a lei maior é posterior à lei menor e, por conseguinte, não poderia limitar a competência do Poder Legislativo, que a editou. Num caso, o problema será de Direito Constitucional, noutro, de Direito Intertemporal. Se a lei anterior é contrariada pela lei posterior, tratar-se-á de revogação, pouco importando que a lei posterior seja ordinária, complementar ou constitucional.

Em síntese, a lei posterior à Constituição, se a contrariar, será inconstitucional; a lei anterior à Constituição, se a contrariar, será por ela revogada, como aconteceria com qualquer lei que a sucedesse. Como ficou dito e vale ser repetido, num caso, o problema é de Direito Constitucional, noutro é de Direito Intertemporal.

Penso não errar se disser que, a despeito de respeitáveis opiniões em contrário, este tem sido o entendimento do STF bem como da doutrina, pela significativa maioria de seus expoentes.

Brasília, 1993.

DESVIO DE PODER NO CONTROLE DOS ATOS ADMINISTRATIVOS, LEGISLATIVOS E JURISDICIONAIS

Caio Tácito
Catedrático da Universidade do Estado do Rio de Janeiro

A teoria do desvio de poder como vício de legalidade por inobservância do fim expresso ou implícito na norma dc Direito foi elaborada e desenvolvida no plano da competência administrativa.

No presente estudo pretendemos demonstrar que, a par dessa reconhecida aplicação, é válido estendê-la aos atos legislativos e jurisdicionais.

1. Desvio de poder administrativo

A Administração Pública exerce a função que lhe é própria mediante atos administrativos com os quais a autoridade competente, fundada em norma de Direito, cuida de alcançar os resultados adequados ao interesse coletivo.

Não trata a autoridade de interesse próprio ou individual. A ação que exerce tem como endereço uma finalidade pública, que não pode descumprir.

Enquanto no ato jurídico privado as razões que inspiram o autor bem como o objetivo a ser alcançado são, via de regra, indiferentes à validade do ato, o mesmo não ocorre com o ato jurídico público, e, especialmente, com o ato administrativo.

Qualquer ato administrativo está vinculado a um fim público, ainda que a norma de competência a ele não se refira.

A manifestação de vontade do agente público terá, necessariamente, que se dirigir à observância da finalidade específica relacionada com a natureza da atividade exercida.

Se a autoridade se desvia da finalidade legal específica, o ato administrativo se torna viciado em elemento essencial à sua legalidade.

Caracteriza-se, na hipótese, o vício que se conceituou como desvio de finalidade ou desvio de poder.

A terminologia é expressiva e procura indicar, graficamente, o movimento ilícito da vontade que, descumprindo a ordem da lei, se dirige a um alvo diverso daquele que lhe é determinado.

A noção de *détournement de pouvoir* como vício de legalidade do ato administrativo foi construída na jurisprudência do Conselho de Estado da França a partir do famoso caso Lesbats, decidido em 25.2.1864 e confirmado em 7.6.1865, no qual se firmou o entendimento de que o recurso por excesso de poder compreendia o caso em que a autoridade praticasse determinado ato no uso de seus poderes legais, porém visando a fim diverso daquele previsto, explícita ou implicitamente, na regra de competência. Cuidava-se de autorização da Municipalidade para o estacionamento de veículos em praça fronteira à estação de estrada de ferro, para atender ao transporte de passageiros. Evidenciou-se, à luz da prova, que a negativa de autorização a determinado transportador (ato, em princípio, discricionário) obedecia, em realidade, ao propósito de garantir a exclusividade do serviço a outra empresa (v., sobre o teor do aresto Lesbats, Henri Welter, *Le Contrôle Jurisdictionel de la Moralité Administrative*, 1929, pp. 161-164).

A anulação de casos de monopólios velados, no tocante a estacionamento de veículos, renovou-se em outros arestos do Conselho de Estado (*arrêt* Bouchardon, 2.8.1870, e *arrêt* Ville de Cannes, c. Rabé, 8.6.17, este último objeto de comentário de Maurice Hauriou in *La Jurisprudence Administrative de 1892 à 1929*, t. II/343).

O desvio de poder é, por definição, um limite à ação discricionária, um freio ao transbordamento da competência legal além de suas fronteiras, de modo a impedir que a prática do ato administrativo, calcada no poder de agir do agente, possa dirigir-se à consecução de um fim de interesse privado, ou mesmo de outro fim público estranho à previsão legal.

Com esse sentido, o conceito se transferiu ao Direito italiano com a noção de *sviamento di potere*, adotado pelo Conselho de Estado na Itália, com fórmulas variadas, que apresentam como base o uso de uma faculdade discricionária para um fim diverso daquele para o qual foi concedida pela norma de Direito (Renato Alessi, *Sistema Istituzionale del Diritto Amministrativo Italiano*, Giuffrè, 1953, pp. 306 e ss.).

Com semelhante abrangência, o vício de legalidade em causa encontra paradigma no Direito de outros países, inclusive no peculiar sistema anglo-saxão, em que o *abuse of discretion* se fundamenta na regra de subordinação da competência ao fim legal (*subordination to scope*).

A par de levantamento amplo da recepção do conceito no Direito Comparado, tivemos oportunidade de documentar, há 40 anos, a acolhida do desvio de poder na doutrina e na jurisprudência brasileiras em tese de habilitação à livre-docência na Faculdade de Direito da Universidade do Rio de Janeiro, em 1951 ("Desvio do poder em matéria administrativa", incorporada ao livro *Direito Administrativo*, Saraiva, 1975, pp. 46-133).

Na oportunidade, destacamos que o acórdão pioneiro de 28.7.48, do TJRN, relatado pelo então Desembargador Seabra Fagundes, acolhendo a noção do desvio de finalidade (*RDA* 14/52), guardava analogia com o precedente francês do referido caso Lesbats.

Tratava-se de mandado de segurança versando o exercício do poder de polícia do trânsito por parte de autoridade estadual competente fixando horário para o tráfego intermunicipal de determinada empresa de ônibus que importava prejudicá-la em benefício de empresa concorrente. Acolhendo o voto do Relator, o Tribunal decidiu pela nulidade do ato que não atendia ao fim legal de bom funcionamento do serviço de transporte, mas objetivava outro fim estranho de favorecimento de terceiro.

A teoria do desvio de poder adquiriu renovada consagração na jurisprudência e na doutrina nacionais e alcançou definitiva afirmação na lei sobre ação popular (Lei 4.717, de 29.6.65), cujo art. 2º inscreve o desvio de finalidade entre os casos de nulidade, definindo que sua ocorrência "se verifica quando o agente pratica o ato visando a fim diverso daquele previsto, explícita ou implicitamente, na regra de competência" (alínea "e" do citado art. 2º).

Pacificamente se firmou, assim, entre nós, a acolhida do desvio de poder como forma típica de nulidade de atos administrativos.

Depõe Hely Lopes Meirelles no sentido de que "não se compreende ato administrativo sem fim público ... A finalidade do ato administrativo é aquela que a lei indica explícita ou implicitamente. Não cabe ao administrador escolher outra, ou substituir a indicada norma administrativa, ainda que ambas colimem fins públicos. Nesse particular, nada resta para escolha do administrador, que fica vinculado integralmente à vontade legislativa" (*Direito Administrativo Brasileiro*, 14ª ed., 1989, pp. 128 e 129).

2. Desvio de poder legislativo

No exercício de suas atribuições e nas matérias a eles afetas, os órgãos legislativos, em princípio, gozam de discricionariedade peculiar à função política que desempenham.

Temos, contudo, sustentado a necessidade de temperamento da latitude discricionária de ato do Poder Legislativo, ainda que fundado em competência constitucional e formalmente válido.

O princípio geral de Direito de que toda e qualquer competência discricionária tem como limite a observância da finalidade que lhe é própria, embora historicamente vinculado à atividade administrativa, também se compadece, a nosso ver, com a legitimidade da ação do legislador.

Tivemos oportunidade de sustentar, perante o STF, em duas oportunidades, a nulidade de leis estaduais em que, no término de governos vencidos nas urnas, eram criados cargos públicos em número excessivo, não reclamados pela necessidade pública, e comprometendo gravemente as finanças do Estado, tão-somente para o aproveitamento de correligionários ou de seus familiares.

Para o desfazimento dessas leis, que caracterizavam os chamados "testamentos políticos", o STF consagrou a tese da validade de novas leis que, anulando leis inconstitucionais, reconheciam o abuso pelos Poderes Legislativos estaduais da competência, em princípio discricionária, da criação de cargos públicos.

O primeiro acórdão, proferido no MS 7.243, em sessão de 20.1.69, manteve a anulação de leis do Estado do Ceará com as quais, no apagar das luzes de uma situação política derrotada, em apenas 56 dias, mediante 25 atos legislativos foram instituídos, sob a forma de criação ou transformação, 3.784 novos cargos públicos, o que equivalia a um-terço do total do funcionalismo estadual então existente, estimado em 12.000 servidores, elevando o custo mensal do pessoal a 94,24% das rendas do Estado.

Por essa forma, violava-se norma expressa da Constituição estadual, que fixava o teto de 50% para a vinculação da receita ao custeio do funcioanlismo público, e se objetivava impedir o funcionamento regular do Poder Executivo, no período do novo mandato que se ia inaugurar.

Em comentário a essa decisão, que firmou precedente memorável, destacávamos a importância da tese por ela abonada:

"A competência legislativa para criar cargos públicos visa ao interesse coletivo de eficiência e continuidade da administração. Sendo, em sua essência, uma faculdade discricionária, está, no entanto, vinculada à finalidade, que lhe é própria, não podendo ser exercida contra a conveniência geral da coletividade, com o propósito manifesto de favorecer determinado grupo político, ou tornar ingovernável o Estado, cuja administração passa, pelo voto popular, às mãos adversárias.

"Tal abandono ostensivo do fim a que se destina a atribuição constitucional configura autêntico desvio de poder (*détournement de pouvoir*), colocando-se a competência legislativa a serviço de interesses partidários, em detrimento do legítimo interesse público" (*RDA* 59/347 e 348).

A mesma situação se renovou, no Estado do Rio Grande do Norte, perante outro testamento político de um governo vencido no pleito eleitoral sucessório, em que se comprometia desmedidamente o erário, elevando a mais de 80% a despesa com o funcionalismo público.

Em decisão proferida na Repr. 512, julgada, por unanimidade, pelo Tribunal Pleno, em sessão de 7.12.62, o STF reputou legítima a anulação, pela Assembléia Legislativa, de leis inconstitucionais que compunham o testamento político em causa.

Em memorial oferecido como advogado do novo governo estadual, ponderávamos que "o desvio de poder legislativo, caracterizado no inventário político, ofende o princípio da independência e harmonia dos Poderes, além de violar a Constituição estadual".

Em acórdãos posteriores nos RE 48.655 e 50.219 (*RDA* 78/269 e 281), aplicando a orientação firmada, a Corte Suprema reafirmou a tese da anulação, pelo Poder Legislativo, de seus próprios atos inconstitucionais.

A acolhida do cabimento do desvio de finalidade como vício de inconstitucionalidade fora anteriormente abonada em outro julgado do STF em voto do Min. Orozimbo Nonato, relator do RE 18.331, que, nos termos da respectiva ementa, após recordar o conhecido axioma de que o poder de taxar não se pode extremar como poder de destruir, destaca: "É um poder cujo exercício não deve ir até o abuso, o excesso, o desvio, sendo aplicável, ainda aqui, a doutrina fecunda do *détournement de pouvoir*" (*RF* 145/146).

O excesso do poder de taxar foi igualmente repelido com respeito à lei do Estado do Rio de Janeiro que exigia taxa judiciária em termos excessivos, sem correspondência com o serviço prestado (Repr. 1.077, *RTJ* 111/55).

Comentando o sentido inovador da jurisprudência do Pretório Excelso, registra Seabra Fagundes, entre as fecundas criações pretorianas, "a extensão da teoria do desvio de poder originária e essencialmente dirigida aos procedimentos dos órgãos executivos, aos atos do poder legiferante, de maior importância num sistema de Constituição rígida, em que se comete ao Congresso a complementação do pensamento constitucional nos mais variados setores da vida social, econômica e financeira" (*RF* 151/549).

Em decisão de 31.8.67, no RMS 16.912, o tema do desvio de poder como vício especial de ato legislativo foi expressamente invocado.

Apreciando lei de organização judiciária na qual se inserira emenda em benefício de determinado serventuário, advertiu o Min. Prado Kelly: "tratava-se de reforma judiciária e a emenda representou um desvio de poder da própria legislatura".

São do mesmo Ministro as seguintes expressões: "Tenho por demonstrado que a emenda não obedeceu ao presumido escopo de interesse público e sim a uma inspiração que nem por ser equânime ou reparadora (como pareceu ao interveniente) deixa de ser particularista ou de favorecimento pessoal".

Nessa decisão plenária, o Min. Víctor Nunes Leal, após aderir à posição "de que podemos exercer controle sobre os desvios de poder da própria legislatura", convocado por interpelação do Min. Aliomar Baleeiro a declarar "se admitia um desvio de poder do Poder Legislativo fora do caso de inconstitucionalidade", não vacilou em afirmar categoricamente: "Admito" (acórdão no RMS 16.912, *RTJ* 45/530-545, especialmente pp. 536 e 537).

Em questão relativa a permissão para explorar linhas de ônibus, o STF apreciou a incidência de desvio de poder legislativo, admitindo, em tese, a aplicação do princípio (*RTJ* 47/650 e 48/165).

Em três situações o STF repeliu, por inconstitucionalidade, a aplicação de sanções administrativas com a finalidade real de constranger o contribuinte à regularidade fiscal.

Decidiu a Corte Suprema que "é inadmissível a interdição de estabelecimento ou a apreensão de mercadorias como meio coercitivo para cobrança de tributo" (Súmulas 70 e 323).

E, dilatando o princípio à inconstitucionalidade dos Decs.-leis 5 e 42, de 1937 — que restringiam indiretamente a atividade comercial de empresas em débito, impedindo-as de comprar selos ou despachar mercadoria — implicitamente configurou o abuso de poder legislativo (Súmula 547 e acórdão no RE 63.026, *RDA* 10/209).

O excesso legislativo foi invocado em acórdão do STF no RE 62.731, do qual foi relator o Min. Aliomar Baleeiro. Afirmou-se a inconstitucionalidade de decreto-lei que vedava a purgação de mora em locações. Destacou a ementa da decisão a impertinência do fundamento por se tratar de "assunto miúdo de Direito Privado" que não se incluía no conceito de segurança nacional, necessário àquela forma de processo legislativo (*RDA* 94/169).

O poder de polícia das profissões somente pode ser exercido com observância do princípio da razoabilidade, afirmou o acórdão na Repr. 930 (*apud* Gilmar Ferreira Mendes, ob. cit., p. 451).

E porque o impediemnto do exercício profissional da advocacia a juízes aposentados até dois anos após a inatividade ofendia o princípio da razoabilidade, foi declarada a inconstitucionalidade da lei que estabelecia tal interdição temporária, por violação àquele princípio (Repr. 1.054, *RTJ* 112/7).

Em parecer no qual analisamos a inconstitucionalidade de deliberação do Banco Central do Brasil determinante da indisponibilidade de contas bancárias do Estado-membro a suas empresas, enfatizávamos que "importa desvio do Poder Legislativo decreto-lei que se utilize do bloqueio de contas bancárias como meio de cobrança regressiva de aval a empréstimos externos" (*RDA* 172/239).

Em outro parecer relativo à validade da lei municipal que subordinava a permissão de funcionamento de estabelecimentos comerciais aos sábados e domingos à prévia aprovação pelos órgãos sindicais, entendíamos ocorrer violação da competência legal, a ser exercida pelo Município, como emanação do poder de polícia.

Ressaltamos que, obrigando à intervenção dos sindicatos para a obtenção de licença especial de funcionamento, o legislador teve em mira o fortalecimento do sistema sindical, invadindo órbita de competência privativa da União.

Concluímos, assim, que, "a toda evidência, a lei municipal, visando a beneficiar o movimento sindical, está maculada pelo vício de abuso do poder normativo, caracterizado como desvio de finalidade" (*RDA* 164/460).

O tema do desvio de poder legislativo foi amplamente estudado, no Direito italiano, por Livio Paladin, em ensaio sob o título "Osservazioni sulla discrezionalità e sull'eccesso di potere del legislatore ordinario" (*Rivista Trimestrale di Diritto Publico*, ano VI, 4/993-1.046, outubro-dezembro/56).

Pondera o autor que: "L'illegitimità di ogni fine, diverso da quello costituzionalmente previsto, consente logicamente di configurare, sul piano legislativo, qual vizio della causa degli atti amministrativi, che è l'eccesso di potere" ("A ilegitimidade de todo fim, diverso daquele constitucionalmente previsto, conduz logicamente a configurar-se, no plano legislativo, aquele vício de causa dos atos administrativos, que é o excesso de poder") (*Rivista* cit., p. 1.031).

A figura do desvio de poder legislativo foi, pioneiramente, sustentada por Santi

Romano, que, reconhecendo o poder discricionário do legislador, destaca, porém, o limite que se impõe em face da finalidade da competência legislativa: "ma la figura dele potere discrezionale richiede per l'appunto che di esse si faccia uso conforme alle finalità da cui il potere medesimo deriva; si ha altrimenti uno sviamento di potere, che costituisse una violazione di diritto, nel senso più proprio della parola. Son concetti questi di commune applicazione riguardo alle competenza degli organi amministrativi e non si saprebbe indicare il perchè non possono riferirsi, nella loro generalità, al Parlamento. In certi campi della sua funzione legislativa, questo non ha poteri sconfinati, ma poteri discrizionali, il che vuol dire limitate, e non altro, dall'obbligo di fare uso per dati motivi" ("mas a figura do poder discricionário reclama precisamente que dele se faça uso conforme à finalidade, da qual o próprio poder deriva: há de outra forma um desvio de poder, que constitui uma violação de direito, no sentido próprio da palavra. São conceitos estes de aplicação comum no que se refere à competência dos órgãos administrativos, e não se saberá indicar por que não parecem se referir, em sua generalidade, ao Parlamento. Em certos campos de sua competência legislativa, este não possui poderes sem fronteiras, mas poderes discricionários, importa dizer, limitados pelo menos da obrigação de fazer uso por motivos determinados") ("Osservazioni preliminari per una teoria sui limite della funzione legislativa nel Diritto italiano", publicado no *Arquivo del Diritto Pubblico*, 1902, e incluído na coletânea *Scriti Minori — Diritto Costituzionale*, v. I/199, 1950).

Não é outro o pensamento de Costantino Mortati quando adverte que "a lei poderá estar viciada de inconstitucionalidade não somente quando o interesse perseguido contrasta com aquele imposto pela Constituição, mas também nos casos em que o próprio teor da lei está em absoluta incongruência com a norma editada e o fim do interesse público a ser perseguido e o próprio legislador afirma pretender perseguir. Verifica-se, nessa última hipótese, uma modalidade de vício de legitimidade assimilável ao excesso de poder administrativo" ("la legge può risultare viziata per incostituzionalità non solo quando l'interesse perseguito contrasta con quello imposto dalla Costituzione, ma anche nei casi in cui dallo stesso tenore della legge risulti un'assoluta incongruenza fra la norma dettata ed il fine di pubblico interesse che si doveva perseguire e che lo stesso legislatore assume di volere perseguire. Si verificherebbe in quest'ultima ipotesi un'ipotesi di vizio della legittimità assimilabile a quello dell'eccesso di potere amministrativo") (verbete "Discricionalità", *Novissimo Digesto Italiano*, v. V/1.109). Entendemos, em suma, que a validade da norma de lei, ato emanado do Legislativo, igualmente se vincula à observância da finalidade contida na norma constitucional que fundamenta o poder de legislar.

O abuso de poder legislativo, quando excepcionalmente caracterizado, pelo exame dos motivos, é vício especial de inconstitucionalidade da lei, pelo divórcio entre o endereço real da norma atributiva da competência e o uso ilícito que a coloca a serviço de interesse incompatível com a sua legítima destinação.

Gilmar Ferreira Mendes dedicou capítulo especial de sua monografia sobre controle de constitucionalidade à avaliação do excesso de poder legislativo como vício substancial de inconstitucionalidade. Com apoio na doutrina alemã e na lição de Canotilho, evidencia a prevalência da vinculação do ato legislativo a uma finalidade e à aplicação do princípio da proporcionalidade como elemento da legitimidade constitucional das leis. Oferece, como exemplos, precedentes colhidos na jurisprudência do STF (*Controle de Constitucionalidade*, Saraiva, 1990, pp. 38-54).

Canotilho adverte que a lei é vinculada ao fim constitucionalmente fixado e ao princípio de razoabilidade a fundamentar "a transferência para os domínios da atividade legislativa da figura do desvio de poder dos atos administrativos" (*Direito Constitucional*, 4ª ed., 1986, p. 739).

E, mais amplamente, o mesmo autor estuda o desvio de poder legislativo diante do princípio de que "as leis estão todas positivamente vinculadas quanto a fim pela Constituição" (*Constituição Dirigente e Vinculação do Legislador*, Coimbra, 1982, p. 259).

3. Desvio de poder jurisdicional

A acolhida do desvio de poder como vício de ato jurisdicional não tem sido manifesta.

Raffaelle Resta aponta, na Itália, os estudos sobre o excesso de poder jurisdicional, que, no entanto, tendiam a se confundir com a regra da incompetência. Na palavra de Orlando, o desvio de poder (*sviamento*) seria peculiar ao ato administrativo, reservando-se ao ato jurisdicional a figura do transbordamento (*straripamento*) como modalidade de violação de lei ("La natura giuridica del'eccesso di potere come vizio degli atti amministrativi", in *Studi in Onore di Federico Cammeo*, v. II/388 — nota 2 — e 392).

Quando o juiz transcende à jurisdição, a doutrina italiana acolhe a noção francesa do *excès de pouvoir*, como modalidade de usurpação de poder, sob o rótulo de *sconfinamento*, ou seja, de ultrapassagem dos limites da lei (Renato Alessi, ob. cit., p. 305).

O excesso de poder judiciário pressupõe, em suma, a atualidade do poder do qual abusa o titular indo além de seu real escopo.

Carnellutti destaca que "o excesso é qualidade ou atitude de poder *que existe*; a incompetência é expressão do poder *que não existe*". Daí por que "*non potere* e *potere eccessivo* sono bianco e nero".

No mais completo estudo dedicado ao tema do excesso de poder judiciário ("Eccesso di potere", *Rivista di Diritto Processuale Civile* I/33 e ss., Parte I, 1920), o excelso Mestre da Universidade de Pádua identifica no abandono do fim próprio da jurisdição o elemento característico daquela espécie de vício de legalidade da conduta do juiz.

Porque o abuso de poder não é manifesto, o excesso de poder se apresenta — ainda aqui a lição de Carnellutti — como "um vício oculto do ato, não um vício aparente; é como uma doença da qual o diagnóstico não se faz diretamente, mas tão-somente pelos sintomas" (ob. cit., p. 48).

Significativamente, como ilustração da assertiva, o autor traz à colação a definição de Hauriou, pertinente ao *détournement de pouvoir*, no qual ocorre "o ato de um agente da Administração que, permanecendo fiel à letra, sai do espírito de sua função" (ob. cit., p. 48, nota 1).

Fundado na aproximação entre tais conceitos, Carnellutti propõe a revisão da *communis opinio* sobre a heterogeneidade da noção do excesso em relação à sentença e ao ato administrativo.

Invoca a profunda distinção entre a incompetência e o excesso de poder. E, como este último se caracteriza pelo "uso do poder judiciário para um fim não judiciário", conclui, enfaticamente, no sentido de que "se possa utilmente recorrer à doutrina administrativa e trazer da fecunda aplicação do conceito do *sviamento* estímulo e modo de aclarar a substancial unidade do fenômeno" (ob. cit., p. 54).

Os poderes do juiz, embora traçados na lei, certamente contêm uma dose de discricionariedade que lhe atribui, especialmente nas inovações da ordem pública perante as transformações sociais, um conteúdo criador do Direito.

Impõe-se reconhecer, conforme a lição de Cappelletti, que "na interpretação judiciária do Direito legislativo está ínsito um certo grau de criatividade". É inerente ao processo interpretativo uma certa margem de discricionariedade, que mais se exacerba quando a lei autoriza o juiz a decidir por eqüidade (Mauro Cappelletti, *Giudici Legislatori?*, Giuffrè, 1984, pp. 10-14).

A tônica da criação judiciária como técnica de fecundação da lei inspirou, em certa fase da história da Corte Suprema norte-americana, a concepção do chamado *governo dos juízes*, na ênfase da semente política que influencia o controle de constitucionalidade.

A liberdade facultada ao juiz na construção do Direito e na ponderação dos interesses em jogo não se pode afastar, porém, do *princípio da proporcionalidade*, como lembra Egas Moniz de Aragão, sob o pálio da doutrina alemã ("Medidas cautelares inominadas", *Revista Universitaria de Derecho Procesal*, Madri, 1990, p. 505).

A esse propósito, o ilustre Mestre da Universidade do Paraná invoca expressiva decisão do Tribunal de Alçada do Estado no MS 91/87.

Tratava-se de litígio em que se pretendia a revisão dos encargos financeiros em contrato garantido com títulos de crédito.

Obteve o devedor medida cautelar suspensiva do protesto e da execução dos títulos de responsabilidade dos sócios e das empresas do grupo econômico até que fosse solvida a revisão contratual do valor da dívida.

A decisão concessiva da segurança invoca a lição de Larenz no sentido da necessidade de "determinar onde se situa o limite da satisfação lícita de um interesse à custa de outro interesse também digno de tutela".

Entendeu-se que a suspensão ou inibição do direito do credor era, no caso, medida excessiva, podendo a tutela dos interesses dos devedores ser alcançada paralelamente mediante a revisão judicial do contrato.

Pondera o voto vencedor que "não se explica bem por que o interesse legítimo do credor há de ceder perante interesse do devedor que, nas circunstâncias do caso, não se releva de valor superior".

Daí a conclusão do acórdão, dando provimento ao apelo, sob o fundamento de que "a medida geral de inibição ou de suspensão do direito do credor se revela, assim, desproporcionada" (*Paraná Judiciário-PJ* 25/175 e 176).

A opção, em princípio válida, por medida judicial mais severa torna-se ilícita na medida em que excede à finalidade da competência do juiz.

É o modelo do desvio de poder jurisdicional, ainda que sem o batismo terminológico.

Egas Moniz de Aragão (ob. cit., pp. 506 e 520) lembra, a propósito da hipótese, a analogia com o preceito do art. 620 do CPC, segundo o qual "quando por vários meios o credor puder promover a execução, o juiz mandará que se faça pelo modo menos gravoso para o devedor".

A questão da razoabilidade nos atos jurisdicionais foi, igualmente, aflorada em decisão do STF na ADInconst 223, conforme o voto do relator designado para o acórdão, Min. Sepúlveda Pertence.

Questionava-se o cabimento da Medida Provisória 173, que vedava a concessão de medidas liminares em mandado de segurança e procedimentos cautelares.

O relator, Min. Paulo Brossard, acompanhado pelo Min. Celso de Mello, concedia a liminar suspensiva, porém a maioria da Corte acompanhou o voto denegatório do relator designado.

Acentuando a específica natureza das medidas liminares — que não antecipam juízo de mérito, mas tão-somente visam a garantir a eficácia futura da prestação judicial — destaca o voto vencedor a tendência reinante "ao abuso das virtualidades da tutela cautelar inicial ... que traz consigo o risco do constrangimento precipitado, porque derivando essencialmente de uma cognição incompleta, a eventuais direitos da parte contrária àquela a quem se defere a medida cautelar".

Lembra que a outorga do provimento cautelar nem sempre se mantém no caráter meramente conservativo, freqüentemente "altera a situação de fato e, não raras vezes, consiste na antecipação do provimento definitivo".

À luz da reserva indispensável, para que não se torne excessiva a medida cautelar, além do requisito essencial da real existência de *periculum in mora*, optou pelo indeferimento da liminar.

Nesse passo mereceu a adesão dos demais Ministros, desde o apoio do Min. Sydney Sanches, convencido da adequação, na matéria, de "certa dose de razoabilidade", como à observação do Min. Octávio Gallotti de que a concessão generosa de medidas liminares poderá conduzir a "uma inversão do risco" para inviabilidade de sentença denegatória do mandado de segurança.

Certamente, com o deferimento imoderado de medidas liminares ou cautelares, além de sua definida finalidade, estará o juiz excedendo ao escopo próprio da jurisdição, importa dizer, incidirá em vício que se identifica, substancialmente, com a natureza do desvio do poder. A competência jurisdicional estará, em tese, presente, mas seu emprego abusivo atingirá alvo diverso que não se coaduna com o conteúdo do poder exercido.

Na literatura nacional somente encontramos um exemplo expresso da ocorrência possível de desvio de poder no exercício da função jurisdicional.

Celso Antônio Bandeira de Mello descreve situação concreta em que, a seu juízo, poder-se-á evidenciar aquele específico vício de legalidade: "Se em Câmara de um Tribunal determinado juiz mudar seu voto, passando a acompanhar os dois outros, e o fizer deixando explícito que tal mudança é procedida com o fito de, gerando unanimidade, impedir a interposição de embargos de divergência, terá se patenteado o desvio de poder, corrigível jurisdicionalmente" ("O desvio de poder", *RDA* 172/17 e 18; v. *Discricionariedade e Controle Jurisdicional*, Malheiros Editores, 1992, p. 77).

4. Conclusão

Concluindo, temos que o *détournement de pouvoir*, assim como se universalizou no Direito Administrativo Comparado, com a exportação do modelo francês ao Direito dos demais países, também merece ser estendido ao controle de atos típicos do Legislativo ou Judiciário, a título de modalidade de excesso de poder pela violação da finalidade prevista ou implícita da norma de Direito.

A matéria de fato, em tais casos, será de aferição mais difícil. A questão de direito está, porém, presente pelo princípio da necessária razoabilidade no exercício da competência constitucional ou legal, por mais discricionária que se possa entender sua latitude. A finalidade é elemento permanente e de vinculação da conduta do agente administrativo, como do legislador ou do juiz.

ESTRUTURA, NATUREZA E EXPANSIVIDADE DAS NORMAS CONSTITUCIONAIS

RAUL MACHADO HORTA
Catedrático de Direito Constitucional da Faculdade de Direito da Universidade Federal de Minas Gerais

1. Estrutura, validez e vigência

O termo "estrutura", como já se observou, apesar de seu difundido emprego na linguagem científica, não dispõe de sentido unívoco.[1] A estrutura é uma ordenação reveladora do modo de ser dos elementos que a integram. O conhecimento da estrutura da norma jurídica, de modo geral, e da norma jurídica constitucional, de modo especial, permite fixar as características, as formas e as modalidades com que a norma se apresenta no ordenamento jurídico. A fixação das características da norma jurídica é tema introdutório ao conhecimento da norma constitucional. A norma jurídica distingue-se por duas propriedades fundamentais: a validez e a vigência. A validez, ensina Legaz Lacambra,[2] pertence à essência do Direito, e a vigência é qualidade extraída da experiência. Validez é a exigibilidade da norma. A vigência exprime a obediência dispensada à norma jurídica. Hans Kelsen, substituindo a vigência pela eficácia, torna mais nítida a distinção entre as duas categorias. Validez do Direito, diz Kelsen,[3] significa dizer que as normas jurídicas são vinculantes e todos devem comportar-se de acordo com as prescrições da norma, obedecendo e aplicando as normas jurídicas. Eficácia do Direito envolve outro plano da norma jurídica. É o do comportamento efetivo em face da norma jurídica aplicada e do correlato acatamento que ela impõe. A validez é uma qualidade do Direito e a eficácia decorre do comportamento efetivo em relação à norma jurídica. A coincidência entre a vigência e a obediência às normas caracteriza a efetividade do ordenamento jurídico.

Na perspectiva abrangente da teoria tridimensional do Direito, Miguel Reale[4] demonstrou que não é possível separar vigência e eficácia. Não há problema de vigência que não se refira à eficácia, nem desta que possa abstrair totalmente daquela, ensina o eminente Catedrático de Filosofia do Direito da Faculdade de Direito da Universidade de São Paulo. A vigência, diz Miguel Reale, é problema complexo e profundo, que não se restringe ao seu aspecto técnico-jurídico. A vigência põe e exige a certeza do Direito, enquanto a eficácia projeta a norma no grupo humano a que ela se destina.

1. Enrico Spagna Musso, *Diritto Costituzionale*, v. I/22, CEDAM, 1976.

2. *Filosofía del Derecho*, Barcelona, Bosch, 1953, p. 246.

3. *Teoria Generale del Diritto e dello Stato*, Milão, Edizioni di Comunità, 1952, p. 39.

4. *Filosofia do Direito*, v. 1, t. II/510, 520 e 521, São Paulo, Saraiva, 1953.

2. *Natureza da norma constitucional*

Podendo dispor de validez, de vigência e de eficácia, as normas jurídicas não se comportam igualmente dentro do ordenamento jurídico. Na exaustiva classificação de García Maynez,[5] as normas jurídicas se diferenciam pelo âmbito material e pessoal de validez, a hierarquia, a forma, as relações de complementação, a vontade das partes e as sanções. Há normas preceptivas e normas proibitivas, normas taxativas e normas dispositivas, normas constitucionais e normas ordinárias, normas primárias e normas secundárias. No domínio da Constituição, interessa particularizar a natureza da norma constitucional, que delimita o campo desta análise. A norma constitucional é a norma primária do ordenamento jurídico, ocupando o lugar mais elevado na pirâmide do sistema jurídico. A norma constitucional é a norma fundamental que ocupa o vértice do ordenamento jurídico. A posição hierarquicamente suprema da norma constitucional desencadeia a sanção da inconstitucionalidade, quando se verificar o conflito entre a norma fundamental e primária e as normas ordinárias e secundárias. Sendo inquestionável a validez da norma constitucional, fonte primária do ordenamento jurídico, questionou-se, doutrinariamente, a eficácia da norma constitucional, com o objetivo de diferenciar a intensidade do comando que brota da Constituição.

Rui Barbosa,[6] que nos legou a imperecível interpretação da Constituição de 1891, fixou conceitos de oportuna aplicação para o esclarecimento conceitual da estrutura da norma constitucional. Dizia Rui que as Constituições não têm o caráter analítico das codificações legislativas. Partindo do pressuposto da brevidade constitucional, ensinava o nosso maior constitucionalista que as Constituições "são largas sínteses, sumas de princípios gerais, onde, por via de regra, só se encontra o *substractum* de cada instituição nas suas normas dominantes, a estrutura de cada uma, reduzida, as mais das vezes, a uma característica, a uma indicação, a um traço". Proclamando que as cláusulas constitucionais são regras imperativas e não meros conselhos, avisos ou lições, Rui, louvando-se na doutrina constitucional norte-americana, distinguia as disposições auto-executáveis ou auto-aplicáveis e as disposições constitucionais não auto-aplicáveis, que requerem a complementação do legislador, em cada caso. A lição de Rui vinculava-se à distinção da jurisprudência norte-americana sobre as duas categorias das normas constitucionais: as prescrições mandatórias (*mandatory provisions*) e as prescrições diretórias (*directory provisions*).

3. *Normas programáticas*

A separação entre normas constitucionais auto-aplicáveis e normas não auto-aplicáveis, considerando a eficácia da norma constitucional, é o antecedente da moderna concepção das normas constitucionais programáticas. Analisando a Constituição no seu conjunto, nela distinguiremos as normas de realização imediata — as normas de organização, as normas de competência, as normas declaratórias de direitos e de deveres — e as normas de princípio, diretivas ou programáticas, que, sem embargo de sua obrigatoriedade, reclamam atividade legislativa ulterior, para esgotar o comando normativo. A passagem da Constituição clássica dos séculos XVIII e XIX, cuja matéria praticamente se exauria na organização dos Poderes do Estado e na Declaração dos Direitos e Garantias Individuais, para a Constituição moderna, que ampliou o conteúdo da matéria constitucional, coincide, também, com a expansão das normas programáticas no documento consti-

5. *Introducción al Estudio del Derecho*, México, Editorial Porrúa, 1951, pp. 74 e 75.

6. *Comentários à Constituição Federal Brasileira*, coligidos e ordenados por Homero Pires, v. II/477 e ss., Livraria Acadêmica, 1933.

tucional. Jorge Miranda[7] descreveu a mutação constitucional a que ora aludimos, assinalando que, "nas Constituições liberais do século XIX, as normas substantivas são quase todas normas orgânicas e as normas de fundo circunscrevem-se aos direitos, liberdades e garantias. Dominam, portanto, as normas preceptivas. Nas Constituições Sociais, Socializantes ou Socialistas do século XX, as normas de fundo, bem como as normas de garantia, dilatam-se muitíssimo e passam a prever direitos sociais e a organização econômica. Deparam-se então, com maior ou menor equilíbrio com as normas preceptivas, os problemas postos pelas normas programáticas". A norma programática, na análise de Jorge Miranda, confere "elasticidade ao ordenamento constitucional", permitindo a atualização sucessiva da Constituição, de modo a acomodá-la às tendências da vontade popular, projetada periodicamente na composição do Poder Legislativo, responsável pela concretização da norma programática. Na sua elaboração originária pelo constituinte, a norma programática se apresenta como portadora de princípio constitucional. A Constituição encerra uma pluralidade de princípios, como se vê na classificação de José Joaquim Gomes Canotilho:[8] princípios jurídicos fundamentais, princípios políticos constitucionalmente conformadores, princípios constitucionais impositivos, princípios-garantia, princípios estruturantes, princípios concretos. Os princípios constitucionais, de modo geral, na lição coincidente de Luis Sanchez Agesta[9] e Alessandro Pizzorusso,[10] são fontes do Direito. A eficácia irradiante dos princípios, notadamente dos princípios fundamentais, foi assinalada por Costantino Mortati,[11] na sua função de supremo critério interpretativo das disposições constitucionais, quando o princípio adquire o relevo de supernorma. Como princípio constitucional, a norma programática configura a *Constituição Compromissória*, a qual, como o termo indica, é a resultante dos compromissos entre correntes políticas plurais, não homogêneas e freqüentemente antagônicas, que atuam no quadro pluralista da Assembléia Constituinte dos regimes democráticos. A natureza da norma programática, sua densidade e obrigatoriedade imediata têm suscitado largo e rico debate doutrinário. Perfilhando a concepção da unidade sistemática da Constituição e o entendimento de que todas as normas constitucionais são dotadas de eficácia vinculativa imediata, Gomes Canotilho repele a identificação da norma programática a mera intenção declaratória, para convertê-las em "simples programas", em "exortações morais", em "apelos ao legislador", sustentando que, sob tal aspecto comprometedor da eficácia vinculante e imediata, "não há normas constitucionais programáticas". Vezio Crisafulli,[12] que ofereceu contribuição fundamental para o estudo das *disposizioni di principio* na Constituição, afirma a incompatibilidade da distinção fundada na existência de normas de eficácia programática ou diretiva e normas de eficácia obrigatória, pois toda norma constitucional é sempre obrigatória, constituindo essa inerente obrigatoriedade da norma uma exigência da Constituição rígida. A separação entre normas constitucionais obrigatórias e normas constitucionais meramente diretórias mutilaria a Constituição, suprimindo dela

7. *Manual de Direito Constitucional*, v. I, t. II/535, Coimbra Editora, 1981.

8. *Direito Constitucional*, 3ª ed., Coimbra, Livraria Almedina, 1983, pp. 200 e 203; idem, *Direito Constitucional*, v. II/11 e 12, Coimbra, Livraria Almedina, 1981.

9. *Sistema Político de la Constitución Española de 1978*, 4ª ed., Editorial Revista de Derecho Privado, 1985, p. 100.

10. *Lecciones de Derecho Constitucional*, v. I/103, Madri, Centro de Estudios Constitucionales, 1984.

11. In *Commentario della Costituzione e cura di Giuseppe Branca — Principi Fondamentali*, Bolonha, Zanichelli Editore, 1975, p. 2.

12. *La Costituzione e le sue Disposizioni di Principio*, Giuffrè Editore, Milão, 1952, pp. 12 e 19.

uma parte essencial. José Afonso da Silva,[13] em valiosa contribuição doutrinária, na qual distingue as três categorias das normas constitucionais — eficácia plena, eficácia contida e eficácia limitada ou reduzida — sob o ângulo de sua aplicabilidade, igualmente reconhece a eficácia plena e a aplicabilidade imediata da maioria das normas constitucionais.

A aplicabilidade imediata da norma programática, que a doutrina contemporânea proclama — afastando-se, neste particular, da orientação jurisprudencial da Corte de Cassação da Itália sobre a ineficácia jurídica da parte dogmática do texto constitucional, no seu entendimento firmado na vigência inicial da Constituição da Itália — é questão diversa da exeqüibilidade por si mesma da norma constitucional. Em penetrante análise, Jorge Miranda[14] incluiu as normas programáticas entre as normas não exeqüíveis por si mesmas, não obstante a sua natureza de norma preceptiva. Feita a identificação no tempo, o constitucionalista português dela extraiu importante diferenciação. As normas não exeqüíveis por si mesmas, diz Jorge Miranda, postulam apenas a intervenção do legislador, enquanto as normas programáticas exigem não só a lei, como decisões políticas, providências administrativas e operações materiais. O ilustre Professor da Faculdade de Direito da Universidade de Lisboa enriqueceu a tipologia das normas constitucionais na tríplice distribuição que formulou, considerando a decisão política que a norma programática exige: norma exeqüível por si mesma, que emerge completa do comando constitucional, norma não exeqüível preceptiva, quando o comando constitucional exige a norma legislativa, e norma não exeqüível programática, que requer uma terceira instância, a instância política, administrativa e material, capaz de atingir as estruturas econômicas, sociais e culturais subjacentes à Constituição.

13. *Aplicabilidade das Normas Constitucionais*, 2ª ed., Ed. RT, 1982, pp. 72 e 77.

14. Ob. cit., pp. 537 e 538.

4. Localização das normas programáticas na Constituição Federal de 1988

São abundantes as normas programáticas na Constituição Federal de 1988, e elas encontram explicação nas razões que Crisafulli[15] apontou como causas determinantes da igual abundância das normas programáticas na Constituição da Itália. E essas causas localizam-se no clima constituinte e na composição heterogênea de suas correntes políticas. O confronto entre tendências conservadoras, que se empenham na preservação da estrutura social e econômica, e as tendências avançadas, que preconizam as transformações das estruturas, acaba conduzindo a solução de compromisso, mediante a adoção da norma programática. A disposição de princípio volta-se para o futuro, para ser objeto, como assinala Crisafulli, da sucessiva atividade do Poder Legislativo. A norma programática projeta a Constituição no futuro. Não imobiliza a norma constitucional no tempo, e o movimento constante de renovação que ela pressupõe converte a Constituição rígida na Constituição prospectiva.

Nem toda norma constitucional dependente de lei é norma programática. O conteúdo da norma dirá se ela é norma-programa ou norma de simples legislação. Analisando a Constituição Federal de 1988, verifica-se que a norma programática não se limita a determinado setor do texto. É certo que determinados capítulos constitucionais atraem com maior intensidade a atuação da norma programática, e essa atração normativa decorre da matéria neles regulada. Os Direitos e Garantias Fundamentais, o Sistema Tributário Nacional, a Ordem Econômica e Financeira, a Ordem Social, constituem centros de normas programáticas, que encontraram nesses títulos temas propícios ao ulterior desenvolvimento em norma legislativa. Não constituem domínios exclusivos das

15. Ob. cit., pp. 27-31.

normas programáticas, que se difundem por todo o corpo da Constituição. A *lei complementar* e a *lei* são os instrumentos de concretização legislativa das normas programáticas, mas elas não se exaurem nessas duas modalidades. A norma programática vincula-se a normas constitucionais que estabelecem fundamentos, fixam objetivos, declaram princípios e enunciam diretrizes. Nestes casos, o comando da norma programática é exeqüível por si mesmo, sem necessidade de complementação legislativa ulterior.

Dentro dos pressupostos que acabamos de formular, as normas programáticas, em levantamento não exaustivo, localizam-se nos seguintes títulos e capítulos da Constituição Federal de 1988:

Título I — Dos Princípios Fundamentais: Os fundamentos da República Federativa (art. 1º, I, II, III, IV, V); Os objetivos fundamentais da República Federativa (art. 3º, I, II, III, IV); Os princípios internacionais da República Federativa (art. 4º, I, II, III, IV, V, VI, VII, VIII, IX, X, parágrafo único).

Título II — Dos Direitos e Garantias Fundamentais, *Capítulo I* — Dos Direitos e Deveres Individuais e Coletivos: a enumeração dos direitos invioláveis (art. 5º) e os direitos individuais e coletivos dependentes de lei para sua completa realização (art. 5º, II, VII, VIII, XII, XIII, XV, XVIII, XXIV, XXVI, XXVIII, "a" e "b", XXIX, XXXII, XXXIII, XXXVIII, "a", "b", "c" e "d", XLII, XLIII, XLV, XLVI, LI, LXI); *Capítulo II* — Dos Direitos Sociais: art. 7º, I, IV, X, XI, XIX, XX, XXI, XXIII, XXVII; art. 8º, I; art. 9º, § 1º; *Capítulo IV* — Dos Direitos Políticos: art. 14, § 9º; *Capítulo V* — Dos Partidos Políticos: art. 17, I, II, III, IV.

Título III — Da Organização do Estado, *Capítulo VII* — Da Administração Pública: art. 37, VII, XI; art. 40, § 4º; *Seção IV* — Das Regiões: art. 43, § 1º.

Título IV — Da Organização dos Poderes, *Capítulo III* — Do Poder Judiciário: art. 93; *Capítulo IV* — Das Funções Essenciais à Justiça, *Seção I* — Do Ministério Público: art. 128, II, §§ 4º e 5º; *Seção III* — Da Advocacia e da Defensoria Pública: art. 134, parágrafo único.

Título VI — Da Tributação e do Orçamento, *Capítulo I* — Do Sistema Tributário Nacional, *Seção I* — Dos Princípios Gerais: art. 146, I, II, III, "a", "b", "c"; art. 148, I, II; *Seção III* — Dos Impostos da União: art. 153, § 2º, II; *Seção V* — Dos Impostos dos Municípios: art. 156, § 1º; *Capítulo II* — Finanças Públicas, *Seção I* — Normas Gerais: art. 163; *Seção II* — Dos Orçamentos: art. 165, I, II, III, § 9º.

Título VII — Da Ordem Econômica e Financeira, *Capítulo I* — Dos Princípios Gerais da Atividade Econômica: art. 170, I, II, III, IV, V, VI, VII, VIII, IX, parágrafo único; art. 171, §§ 1º, 2º; art. 172; art. 173, §§ 1º, 2º, 3º, 4º, 5º; art. 174, § 1º; art. 175, parágrafo único, I, II, III, IV; art. 176, §§ 1º, 2º; art. 179; *Capítulo II* — Da Política Urbana: art. 182, §§ 1º, 2º, 3º, 4º, I, II, III; *Capítulo III* — Da Política Agrícola e Fundiária e da Reforma Agrária: art. 184, §§ 1º, 2º, 3º; art. 185, I, II, parágrafo único; art. 186, I, II, III, IV; art. 187, I, II, III, IV, V, VI, VII, VIII, §§ 1º, 2º; art. 190; *Capítulo IV* — Do Sistema Financeiro Nacional: art. 192, I, II, III, "a", "b", IV, V, VI, VII, VIII, §§ 1º, 2º, 3º.

Título VIII — Da Ordem Social, *Capítulo I* — Disposição Geral: art. 193; *Capítulo II* — Da Seguridade Social, *Seção I* — Disposições Gerais: art. 194, parágrafo único, I, II, III, IV, V, VI, VII; art. 195; *Seção II* — Da Saúde: art. 197; art. 198, I, II, III; art. 199, §§ 3º, 4º; art. 200, I, II, III, IV, V, VI, VII, VIII; *Seção III* — Da Previdência Social: art. 201, I, II, III, IV, V; art. 202, I, II, III; *Seção IV* — Da Assistência Social: art. 203, I, II, III, IV, V; art. 204, I, II; *Capítulo III* — Da Educação, da Cultura e do Desporto, *Seção I* — Da Educação: art. 206, I, II, III, IV, V, VI, VII; art. 209, I, II; art. 213, I, II, § 1º; art. 214,

I, II, III, IV, V; *Seção II* — Da Cultura: art. 216, §§ 1º, 2º, 3º, 4º; *Capítulo IV* — Da Ciência e Tecnologia: art. 218, § 4º; art. 219; *Capítulo V* — Da Comunicação Social: art. 220, § 1º, § 3º; art. 221, I, II, III, IV; *Capítulo VI* — Do Meio Ambiente: art. 225, III, IV, §§ 4º, 6º; *Capítulo VII* — Da Família, da Criança, do Adolescente e do Idoso: art. 226, § 7º; art. 227, § 1º, I, II, §§ 2º, 3º; arts. 229, 230; *Capítulo VIII* — Dos Índios: art. 231, § 3º, § 6º.

Título IX — Das Disposições Constitucionais Gerais: art. 239; art. 243; art. 245.

Este levantamento demonstra a extensão das normas programáticas na Constituição Federal de 1988. São normas numerosas, distribuídas pelos diferentes setores da Constituição, que se dispersam nos artigos, incisos e parágrafos, evidenciando, de um lado, a inexistência de setores exclusivos e revelando, de outro, a localização abundante de normas programáticas nos títulos dos Direitos e Garantias Fundamentais, da Tributação e Orçamento, Ordem Econômica e Financeira e a Ordem Social. As normas programáticas dependem, como é de sua natureza, da atividade sucessiva na via da lei e da lei complementar, sem prejuízo da eficácia imediata das referidas normas. Há normas programáticas de conteúdo técnico, como as que se localizam no capítulo do Sistema Tributário, e há normas programáticas impregnadas de conteúdo ideológico, assim as que se situam no título da Ordem Econômica e Financeira, objetivando alterações no sistema econômico, de modo geral, e no regime da propriedade, de modo particular. Há, ainda, normas programáticas que não se vinculam diretamente à legislação, para desdobramento na lei ou na lei complementar. Em função desta verificação, introduzi no campo das normas programáticas as normas fixadoras de fundamentos, de princípios, de objetivos e de diretrizes da República Federativa, que se localizam no título dedicado aos Princípios Fundamentais, na abertura da Constituição. São normas completas e exeqüíveis por si mesmas, que independem de complementação legislativa. O seu caráter programático reside nos fins e nos objetivos dessas normas. Elas encerram a filosofia política e social da República Federal e condensam princípios constitucionais que se projetam no futuro, estruturando os fundamentos ideológicos da Constituição prospectiva. Enquanto a Constituição durar no tempo, o programa contido nessas normas estruturantes irá conformando, permanentemente, as decisões adotadas nas instâncias políticas do Estado Democrático de Direito.

5. Constituição e normas anteriores

Constitui questão relevante apurar a relação entre a nova Constituição, a Constituição que a precedeu e as normas ordinárias vigentes no ordenamento anterior. São dois problemas distintos, o da relação entre a Constituição nova e a Constituição anterior, e o da Constituição nova e a legislação anterior, configurando questões de Direito Intertemporal. É de pacífico entendimento que a nova Constituição determina a caducidade e a ab-rogação da Constituição anterior, pela impossibilidade da coexistência de duas ordens constitucionais, geralmentee caracterizadas por diferenças fundamentais entre uma e outra. A Constituição nova pode ressalvar a vigência parcial de normas constitucionais anteriores até que se complete a integração de normas constitucionais novas no ordenamento jurídico. O Ato das Disposições Constitucionais Transitórias, que é a sede de numerosas normas de acomodação entre o ordenamento jurídico anterior e o decorrente da nova Constituição, contém regras que prolongam no tempo a vigência de normas da Constituição ab-rogada. Prevendo a instalação ulterior do STJ, órgão que a Constituição de 1988 integrou na composição do Poder Judiciário (art. 92, II), o novo texto constitucional prorrogou a competência do STF, determinando o exercício das "atribuições e competências definidas na ordem constitucional precedente" até que se instalasse o STJ (art. 27, § 1º). A Constituição Federal de 1988, na sua parte permanente, deferiu ao STJ a competência para julgar, em recurso especial, as causas decididas em única ou última instância, pelos órgãos judiciários designados no texto, quando a decisão recorrida julgar válida a lei ou ato do governo local contestados em face de lei federal ou der à lei federal interpretação divergente da que lhe haja atribuído outro Tribunal (art. 105, III, "a", "b" e "c"). A competência recursal do STJ, decorrente da contrariedade, desaplicação ou interpretação jurisprudencial divergente da lei federal, decorreu da decisão constituinte que retirou o contencioso da lei federal da competência de recurso extraordinário do STF. Em caráter transitório, a Constituição de 1988 manteve no STF, até a instalação do STJ, a competência assecuratória do primado da lei federal, na via do recurso extraordinário, conforme dispõe o art. 119, III, "a", "b", "c" e "d", da Constituição Federal de 1967. Em outra norma dilatadora de vigência, o art. 34 do Ato das Disposições Constitucionais Transitórias, manteve o Sistema Tributário Nacional estruturado na Constituição de 1967, na Emenda 1/69, e nas Emendas posteriores, até que começasse a vigorar o novo Sistema Tributário da Constituição Federal de 1988, a partir do primeiro dia do quinto mês seguinte ao de sua promulgação, o que ocorreu em março/89.

É complexa a regulação do convívio entre a Constituição nova e a legislação ordinária anterior. Em princípio, a Constituição não cancela as normas jurídicas anteriores, pois isto equivaleria a instaurar o caos e a insegurança total nas relações jurídicas. As antinomias entre o Direito Constitucional novo e o Direito pré-constitucional, para usarmos a terminologia de Gomes Canotilho,[16] resolvem-se na via da revogação, de modo a prevalecer o critério *hierárquico* ou da hierarquia de normas no conflito entre atos normativos de categorias diferentes, isto é, entre norma constitucional e norma ordinária. A revogação da norma anterior pressupõe a incompatibilidade entre ela e a Constituição, de modo que as normas compatíveis subsistirão no ordenamento jurídico. A validez e a vigência das normas compatíveis passam a encontrar fundamento na Constituição nova. A compatibilidade entre normas do ordenamento antigo e a nova Constituição, que estabelece o ordenamento novo, caracteriza o que Kelsen[17] denominou de fenômeno de recepção. O novo ordenamento, segundo Kelsen, adota as normas do antigo ordenamento, atribuindo validade e vigência às normas nele introduzidas pelo processo da recepção. Opera-se uma transferência do fundamento de validez da norma, que abandona a Constituição extinta e passa a vincular-se à Constituição nova.

O fenômeno da antinomia e da recepção não é estranho ao Direito Constitucional brasileiro. A Constituição Federal de 24.2.1891, não obstante a profunda transformação institucional que promoveu, assinalando a passagem das formas monárquica, unitária e parlamentar para o Governo Republicano, Federal e Presidencial, inscreveu no seu texto a regra de que "continuam em vigor, enquanto não revogadas, as leis do antigo regime, no que explícita ou implicitamente não for contrário ao sistema de governo firmado pela Constituição e aos princípios nela consagrados" (art. 83). O Governo Provisório de 1930, que emergiu do processo revolucionário deflagrado naquele ano, e sem embargo da ruptura entre a República Velha e a República Nova, que o movimento político-militar promoveu, deixou consignado no texto que contém a estruturação de seus poderes extraordinários a regra da vigência das Constituições — a Federal e as

16. Ob. cit., p. 215.

17. Ob. cit., p. 119.

Estaduais — as demais leis e decretos federais, assim como as posturas e deliberações e outros atos municipais, todos sujeitos às modificações e restrições que resultassem de atos ulteriores do Governo Provisório (Dec. 19.398, de 11.11.30, art. 4º). A Constituição Federal de 16.7.34, que representou o coroamento jurídico da Revolução de 1930, adotou a regra de que "continuam em vigor, enquanto não revogadas, as leis que, explícita ou implicitamente, não contrariarem as disposições desta Constituição" (art. 187). A Carta de 10.11.37, instrumento de um Golpe de Estado, manteve o princípio da continuidade das leis, reproduzindo, literalmente, a regra enunciada na Constituição de 1934: "Continuam em vigor, enquanto não revogadas, as leis que, explícita ou implicitamente, não contrariarem as disposições desta Constituição" (art. 183).

6. Vigência parcial da legislação anterior e o princípio geral do regime

A Constituição Federal de 1988, a exemplo das Constituições de 1946 e 1967, não explicitou o princípio geral da continuidade das leis. Preferiu solução parcial, para contemplar a vigência transitória, em determinados casos, como fez em relação ao sistema tributário, ressalvando a vigência parcial de legislação anterior. Com efeito, dispondo que o sistema tributário nela concebido entrará em vigor a partir do primeiro dia do quinto mês seguinte ao de sua promulgação, a Constituição assegurou a aplicação da legislação anterior, no que não fosse incompatível com o novo sistema tributário e com a legislação dele decorrente (Ato das Disposições Constitucionais Transitórias, art. 34, § 5º).

A ausência de norma constitucional expressa consagrando o princípio de continuidade das leis compatíveis com o novo ordenamento não deve conduzir o intérprete a concluir pela sua negação. O referido princípio, tão necessário à segurança jurídica e à permanência de direitos e de situações constituídas na vigência da legislação anterior, dispensa a norma expressa. É que o princípio da continuidade das leis dispõe do relevo de princípio geral do Direito Constitucional brasileiro e integra o conjunto inominado dos princípios decorrentes do regime adotado pela Constituição, em ressalva acautelada nas Constituições anteriores (CF de 1891, art. 78; CF de 1934, art. 114; CF de 1937, art. 123; CF de 1946, art. 144; CF de 1967, art. 153, § 36), que a Constituição Federal de 1988 manteve (art. 5º, § 2º). A condição para a subsistência da legislação anterior sob a vigência da Constituição nova é a compatibilidade entre a legislação pré-constitucional e as disposições da Constituição posterior.

7. Desconstitucionalização

A continuidade das leis não incompatíveis levou a doutrina constitucional francesa a formular a teoria da desconstitucionalização de normas da Constituição, para sua subsistência no plano da lei ordinária, em processo de queda de hierarquia, visando a assegurar a permanência da regra. A. Esmein,[18] descrevendo o processo de desconstitucionalização, assinala que as Constituições freqüentemente incorporam ao seu texto disposições formalmente constitucionais, sem disporem da natureza material de normas dessa natureza. São regras de Direito Penal e de Direito Administrativo, p. ex., diz Esmein, que não guardam nenhuma relação necessária com a forma de Estado e de Governo e foram inseridas na Constituição para adquirir a eficácia e a permanência da norma constitucional. É admissível, por isso, que as disposições assim qualificadas possam sobreviver à Constituição revogada, como leis ordinárias que sempre foram pela sua matéria. Elas se separam da Constituição,

18. *Éléments de Droit Constitutionnel Français et Comparé*, 2ª ed., v. I/580, Recueil Sirey, 1921.

continuando em vigor sob a nova Constituição, embora com a perda de sua qualidade de norma constitucional, expondo-se, assim, como as leis ordinárias em geral, a serem modificadas pelo legislador comum. Este é o processo que a doutrina francesa denominou de desconstitucionalização. A original concepção, que correspondeu a soluções inerentes ao Direito Constitucional francês da IIIª República, presume, de um lado, a separação da norma constitucional, segundo a forma e a matéria, o que não autoriza o Direito Constitucional moderno, e, de outro, a limitação da norma constitucional aos temas exclusivos da forma de governo, da organização dos Poderes e da Declaração de Direitos, em manifesto conflito com o conteúdo expansivo da Constituição moderna, que sabidamente ultrapassou o conteúdo limitado da Constituição clássica.

8. Permanência e mudança da norma constitucional

A norma da Constituição rígida se singulariza por duas características peculiares a esse tipo de Constituição: a duração no tempo e o processo especial de mudança. A permanência é requisito para permitir o desenvolvimento, o acatamento e a consolidação das instituições e das regras da Constituição. A mudança, quando for necessária, é exigência para atender à evolução social e política, requerendo processo especial, que confere à norma constitucional tratamento autônomo e diferenciado da legislação ordinária.

A Constituição de 1988 prevê dois processos de mudança, o processo que poderá decorrer de emenda e o que exigirá revisão da Constituição. No caso de emenda, o texto estabelece as condições que a proposta nesse sentido deverá obedecer (art. 60, I, II, III, §§ 1º, 2º e 3º) e indica, taxativamente, as matérias constitucioais que a proposta de emenda não poderá abolir, vedando deliberação a respeito, a saber: a forma federativa de Estado, o voto direto, secreto, universal e periódico, a separação dos Poderes, os direitos e garantias individuais. É este o núcleo intangível, excluído da atividade do poder constituinte de revisão, e que só ao poder constituinte originário caberá alcançar na forma drástica da supressão. A Constituição de 1988, ao contrário de todas as Constituições Federais que a precederam, desde a de 1891, retirou da intangibilidade material a forma republicana de governo. A decisão do constituinte favorece as tendências políticas que preconizam a restauração monárquica e revela a indiferença da maioria absoluta da Assembléia Constituinte pela preservação da forma republicana. A Federação continua insuprimível pelo processo de emenda constitucional. A República será suscetível de abolição, desde que preenchidos os requisitos do processo de emenda, para desfazer, se for o caso, a quase centenária identificação entre a República e a Federação. O segundo procedimento de mudança que a Constituição contempla é o da revisão constitucional, prevista no art. 3º do Ato das Disposições Constitucionais Transitórias. Enquanto a emenda à Constituição poderá ser proposta a qualquer tempo, observadas as exigências para sua apresentação, a revisão constitucional deverá aguardar o transcurso de cinco anos, contados da promulgação da Constituição, requerendo aprovação pela maioria absoluta dos membros do Congresso Nacional, em sessão unicameral. O *quorum* da revisão é inferior ao da emenda, que impõe "três-quintos dos votos" dos membros de cada Casa do Congresso. A emenda exige deliberação bicameral (art. 60, § 2º). A revisão pressupõe deliberação unicameral, em sessão do Congresso Nacional, erigido em Câmara de Revisão. A Câmara unicameral é Câmara única e nessa escolha o constituinte afastou-se do modelo da sessão conjunta das duas casas do Congresso, que assegura deliberação bicameral, preferindo, ao contrário, a deliberação unicameral do Congresso Nacional de Revisão. Neste caso, deliberando o Congresso sobre a revisão da Constituição, o referido órgão adquirirá a projeção de Congresso Constituinte. Outra distinção entre o processo de emenda e o processo da revisão constitucional é que, no caso da emenda, a Constituição dispõe que a proposta será discutida e votada em dois turnos, considerando-se aprovada se obtiver, em ambos, três-quintos dos votos dos respectivos membros (art. 60, § 2º). A Constituição não submete a revisão constitucional aos dois turnos de discussão e de votação. Sob este aspecto, o Congresso da Revisão gozará de facilidade que a própria Assembléia Nacional Constituinte não usufruiu, pois a Emenda Constitucional 26 condicionou a deliberação da Constituinte ao percurso de dois turnos de discussão e votação, observada a votação pela maioria absoluta de seus membros, em cada turno. O breve art. 3º do Ato das Disposições Constitucionais Transitórias não conferiu à norma infraconstitucional a tarefa de disciplinar o processo constituinte do Congresso de Revisão. Outro aspecto do processo de revisão é o de sua amplitude. A Constituição não particularizou a extensão desse processo, para torná-lo parcial ou total. A latitude semântica da palavra revisão — examinar outra vez, voltar a ver, ver de novo — favorece a presunção de que o Congresso de Revisão será o juiz da extensão, total ou parcial, da magna tarefa que lhe confiou a Constituição. A extensão dos poderes do Congresso de Revisão aconselha aproximar a data de seu efetivo exercício à da manifestação da vontade popular. Não seria recomendável o aparecimento dessa atividade no período final de uma legislatura. A instalação do Congresso de Revisão, após as eleições renovadoras da Câmara e do Senado, afastaria impugnações de legitimidade e tornaria o órgão de revisão expressão mais direta da vontade popular. A Constituição não fixou a data da reunião do Congresso de Revisão, como fez em relação ao plebiscito. A previsão é a de sua reunião "após cinco anos", a contar da promulgação. A flexibilidade da norma predispõe a convergência entre o Congresso de Revisão e as eleições renovadoras do Congresso Nacional. No Direito Constitucional brasileiro, a fórmula da revisão encontra dois antecedentes, embora não oferecendo eles perfeita similitude com a solução adotada no Direito transitório da Constituição de 1988. O antecedente mais remoto é o da Constituição do Império, de 25.3.1824, que consagrou a imodificabilidade temporária da Constituição durante quatro anos, para, passado este período, autorizar o início do complexo processo de reforma constitucional (arts. 174-177). O segundo antecedente encontra-se na Constituição Federal de 1934, que previa a revisão da Constituição, distinguindo-a da emenda, para introduzir alterações na estrutura política do Estado, a organização ou a competência dos poderes da soberania (art. 178). No Direito Constitucional estrangeiro basta citar o modelo da Constituição da República Portuguesa, de 2.4.76, que adotou o procedimento da revisão constitucional periódica, de cinco em cinco anos, sujeita, entretanto, a numerosas limitações materiais (arts. 286.1 e 290 "a" até "p"). A Constituição Federal não impôs limitações expressas ao exercício da revisão constitucional, nem determinou a aplicação ao Congresso de Revisão das limitações materiais e temporárias oponíveis ao poder constituinte de emenda (art. 60, III, §§ 1º e 4º, I, II, III e IV). Embora não expressamente referida, pode-se extrair do texto que limitação ao Congresso de Revisão advirá da decisão popular no plebiscito sobre a forma de governo (República ou Monarquia Constitucional) e o regime de Governo (Parlamentarismo ou Presidencialismo), com realização prevista para 7.9.93 (Ato das Disposições Constitucionais Transitórias, art. 2º). A precedência do plebiscito vinculará a revisão constitucional à decisão do eleitorado, com eficácia idêntica à do "*referendum* institucional" que, na Itália, submeteu a Assembléia Constituinte à preferência republicana manifestada pela soberania popular.

9. Normas centrais

A Constituição Federal de 1988 contém na sua estrutura um tipo de norma vinculada diretamente à organização da forma federal de Estado, que denomino de normas centrais. Estas normas ultrapassam a organização da Federação, para alcançar a estruturação constitucional do Estado-membro, em fase ulterior, que dependerá do poder constituinte do Estado, titular da organização constitucional do Estado Federado. O volume, maior ou menor, das normas centrais é variável no tempo, e sua maior ou menor intensidade estará relacionada com o tipo de federalismo consagrado na Constituição Federal: federalismo centrípeto e centralizador, federalismo centrífugo e descentralizador, federalismo de equilíbrio e homogêneo.

No Direito Constitucional brasileiro, a Constituição Federal de 1891 consagrou o federalismo centrífugo e descentralizador, prestigiando a autonomia do Estado-membro. As Constituições de 1934 e 1946 inclinaram-se pelo federalismo centrípeto, não obstante elementos descentralizadores na autonomia do Estado e do Município, na repartição de competência tributária e nos ensaios do desenvolvimento regional, estes últimos a partir da Constituição de 1946. A Constituição de 1967 aprofundou a tendência centrípeta, para implantar o modelo centralizador, reduzindo ao mínimo a autonomia do Estado e a autonomia do Município. A Constituição de 1988 distancia-se do federalismo centrífugo de 1891 e do modelo centralizador de 1967. O novo texto constitucional concebeu o federalismo de equilíbrio, que repele as tendências extremas, conferindo aos Estados e aos Municípios instrumentos apropriados ao desenvolvimento da autonomia, especialmente nos domínios da organização dos Poderes, da ampliação da competência legislativa, administrativa e financeira dos Governos Estaduais e Municipais.

As normas centrais da Constituição Federal distribuem-se em quatro grupos: Princípios desta Constituição; Princípios constitucionais; Normas de competência deferidas aos Estados e Normas de préordenação.

É função do constituinte estadual, no momento da elaboração da Constituição do Estado, identificar esses princípios e normas que emanam da Constituição Federal, para exercer adequadamente o poder de organização do Estado. A identificação desses princípios envolve relevante tarefa de intérprete da Constituição, para que a interpretação possa localizar as normas de vigência imediata, separando-as das normas constitucionais federais dirigidas ao constituinte do Estado e cuja incorporação ao Direito Constitucional estadual dependa da ação do poder de organização, no momento do exercício dos poderes constituintes, responsável pela elaboração da Constituição do Estado. A interpretação unitária da Constituição Federal, partindo da presunção antifederativa de que todas as suas regras se aplicam imediata e diretamente aos Estados, é incompatível com a estrutura federal e acabaria convertendo a Constituição Federal em Constituição total. Esse processo unitário de interpretação, que nega os fundamentos federais da Constituição, tornaria desnecessárias a Constituição do Estado-membro e a atividade do poder constituinte que ela pressupõe. O intérprete desatento aos valores e às regras que comandam o funcionamento do sistema federal transformaria a pluralidade constitucional do Estado Federal no ordenamento constitucional unificado do Estado Unitário.

10. Constituição expansiva

A Constituição de 1988 inscreve-se no grupo dominante das Constituições expansivas, distanciando-se da brevidade que caracterizou a Constituição Republicana de

24.2.1891. Causas numerosas, cujo exame escapa ao tema desta exposição, explicam o crescimento, nem sempre razoável, da matéria constitucional, com sacrifício de sua limitação aos domínios clássicos da organização dos Poderes do Estado e da Declaração dos Direitos e Garantias Individuais.

A expansividade da Constituição de 1988, em função dos temas novos e da ampliação conferida a temas permanentes, como no caso dos Direitos e Garantias Fundamentais, pode ser aferida em três planos distintos: o do conteúdo anatômico e estrutural da Constituição, o da comparação constitucional interna e o da comparação constitucional externa.

O conteúdo anatômico estrutural oferece a seguinte visão global da Constituição:

1. Conteúdo Geral da Constituição

- IX Títulos
- 31 Capítulos
- 50 Seções
- 5 Subseções
- 245 Artigos (Parte Permanente)
- 70 Artigos (Ato das Disposições Constitucionais Transitórias)

2. Conteúdo dos Títulos

- TÍTULO I
  DOS PRINCÍPIOS FUNDAMENTAIS
  (arts. 1º-4º)
- TÍTULO II
  DOS DIREITOS E GARANTIAS FUNDAMENTAIS
  (arts. 5º-6º-7º-8º-9º-10-11-12-13-14-15-16-17)
- TÍTULO III
  DA ORGANIZAÇÃO DO ESTADO
  (arts. 18-43)
- TÍTULO IV
  DA ORGANIZAÇÃO DOS PODERES
  (arts. 44-135)
- TÍTULO V
  DA DEFESA DO ESTADO E DAS INSTITUIÇÕES DEMOCRÁTICAS
  (arts. 136-144)
- TÍTULO VI
  DA TRIBUTAÇÃO E DO ORÇAMENTO
  (arts. 145-169)
- TÍTULO VII
  DA ORDEM ECONÔMICA E FINANCEIRA
  (arts. 170-192)
- TÍTULO VIII
  DA ORDEM SOCIAL
  (arts. 193-232)
- TÍTULO IX
  DAS DISPOSIÇÕES CONSTITUCIONAIS GERAIS
  (arts. 233-245)
- ATO DAS DISPOSIÇÕES CONSTITUCIONAIS TRANSITÓRIAS
  (arts. 1º-70)

A comparação constitucional interna relaciona a Constituição Federal de 1988 e as Constituições brasileiras que a precederam, considerando a extensão de cada uma e as mudanças que experimentaram durante sua vigência. A comparação interna, que registra a dilatação da matéria constitucional e a evolução das Constituições brasileiras no tempo, é representada no seguinte quadro descritivo:

3. *Comparação Constitucional*

3.1 Comparação Constitucional Interna

Constituição Política do Império, de 25.3.1824	179 Artigos Lei 16, de 12.8.1834, que Reformou a Constituição (Ato Adicional)
Constituição da República dos Estados Unidos do Brasil, de 24.2.1891	91 Artigos (Parte Permanente) 8 Artigos (Disposições Transitórias) Emenda Constitucional de 1926
Constituição da República dos Estados Unidos do Brasil, de 16.7.34	187 Artigos (Parte Permanente) 26 Artigos nas Disposições Transitórias 3 Emendas à Constituição, em18.12.35
Carta de 10.11.37	174 Artigos (Parte Permanente) 13 Artigos (Disposições Transitórias e Finais - Arts. 175-187) 21 Emendas
Constituição dos Estados Unidos do Brasil, de 18.9.46	218 Artigos (Parte Permanente) 36 Artigos (Ato das Disposições Constitucionais Transitórias) 21 Emendas 4 Atos Institucionais
Constituição da República Federativa do Brasil, de 24.1.67	(*) 172 Artigos (Parte Permanente) 17 Artigos (Disposições Gerais e Transitórias - Arts. 173-189) 27 Emendas 13 Atos Institucionais (Atos 5, 6-17) (*) As emendas constitucionais elevaram a 182 artigos, na parte permanente, e mais 35 (arts. 181-217) nas disposições gerais e transitórias, totalizando 217 artigos

A comparação constitucional externa relaciona a Constituição Federal de 1988 e as Constituições estrangeiras mais extensas, permitindo avaliar a dimensão e a expansividade da matéria constitucional do texto brasileiro no conjunto das Constituições estrangeiras mais longas, contemporaneamente, como demonstra o quadro abaixo:

3.2 Comparação Constitucional Externa	*Constituição da República Federativa Socialista da Iugoslávia*, de 21.2.74: *406* Artigos *Constituição da Índia*, de 26.1.50: 393 Artigos - 8 Anexos - 7 Emendas até 1956 - 2 Ordenações, Introduzindo "Modificações Menores" na Constituição *Constituição da República Oriental do Uruguai*, de 24.8.66: 332 Artigos (Parte Permanente) — 21 Letras ("A" até "U") nas Disposições Transitórias e Finais *Constituição Política do Peru*, de 12.7.79: 307 Artigos (Parte Permanente) e 18 nas Disposições Gerais e Transitórias *Constituição da República Portuguesa*, de 25.4.76: 291 Artigos (Parte Permanente) e 9 Disposições Finais e Transitórias, Sucessivamente, Arts. 292-300 A Revisão Constitucional de 1982 reduziu o Texto, que, na redação originária, abrangia 312 Artigos

11. Constituição plástica

Sob o ângulo técnico-formal, a Constituição de 1988 introduziu aprimoramentos significativos na apresentação do texto constitucional. Alterou a técnica das Constituições Federais anteriores, para conferir precedência aos Princípios Fundamentais da República Federativa e à enunciação dos Direitos e Garantias Fundamentais. É evidente que essa colocação não envolve o estabelecimento de hierarquia entre as normas constitucionais, de modo a classificá-las em normas superiores e normas secundárias. Todas são normas fundamentais. A precedência serve à interpretação da Constituição, para extrair dessa nova disposição formal a impregnação valorativa dos Princípios Fundamentais e dos Direitos e Garantias Fundamentais, sempre que eles forem confrontados com atos do legislador, do administrador e do julgador. Sob o aspecto material, a Constituição de 1988 conferiu extraordinário desenvolvimento aos Direitos e Deveres Individuais e Coletivos, distribuídos em 77 incisos do art. 5º, e aos direitos dos trabalhadores urbanos, rurais e domésticos, enunciados em 34 incisos e no parágrafo único do art. 7º. Na Organização do Estado, a Constituição estabeleceu regras e competências que abrem novas perspectivas ao federalismo brasileiro. O federalismo político e institucional prolongou-se no federalismo financeiro, no qual a Constituição implantou as novas competências tributárias dos Estados e dos Municípios e nele ampliou as formas de repartição das receitas tributárias, de modo a atribuir novos recursos aos Governos dos Estados e dos Municípios. Na organização dos Poderes, destacam-se a renovada estrutura do Poder Legislativo, do Poder Executivo e do Poder Judiciário, a posição influente do Ministério Público e a presença da Advocacia no elenco das funções essenciais à Justiça. É certo que as inspirações estatizadoras fizeram a Ordem Econômica e a Ordem Social ingressar na minúcia regulatória, desenvolvendo na

Constituição temas da legislação ordinária e fixando na rigidez da norma constitucional decisões que deveriam permanecer no domínio flexível do legislador ordinário. O Poder Legislativo, em sua atividade permanente, está mais próximo das fontes da vontade popular, em condições de refletir as tendências mutáveis do eleitorado e da opinião pública. São falhas de concepção, que poderão ser corrigidas no futuro. Elas refletem, de um lado, as imperfeições da Constituição expansiva e ambiciosa e, de outro, a presença de definições ideológicas no quadro de Constituinte heterogênea.

A numerosa matéria que ficou entregue à legislação ordinária, seja na via da lei complementar ou da lei federal, poderá impressionar pela sensação que ela transmite de uma Constituição incompleta e inacabada. Considerando a natureza obrigatória da norma constitucional, o preenchimento de regras constitucionais pela legislação ordinária demonstra, entretanto, que a Constituição dispõe de plasticidade. A plasticidade permitirá a permanente projeção da Constituição na realidade social e econômica, afastando o risco da imobilidade que a rigidez constitucional sempre acarreta. A Constituição plástica estará em condições de acompanhar, através do legislador ordinário, as oscilações da opinião pública e da vontade do corpo eleitoral. A norma constitucional não se distanciará da realidade social e política. A Constituição normativa não conflitará com a Constituição real. A coincidência entre a norma e a realidade assegurará a duração da Constituição no tempo.

DOUTRINA

EMPRESAS ESTATAIS E REGIME ADMINISTRATIVO (SERVIÇO PÚBLICO — INEXISTÊNCIA DE CONCESSÃO — DELEGAÇÃO — PROTEÇÃO AO INTERESSE PÚBLICO)

GERALDO ATALIBA
Professor Titular da Faculdade de Direito da Universidade de São Paulo

I — Introdução

1. Empresas estatais. Dilema do legislador

Em face do clima político e do panorama doutrinário posteriores à II Guerra Mundial, e tendo as circunstâncias levado à frustração da autarquia como figura ágil de administração indireta, resolveu o legislador dotar de versatilidade e rapidez de movimentos certas entidades públicas (públicas pela origem, pela função, pelo capital, pelos recursos).

Podia ter elaborado lei de agilização das autarquias, estabelecendo os procedimentos internos, regras especiais de relacionamento com o próprio Estado e com terceiros (usuários, fornecedores de serviços e coisas), formalidades menos solenes, tornando mais expedita a sua atuação. Estabeleceria, assim — sem desrespeitar a essência do *regime administrativo*, protetor da coisa pública — um rol de regras flexibilizadoras da autarquia. Entendeu, porém, que isso seria complicado, exigiria uma lei com inúmeras derrogações, prevendo todo tipo de atos e relações, para ir a cada qual dando o tratamento desembaraçado e flexível entendido necessário.

Optou pela solução inversa: "dê-se às entidades o regime de empresa: assim elas serão ágeis, expeditas e lépidas, sem os entorpecimentos próprios das autarquias".

Ocorre, porém, que bens, dinheiros, funções e pessoal público não podem ser equiparados plenamente aos privados. Não podem gozar do desembaraço peculiar ao privado. Daí a Constituição e as leis prevejam derrogações ao regime de empresa, dessas empresas estatais, exatamente tendo em vista a proteção da *res publica*.

As empresas estatais não podem ter regime jurídico integralmente igual ao das pessoas jurídicas privadas. A Constituição impõe regras peremptórias que as tornam inexoravelmente diversas. Lucidamente, Celso Antônio escreve: "De toda sorte, quaisquer empresas públicas e sociedades de economia mista — sejam exploradoras de atividade econômica ou sejam prestadoras de serviços públicos (ou responsáveis por obras públicas) — por força da própria Constituição, vêem-se colhidas por normas ali residentes que *impedem a perfeita simetria de regime jurídico entre elas e a generalidade dos sujeitos de direito privado*. Vejamos, pois, os dispositivos constitucionais que se aplicam indistintamente a quaisquer sociedades de economia mista ou empresas públicas, em relação aos quais, portanto, é *irrelevante a dissептação entre os dois tipos mencionados*" (*Curso de Direito Administrativo*, 4ª ed., Malheiros Editores, p. 95).

E, subseqüentemente, recapitula os preceitos dos arts. 5º, LXXIII; 14, § 9º; 37, *caput* e incs. II, XVI, XVII, XIX e XX; 49, X; 52; 54 (55, I); 71, II, III e IV; 165, § 5º; 169, para recordar regras incontornáveis modeladoras do regime das estatais (ob. cit., pp. 96 e 97). Por isso, pode asserir: "Justifica-se, pois, a assertiva, dantes feita, de que o precitado art. 173, § 1º, da Lei Magna expressou-se de modo muito imperfeito ao estatuir que tais entidades, quando exploradoras da atividade econômica, reger-se-iam pelas normas aplicáveis às empresas privadas, inclusive quanto ao direito do trabalho e das obrigações. Com efeito, a série de dispositivos supramencionados, além de *não fazer disseptação alguma entre os tipos de empresa pública e sociedade de economia mista* — o que já induziria a concluir que efetivamente *abarca a ambas as espécies* — contém regras que, quando menos em sua esmagadora maioria, a toda evidência, não teriam por que ser restritas apenas às prestadoras de serviço público, pois suas razões informadoras comparecem com igual procedência perante as exploradoras de atividade econômica. Logo, não é exato que estas últimas sejam disciplinadas na conformidade das normas regentes das empresas privadas".

À vista destas judiciosas ponderações, pode-se ter por verdade, como premissa de qualquer estudo, que a igualação entre empresa estatal e privada não existe, senão "em princípio", jamais podendo ser tida como absoluta.

Tantas e tão peremptórias são as regras constitucionais diversificadoras, que se torna forçoso dizer: as empresas estatais têm regime semelhante, mas de nenhum modo igual ao das empresas privadas.

O rol dos preceitos constitucionais oportunamente sublinhado por Celso Antônio — como advertindo a doutrina e a jurisprudência contra a visão simplista que, negligenciando-o, levou às distorções que tanto vêm prejudicando o adequado tratamento das estatais — fala por si mesmo.

As regras constitucionais interferentes com o "regime privado" das empresas estatais, alterando-o e "deformando-o", implicam torná-lo um híbrido, muito mais público que privado. Delas decorrem inúmeras outras claramente implícitas e algumas suas conseqüências imperiosas, não tão claras, igualmente implícitas; todas, porém, imperativas, inarredáveis, dada a impostergável necessidade de proteção ao interesse público.

Como não há uma lei didática, organizando e sistematizando isso, e como são diversas as medidas em que tais imperativos se fazem presentes — conforme a entidade desenvolva serviço público ou "explore atividade econômica" — o alcance e mesmo compreensão desses princípios são incertos e dão margem a mil e uma tergiversações e resistências. Por outro lado, o clima de excepcionalidade constitucional — que acompanhou e presidiu a fase mais dinâmica desse processo — influiu na legislação e na interpretação, de modo extremamente deformante, dando ensejo à expansão de graves preconceitos que influíram pesadamente sobre certos intérpretes e aplicadores, inclusive judiciais. Daí as perplexidades que marcaram a doutrina e a jurisprudência das últimas três décadas, com graves lesões aos princípios constitucionais protetores do interesse público.

2. Dilema do aplicador

Não pode, diante de tudo isso, o intérprete ir apressadamente aos superficiais autores que trataram dessa temática com um olho no Dec.-lei 200 e outro na Lei de S/A. Deve, pelo contrário, pôr as vistas em plano mais alto e deter-se na meditação dos imperativos constitucionais, para tentar "armar" o regime próprio de cada estatal, combinando, prudentemente — com as doses normativas e cargas valorativas próprias — cada princípio e cada regra invocados.

3. Considerações gerais

Há certa compreensível perplexidade na doutrina dominante diante do fenômeno da investidura de *empresas estatais* para desenvolvimento de serviços públicos. É explicável. A doutrina é, em geral, conservadora. O legislador é que, muitas vezes, vai à frente, independentemente de qualquer doutrina. Produz suas decisões legislativas, sem perguntar aos estudiosos o que pensam.

Foi o que ocorreu, no Brasil, à revelia de toda uma elaboração européia, que aqui reproduzíamos. Lá está a origem dessa perplexidade, que se projeta também na nossa jurisprudência. Nossa realidade legislativa, porém, aí está, a desafiar os estudiosos, para que ofereçam armas, instrumentos e argumentos à jurisprudência.

A rapidez das inovações legislativas, em certos momentos — como o foi o período de exceção constitucional que vivemos entre 1964 e 1988 — custou a ver-se correspondida pelas meditações mais judiciosas dos doutos.

O Dec.-lei 200/67 disse que a empresa pública deve ser criada para a "exploração de atividade econômica". Os escritores mais apressados — e, por isso, sempre, mais superficiais — armaram um coro de repetição acrítica e ligeira disso, ignorando que lei ordinária revoga-se ou ab-roga-se por lei ordinária. Também passaram à margem da imprescindível consideração de que o Dec.-lei 200 — como simples diploma federal — tinha seu alcance limitado à esfera jurídica da União, não alcançando os Estados e Municípios. Esse decreto-lei — elaborado nos ambientes fechados, obscuros, asfixiados e medíocres, sem participação da opinião pública, sem colaboração de juristas, sem a crítica dos doutos, sem o comentário dos experientes — surgiu subitamente, acompanhado de discurso pretensamente modernizante, mas indisfarçavelmente marcado pelo obscurantismo que o engendrou. Daí que, além dos graves defeitos técnicos que ostenta, tenha vindo à luz com o espírito contraditório, tacanho e parcial que o caracteriza.

Disso resultou uma cópia de escritos (que não qualificamos "doutrina") afirmando como científico o enunciado do seu art. 5º, II, assim tido, jornalisticamente, como revelador de um princípio maior e transcendental ("empresa pública explora atividade econômica").

Ora, não só já havia legislação especial (não modificada, portanto, pelo Dec.-lei 200) instituindo empresas públicas para desenvolvimento de serviço público, como continuaram os legisladores federais, estaduais e municipais a criar empresas públicas para esse fim. Não era, assim, lícito prosseguir-se pretendendo afirmar ser princípio cardeal do nosso Direito que empresas públicas servem à exploração de atividade econômica.

Em conseqüência, não era (como persiste não sendo) correto ignorar o regime administrativo (como o define Celso Antônio) ou a relação de administração (como concebida por Cirne Lima), e suas exigências, para elaborar doutrina (como a dominante) que repete conceitos, princípios, preceitos e diretrizes peculiares à empresa, desconsiderando que, nos casos em que prestam serviço público, não podem ter a liberdade e o regime típicos de Direito Privado.

Falhou e errou a doutrina predominante (numericamente falando) quando desenvolveu discurso centrado no cunho empresarial das entidades e deixando de lado ou (o que é o mesmo) negligenciando as múltiplas, severas e inafastáveis exigências constitucionais informadoras necessárias do regime dos serviços públicos. Daí surgiram as esdrúxulas e inaceitáveis afirmações de que a empresa estatal é irrestritamente suscetível de falência, penhora de bens, e outras condições e sujeições próprias das empresas privadas. Daí a errônea inteligência de que podem contratar tudo livremente e fazer despesas ao alvedrio de seus dirigentes. Ignorou-se solenemente o regime peculiar — a inafastabilidade — dos contratos administrativos. (É justo ressaltar o resgate de teses corretas que Celso Antônio acaba de fazer ao publicar a 4ª edição de seu *Curso de Direito Administrativo*, São Paulo, Malheiros Editores, 1993, pp. 87 e ss.)

Daí a desproteção ao interesse público, o desamparo ao serviço público, a instauração do arbítrio, a ausência de tutela aos usuários dos serviços públicos por elas prestados e os desmandos com bens e dinheiros públicos. Tudo como se a lei pudesse modificar a Constituição, para desqualificar o cunho de serviço público de certas atividades (portos, correios, energia elétrica, comunicações etc., cf. art. 21) constitucionalmente assim qualificadas ou (o que tem o mesmo efeito) como se a lei pudesse desproteger o serviço público, desguarnecer os dinheiros públicos e instarurar o arbítrio do Poder Executivo, ou de seus nomeados, na gestão de bens e serviços de todo o povo, como o são os públicos.

Dessa "doutrina" pobre, pedestre, superficial e sem seriedade nasceram as absurdas "concessões" para quem já era delegado (por força de lei); a grosseira falsificação de se "contratar" entidades legais para ... cumprirem suas finalidades legais; empresa mista sem verdadeira participação privada; leis dando isenção de impostos para quem já era imune; despesa pública sem licitação, manipulação arbitrária de pessoal; execução sem processo de conhecimento e quejandos absurdos, gritantemente aberrantes do regime constitucional dos bens, dinheiros e interesses públicos.

Tudo isso, aqui palidamente pincelado, foi resultado da desvalorização do espírito público, que acompanha todo processo ditatorial; do enfraquecimento da consciência constitucional; do desprezo pelos valores básicos da ordem jurídica. Tudo isso deu-se num clima político e cultural que exaltou os explicadores apressados das coisas, em detrimento dos cientistas; que deixou em segundo plano a voz serena dos mestres, para salientar os palpites "oportunos" dos áulicos que — com raro senso de oportunidade — sabem louvar os atos governamentais com palavras de angélico e desinteressado louvor. Tudo deu-se num clima em que as vozes sensatas e ponderadas dos mais sábios (e, pois, mais prudentes) foi abafada, se não calada, para não atrapalhar o ímpeto das correntes "salvadoras", que sempre cercam os governantes discricionários.

É evidente que em tal "onda" não foram envolvidos os nossos melhores publicistas, como Seabra Fagundes, Caio Tácito, Víctor Nunes, Bilac Pinto, Baleeiro, Celso Antônio, Adílson Dallari, Sérgio Ferraz, Carlos Velloso, Sérgio Andréa Ferreira, Eros Grau, Lúcia Valle Figueiredo, M. Sylvia Z. Di Pietro, Carlos Ari Sundfeld etc., mas suas opiniões não foram ouvidas, nem antes, nem depois.

Os que sobreviveram devem ser convocados à ingente tarefa de pôr ordem nas coisas, começando por reafirmar que o serviço público é regido pelos princípios que protegem a coisa pública contra todas as agressões, inclusive internas, partidas de seus agentes (Ruy Cirne Lima), é absolutamente submetido à legalidade (Seabra Fagundes) e, por exigência constitucional, informa-se por regime estrito, inderrogável e exigente (Celso Antônio), que não pode ser e não é emasculado pela "forma" empresarial que o legislador, eventualmente, resolve fazer revestir cada entidade criada para seu desempenho (do serviço público).

Com firmeza, Celso Antônio assevera: "O traço nuclear das empresas estatais, isto é, das empresas públicas e sociedades de economia mista, reside no fato de serem coadjuvantes de misteres estatais. Nada pode dissolver este signo insculpido em suas naturezas. Dita realidade jurídica representa o mais certeiro norte para a intelecção destas pessoas. Conseqüentemente, aí está o critério retor para interpretação dos princípios jurídicos que lhes são obrigatoriamente aplicáveis, pena de converter-se o acidental — suas personalidades de direito privado — em essencial, e o essencial — seu caráter de sujeitos auxiliares do Estado — em acidental" (*Curso* ... cit., p. 90).

Deixa claro, ao intérprete, que inverterá — praticando grave erro de interpretação — o sentido transcendente da noção de Estado-meio, Estado-servidor, Estado-social ou Estado de Direito, se à forma (sociedade) der prevalência sobre o conteúdo (serviço público e seu regime jurídico).

Isto, que foi visto com firmeza e clareza pela melhor (porém, infelizmente, escassa) doutrina nossa, ainda não se refletiu na jurisprudência, com a devida energia, por falta de adequada provocação. A problemática aqui examinada é boa expressão disso e seu estudo oferece oportunidade para encaminhar-se o equacionamento.

4. Natureza jurídica das estatais prestadoras de serviço público

Da condição formal de empresa estatal decorrem conseqüências — que absolutamente não alteram a essência do regime publicístico dos serviços que presta.

Na qualidade de empresa estatal, o regime de suas "relações com terceiros pode ser o próprio das entidades de direito mercantil", sendo que *para o serviço em si* terá "prerrogativas e regime específico de direito público, protetor da *atividade* assim configurável" (Celso Antônio Bandeira de Mello, *Prestação de Serviços Públicos e Administração Indireta*, São Paulo, Ed. RT, 1973, p. 130). As empresas estatais "... concebidas para prestar serviços públicos ou desenvolver quaisquer atividades de índole pública propriamente (como promover a realização de obras públicas), é natural que sofram o influxo mais acentuado de princípios de regras de direito público, ajustados, portanto, ao resguardo de interesses desta índole" (p. 94).

5. Serviço público

A maioria das empresas estatais é prestadora de serviço público. Desempenham, como delegados da União, dos Estados e dos Municípios, atividades próprias destes: instrumentação e suporte de sua atividade administrativa. Não é difícil a demonstração de que essa atividade configura serviço público (sempre que não configure "exploração de atividade econômica").

O conceito de serviço público é conseqüência da postura da sociedade diante de premissas políticas básicas, por nós recentemente (1988) reafirmadas, de modo solene pelo constituinte. E resolve-se em relação à posição e funções atribuídos à iniciativa privada.

Atuando na ordem econômica, por criaturas legais delegadas suas, o Estado age despido de suas prerrogativas de supremacia, sujeito às mesmas injunções a que se submete a iniciativa privada e *sob regime de Direito Privado* (art. 173). Tudo quando exposto está estabelecido, expressamente e com lapidar clareza, no texto da Constituição de 1988, tendo merecido constante e invariável interpretação, seja doutrinária, seja jurisprudencial. As tentativas de rebeldia, quando resistidas pelos interessados, têm merecido censura dos Tribunais.

Basta ler a legislação concernente ao SERPRO, à ECT, à EMBRATEL, à INFRAERO, à TASA, em confronto com o preceituado na Constituição, para firmar-se a convicção de que eles prestam serviço público. Não custa, porém, repassar a doutrina, para robustecer-se tal convicção.

Para Rafael Bielsa, o conceito de *serviço público* diz respeito a "*toda acción o prestación realizada* por la Administración Pública activa, directa o indirectamente, para la satisfación concreta de necesidades colectivas, y asegurada esa acción o prestación por el poder de policia" (*Derecho Administrativo*, 6ª ed., t. I/462 e 463, Buenos Aires). Na lição de Bielsa, para a satisfação do interesse coletivo, o *serviço público* deve ter os seguintes caracteres, derivados de seus objetivos essenciais: generalidade, uniformidade, continuidade e regularidade. O fato de o *serviço público* ser prestado por órgão centralizado ("tales son los del *correo*, los de policia, los de segunda enseñanza" — p. 470) ou descentralizado não implica — para Rafael Bielsa — nenhuma diferença jurídica: "Si el servicio público es de los llamados 'propios', el concesionario es un delegado, pero persona de derecho privado (lo que no es óbice para que excepcionalmente sea persona de derecho público, pero ese carácter no lo tiene como concesionario)".

Cirne Lima determina, com precisão, o conteúdo de *serviço público*: "Serviço público é todo o serviço existencial, relativamente à sociedade, ou pelo menos assim havido num momento dado, que, por isso mesmo, tem de ser prestado aos componentes daquela, direta ou indiretamente, pelo Estado ou outra pessoa administrativa" (*Princípios de Direito Administrativo*, 5ª ed., Ed. RT, p. 82).

Três requisitos devem fazer-se presentes para a caracterização de serviço público: *a*) atividade de interesse coletivo; *b*) presença do Estado e *c*) procedimento de Direito Público. A definição de *serviço público* de Celso Antônio Bandeira de Mello contém esses requisitos essenciais: "É toda atividade de oferecimento de utilidade ou comodidade material fruível diretamente pelos administrados, prestada pelo Estado ou por quem lhe faça as vezes, sob um regime de direito público" (*Prestação de Serviços Públicos e Administração Indireta*, 2ª ed., Ed. RT, p. 1).

A noção de *serviço público*, para Celso Antônio Bandeira de Mello, compõe-se de dois elementos: *a*) *material* — consistente na prestação de utilidade ou comodidade fruível diretamente pelos administrados — e *b*) *formal* — consistente em um específico regime de Direito Público (*Prestação de Serviços Públicos e Administração Indireta*, 2ª ed., Ed. RT, pp. 18 e 19).

Vê-se, pois, que o que se designa por *serviço público* é um tipo de atividade havida — pela ordenação constitucional — como própria do Estado; ao contrário da *exploração de atividade econômica*, havida como própria do setor privado (dos particulares). Serviço público *é função estatal*, para Renato Alessi: "O poder estatal, enquanto preordenado às finalidades de interesse coletivo e enquanto objeto de um *dever jurídico em relação ao cumprimento delas*, constitui uma *função* estatal".

Eros Grau professa um conceito aberto para *serviço público*, que deve ser preenchido com dados da realidade: "É nas circunstâncias histórico-políticas, num determinado momento, que se estará apto para identificar essa atividade como serviço público ou não. Numa sociedade onde a força de trabalho esteja organizada com poder de reivindicação, seguramente o campo do serviço público será mais amplo do que numa sociedade na qual o capital seja capaz de poder de reivindicar e de dominações maiores" (*Curso de Direito Administrativo, Empresas Estatais ou Estado Empresário*, Ed. RT, p. 107).

6. *Caráter contingente da noção*

A noção de *serviço público* é imprescindível, porque dela depende a fixação dos regimes jurídicos das empresas estatais. Muitas atividades outrora consideradas privadas foram gradativamente sendo entendidas como serviço público. Gabino Fraga observa: "mientras la empresa se guie exclusivamente por el interés de lucro de sus dueños, no existe ni puede existir un servicio público. Pero a medida que ese interés privado va coincidiendo con el interés colectivo y se va extendiendo e intensificando el beneficio al público, el Estado se va interesando en el desarrollo de la actividad privada y principiando por hacer uso de sus facultades y más tarde, en ejercicio de sus atribuciones de tutela de los intereses colectivos, comienza a intervenir regulando aquella actividad, concluyendo por organizarla, mediante una reglamentación adecuada que garantize la regularidad y uniformidad de las prestaciones, en forma de transformar la actividad inicialmente libre en una actividad de servicio público".

Daí a colocação do STF, pelo voto do Min. Themístocles Cavalcanti (RE 63.836-RS, de 7.5.68), como relator: "Quanto a saber se é um serviço público (a referência era ao abastecimento de carne), tem a doutrina se firmado no sentido de fixar o conceito do serviço público em função do momento, das circunstâncias e da política geral da entidade pública. O leite no Brasil já foi elevado à categoria de serviço público e, não raro, a extensão desse conceito se estende a outros serviços como o funerário, de transportes etc." (*RDP* 68/114 e 115).

Em suma, ou a Constituição já predefine o que é serviço público, ou a lei — conforme as circunstâncias assinaladas — o faz, desde que não invada a seara do art. 170 da CF.

Assim, se não há uma definição ecumênica de serviço público, há indicadores na Constituição, revelados pela doutrina e pela jurisprudência, que são as balizas que permitem ao intérprete, em cada caso, saber se está diante de serviço público ou não.

7. *Serviço público não é conceito estático.*

Leitão de Abreu, em elegante e literariamente inspirado voto no STF, salientou, com argúcia e graça: "Cada vez se pede ao Estado contemporâneo maiores ou mais amplas prestações, aprofundando-se ou expandindo-se a sua função de planejar e dirigir a vida social. A sua intervenção, direta ou indiretamente, notadamente no campo das relações econômicas, se distende e amplia de instante a instante. Pela impaciência, pela sofreguidão e até pela extravagância com que o poder público procura, não raro, em toda parte, na sua louvável diligência e no seu explicável apressuramento, acudir ao que dele se exige, caberia dizer, em certas circunstâncias, do agir estatal, quando tangido por injunções imperiosas da vida moderna, o que disse, certamente dormitando, certo folhetinista francês de uma de suas personagens, cavalgando o seu corcel, disparou, a galope, ao mesmo tempo, em todas as direções" (*RTJ* 77/762).

O Estado tem a atribuição de realizar os *serviços públicos* ou diretamente por força da *ordem jurídica superior*, ou com o seu consentimento, já que o limite do conceito é dado pela Constituição (ao estabelcer o campo da iniciativa privada).

A idéia de *serviço público* casa-se com a dos *fins do Estado* para realizar o *bem comum*, que significa a satisfação concreta e justa das necessidades coletivas. Sua medida, variável no tempo e no espaço, acompanha o tamanho do Estado, mensurado pelo "intervencionismo", que Fiorini estuda, ao anotar que: "... el intervencionismo administrativo se destaca como actividad donde el Estado concurre ya sea para colaborar, para ayudar, promover, satisfacer necesidades o actividades de los particulares, o en beneficio directo o indirecto de la coletividad ... resulta difícil distinguir con carácter absoluto las distintas clases de manifestaciones intervencionistas... La intervención administrativa se dá ... para ordenar necesidades de la colectividad ..." (*Derecho Administrativo*, 2ª ed., t. 2/9 e 10, Buenos Aires, 1976).

A produção de certas utilidades materiais, pelo Estado, tem tal importância que Marcello Caetano dá ênfase, entre os serviços prestados pela Administração, a outros que "são verdadeiras empresas instituídas para *satisfazer às necessidades coletivas* e que aparecem como um processo ou um meio pelo qual a *Administração visa realizar os seus objetivos diretos*: são os *serviços públicos*" (*Manual de Direito Administrativo*, Forense, 1970, p. 511), em oposição às demais atividades administrativas.

A noção de serviço público é ampliada "na medida em que o Poder Público se torna mais instrumental e faz da funcionalidade — adequação de suas posturas ao bem comum — a sua qualificação maior" (cf. Carlos R. M. Rodrigues, *RDP* 57-58/135), sendo reduzida, caso predomine pensamento contrário.

De tudo resulta que a extensão do conceito — variando no tempo e no espaço — só pode ser precisada diante de um dado Direito Positivo, em momento determinado. Para reconhecer-se um *serviço público*, segundo Jèze (*apud* C. A. Bandeira de Mello, *Prestação* ..., p. 20), basta pesquisar o desígnio contido nas leis. Investigar a vontade legislativa, verificar o que determina a lei. Empregar o vasto instrumental da Hermenêutica Jurídica para apurar os desígnios legislativos e apreender o sentido, conteúdo e alcance da lei, sistematicamente interpretada.

Ruy Cirne Lima lembra a observação de Jèze quanto à "enunciação implícita do dever estatal de organização e execução dos *serviços públicos* no preâmbulo da Constituição americana, em que esta se diz adotada '*in order to ... establish justice, insure domestic tranquillity, provide for the commom defense, promote the general welfare, and secure the blessings of liberty to ourselves and our posterity*'" (*RDP* 59/131). O Mestre sul-rio-grandense entende que desempenhar os serviços públicos é "promover o bem-estar geral". E demonstra que a *definição* do que seja *serviço público* somente pode ser formulada nos quadros da conceituação — expressa ou suposta — formulada pela *Constituição Federal*. É com base nela — e somente nela — que se poderá definir o que é *serviço público*, seja diretamente no seu texto expresso, seja na legislação com ela consentânea (*RDP* 59/132).

8. Serviço federal descentralizado (o exemplo do Correio)

A União tem o poder-dever ou o dever-poder de exercer os serviços de correios, que interessam a toda a comunidade. Antes o fazia por meio do Departamento de Correios e Telégrafos, que era um órgão sem personalidade, simples "repartição" do Ministério — naquele tempo — da Viação e Obras Públicas.

Um dia, convenceu-se o legislador de que o Correio não podia adotar computadores, não podia usar os meios modernos e os recursos tecnológicos, para ser eficiente e atender às exigências da economia e da administração moderna, se continuasse sendo mero órgão da Administração direta. Então, para os serviços de correios criou entidade autônoma, com personalidade jurídica, instituiu uma pessoa (pessoa em Direito é centro de imputação de direitos e deveres) designada *Empresa Brasileira de Correios e Telégrafos* — ECT, e delegou-lhe o poder-dever de desempenhar esses serviços. Portanto, ela recebeu uma delegação de serviço público, que a lei lhe fez, e, ao mesmo tempo, ao invés de se estabelecer uma vasta e minuciosa legislação dizendo como essa empresa ia operar, dispôs-se, na lei, que *essa entidade vai obedecer parcialmente, no juridicamente possível, ao regime de empresa*.

"Deveras, personalidade de direito privado que as reveste não passa de um expediente técnico cujo préstimo adscreve-se, inevitavelmente, a certos limites, já que não poderia ter o condão de embargar a positividade de certos princípios e normas de direito público cujo arredamento comprometeria objetivos celulares do Estado de Direito" (*Curso de Direito Administrativo*, 4ª ed., São Paulo, Malheiros Editores, 1993, p. 90).

O regime consagrado pela lei da ECT é o que a legislação existente prevê, de modo geral, para as empresas privadas (com as derrogações que Celso Antônio sublinha *in Curso* ... cit., p. 96). Assim, essa empresa mista vai poder contratar instrumentos, veículos e meios; vai poder recrutar, agilmente, equipes para certas tarefas, tendo em vista atender, expedita, rápida, lépida e agilmente, às necessidades dessa atividade, que é um serviço público.

Continua sendo serviço público, mas o "modo de operação" é, em muita coisa, semelhante ao das empresas privadas. Portanto, ele ficou ágil, lépido, expedito, rápido, eficiente; e, por isto, necessariamente mais desembaraçado, menos burocratizado do que a Administração central. Já pode acompanhar os preços de mercado, no recrutamento de técnicos, na contratação de serviços de terceiros; já pode decidir com rapidez, para dar pronta resposta às solicitações que lhe são feitas. É um serviço público personalizado, com agilidade de empresa, revestido de roupagem de empresa privada.

II — Pessoa administrativa delegada de serviço público

1. Pessoa administrativa

A empresa estatal é entidade (de origem pública) delegada (por lei) para realização de um serviço público.

"Empresas públicas e sociedades de economia mista são, fundamentalmente e acima de tudo, instrumentos de ação do Estado. O traço essencial caracterizador destas pessoas é o de se constituírem em auxiliares do Poder Público; logo, são entidades votadas, por definição, à busca de interesses transcendentes aos meramente privados" (Celso Antônio, ob. cit., p. 90).

É *pessoa administrativa*, como as qualifica Cirne Lima. Deveras, adota esse Mestre tal designação genérica para englobar todas as entidades que exercem administração pública e, pois, submetem-se ao *regime administrativo* em tudo que diga com a essência de sua função. São pessoas administrativas a União, os Estados, o Distrito Federal e os Municípios, porque exercem administração pública. Mais do que isso, ou além disso, são pessoas políticas (dotadas de poder legislativo). Mas são também *pessoas administrativas* as criaturas legais incumbidas de exercer atividade administrativa: autarquias, fundações públicas e empresas estatais. Tal é a lição amplamente acatada de Cirne Lima.

Na medida em que exercem função administrativa, são pessoas administrativas e submetem-se a igual regime, o administrativo, com todas suas restrições, ônus, encargos, limitações, prerrogativas e poderes instrumentais (necessários à plena eficácia da lei que devem cumprir e fazer cumprir).

Quando, neste trabalho, empregar-se a expressão *pessoa administrativa*, estar-se-á fazendo referência a todas essas pessoas e, implicitamente, invocando e aplicando todos os princípios e normas comuns a elas, porque regentes da atividade infralegal que cumprem.

O inexcedível mestre Cirne Lima, reconhecido por todos os nossos publicistas como genial categorizador do nosso Direito Administrativo, centrando todo esse ramo do Direito na noção-matriz de *relação de administração*, escreveu, lapidarmente:

"Dessa *adequação específica entre a pessoa administrativa e a atividade de ad-*

ministração pública, mais saliente quanto às *pessoas administrativas*, de natureza meramente administrativa e existência contingente, decorrem, como corolários, algumas peculiaridades que relevantemente sinalam, em face do direito positivo, a *pessoa administrativa* como tal" (*Princípios de Direito Administrativo*, 6ª ed., Ed. RT, p. 64).

"Além da União, e dos Estados e Municípios — já o vimos — ainda outras *pessoas administrativas* existem, entre as quais serviços públicos importantes são repartidos" (p. 61).

"São todas as *pessoas administrativas* pessoas jurídicas de direito público, prepostas, de modo imediato, à atividade de administração pública" (p. 62).

Essa lição, acatada por Seabra, reproduzida por Bandeira, admirada por Dallari, respeitada por Caio Tácito, é adotada por Leitão de Abreu em reiterados votos no STF (*e.g.*, *RTJ* 77/759).

Por ela se vê que a estatal prestadora de serviço público é administração pública; faz administração pública e, portanto, tem os atributos (positivos e negativos) desta. Daí que seja *pessoa administrativa* — como a União, os Estados, o Distrito Federal, os Municípios, as autarquias e as fundações — enquanto delegado de serviço público.

2. *Empresa estatal, serviço público e exploração de atividade econômica*

A solução das questões em estudo depende, fundamentalmente, da compreensão da diferença entre empresa estatal prestadora de serviço público e empresa estatal exploradora de atividade econômica, diferença, essa, imposta pelos arts. 173 e 175 da Constituição. Parece, portanto, pressuposto necessário do bom desenvolvimento deste trabalho tentar aprofundar a análise destas categorias, segundo a compreensão que delas tem a nossa melhor doutrina, anotando, inicialmente que: "Empresas públicas e sociedades de economia mista, isto é, as 'empresas estatais' (designativo genérico que serve para referi-las indistintamente), apresentam uma impressionante semelhança na disciplina jurídica que se lhes aplica" (Celso Antônio, ob. cit., p. 89).

Celso Antônio Bandeira de Mello fez distinção bem nítida entre empresa estatal preposta a atividade econômica e empresa estatal prestadora de serviço público (embora só mencione as mistas, resulta claro que seu raciocínio serve, também, para as empresas públicas), o que deixou claro na recente 4ª edição de seu *Curso*, ao escrever: "Inclusive a distinção entre prestadoras de serviço público e exploradoras de atividade econômica vale, igualmente, e com as mesmas conseqüências, para umas e para outras" (p. 89).

Antes, escrevera:

"O importante ... é discernir entre sociedades de economia mista volvidas à satisfação de 'interesses públicos', ou seja, sociedades prestadoras de serviços públicos, e sociedades mistas que se dispõem à satisfação de 'interesses coletivos' — relevantes para a sociedade, mas que não chegaram a ser qualificados como públicos. Estas últimas, por não serem prestadoras de serviços públicos, configuram intervenções do Estado no domínio econômico — área em princípio reservada à livre iniciativa, conforme orientação constitucional (art. 179 e §§)" (p. 101).

"À vista do que se expôs, a sociedade de economia mista prestadora de serviços públicos, conquanto mantenha sem jaça o caráter de pessoa constituída em caráter mercantil e sujeita ao regime de empresa privada, *pode e deve necessariamente desfrutar de certas prerrogativas*, de um lado, e restrições, de outro, tal como sucede com os particulares concessionários de serviço público" (*Prestação de Serviços Públicos e Administração Indireta*, 2ª ed., Ed. RT, pp. 102 e 103).

Recentemente, disse Celso Antônio: "Há, portanto, dois tipos fundamentais de empresas públicas e sociedades de economia mista: exploradoras de atividade econômica e prestadoras de serviço público ou coordenadoras de obras públicas. Seus regimes jurídicos não são, nem podem ser, idênticos ..." (*Curso de Direito Administrativo*, 4ª ed., Malheiros Editores, p. 93).

Idêntica a conclusão do Min. Carlos Velloso, no Seminário realizado em março/87 pela Associação dos Dirigentes de Empresas Públicas (ADEP), sobre o tema "Regime Jurídico das Empresas Estatais": "É preciso, portanto, em conclusão, distinguir as estatais que prestam serviços públicos daquelas que exercem atividades exclusivamente empresariais. A estas últimas não se podem estender essas medidas que são criadas exclusivamente para as entidades públicas" (*RDP* 83/139).

Nesse mesmo Seminário, o Prof. Celso Antônio Bandeira de Mello reitera: "... as sociedades de economia mista e empresas públicas se dividem em dois grupos profundamente distintos: um, as prestadoras de serviços públicos; outro, as exploradoras de atividades econômicas" (*RDP* 83/139).

José Afonso da Silva, comentando os arts. 170 e 173 da CF, assinala que: "... os primeiros podem ser prestados ou explorados pelo Estado sem as limitações previstas no art. 170, que nada tem a ver com eles; efetivamente, não tem cabimento falar em princípio da subsidiariedade estatal em relação à exploração ou prestação de serviços públicos, assim como não comporta mencionar, a respeito deles, a regra de preferência da iniciativa privada; são atividades que podem ser monopolizadas, como o são em alguns casos; serviço postal e Correio Aéreo Nacional (art. 8º, XII), serviços de telecomunicações, energia elétrica, navegação aérea, vias de transportes entre portos marítimos e fronteiras nacionais (art. 8º, XV), seguro contra acidente no trabalho; outros não são monopolizados, mas a Constituição indica o dever de o Estado prestá-los, como os serviços de ensino (art. 176), assistência sanitária, médica e hospitalar (art. 165, XV e XVI). Já a exploração estatal de atividade econômica fica sujeita ao regime do art. 170, §§ 2º e 3º" (*Curso de Direito Constitucional Positivo*, Ed. RT, p. 519).

O Estado assumiu — por intermédio da empresa pública — "encargos vizinhos à atividade das empresas privadas, adotando a sua estrutura e o seu regime jurídico" (cf. Themístocles Brandão Cavalcanti, *RDA* 128/2). Assim, da necessidade de conciliação do *público* (investimento público) com o *privado* (forma de empresa privada) nasceram as empresas estatais (sociedade de economia mista, empresa pública). Themístocles B. Cavalcanti vê com naturalidade "como uma *empresa pública*, de origem pública (porque criada por lei), com um mecanismo de controle público, toma a *forma privada* e funciona como empresa privada" (*RDA* 128/11). É que, como assinala Caio Tácito: "As sociedades de economia mista e as empresas públicas são pessoas jurídicas administrativas, sujeitas a regime de direito privado, na gestão de seus negócios (Constituição, art. 170, § 2º), mas regidas igualmente pelas normas de direito público, que especializam sua organização, em razão dos fins públicos de seus objetivos" (*RDA* 111/8).

Adílson Dallari é claro, tratando das empresas estatais: "Com relação às que prestam serviço público, justifica-se o regime jurídico de direito privado *apenas* quanto à forma de sua organização e funcionamento, mais compatíveis com a natureza comercial ou industrial da atividade assumida pelo Estado; no entanto, quanto a outros aspectos, concernentes à proteção dos bens vinculados à prestação de serviços, à responsabilidade perante terceiros, à sujeição ao procedimento da licitação, à continuidade do serviço público e, especialmente, no que diz respeito ao controle pelos Poderes Executivo e Legislativo, o seu regime jurídico deve ser preponderantemente o administrativo, acompanhado das prerrogativas e sujeições que colocam a Administração Pública em posição de supremacia perante o particular, ao mesmo tempo em que a submetem aos princípios da legalidade e da indisponibilidade do interesse público, com todos os seus corolários" (*RDP* 94/106).

A jurisprudência tem seguido as pegadas da doutrina, como se vê de acórdão (no regime anterior) da 7ª Câmara do 1º TACivSP cujo relator foi o Juiz Régis Fernandes de Oliveira: "... há, fundamentalmente, dois campos de interesse específico de intervenção estatal. Pode prestar serviços públicos, seja diretamente, seja através de entidades criadas pelo Estado ou por ele permitidas ou concedidas, e também pode interferir no domínio econômico. ... Nada obstante, erigem-se outras pessoas jurídicas, que são criadas pelo Estado, sob roupagem de direito privado, mas destinam-se à prestação de serviços públicos. Aí ressalta a diferença de regime jurídico. Embora vistam roupa de direito privado, ou seja, haja identidade de regime com as demais empresas privadas, nada impede que o Estado transfira a tais entidades algumas prerrogativas próprias, de vez que irão prestar serviços públicos. Estes, por definição, são próprios do Poder Público e, pois, não há concorrência com particulares. Aqui, nada impede que o Poder Público transfira a tais entidades particulares, mas desmembradas do Estado, algumas vantagens que lhe são próprias" (*Boletim de Jurisprudência da AASP* 1.616, *RDP* 94/102).

3. Delegação de serviço público

a) *Serviço público delegado, não concedido*: Pois bem, a atribuição à empresa estatal desse regime, tornando-a mais ágil e expedita, não poderia ter por efeito (como não tem) descaracterizar essa atividade; era e continua sendo serviço público, embora desempenhado parcialmente sob a *forma* e por processos, meios e instrumentos de Direito Privado. Evidentemente, como a estatal, no desempenho dos seus serviços, não compete com os privados, não está sujeita às regras do art. 173 da CF. E os particulares não competem nem podem competir com ela, porque essa atividade é serviço público e o direito dos particulares (art. 173) é só o de *explorar atividade econômica*, que é o oposto e o contrário ao desempenho de produzir serviço público.

A estatal, perante a pessoa política sua criadora, não é concessionária de serviço público. Não houve ato de concessão; não houve licitação para tanto (nem era exigível); não houve vontade da estatal de contratar com a União, nem cabe indagar sua vontade de funcionar. Cabe-lhe simplesmente o dever de obedecer à lei. A União (ou o Estado), pelo Congresso Nacional (ou pela Assembléia Legislativa), a qualquer instante, pode fazer lei extinguindo-a, o que mostra, a toda evidência, a impossibilidade jurídica, mesmo teórica, da existência de uma "vontade" da estatal que pudesse ser independente ou diversa da vontade do Estado (expressa na lei) e que, portanto, pudesse servir de ponto substancial de apoio para uma relação contratual, inserida no instituto da concessão.

Mesmo sociedade designada mista, será delegada e não concessionária, quando não haja efetivamente, realmente, o fenômeno da associação de capital privado e público. Há, ainda, no Brasil, tanto na esfera federal como estadual e municipal, inúmeras chamadas sociedades mistas meramente simbólicas, com capital 90% ou mais estatal e presença insignificante ou meramente simbólica de privados, ou mesmo só ficta. Não é, para efeitos jurídicos substanciais, verdadeiramente mista tal entidade. É pública, para todos os efeitos, inclusive, e principalmente, para configurar delegação e não concessão de serviço ou obra pública. Assim também pensa Celso Antônio, que escreveu: "Idem, quando da formação do capital das referidas entidades concorrem apenas simbólicos e ínfimos recursos privados, que os diretores designados aportam apenas para ensejar que a entidade tenha a configuração de sociedade mista e não de empresa pública. Com efeito, em hipóteses deste jaez, não faria sentido considerar presente, na relação entre a criatura e o sujeito criador (que pode até mesmo extingui-la, a seu talante), o específico plexo de direitos oponíveis pelo concessionário ao concedente. De outro lado, os poderes da entidade criadora em relação à criatura também não teriam por que se delinear na conformidade dos específicos poderes que se reconhecem a um concedente. Logo, considerar tais situações como configuradoras de uma concessão de serviço público não faz sentido algum e só propicia confusões" (*Curso* ... cit., p. 94).

E arremata: "Já as sociedades de economia mista, em que haja, deveras — e não apenas simbolicamente — capitais particulares em associação com capitais advindos de entidade governamental serão sempre concessionárias de serviço público" (ob. cit., p. 95).

Por todas essas razões, é lícito afirmar que nem sempre o exercício da atividade de serviço público por uma entidade, que não seja o próprio titular, configura concessão. É nítido caso de *delegação* (por lei).

Como conclusão, pensamos poder afirmar que os preconceitos — decorrentes de leituras apressadas — em torno da concessão têm levado parte da doutrina, da legislação e da jurisprudência a indiscernir casos de verdadeira concessão de casos de mera delegação. Concorda com nosso pensamento Eros Grau, que tratou de empresa pública federal exercente de serviço público de telecomunicações aeronáuticas: "Prestadora de serviço público por definição constitucional, a TASA não é concessionária deles, porém delegada para a sua execução. O que exerce, destarte, é delegação e não concessão de serviço público" (*RDP* 52/93).

Abonando a tese de que não são concessionárias as estatais criadas por lei da pessoa política (União, Estados, Municípios) titular da competência para o serviço, Celso Antônio escreveu: "... parece forçado considerá-las como concessionárias, quando forem formadas exclusivamente por recursos oriundos da mesma esfera governamental que as criou, com o fito de secundá-las na prestação de serviço público de sua própria alçada" (*Elementos* ..., 3ª ed., p. 97).

Mais recentemente, reafirmou: "Habitualmente, as prestadoras de serviços públicos são consideradas *concessionárias* de serviço público. Tal suposição, na qual já incorremos no passado, nem sempre é exata" (*Curso* ... cit., p. 94).

E, logo adiante, arremata: "Com efeito, parece forçado considerá-las como concessionárias, quando formadas exclusivamente por recursos oriundos da mesma esfera governamental que as criou com o fito de secundá-la na prestação de serviço público de sua própria alçada" (ob. cit., p. 94).

b) *Diferenças entre concessão e delegação*: Há delegação (o que só cabe por decisão legislativa) quando a pessoa política (União, Estado ou Município) cria uma entidade sob forma de empresa (pública ou mista) e a incumbe de prestar um serviço público. Assim, a empresa estatal é delegada e (na forma da lei) exerce serviço público próprio da entidade política cuja lei a criou.

Há concessão (com inafastável conteúdo contratual, no contexto de um ato-união, segundo Oswaldo Aranha Bandeira de Mello) quando pessoa privada recebe (mediante licitação, art. 175 da CF) o encargo de prestar serviço público, em troca de remuneração. Só há concessão a empresa estatal quando esta seja criatura de pessoa política não titular do serviço. (Aí não há delegação, inclusive porque esta é revogável.) É o caso, p. ex., de empresa estadual de energia elétrica que executa serviço público federal (art. 21, XII, "a", da CF). Neste caso, o Estado federado cria, por lei, entidade que se habilita em licitação, em igualdade de condições com os privados.

c) *Delegação em confronto com concessão*: Adílson Dallari demonstra como ocorre a *concessão*: "Haverá uma concessão de serviço público, nos termos do art. 175 da CF, quando o Poder Público decidir pela prestação de serviços públicos de maneira indireta, conferindo sua execução a uma terceira pessoa, a uma entidade que não é um prolongamento personalizado do próprio concedente, a uma entidade que, exatamente por não estar sob seu controle, pode contratar com o Poder Público. Por outro lado, não haverá concessão de serviço público quando o Estado criar uma entidade para funcionar especificamente como instrumento de sua ação, para desincumbir-se precipuamente de prestar um serviço cuja execução cabe ao próprio Estado criador dessa entidade" (*RDP* 94/103 e 104).

Vê-se, pois, que a estatal presta um serviço público como *delegada* da União (ou do Estado ou do Município), e não por força de concessão de serviço público, eis que criada para funcionar especificamente como instrumento de sua ação. Tal "descentralização" foi simples forma de tornar autônomo o serviço, e, pois, mais ágil e especializado.

Eros Grau (*A Ordem Econômica na Constituição de 1988*, Ed. RT, 1990, p. 160) destaca o conceito de *delegação*, em oposição ao de *concessão*: "Quanto ao discrímen que opõe a delegação à concessão, dir-se-á que esta não expressa senão uma delegação de serviços — delegação ainda, pois — que implica transferência de atividade que deverá ser prestada pelo Poder Público. Por certo que na concessão — como na permissão — há também delegação. Cuida-se aí, todavia, de modalidade especial de delegação de serviço, na medida em que instrumental de descentralização por colaboração. Pessoa privada, no sentido de que estranha ao Estado, recebe a atribuição para o desempenho do serviço, sob contrato com caráter especial. A delegação é pressuposta na concessão, mas na concessão há mais do que delegação".

Desta breve exposição, pode-se concluir que a estatal é delegada de serviço público, por força de lei. Os serviços que desempenha não perdem a natureza e o regime públicos. A delegação não os altera, nem modifica. Continuam sendo públicos. Mantida a substância, mantém-se o regime que a informa.

Celso Antônio — nos seus inexcedíveis *Elementos* — trata incisivamente do tema:

"Com efeito, em hipóteses deste jaez, não faria sentido considerar presente, na relação entre a criatura e seu sujeito criador (que pode até mesmo extingui-la, a seu talante), o específico plexo de direitos oponíveis pelo concessionário ao concedente. De outro lado, os poderes da entidade criadora em relação à criatura também não teriam por que se delinear na conformidade dos específicos poderes que se reconhecem a um concedente. Logo, considerar tais situações como configuradoras de uma concessão de serviço público não faz sentido algum e só propicia confusões.

"Diversamente, caberá, sim, falar em concessão de serviço público, quando se ponham em pauta os direitos, deveres e poderes que entram em jogo no referido instituto. Isto ocorre nos casos em que há verdadeiramente concurso de (a) capitais particulares na formação do capital da sociedade, (b) capitais provenientes de órbita governamental diversa da órbita da pessoa a quem assiste a competência constitucional para prestá-lo. Nas duas hipóteses mencionadas estes acionistas têm direito a que se assegurem os termos próprios de uma concessão, como garantia dos interesses que os levaram a aportar recursos integradores do capital da entidade. A segunda situação referida é freqüente nos casos em que a empresa pública ou sociedade mista prestadora do serviço não pertence à mesma órbita jurídica do sujeito a quem assiste a competência constitucional para prestá-lo. No Brasil, o fenômeno é comum. Assim, p. ex., os serviços de energia elétrica são, constitucionalmente, serviços públicos da alçada da União (art. 20, XII, *b*). Sem embargo, sociedades de economia mista, criadas pelos Estados federados, surgiram precisamente para desempenhá-los na qualidade de concessionárias do poder federal.

"Portanto, para retratar o quadro referido, distinguindo entre empresas públicas e sociedades de economia mista prestadoras de serviço público, pode-se dizer o seguinte: dentre as empresas públicas, não serão concessionárias as formadas por capital exclusivamente da União ou por capital dela em conjugação com o de pessoas de sua administração indireta. Pelo contrário, sê-lo-ão, se a empresa pública for formada pela conjugação de recursos oriundos de entidades da esfera federal associados a recursos provenientes de entidades da esfera estadual, distrital ou municipal" (p. 98).

Distingue, porém, esse conceituado Autor a situação da mista em que a participação privada é só potencial (não é real, não é atual) ou simbólica, da mista em que há efetiva e juridicamente significativa participação acionária privada. Disse Celso Antônio: "Idem, quando na formação do capital das referidas entidades concorrem apenas simbólicos e ínfimos recursos privados, que os diretores designados aportam apenas para ensejar que a entidade tenha a configuração de sociedade mista e não de empresa pública" (pp. 97 e 98).

E, após repelir a adequação de situações como as aqui longamente estudadas ao instituto da concessão, afirma: "Já as sociedades de economia mista em que haja deveras — e não apenas simbolicamente — capitais particulares em associação com capitais advindos de entidade governamental serão sempre concessionárias de serviço público" (p. 98).

Abona esse autorizado Mestre nossa asserção no sentido de que a estatal não é concessionária, mas sim delegada de serviço público quando seja criatura da pessoa política titular desse serviço.

Desta qualidade (de delegada) emergem importantes conseqüências jurídicas que serão oportunamente estudadas (obrigação de licitar, imunidade tributária, obrigatoriedade da adoção do regime de taxas, impenhorabilidade de seus bens, submissão ao regime de execução especial do art. 100 da CF, titularidade para cobrar taxas, em seu benefício criados por lei etc.).

III — Conclusões sintéticas

1. Por imperativo constitucional, as empresas estatais devem ser classificadas em (a) prestadoras de serviço público e (b) exploradoras de atividade econômica.

2. Assim, uma empresa estatal submete-se ou ao art. 175 ou ao art. 173 da CF.

3. O regime de cada categoria é diverso, substancial e formalmente. Os valores constitucionalmente protegidos são a livre iniciativa (art. 173), num caso, e serviço público (art. 175), noutro caso.

4. A interpretação da legislação aplicável obedecerá, em cada caso, às indicações estimativas implicadas por essa dicotomia.

5. O art. 173 da CF deve ser interpretado em harmonia estrita com todos os preceitos constitucionais — lembrados por Celso Antônio — que sublinham o cunho híbrido mesmo das exploradoras de atividade econômica.

6. As estatais que desempenham serviço público têm regime protetor do serviço, bens e dinheiros públicos postos a seu cuidado.

7. As prestadoras de serviço público são pessoas administrativas e, como tais, submetidas a regime de proteção dos interesses públicos que titularizam, o que im-

plica cerceamentos, importantes derrogações à Lei de S/A e prerrogativas pertinentes ao interesse público.

8. As estatais, criaturas da entidade política titular do serviço público que exercem, jamais podem ser tratadas como concessionárias, são delegadas de serviço público, com todas as decorrências da delegação.

9. Sociedades designadas mistas, em que o capital privado seja insignificante ou só simbólico, são verdadeiras empresas públicas e como tais devem ser tratadas.

10. A legislação precisa ser adaptada a esses parâmetros constitucionais; a doutrina precisa penetrar mais fundo nessas implicações, abandonar o apego ao infeliz Dec.-lei 200 e deixar todo conservadorismo agravador das perplexidades, que se refletem numa jurisprudência precária e infirme.

DOUTRINA

"PODER" REGULAMENTAR ANTE O PRINCÍPIO DA LEGALIDADE

CELSO ANTÔNIO BANDEIRA DE MELLO

1. O Texto Constitucional brasileiro, em seu art. 5º, II, expressamente estatui que: "Ninguém será obrigado a fazer ou deixar de fazer alguma coisa senão em virtude de *lei*".

Em estrita harmonia com tal dispositivo e travando um quadro cerrado dentro do qual se há de circunscrever a Administração, o art. 84, III, ao se referir à competência do Chefe do Poder Executivo para expedir decretos e regulamentos, explicita que suas emissões destinam-se à "fiel execução" das leis. *Litterim*; "sancionar, promulgar e fazer publicar as leis, bem como expedir decretos e regulamentos *para sua fiel execução*".

Ambos os preceptivos respondem com precisão capilar a objetivos fundamentais do Estado de Direito e exprimem com rigor o ideário e as preocupações que nele se substanciaram. Ambos firmam o chamado *princípio da legalidade da Administração*, o qual, de resto, também está expressamente referido na cabeça do art. 37 da Lei Magna.

2. Com efeito, por meio das disposições mencionadas cumpre-se o projeto de outorgar às pessoas a garantia constitucional de que suas liberdades não serão de nenhum modo coartadas (nem por proibições, nem por imposições) senão em decorrência de mandamento proveninente do *corpo legislativo*; isto é: do colégio representativo dos cidadãos, fórum no qual se processa o contemperamento das diferenças entre as várias tendências e grupos que ali se sintetizam.

Com isto firma-se, igualmente, o princípio da *garantia da liberdade como regra, em prol da autonomia da vontade*, segundo o qual "o que não está proibido aos particulares está, *ipso facto*, permitido". Ante os termos dos preceptivos constitucionais citados, entende-se: "o que não está *por lei* proibido, está juridicamente permitido".

É este aspecto que o art. 5º, II, enfatiza, conquanto seja certo que também se encontra retratado no art. 84, III. Além disto, na esfera das *liberdades econômicas* o mesmo princípio está reiterado, agora em sua feição específica traduzida tanto no enunciado do art. 170, *caput* e inc. III, que proclamam, respectivamente, a "livre iniciativa", como um dos pilares da ordem econômica, e a livre concorrência, como um dos princípios que a governam, quanto na dicção do parágrafo único do mesmo artigo, segundo o qual: "É assegurado a todos o livre exercício de qualquer atividade econômica, independentemente de autorização de órgãos públicos, salvo nos *casos previstos em lei*".

3. Por outro lado, nos aludidos versículos constitucionais se estampa o cuidado que engendrou a tripartição do exercício do Poder, isto é, o de evitar que se concentrem os poderes públicos em um "mesmo homem ou corpo de principais", para usar das expressões do próprio Montesquieu, cautela indispensável, porquanto, no dizer deste iluminado teórico: "é uma experiência eterna a de que todo homem que tem poder é levado a abusar dele; ele vai até que encontre limites". Nisto, aliás, justificou sua postulação de que aquele que faz as leis não as execute nem julgue; que o que julga não faça as leis nem as execute e que aquele que as executa não *faça as leis* nem julgue (*De L'Esprit des Lois*, Paris, Garnier Frères, Libraires Éditeurs, 1869, pp. 142 e 143).

É esta preocupação que, embora já abrigada no art. 5º, II, vem a ser particularmente encarecida no art. 84, III, dispositivo pelo qual se interdita ao Executivo expedir decretos e regulamentos senão para executar fielmente a lei. Seu desiderato, pois, é impedir que sob o rótulo de regulamentar se expeçam disposições de caráter legislativo, vale dizer, normas constitutivas de direitos e obrigações (imposições de fazer ou não fazer) não previstas em lei. Dessarte, com tal preceito, firma-se cânone basilar de nosso Direito Público — oposto ao da autonomia da vontade — segundo o qual *o que, **por lei**, não está antecipadamente permitido à Administração está, **ipso facto**, proibido*.

4. Na doutrina, quer nacional, quer alienígena, acotações do mesmo jaez podem ser colhidas aos racimos. Assim, entre nós, Hely Lopes Meirelles anotou: "Enquanto na administração particular é lícito fazer tudo que a lei não proíbe, na Administração Pública só é permitido fazer o que a lei autoriza" (*Direito Administrativo Brasileiro*, 15ª ed., Ed. RT, 1990, p. 78). Cirne Lima, com sua incontendível autoridade, prelecionou: "Supõe, destarte, a atividade administrativa a preexistência de uma regra jurídica, reconhecendo-lhe uma finalidade própria. Jaz, conseqüentemente, a Administração Pública debaixo da legislação que deve enunciar e determinar a regra de Direito" (*Princípios de Direito Administrativo*, 5ª ed., Ed. RT, 1982, p. 22). O nunca assaz pranteado Seabra Fagundes, expressão pinacular do Direito Público brasileiro, resumiu tudo em frase lapidar, por sua exatidão e síntese, ao dizer que administrar é *aplicar a lei de ofício* (*O Controle dos Atos Administrativos pelo Poder Judiciário*, 5ª ed., Forense, 1979, pp. 4 e 5). Nós mesmos, inúmeras vezes, averbamos que: "A legalidade na Administração não se resume à ausência de oposição à lei, mas pressupõe autorização dela, como condição de sua ação" (*Curso de Direito Administrativo*, 4ª ed., Malheiros Editores, 1993, p. 25).

Entre os publicistas estrangeiros encontram-se aos bolhões enunciados da mesma força. Sirva de exemplo o seguinte esclarecimento de Fritz Fleiner: "Administração legal significa, pois: Administração posta em movimento pela lei e exercida nos limites de suas disposições" (*Principes Généraux du Droit Administratif Allemand*, 1933, p. 87). O eminente Professor de Coimbra, Afonso Rodrigues Queiró proferiu os seguintes preciosos ensinamentos: "A atividade administrativa é uma atividade de subsunção dos fatos da vida real às categorias legais" (*Reflexões sobre a Teoria do Desvio de Poder,* Coimbra Editora, 1940, p. 19); ou "o Executivo é a *longa manus* do legislador" (*Estudos de Direito Administrativo*, Coimbra, Atlântida, 1968, p. 9). Renato Alessi indica que a atividade administrativa subordina-se à legislativa tanto em um sentido negativo (proibições concernentes a atividades, finalidades, meios e formas de ação) quanto em um sentido *positivo*, significando este último não apenas que a lei pode vincular positivamente a atividade administrativa a determinadas finalidades, meios ou formas, mas que, sobretudo no que concerne a atividades de caráter jurídico, a Administração "pode fazer tão-somente o que a lei consente" (*Sistema Istituzionale del Diritto Amministrativo Italiano*, 3ª ed., Giuffrè,

1960, p. 9). Michel Stassinopoulos cunhou esta admirável frase para descrever a inevitável dependência administrativa da lei no Estado de Direito: "Em um Estado de Direito, a Administração encontra-se não apenas na impossibilidade de agir *contra legem* ou *extra legem*, mas é obrigada a agir sempre *secundum legem*" (*Traité des Actes Administratifs*, Athènes, Librairie Sirey, 1954, p. 69). Ernst Forsthoff encarece as relações entre o princípio da legalidade e a liberdade individual, ao esclarecer que isto se dá por uma dupla maneira: por um lado, através do expresso reconhecimento de liberdades determinadas, tanto pela Constituição como pelas leis ordinárias, e, de outro, graças ao princípio da legalidade da Administração "que não admite maiores intervenções na liberdade e propriedade além das que se acham legalmente permitidas. Este princípio se baseia na divisão de Poderes e pressupõe que a Administração age embasada na lei e que o legislador não expede, sob forma de leis, atos administrativos" (*Traité de Droit Administratif Allemand*, trad. da 9ª ed. alemã, de 1966, por Michel Fromont, Bruxelles, Établissements Émile Bruylant, 1969, p. 282).

É, pois, livre de qualquer dúvida ou entredúvida que os precitados dispositivos constitucionais brasileiros (arts. 5º, II, 84, III, e 37) consagram, com luminosa explicitude, esta enérgica proteção — a que aludem os doutrinadores referidos — contra eventuais pretensões do Executivo de disciplinar, ele próprio e segundo seus próprios critérios, a liberdade e a propriedade dos administrados, mediante imposição de obrigações de fazer ou não fazer radicadas meramente em regulamentos.*

5. Convém registrar, ainda, que o fato de a lei ser geral e abstrata — concorrendo, então, para prestigiar os valores de *impessoalidade* e da *igualdade*, na medida em que tal estrutura normativa embaraça naturalmente as perseguições e favoritismos — não é a única razão que justificaria confiar-se ao Poder Legislativo o delicado mister de disciplinar a liberdade e a propriedade das pessoas.

Com efeito, os regulamentos também são, normalmente, gerais e abstratos. Contudo, há diferenças extremamente relevantes entre eles e as leis. Estas diferenças, a seguir referidas, ensejam que as leis ofereçam aos administrados garantias muitas vezes superiores às que poderiam derivar unicamente das características de abstração e generalidade também encontradiças nos regulamentos.

6. Deveras, as leis provêm de um órgão colegial — o Parlamento — no qual se congregam várias tendências ideológicas, múltiplas facções políticas, diversos segmentos representativos do espectro de interesses que concorrem na vida social, de tal sorte que o Congresso se constitui em verdadeiro cadinho onde se mesclam distintas correntes. Daí que o resultado de sua produção jurídica, as leis — que irão configurar os direitos e obrigações dos cidadãos — necessariamente terminam por ser, quando menos em larga medida, fruto de algum contemperamento entre as variadas tendências. Até para a articulação de uma maioria são necessárias transigências e composições, de modo que a matéria legislada resulta como o produto de uma interação, ao invés da mera imposição rígida

* Nas Constituições dos países do Continente europeu não há dispositivos de equivalente amplitude. Por razões históricas e por tradição constitucional, neles, os regulamentos têm um âmbito de disposição muitíssimo maior do que no Direito brasileiro. É que nossa feição constitucional, a partir de 1891, não se inspirou nas Constituições dos países europeus continentais, permissivos de maior latitude das competências regulamentares do Executivo, mas no modelo norte-americano, refletindo, pois, em última instância, tal como este, a mesma preocupação do Direito inglês, notoriamente defensiva da liberdade e propriedade dos indivíduos. Daí resulta que estas só por lei podem ser afetadas. Então, não é difícil perceber que as citações colhidas em doutrinadores da Europa Continental aplicam-se com muito maior exatidão ao caso brasileiro do que aos países de origem dos doutrinadores alienígenas colacionados.

das conveniências de uma única linha de pensamento.

Com isto, as leis ganham, ainda que em medidas variáveis, um grau de proximidade em relação à média do pensamento social predominante muito maior do que o que ocorreria caso fossem a simples expressão unitária de uma vontade individual, embora representativa, também ela, de uma das facções sociais. É que, afinal, como bem observou o insuspeito Kelsen, o Legislativo, formado segundo o critério de eleições proporcionais, ensejadoras, justamente, da representação de uma pluralidade de grupos, inclusive de minorias, é mais democrático que o Executivo, ao qual se acede por eleição majoritária.

Se fosse possível, mediante simples regulamentos expedidos por presidente, governador ou prefeitos, instituir deveres de fazer ou não fazer, ficariam os cidadãos à mercê, se não da vontade pessoal do ungido no cargo, pelo menos, da perspectiva unitária, monolítica, da corrente de pensamento de que este se fizesse porta-voz.

Mas não só isto, entretanto. Ainda há mais.

7. O próprio processo de elaboração das leis, em contraste com o dos regulamentos, confere às primeiras um grau de controlabilidade, confiabilidade, imparcialidade e qualidade normativa muitas vezes superior ao dos segundos, ensejando, pois, aos administrados um teor de garantia e proteção incomparavelmente maiores.

É que as leis se submetem a um trâmite graças ao qual é possível o *conhecimento público* das disposições que estejam em caminho de serem implantadas. Com isto, evidentemente, há uma fiscalização social, seja por meio da imprensa, de órgãos de classe, ou de quaisquer setores interessados, o que, sem dúvida, dificulta ou embarga eventuais direcionamentos incompatíveis com o interesse público em geral, ensejando a irrupção de tempestivas alterações e emendas para obstar, corrigir ou minimizar tanto decisões precipitadas quanto propósitos de favorecimento, ou, reversamente, tratamento discriminatório, gravoso a grupos ou segmentos sociais, econômicos ou políticos. Demais disto, proporciona, ante o necessário trâmite pelas Comissões e o reexame pela Casa Legislativa revisora, aperfeiçoar tecnicamente a normatização projetada, embargando a possibilidade de erros grosseiros, ilogismos ou inconveniências mais flagrantes. Finalmente, propicia um quadro normativo mais estável, a bem da segurança e certeza jurídicas, sem as quais é impossível um planejamento razoável da atividade econômica das pessoas e empresas e até dos projetos individuais de cada qual. E, até mesmo para garantir o desfrute de todas as vantagens mencionadas, o constituinte brasileiro teve o cuidado de regular minuciosamente o processo legislativo, obstando a que, por disposições infraconstitucionais, se pudesse estabelecer um rito menos prudente na elaboração das leis.

8. Já, os regulamentos carecem de todos estes atributos e, pelo contrário, propiciam as mazelas que resultariam da falta deles, motivo pelo qual, se são perfeitamente prestantes e úteis para a simples delimitação mais minudente das providências necessárias ao cumprimento dos dispositivos legais, seriam gravemente danosos — o que é sobremodo claro em país com as características políticas do Brasil — se pudessem, por si mesmos, instaurar direitos e deveres, impondo obrigações de fazer ou não fazer.

Deveras, opostamente às leis, os regulamentos são elaborados em gabinetes fechados, sem publicidade alguma, libertos de qualquer fiscalização ou controle da sociedade ou, mesmo, dos segmentos sociais interessados na matéria. Sua produção se faz apenas em função da vontade, isto é, da diretriz estabelecida por uma pessoa, o Chefe do Poder Executivo, sendo composto por um ou poucos auxiliares diretos seus ou de seus imediatos. Não necessita passar, portanto, nem pelo embate de tendências políticas e ideológicas diferentes, nem mesmo pelo crivo técnico de uma pluralidade de pessoas instrumentadas por formação ou preparo profissional variado ou comprometido com orientações técnicas ou científicas discrepantes. Sobre mais, irrompe da noite para o dia, e assim também pode ser alterado ou suprimido.

São visíveis, pois, a natural inadequação e os imensos riscos que adviriam para os objetivos essenciais do Estado de Direito — sobreposse, repita-se, em um país ainda pouco afeito a costumes políticos mais evoluídos — de um poder regulamentar que pudesse definir, por força própria, direitos ou obrigações de fazer ou não fazer imponíveis aos administrados.

9. Tudo isto certamente explica o caráter cortante dos arts. 5º, II, e 84, III, da Constituição brasileira, por força dos quais é iniludivelmente claro que *só por lei se regula liberdade e propriedade; só por lei se impõem obrigações de fazer ou não fazer*, e só para cumprir dispositivos legais é que o Executivo pode expedir decretos e regulamentos. Também por tudo isto se explica o redobrado cuidado do constituinte ao reiterar, no âmbito das liberdades econômicas, a absoluta inteireza e valia destas colunas mestras de nosso sistema, conforme resulta do art. 170 — encarecedor da liberdade de iniciativa — de seu inc. III — encarecedor da livre concorrência — e do § 1º deste preceptivo, que, uma vez mais, renova a submissão total dos atos administrativos à lei e a diretriz básica de que só por lei é possível restringir a liberdade econômica. O aludido versículo, repita-se, dispõe ser livre o exercício de qualquer atividade econômica, independentemente de autorização dos órgãos públicos, salvo os casos previstos em *lei*.

Segue-se que os regulamentos *não podem aportar à ordem jurídica direito ou obrigação que já não estejam, na **lei**, previamente **caracterizados e de modo suficiente**,* isto é, nela delineados, ao menos pela indicação dos critérios e balizamentos indispensáveis para o reconhecimento de suas composturas básicas.

Foi o que de outra feita averbamos, apostilando que "há inovação proibida sempre que seja impossível afirmar-se que aquele específico direito, dever, obrigação, limitação ou restrição já estavam estatuídos e identificados na lei regulamentada. Ou, reversamente: há inovação proibida quando se possa afirmar que aquele específico direito, dever, obrigação, limitação ou restrição incidentes sobre alguém não estavam já estatuídos e identificados na lei regulamentada. A identificação referida não necessita ser absoluta, mas deve ser suficiente para que se reconheçam as condições básicas de sua existência em vista de seus pressupostos, estabelecidos na lei e nas finalidades que ela protege" (*Ato Administrativo e Direitos dos Administrados*, Ed. RT, 1981, p. 98).

10. De resto, novidade alguma existe no trecho mencionado. Advertências do mesmo tom têm sido feitas, a cotio e a sem-fins, por doutores da máxima suposição. Não é demais pôr em curso cita literal de algumas passagens colhidas nestes doutrinadores. Pontes de Miranda bordou com pena de ouro os seguintes comentos: "Se o regulamento cria direitos ou obrigações novas, *estranhas* à lei, ou faz reviverem direitos, deveres, pretensões, obrigações, ações ou execuções que a lei apagou, é inconstitucional. *Tampouco pode ele limitar, modificar, ampliar direitos, deveres, pretensões, obrigações ou exceções*" (*Comentários à Constituição de 1967, com a Emenda 1/69*, 2ª ed. revista, t. III/316, Ed. RT, 1970, — grifos nossos).

E mais: "*Onde se estabelecem, alteram ou extinguem direitos, não há regulamentos — há abuso do poder regulamentar*, invasão de competência do Poder Legislativo. O regulamento nada mais é que auxiliar das leis, auxiliar que sói pretender, não raro, o lugar delas, sem que possa, com tal desenvoltura, justificar-se e lograr que o elevem à categoria de lei" (ob. cit., p. 314 — grifos nossos).

É que, como disse Geraldo Ataliba: "Sua função é facilitar a execução da lei, é especificá-la de modo praticável e, sobretudo, acomodar o aparelho administrativo para bem observá-la" ("Decreto regulamentar no sistema brasileiro", *RDA* 97/23).

Daí haver este último mestre incluído entre as conclusões do referido estudo a de que o regulamento "*nada cria de novo*; apenas dá disposições administrativas, tendentes à fiel execução da lei; *não erige norma nova*; apenas adequa os órgãos administrativos para bem cumprirem ou permitirem o cumprimento da lei" (loc. cit., p. 32 — grifos nossos).

Seabra Fagundes, de seu turno, anotou que o regulamento: "Prende-se em essência ao texto legal. O seu objetivo é tão-somente facilitar, pela especificação do processo executório e pelo desdobramento minucioso do conteúdo sintético da lei, a execução da vontade do Estado expressa em ato legislativo" (*O Controle dos Atos Administrativos pelo Poder Judiciário*, 5ª ed., Forense, 1979, p. 24, nota de rodapé 2).

E disse, logo adiante: "Não lhe cabe alterar situação jurídica anterior, mas apenas pormenorizar as condições de modificação originária de outro ato (a lei). Se o fizer, exorbitará, significando uma invasão pelo Poder Executivo da competência legislativa do Congresso" (ob. e loc. cits.).

Em suma: entre a lei e o regulamento não existem apenas diferenças de origem ou de posição na hierarquia da norma jurídica. Como bem ressaltara Oswaldo Aranha Bandeira de Mello, ponto de supino relevo para distingui-los está em que, no que atina à força jurídica que possuem: "... a lei *inova originariamente* na ordem jurídica, enquanto o regulamento não a altera", pois esta, como diz o mesmo mestre: "*É fonte primária*, ao passo que o regulamento é fonte secundária, inferior" (*Princípios Gerais de Direito Administrativo*, 2ª ed., v. I/316, Forense, 1979 — grifos nossos), de tal forma que os regulamentos: "... hão de ter por conteúdo regras orgânicas e processuais destinadas a pôr em execução os princípios institucionais estabelecidos em lei, ou normas em desenvolvimento dos preceitos constantes da lei, expressos ou implícitos, dentro da órbita por ela circunscrita, isto é, das diretrizes, em pormenor, por ela determinadas" (ob. e v. cits., p. 314).

11. Esta diferente força jurídica, a de inovar originariamente (lei) ou, tão-só, a de especificar *o que já foi objeto de disciplina*, portanto, o que já sofreu, por lei, *caracterização e delineamento anterior* (regulamento), é que oferece deslinde para outro problema cuja solução seria tormentosa não fora a diretriz fornecida pela distinção em apreço. A saber: o problema dos limites de liberdade passíveis de serem deferidos pela lei ao regulamento sem incorrer em delegação de poderes disfarçada, ou, mesmo ingenuamente, procedida em descompasso com o Texto Constitucional.

Com efeito, a questão é transcendente, pois de nada adiantariam aturadas cautelas para acantonar o regulamento em seu campo de expressão próprio se, por força da própria obra legislativa, fosse possível, indiretamente, dilatar-lhe a esfera de ação e ensejar, por meio transverso, infiltração do Executivo em área que se quer defendida contra suas eventuais incursões. Vale dizer: de nada adiantariam os arts. 5º, II, e 84, III, se, ulteriormente, o legislador pudesse entregar, de mão beijada, a esfera da liberdade e da propriedade dos administrados para ser disciplinada por via de regulamento.

Fora isto possível e a garantia constitucional de que "ninguém poderá ser obrigado a fazer ou *deixar de fazer* alguma coisa senão em virtude *de lei*", a segurança de que os regulamentos seriam meramente executivos, a certeza de que o livre exercício de qualquer atividade econômica seria livre e independente de autorização de órgãos públicos, "salvo nos casos estabelecidos *em lei*", deixariam de se constituir em proteção constitucional, convertendo-se em preceitos que vigorariam se e na medida do amor ou desamor do legislador ordinário pela Lei Magna. Em suma: não mais haveria a garantia *constitucional* aludida, pois os ditames ali insculpidos teriam sua valia condicionada às decisões infraconstitucionais, isto é, às que resultassem do querer do legislador ordinário.

É dizer: se à lei fosse dado dispor que o Executivo disciplinaria, por regulamento, tal ou qual liberdade, o ditame assecuratório de que ninguém será obrigado a fazer ou deixar de fazer alguma coisa senão em virtude de lei perderia o caráter de garantia constitucional, pois o administrado seria obrigado a fazer ou deixar de fazer alguma coisa ***ora*** *em virtude de regulamento,* ***ora*** *de lei*, ao líbito do Legislativo, isto é, conforme o legislador ordinário entendesse de decidir. É óbvio, entretanto, que, em tal caso, este último estaria se sobrepondo ao constituinte e subvertendo a hierarquia entre Constituição e lei, evento juridicamente inadmissível em regime de Constituição rígida.

Aliás, note-se, *nem mesmo por "lei delegada" seria possível ao Executivo regular direitos individuais*, ante a vedação explícita do art. 68, III, o qual embarga que tal matéria seja objeto da referida espécie legislativa.

12. Por tudo quanto se expôs, resulta óbvio que são inconstitucionais as disposições regulamentares produzidas na conformidade de *delegações disfarçadas*, resultantes de leis que meramente transferem ao Executivo o encargo de disciplinar o exercício da liberdade e da propriedade das pessoas. Tal perigoso vício é especialmente vitando e contra ele adverte Pontes de Miranda, ao averbar: "Se o Poder Legislativo deixa ao Poder Executivo fazer lei, delega; o poder regulamentar é o que se exerce sem criação de regras jurídicas que alterem as leis existentes e sem alteração da própria lei regulamentada... Nem o Poder Executivo pode alterar regras jurídicas constantes de lei, a pretexto de editar decretos para a sua fiel execução, ou regulamentos concernentes a elas, *nem tal atribuição pode provir de permissão ou imposição legal de alterar regras legais ou estendê-las ou limitá-las ... Onde o Executivo poderia conferir ou não direitos, ou só os conferir segundo critério seu ou parcialmente seu, há delegação de poder*" (ob. e v. cits., pp. 312 e 313).

Mesmo que não o faça com precisão capilar, a lei tem que caracterizar o direito ou a obrigação, limitação, restrição que nela se contemplem, tanto como o enunciado dos pressupostos para sua irrupção e os elementos de identificação dos destinatários da regra, de sorte que, ao menos, a compostura básica, os critérios para seu reconhecimento estejam de antemão fornecidos. Assim, o espaço regulamentar conter-se-á dentro destas balizas professadamente enunciadas na lei.

Na delegação feita indiretamente justamente faltam estas especificações, pois se pretende, ao arrepio da Constituição, liberar o Executivo para compô-las, ficando-lhe concedido como que um cheque em branco, a ser preenchido por via regulamentar. E isto, evidentemente, não é tolerado pela Constituição. Seria de absoluta inanidade o preceituado nos artigos insistentemente referidos se houvesse tolerância para com práticas do gênero, e os objetivos do Estado de Direito, que foram tão zelosamente resguardados na Lei Magna, soçobrariam por inteiro. Interpretação que ignorasse as limitações mencionadas contrariaria a sábia advertência de Carlos Maximiliano, o sumo mestre brasileiro em tema de hermenêutica, assim expressada: "Deve o Direito ser interpretado inteligentemente, não de modo a que a ordem legal envolva um absurdo, prescreva inconveniências, vá ter a conclusões inconsistentes ou impossíveis" (*Interpretação e Aplicação do Direito*, 2ª ed., Ed. da Livraria do Globo, 1933, p. 183).

Com efeito, seria um absurdo e afrontoso à inteligência supor que a Constituição estabeleceu mecanismos tão cautelosos para defesa de valores ciosamente postos a bom recato os quais, entretanto, seriam facilmente reduzidos a nada graças ao expediente singelo das delegações procedidas indiretamente. É que, como disse o precitado Geraldo Ataliba, em frase altamente sugestiva: "Ninguém construiria uma fortaleza de pedra, colocando-lhe portas de papelão".

DOUTRINA

CONDICIONAMENTOS E SACRIFÍCIOS DE DIREITOS — DISTINÇÕES

CARLOS ARI SUNDFELD

Professor Associado de Direito Administrativo na Faculdade de Direito da Universidade Católica de São Paulo

I — Colocação do problema

1. Os regimes dos condicionamentos administrativos (normalmente chamados "limitações") e dos sacrifícios de direitos são radicalmente distintos. Os primeiros são gratuitos e veiculados diretamente por lei ou por ato administrativo. Os segundos demandam indenização e só podem ser impostos por ação de desapropriação. Daí a necessidade de saber quais são as medidas de gravame que implicam sacrifício e quais importam mero condicionamento. A utilidade da distinção é dupla: de um lado, apartar as ablações indenizáveis das gratuitas; de outro, tendo em conta que apenas através de processo judicial — não, portanto, de lei — os direitos podem ser sacrificados, indicar os limites do legislador na regulação do exercício deles.

II — Critério da transferência patrimonial

2. Vários critérios de distinção têm sido manejados pela doutrina e pela jurisprudência.[1]

O primeiro é o da transferência patrimonial. Haveria sacrifício quando um bem fosse definitivamente deslocado das mãos de seu titular original para as de outrem (ex.: desapropriação de terreno para construção de obra pública), mas não quando permanecesse no seu patrimônio.

Esse critério, muitas vezes invocado pela jurisprudência nacional, é bisonho. Deriva da idéia, totalmente anacrônica, de que só existe expropriação em caso de aquisição, pelo Estado, do bem atingido. É, aliás, a partir dele que a Administração brasileira — não sem um tanto de cinismo e irresponsabilidade — vem criando, em imóveis privados, autênticos "parques nacionais", na tentativa de transferir aos proprietários funções que a ela pertencem. Sobretudo nestes tempos de *frisson* ecológico, o Estado não tem resistido à tentação de buscar essa solução fácil: cria o "parque nacional", satisfazendo a opinião pública, e nada gasta com isso, porque não desapropriou nem precisa manter a área, o que fica por conta do proprietário!

O critério, como logo se vê, é um desastre. Desconhece a circunstância de a expro-

1. Sobre o tema, García de Enterría e Fernández, *Curso de Derecho Administrativo*, v. II/207 e ss., Madri, Civitas, 1977; Fernando Alves Correia, *As Garantias do Particular na Expropriação por Utilidade Pública*, separata do v. XXIII do *Suplemento* ao *Boletim da Faculdade de Direito da Universidade de Coimbra*, 1982, pp. 80 e ss.; Ernst Forsthoff, *Traité de Droit Administratif Allemand*, Bruxelas, Émile Bruylant, 1969, pp. 493 e ss.

priação nem sempre atingir bens corpóreos (coisa a respeito da qual dúvida não se põe, no Brasil) e de nem sempre gerar aquisição de direitos pelo expropriante (o que parte de nossa doutrina ainda não percebeu). Ignora que o sacrifício parcial ou temporário é, tanto quanto o total ou permanente, uma expropriação. Peca por imaginar que a expropriação disfarçada seja uma categoria jurídica, e não apenas isto: uma expropriação disfarçada. Por fim, imagina que a indenização das expropriações deriva do princípio da proibição do enriquecimento sem causa — donde o dever de o Estado prestar indenização ao enriquecer seu patrimônio com bens privados — quando o fundamento é bem outro.

III — Critério do veículo instituidor

3. O segundo critério é o do veículo de instituição do gravame. Haveria condicionamento quando imposto por lei e sacrifício quando imposto por outra espécie de ato estatal (administrativo ou judicial). Assim, p. ex., a servidão *ope legis* seria condicionamento; já, a servidão resultante de processo judicial seria sacrifício.

O critério baseia-se na oposição puramente formal entre lei e ato administrativo ou judicial. Considerada, no entanto, a ótica do particular, o que distingue o tombamento de imóvel determinado por lei e o procedido por ato administrativo? Os efeitos sobre o patrimônio privado são idênticos num caso e noutro. Daí a impossibilidade de dar tratamento diferenciado às hipóteses. Ademais, o critério deixa sem resposta problema fundamental: o de saber até onde a lei pode ir na constrição da esfera privada sem ultrapassar a linha do sacrifício, que lhe é interditada.

IV — Critério da generalidade "x" singularidade

4. O terceiro critério é o da generalidade ou singularidade da medida. Segundo ele, os gravames decorrentes de ato geral e abstrato seriam condicionamentos, os derivados de medidas singulares seriam sacrifícios.

Entre nós, Celso Antônio Bandeira de Mello o defende: "É da essência das limitações administrativas o serem genéricas e provirem de lei. *Toda vez que seja necessário um ato concreto especificador*, ou seja, *uma providência administrativa que individualize algum imóvel, especificando-o* e destacando-o do regime genérico que abstratamente incide sobre o conjunto deles, obviamente não se estará perante uma limitação, mas diante de um *sacrifício de direito*. Em tal caso, não haverá falar em limitação, isto é, em traçado do perfil do direito, mas em *compressão do próprio direito de propriedade*, posto que não se tratará de estabelecer uma disciplina para a propriedade, porém de *individualizar, particularizar*, impondo um gravame, uma submissão especificada ao interesse público e que pode chegar ao extremo de demitir alguém de sua titulação sobre o imóvel".[2]

Essa visão vem, há longo tempo, sofrendo séria contestação, sobretudo na Alemanha, onde os autores noticiam seu abandono. Não se nega que, em sua substância conceitual, o critério aponte o caminho correto. Realmente, a definição genérica e abstrata do conteúdo do direito em princípio não importa seu sacrifício, não só porque essa definição é função normal do legislador, dada a inviabilidade lógica de existirem direitos ilimitados, como por a generalidade e a abstração serem coerentes com a isonomia.

V — Aperfeiçoamento do critério

5. Porém, o critério da generalidade "x" singularidade tem suas limitações, porque: a) é pouco firme; b) desconsidera que a regulação genérica por vezes atinge a

2. C. A. Bandeira de Mello, "Tombamento e dever de indenizar", *RDP* 81/68.

substância do direito regulado; c) não é absoluto. Examinemos essas dificuldades.

6. A distinção entre o geral e o singular não é nem pode ser exata (quantas pessoas formam uma multidão?).[3] Daí as dúvidas quanto à generalidade de certas medidas: o tombamento de todas as casas de uma rua é geral? De um lado, sim, porque colhe indistintamente os que se encontram numa mesma situação (estar localizado na rua tal); de outro, não, porque, se tomado outro sinal mais amplo (o estar situado no mesmo bairro ou cidade), o ato surgirá como especificador. O problema reside, como se vê, no fator à base do qual se vai em busca das semelhanças e diferenças.

Tais dificuldades não aconselham o total abandono do critério, mas o reconhecimento de suas limitações. A questão essencial, que se procura refletir com essa teoria, é a de ver respeitado o princípio da igualdade; quer-se evitar a discriminação entre as pessoas, exigindo mais de umas que de outras. Em múltiplos casos, será evidente o tratamento desigualado, e, portanto, a presença de sacrifício. É exemplo: em uma cidade, vários terrenos continuam desocupados, com cobertura vegetal nativa. O Estado exige do proprietário de apenas um deles a preservação da terça-parte das árvores existentes, liberando os demais para usarem livremente seus terrenos. Há óbvio atentado à igualdade, que não ocorreria se todos sofressem a mesma constrição. Contudo, se idêntica restrição fosse dirigida apenas aos terrenos da região central, haveria violação da isonomia? A resposta, em tese, é problemática, só podendo ser dada a partir de padrões de racionalidade e razoabilidade. Imagine-se, também, que as construções à margem de autopistas devam obedecer a recuo de 10 metros, enquanto as situadas à beira de outras estradas tenham recuo menor, de 5 metros. O tratamento diferenciado é proporcional à distinção entre as situações? Apenas o manejo dos princípios da racionalidade e da razoabilidade fornece solução adequada.

Há, contudo, um ponto a partir do qual saber da generalidade ou não do ato deixa de ter interesse: quando importe onerosidade excessiva para o proprietário ou — o que é o caso óbvio — quando elimine o conteúdo mínimo do direito.[4]

7. O direito de propriedade é assegurado constitucionalmente (art. 5º, XXII). Inobstante caiba à lei regulamentar seu conteúdo, essencial a preservação de um conteúdo mínimo, insuprimível. Não fosse assim, a proteção constitucional seria oca. Qual é, então, esse conteúdo mínimo? A instituição da propriedade responde à necessidade de afetar os bens à realização de fins individuais ou sociais.

No modelo econômico fundado na propriedade, a apropriação, para conseqüente uso do bem, é fundamental. Ele pressupõe não só a possibilidade de os homens desfrutarem das coisas que lhes são oferecidas, como de fazê-lo com exclusividade. Necessário que outros não possam, concomitantemente, tomar do mesmo bem. A relação de propriedade tem o condão de afastar terceiros do seu seio, ao qual só serão admitidos por vontade do titular.

3. Forsthoff observa que "o número de pessoas atingidas pela lei é infinitamente variável sem que a lei renuncie necessariamente à utilização de formulações gerais. É certo que sempre é possível distinguir se uma lei se dirige a uma pessoa individual ou a uma coletividade. Mas estes são dois extremos entre os quais existe uma infinidade de estágios. O ato manifestamente individual e a regra manifestamente geral não oferecem dificuldades. Os problemas surgem com relação aos estágios intermediários, em relação aos quais não se sabe se é o caso de ver uma norma individual (ato individual) ou uma norma geral" (ob. cit., p. 495).

4. É o que afirmam García de Enterría e Fernández: "Não apenas a extensão numérica, também o grau e a índole da privação, de modo que esta implique não mais uma regulação, senão um despojamento da substância — total ou parcial — do direito, devem ser considerados com preferência inclusive a essa extensão, para determinar se o ataque ou o sacrifício merecem ou não a qualificação de expropriatório" (ob. cit., p. 211).

Analisado o direito de propriedade como proteção constitucional do indivíduo, é de seu conteúdo a idéia de exclusividade. Ato municipal que autorizasse transeuntes a trafegar por terreno particular ou norma federal que facultasse ao vizinho realizar suas plantações no imóvel lindeiro implicariam sacrifício, na medida em que, afastando a exclusividade, tornariam sem objeto a apropriação. Por isso mesmo, as chamadas servidões (ou ao menos a maior parte delas) configuram diminuição da esfera jurídica do proprietário, e, portanto, sacrifício de direito.[5]

Corolário do poder de apropriar-se de uma coisa é o de reivindicá-la de terceiro que injustamente a detenha. Fosse impossível retomar o bem, nula seria a garantia à exclusividade.

Em sentido amplo, utilizar o bem é destiná-lo a uma finalidade. Compreende os poderes de dispor, usar ou gozar. *Dispor* é alienar, consumir ou gravar de ônus (como a hipoteca, o usufruto). *Usar* é retirar as utilidades que, sem oneração, alienação, destruição ou alteração na substância, a coisa pode oferecer. Usa-se um imóvel para moradia, para instalação de negócio industrial ou comercial etc. Finalmente, *gozar* é perceber os rendimentos que o bem pode proporcionar (como o aluguel). A apropriação visa à utilização, vale dizer, a *afetação a uma finalidade*. Inútil a detença de algo que não se pode empregar. Impossibilitada a utilização, a propriedade estará esvaziada de seu conteúdo mínimo. Por esse motivo, na regulamentação do direito constitucionalmente assegurado, o legislador tem como limite a garantia da utilização do bem. Poderá diminuí-la, condicioná-la, dificultá-la. Porém, todo ato estatal que importe impedir — ou reduzir à insignificância, que é a mesma coisa — a utilização gerará sacrifício do direito de propriedade.

Resta saber, então, quando estará impossibilitada a utilização da propriedade, e, em conseqüência, esvaziado o direito de seu conteúdo mínimo. Celso Antônio Bandeira de Mello aponta a idéia da *funcionalidade*: o direito estaria sacrificado quando não se pudesse dar ao bem utilização funcional, entendendo-se por "funcionalidade a aptidão natural do bem em conjugação com a destinação social que cumpre, segundo o contexto em que esteja inserido. É isto que o Direito quer proteger quando consagra, constitucionalmente, o direito de propriedade".[6]

Em outras palavras, qualquer condicionamento do direito de propriedade tem como limite a *viabilidade prática e econômica do emprego* da coisa: proibido este, o direito estará totalmente sacrificado. Assim, a proibição de construir em terreno urbano, por impedir o uso viável, atinge a garantia constitucional e gera sacrifício. Ato que proibisse os locadores de recebe-

5. Adílson Abreu Dallari, "Servidões administrativas", *RDP* 59-60/98, e Maria Sylvia Zanella Di Pietro, *Servidão Administrativa*, São Paulo, Ed. RT, 1978, p. 21.

6. C. A. Bandeira de Mello, "Natureza jurídica do zoneamento — Efeitos", *RDP* 61/39. A doutrina alemã é no mesmo sentido: "Para determinar esses limites, toma-se em consideração mais e mais o fato de a destinação do bem ser alterada ou de seu uso deixar de ser compatível com sua função. Se a lei regulamenta o direito de propriedade respeitando a destinação do bem, ou se ela se contenta em impor ao proprietário obrigações que permitam uma utilização compatível com a função do bem, o direito de disposição do proprietário é submetido a restrições que ficam nos limites do permitido por sua função social ... Se, ao contrário, impõe-se ao proprietário uma obrigação que altere a destinação do bem, não pode mais ser questão de simples função social do direito de propriedade. Esses princípios se aplicam particularmente à legislação sobre a utilização dos terrenos, notadamente sobre a construção imobiliária, a proteção das paisagens e da natureza. Se a qualidade de terreno edificável foi atribuída a um terreno, ela não pode lhe ser retirada sem indenização, mesmo se não foi ainda utilizada, porque a construção constitui uma utilização compatível com a destinação do terreno" (Forsthoff, ob. cit., p. 498). O legislador belga, consagrando esse entendimento, determinou a indenização dos atingidos por medidas que impliquem a cessação do uso ao qual o bem estava *afetado* ou *normalmente destinado* (Jean-Michel Favresse e outros, *Aspects Juridiques de l'Intervention des Pouvoirs Publics dans la Vie Économique*, Bruxelas, Bruylant, p. 65).

rem aluguel ou que o fixasse em valor insignificante implicaria sacrifício, decorrente da cassação da faculdade de gozo. Norma que impedisse, por cinco anos, a alienação de apartamentos residenciais poderia ou não produzir sacrifício, conforme fosse a destinação social do bem. Uma empresa construtora que, ao término da edificação, fosse apanhada por tal disposição ver-se-ia impedida de dar utilização funcional à coisa, visto que, para ela, utilizar significa exatamente dispor.

Tem-se aí um panorama das hipóteses em que se atinge a própria substância do direito de propriedade. Como visto, esse atentado pode ser parcial ou total. Será parcial em caso de onerosidade excessiva (ex.: servidão de passagem de fios elétricos) e total quando subtrair o próprio conteúdo essencial mínimo do direito (ex.: proibição absoluta de construir em terreno urbano). Lembre-se que, nessas situações, é indiferente que os agravos sejam genéricos ou individualizados.

8. Por fim, os condicionamentos nem sempre são impostos genericamente, podendo decorrer de ato individualizador. Pensemos na requisição de determinado imóvel, feita pela Justiça Eleitoral com base em lei, para abrigar seção de votação em dia de pleito. O direito é atingido por ato concreto, individualizador, e nem por isso se terá sacrifício. O mesmo se passa com o tombamento de uma obra de arte (a escultura de famoso artista, p. ex.). Qual a razão? Não se pense que o ato não impõe gravame particularizado, por decorrer de lei que o regule abstratamente. Também a servidão de passagem de fios elétricos — indiscutivelmente, um sacrifício de direito — é constituída com base em lei, que a admite para todo e qualquer imóvel.

A diferença entre as duas situações está em que o condicionamento, mesmo quando gerado por ato específico, corresponde a gravame *normal*, tido por indispensável e coerente com os graus de exigência da vida social, ou que não provoca prejuízo, ou o provoca por breve tempo ou em reduzida extensão. O sacrifício é constrangimento extraordinário, excedente dos padrões de normalidade habitualmente aceitos.

O conceito de normalidade flutua no tempo e no espaço. Contudo, é viável e necessário delimitá-lo, até certo grau. É normal, mesmo quando atinja sujeito especificado, o gravame *de baixa intensidade* (ex.: dever de suportar a afixação, na fachada do imóvel, de placa indicativa do nome da rua), *de pequena extensão* (ex.: dever de preservar portal histórico, quando da demolição do prédio para nova edificação), *de curtíssima duração* (ex.: ocupação de terreno pela Polícia, por dois dias, para acesso ao imóvel vizinho, invadido por bandidos), *que não altere a destinação do bem nem impeça ou diminua sua utilização natural* (ex.: tombamento de obra pictórica, impedindo sua destruição) ou *que provoque mínimo prejuízo* (ex.: requisição de trator pertencente a particular para remover pequena quantidade de entulho lançado na via pública).

PARECERES

DESAPROPRIAÇÃO — IMISSÃO PROVISÓRIA — DEPÓSITO

CAIO TÁCITO
Professor Emérito da Universidade do Estado do Rio de Janeiro

Parecer

1. A consulta submetida a nosso exame tem por objeto o pedido de mandado de segurança interposto pela Fundação de Seguridade Social do Banco Econômico (ECOS) pleiteando seja cassada decisão proferida pelo TRF da 1ª Região pertinente a depósito em garantia de imissão provisória na posse de bem expropriado.

A União Federal propôs ação expropriatória contra a referida Fundação com respeito a imóvel declarado de utilidade pública para atender a instalação de órgão da Justiça do Trabalho.

Não foi, *initio litis*, alegada urgência nem requerida imissão provisória na posse. A medida somente foi postulada decorridos cerca de três anos do início da ação e foi deferida mediante depósito igual ao valor venal do imóvel, atestado pela Municipalidade.

Ao tempo, porém, da concessão da medida já se encontrava nos autos laudo pericial sobre o justo valor da propriedade, muitas vezes superior ao montante do depósito feito pelo expropriante.

Acolhendo agravo do expropriado e louvado na evidente insignificância do depósito, o juiz da ação, embora mantendo a imissão provisória, reformou, em parte, o despacho anterior para determinar a complementação do depósito, acatando, como base, o valor apurado na perícia.

Essa retratação parcial não foi impugnada, oportunamente, pela União, que se omitiu no pedido de subida do agravo.

O apelo do expropriado, para conhecimento da parte da decisão que fora mantida, a saber, a nulidade da tardia imissão provisória na posse, não foi provido e a instância *ad quem* (a 4ª Turma do TRF da 1ª Região) manteve, na íntegra, o segundo despacho do juízo de 1ª instância, ordenatório da complementação do depósito.

O ato colegiado substituiu, portanto, a decisão do órgão singular, conforme o princípio inscrito no art. 512 do Código de Processo Civil, abonado pela melhor doutrina.

Tornou-se, assim, preclusa a decisão monocrática e obrigado o expropriante a reforçar o depósito de modo a alcançar o valor da avaliação pericial.

A inviolabilidade do *decisum* eliminava o cabimento de mandado de segurança, à luz da consolidada jurisprudência do STF, expressa no verbete 268 da Súmula: "Não cabe mandado de segurança contra decisão judicial com trânsito em julgado".

Contudo, a União Federal interpôs mandado de segurança perante o TRF da 1ª Região (que, por uma de suas Câmaras, ratificara o ato de primeira instância mediante o julgamento do agravo de instrumento) e a respectiva 2ª Seção conheceu da impetração e cassou o segundo despacho para restabelecer a eficácia do primeiro, convalidando o depósito feito, nos termos do cálculo inicial, ou seja, com base no valor venal declarado para efeito fiscal.

O acórdão respectivo começa por reconhecer que "o mandado de segurança não constitui via sucedânea de recurso não interposto ou não conhecido por extemporaneidade".

Adita, porém, que, "traduzindo a decisão ato teratológico, flagrantemente ilegal ou abusivo de poder, admissível se torna o *writ* proposto para evitar o dano irreparável ou de difícil reparação".

Pondera que, no caso, "a imissão provisória do Poder Público na posse do bem expropriado foi autorizada mediante o depósito de quantia representativa do valor cadastral do imóvel, sem prejuízo da apreciação de seu justo valor no curso do processo da desapropriação".

Para conceder a prestação mandamental conclui afirmando que "condicionar a concretização da imissão provisória na posse a que o Poder Público deposite o valor total da indenização encontrado em laudo pericial constitui inverso da ordem processual estabelecida para desapropriações, e flagrante ofensa ao disposto no art. 15, § 1º, *c*, do Dec.-lei 3.365/41".

No voto vencedor, adverte o ilustre Relator que, no julgamento do agravo de instrumento antes proferido, não cabia ser apreciada a parte da decisão agravada contrária à União expropriante, que dela não recorrera "em razão do princípio recursal da *reformatio in pejus*".

Destaca que "a questão restara, assim, preclusa, no ensinamento dos Ministros do TFR Carlos Velloso (Ag. 52.119-SP) e Sebastião Reis (Ag. 45.263-RJ)".

Invocou, todavia, acórdão proferido no MS 14.511-6, em que o Tribunal judicante, pelo voto do relator, Juiz Hércules Quasimodo, assim deliberava: "Mandado de segurança contra decisão jurisdicional. Necessidade de prévia interposição de agravo de instrumento contra a providência hostilizada, salvo hipótese de decisão teratológica ou flagrantemente ilegal".

2. Não é isolado o aresto em questão. A jurisprudência tem construído o entendimento de que, em casos extremos de ruptura flagrante da ordem jurídica, o princípio da preclusão poderá ser, excepcionalmente, ultrapassado para que se possa corrigir inequívoca violação à lei (v., a respeito, o abono de anotação in Theotonio Negrão, *Código de Processo Civil*, 17ª ed., p. 816).

A providência heróica pressupõe, no entanto, a inegável flagrância de ato manifestamente ilegal ou teratológico que, pela anomalia inquestionável, não possa conviver com o princípio da legalidade.

A argüição de ilegalidade há de ser tão clara e irretorquível que elimine qualquer margem de razoabilidade na decisão impugnada.

Não é suficiente que a ele se oponha a invocação da letra da lei, ou mesmo que a interpretação acolhida não tenha o beneplácito majoritário na exegese usual ou dominante.

Teratológica ou flagrantemente ilegal não será a interpretação inovadora que, discrepante embora do texto literal da lei, representa caminho construtivo na evolução jurisprudencial.

Não são raras as variações de hermenêutica que, sobrepondo a uma norma determinada os princípios que estruturam o sistema, superam as insuficiências de forma, para alcançar a essência do conteúdo.

Ademais, o sistema processual oferece via adequada para o desfazimento de decisão transitada em julgado sob alegação de violar literal disposição de lei. A ação rescisória é o procedimento próprio a esse fim, nos termos do item V do art. 485 do Código de Processo Civil.

Entre os julgados que inspiraram a Súmula 268 do STF arrola-se o acórdão no ROMS 11.170, no qual se sublinha que "contra decisão transitada em julgado não cabe mandado de segurança, que não é substitutivo da ação rescisória" (*RTJ* 29/141).

3. A declaração de utilidade pública, como fase preparatória da desapropriação, não retira ao proprietário do bem o domínio nem afeta a posse, direta ou indireta. Ambos os títulos jurídicos subsistem íntegros até que, pelo pagamento do preço, o expropriante adquire, por transferência, a titularidade.

O expropriado retém, até então, a disponibilidade do bem, apenas limitada pela eficácia potencial da expropriação.

A perda da propriedade, ao se consumar, reclama o correlato pagamento de indenização *prévia* e *justa*, que reponha no patrimônio desfalcado o valor integral e em dinheiro (salvo exceção pertinente à reforma agrária).

A essa regra geral opõe-se a eventualidade de que a urgência no uso do bem pelo expropriante não lhe permita aguardar os trâmites da ação expropriatória até final execução.

Nessa hipótese, alegada e caracterizada a urgência, poderá o juiz suspender a posse inerente ao domínio e nela imitir provisoriamente o expropriante.

Acolhe-se, para o fim específico, a eficácia material do ato expropriatório, impondo-se ao expropriado, a título de atendimento a relevante interesse público, sofrer a sustação da disponibilidade do bem, como dos frutos dela decorrentes.

A fim de que se restabeleça, de alguma forma, o equilíbrio assim abalado é que, para efeito da imissão provisória na posse, a lei obriga ao depósito, do qual poderá, de imediato, o expropriado levantar parte substancial do respectivo montante.

O depósito não é, em suma, ato simbólico ou simples garantia de instância. Visa a prevenir o impacto da posse interrompida, assumindo a natureza de forma antecipatória da indenização.

Há um nexo necessário entre o direito à plena indenização, que substitui o valor atual do bem expropriado, e a exigibilidade de depósito satisfatório apto a recompor, ao menos parcialmente, o prejuízo sofrido pelo expropriado.

O art. 15 da Lei de Desapropriação recebe este princípio de equivalência.

Prescreve o *caput* do dispositivo que, alegada a urgência, o expropriante deverá fazer o depósito de quantia "arbitrada de conformidade com o art. 685 do Código de Processo Civil".

A remissão à norma do CPC então vigente conduz, para determinação do valor do depósito, ao rito próprio das medidas preventivas, ou seja, à fixação, pelo juiz, do correspondente valor à vista de instrução sumária com a finalidade de avaliação do bem ou direito objeto do processo cautelar.

Os critérios indicados nos parágrafos da disposição em causa, tomando como referência ora o valor locativo (alíneas *a* e *b*), ora o valor cadastral (alínea *c*), têm como fundamento a presunção de que, aceitos, implicitamente, pelo contribuinte no ato de lançamento do tributo, valeriam como estimativa razoável do valor da propriedade.

Não se defrontava o legislador da época com a velocidade do processo inflacionário, que, diante da perda cumulativa e continuada do valor da moeda, torna irrisória a presunção *juris tantum* em que se alicerça a rigidez do critério esposado.

No caso concreto, salta aos olhos a gritante disparidade entre o valor cadastral declarado pela Prefeitura (Cr$ 27.338.710,00) e a avaliação em juízo, precedente ao ato do depósito (Cr$ 1.753.418.000,00).

O princípio maior da garantia constitucional da plenitude do direito de propriedade e da regra decorrente de integral indenização do bem expropriado terá de se sobrepor à norma de menor hierarquia que a agudeza da inflação tornou obsoleta.

A Constituição repele, por incompatibilidade manifesta, o critério automático de cálculo do depósito com base no valor cadastral da propriedade imobiliária.

O § 1º do art. 15 do Dec.-lei 3.365/41 não foi, em suma, *recebido* pela Constituição em vigor, na qual se renova e enfatiza o princípio da *justa indenização*.

Adotando, como indicador, o montante da avaliação, o segundo despacho que ordenou a complementação do depósito colocou-se em harmonia com a garantia constitucional, levando em conta o *justo valor* do bem judicialmente avaliado na própria instrução do feito.

Deu validade à norma constitucional de proteção ao direito de propriedade, inviolável na plenitude de seu valor econômico.

A função social da propriedade justifica o poder expropriatório. Não enfraquece, porém, o direito à integralidade da indenização, substitutiva do valor do bem expropriado.

4. A jurisprudência nacional oferece precedente valioso que, pela analogia substancial, merece ser trazido à colação.

O parágrafo único do art. 27 da Lei de Desapropriação, editada em 1941 (Dec.-lei 3.365), estabelecia limite máximo para a indenização de bem imóvel urbano, objeto de expropriação.

Em verdade, como documentou Carlos Medeiros Silva (*RDA* I/85 e ss., fasc. I), o critério especial de avaliação de bem sujeito a imposto predial apresenta antecedentes históricos não somente na lei republicana de 1903 (sob a qual se operou a remodelação do Rio de Janeiro, no governo de Prefeito Passos) como na legislação do Império, conforme decreto de 1855.

O mencionado preceito do decreto-lei de 1941 assim dispunha: "Parágrafo único. Se a propriedade estiver sujeita ao imposto predial, o *quantum* da indenização não será inferior a 10, nem superior a 20 vezes o valor locativo, deduzida previamente a importância do imposto, e tendo por base esse mesmo imposto, lançado no ano anterior ao decreto de desapropriação".

O limite máximo era, na literalidade do texto, intransponível e insuperável.

Nos termos estritos da norma imperativa e explícita, não poderia o juiz, ao determinar o valor da indenização na hipótese considerada, ir além de "20 vezes o valor locativo".

O índice fiscal era, na letra da lei, absoluto e invencível.

Dir-se-ia — segundo o dogma acolhido na decisão sob exame — que qualquer decisão que excedesse o limite da estimativa fiscal, para adotar avaliação real do bem, seria flagrantemente ilegal.

Assim não entenderam, contudo, em progressiva construção jurisprudencial, as Cortes chamadas a confrontar o texto da lei com a realidade econômica.

A tradição do teto máximo da indenização, vinculado aos valores da base dos tributos, se formara dentro de uma relativa estabilidade monetária e o conseqüente equilíbrio na correlação entre o valor do patrimônio imobiliário e os cálculos de lançamentos fiscais.

Gradativamente, porém, o crescente desequilíbrio econômico-financeiro afastava, de modo significativo, um e outro desses valores.

O teto da indenização, firmado com apoio em registros fiscais, de tal forma se distanciava dos reais valores de mercado dos bens de raiz, que sua observância, por amor às palavras da lei, se convertia em ato ruinoso, violador do substrato maior da garantia do direito de propriedade.

Diante do evidente divórcio entre a norma legal e o seu pressuposto econômico, passou a jurisprudência dos tribunais a reconhecer que o limite máximo do parágrafo único do art. 27 da lei expropriatória, não obstante seu imperativo comando, poderia ser excedido para que prevalecesse o valor real do bem expropriado.

A jurisprudência começou a se desenhar no Tribunal de Apelação do então Distrito Federal.

Em acórdão pioneiro, relatado em 23.7.43 pelo Des. Henrique Fialho, na Ap. 2.276, especificou-se que "o critério estabelecido no parágrafo único do art. 27 não é absoluto, podendo o juiz dele afastar-se e aplicar outros que a própria lei prevê, a fim de que o dono da coisa receba justa indenização" (*RDA* I/85 e ss., fasc. I).

Em acórdão de 27.9.46, da lavra do Des. Mem de Vasconcelos Reis, advertia-se que "a desapropriação só se faz mediante indenização completa, ou seja, mediante o valor real do bem desapropriado".

E, fundamentando o aresto, diretamente se enfrentava a superação do teto legal:

"Pleiteia a segunda apelante (a Prefeitura do Distrito Federal) a reforma da sentença apelada, alegando infringência do disposto no art. 27 do Dec.-lei 3.365/41, ou seja, de exceder a estimação do bem limite máximo fixado por ele, calculado sobre o valor locativo.

"Não procede a alegação do expropriante de que o critério estabelecido no parágrafo único do citado artigo seja o único para a estimação do valor do imóvel expropriado, como bem tem acentuado a jurisprudência deste Tribunal de Apelação. É ele um dos critérios, e mesmo o comum, entretanto não é exclusivo, pois, se assim fosse, desrespeitado seria o princípio constitucional, ao assegurar ao proprietário indenização para a desapropriação de seu bem" (*RF* 111/430).

Outro acórdão do mesmo Tribunal, prolatado em 30.8.45, já proclamava que "o critério fixado pelo parágrafo único do art. 27 do Dec.-lei 3.365, de 21.6.41, não é absoluto. A indenização pela desapropriação deve aproximar-se, quanto possível, do valor real da coisa expropriada, não devendo ser fonte de lucro para o expropriante ou de prejuízo para o desapropriado" (*RF* 106/294).

Na mesma linha de hermenêutica se consolidou a jurisprudência do STF, reformando orientação dominante no TFR.

Provendo o RE 18.791, julgado em 25.6.51, confirmou a Corte Suprema "copiosa jurisprudência" invocada no voto vencedor do Min. Orozimbo Nonato, no sentido de que: "Quando o critério estabelecido no parágrafo único do art. 27 da Lei de Desapropriação não conduz ao cálculo de uma justa indenização, deve-se recorrer a outros índices constantes do mesmo diploma legal" (*RF* 154/161).

Em outro acórdão unânime de 16.1.56, relatado pelo Min. Mário Guimarães, novamente se confirmava o entendimento de que: "O teto do art. 27 da Lei de Desapropriações pode ser excedido sempre que ocorram elementos capazes de justificar a sua elevação. Prevalece sobre aquele dispositivo o da Constituição Federal, quando ordena a indenização justa" (*RF* 166/185).

Daí afirmar-se, em acórdão de 21.9.48, no RE 10.712, relator o Min. Edgar Costa, que "a jurisprudência do STF é hoje pacífica no sentido de que a Lei de Desapropriações não fixa um limite intransponível ao *quantum* da indenização, que, em vez de limites certos e prefixados, deve ajustar-se, em cada caso, ao valor real e efetivo do bem desapropriado, em obediência ao princípio constitucional assegurador do direito de propriedade" (*RF* 122/133).

Outros acórdãos da Corte Suprema, na mesma direção, podem ser arrolados.

Em RE 7.924, na palavra do relator do acórdão de 9.8.46, Min. Orozimbo Nonato, "o parágrafo único do art. 27 da Lei de Desapropriações prevalece, salvo quando sua aplicação destrói a própria finalidade da lei, levando a pagamento provadamente insuficiente" (*RDA* 12/146).

Reiterou-se, em acórdão de 27.5.49, relatado pelo Min. Hahnemann Guimarães, que "o expropriado deve ser integralmente indenizado; somente quando não contrariar este princípio é de aplicar-se o disposto no parágrafo único do art. 27 do Dec.-lei 3.365" (*RDA* 25/188). É de notar-se que essa jurisprudência uniforme e constante nasceu e progrediu ainda na vigência da Constituição de 1937, que eliminara o qualificativo de *justa indenização* (constante do art. 113, n. 17, da CF de 1934) para tão-somente aludir a *indenização prévia* (art. 122, n. 14).

Quando a Constituição de 1946 voltou a explicitar a dupla qualidade de indenização *prévia* e *justa* (que se mantém nas Constituições que se sucederam até a atual), Seabra Fagundes realçou o reforço da construção jurisprudencial:

"Tendo diante de si esses antecedentes, o constituinte de 1946 ampliou o conteúdo tradicional dos textos constitucionais brasileiros para declarar que a *indenização prévia* seria *em dinheiro* e *justa*.

"Retirou à lei ordinária a faculdade de acertar critérios de avaliação economicamente insatisfatórios e preveniu dúvidas acaso suscetíveis sobre a constitucionalidade do pagamento em valores outros, que não o dinheiro.

"Já agora não será possível acoimar de menos procedentes e doutrinariamente discutíveis os julgados que ponham de parte o critério do parágrafo único do art. 27 (economicamente insatisfatório) para encontrar, através de regras do corpo do artigo, indenização correspondente à realidade econômica" (*RDA* 14/15).

Diante do conflito entre o teor da lei e o espírito da Constituição, a jurisprudência determinou que não podia perdurar a inexorabilidade do limite, a ser aritmeticamente calculado sobre o valor do cadastro fiscal, quando dele emanasse ofensa ao princípio maior de justa indenização, ou seja, à garantia da integridade do valor real da propriedade.

Assim, por obra de julgados que se repetiam sem variações, o ditame dos tribunais se antecipou à confissão do próprio legislador, que, afinal, convencido da inconstitucionalidade, revogou o malsinado parágrafo único do art. 27, conforme expressa disposição do art. 4º do Dec.-lei 2.786, de 21.5.56.

5. Adotando o valor cadastral do imóvel como critério de determinação do depósito, para fins de imissão provisória na posse, o legislador terá assumido a presunção de que tal elemento fiscal corresponderia a uma avaliação idônea do bem.

Possivelmente ter-se-á induzido da submissão ao lançamento do imposto, quando o contribuinte paga o tributo, uma espécie de adesão tácita à avaliação atribuída ao bem.

A conclusão certamente violaria uma regra de bom senso, dado que seria ilógico esperar do contribuinte a pretensão a uma elevação do valor cadastral, a importar agravamento da obrigação tributária, tão-somente como garantia potencial contra uma insuficiente indenização expropriatória.

Mas, ainda se admitida, *ad argumentandum*, a ilação de todo será desprezível quando o proprietário for favorecido por imunidade, ou isenção, que o libere do pagamento do imposto.

O lançamento é, por sua natureza, ato declaratório de obrigação tributária e ato constitutivo de crédito tributário.

Se o crédito tributário não se constitui ou se a obrigação deixa de se formar, a presunção deixará de ter qualquer fomento de validade que habilite à sobrevivência do critério de cálculo em razão do valor tributário do bem.

Sobre as fundações de seguridade social — como é o caso do titular do bem expropriado — não incide, por força de lei, o lançamento de imposto predial ou territorial, de todo indiferente, portanto, para o efeito pretendido.

Como antes demonstrado, o preceito vinculatório do depósito ao valor cadastral do bem está revogado por incompatível com o princípio constitucional da justa e plena indenização.

Mas, se assim não fosse, a ele estaria *imune* a expropriada, posto que a tanto conduz a inoperância da incidência tributária.

Se não há obrigação tributária, não há como extrair resultado de valor cadastral destituído de eficácia, em relação ao expropriado.

6. Acresce que a adoção, para o depósito, do valor pericial encontra suporte no *caput* do art. 15, quando remete à norma processual peculiar as medidas cautelares.

A flexibilidade do *quantum* do depósito acompanha, caso a caso, a variação do valor intrínseco dos bens expropriados, a ser apurado em laudo pericial específico.

Assim agiu o prolator do despacho incriminado de ilegal, quando ordenou a complementação do depósito.

Tal decisão, longe de ser *flagrantemente ilegal*, está, ao contrário, alicerçada na melhor hermenêutica, tendo, ainda, apoio diretamente na Constituição e nos princípios gerais de Direito.

Antes, é *flagrantemente ilegal* o julgado que anulou decisão que transitou em julgado pela ausência oportuna de recurso regular por parte da União.

Cabe, portanto, a nosso ver, ser deferido o mandado de segurança que visa a recompor a ordem jurídico-processual violada e a restaurar o despacho de complementação do depósito em respeito ao valor atual e pleno do bem objeto da imissão provisória na posse.

Assim nos parece, s.m.j.

Rio de Janeiro, 26 de fevereiro de 1992.

PARECERES

DEMONSTRAÇÕES FINANCEIRAS — CORREÇÃO MONETÁRIA DE BALANÇOS (LEI 8.200)

FÁBIO KONDER COMPARATO
Professor Titular da Faculdade de Direito da Universidade de São Paulo
— Doutor em Direito da Universidade de Paris

Consulta

Em 31.3.92, o Exmo. Sr. Procurador-Geral da República ajuizou, perante o STF, uma ação direta de inconstitucionalidade dos arts. 3º e 4º da Lei 8.200, de 28.6.91.

A ação foi provocada por representação de alguns Governadores de Estado, na qual patenteou se a preocupação com uma redução no volume do imposto sobre a renda a ser arrecadado de pessoas jurídicas, com a conseqüente diminuição na quota-parte a ser repassada aos Estados pelo Fundo de Participação correspondente.

A petição inicial invoca, para sustentar a inconstitucionalidade dos mencionados dispositivos legais, o disposto, de um lado, nos arts. 5º, XXXVI, e 150, III, da Constituição Federal e, de outro lado, na regra de princípio inscrita no art. 150, II, do Texto Fundamental.

Haveria, assim, em primeiro lugar, ofensa ao princípio da não-retroatividade da lei, uma vez que, pelos citados dispositivos legais, a correção monetária das demonstrações financeiras das pessoas jurídicas do exercício de 1990 seria alterada, mudando-se, portanto, os resultados apurados no exercício seguinte, já encerrado quando da edição da lei.

Ocorreria, ainda, quebra do princípio da isonomia, dado que essa alteração legislativa somente teria aplicação aos contribuintes pessoas jurídicas, não beneficiando os contribuintes pessoas físicas.

A pedido de S. — Empreendimentos Imobiliários, exaro a seguir o meu parecer sobre o fundamento jurídico de dita ação.

Parecer

1. Como se viu, é dupla a razão de pedir na ação direta de inconstitucionalidade, movida pelo Procurador-Geral da República, com relação aos arts. 3º e 4º da Lei 8.200, de 28.6.91. Sustenta ele, de um lado, que ditos dispositivos feririam as regras consubstanciadas nos arts. 5º, XXXVI, e 150, III, *a* e *b*, da Constituição Federal, ou seja, que as normas legais em questão teriam produzido efeitos retroativos. De outro lado, argumenta o Procurador-Geral da República que haveria também infringência ao disposto no art. 150, II, da Constituição, dado que estaríamos diante de uma desigualdade de tratamento tributário de contribuintes.

Essas razões de pedir, pela sua relevância, merecem uma análise minuciosa e distinta. Vejamos.

I — A alegada retroatividade tributária

2. O primeiro cuidado hermenêutico a ser tomado por todo aquele que pretenda relacionar algum dispositivo constitucional com determinado fato da realidade social consiste em qualificar tanto a norma quanto o fato.

Geralmente, a idéia de qualificação, oriunda da técnica própria do Direito Internacional Privado, é referida à classificação jurídica do fato, ao qual se pretende aplicar determinada norma, em um ramo específico do Direito. Deixa-se de lado, com isto, de modo indevido, uma outra tarefa preliminar de qualificação, indispensável à harmônica conjugação da norma ao fato: a qualificação da própria norma em questão.

A qualificação jurídica da norma, ao contrário do que já se pretendeu,[1] não é exigida apenas no campo específico do Direito Administrativo, mas em todos os ramos do Direito do Estado, maiormente em Direito Constitucional. A norma em exame é de direitos fundamentais, ou de mera organização estatal? Diz ela respeito à ordem econômica, ou a uma questão de competência tributária? Tal seja a resposta, muito diversa será a orientação interpretativa.

Uma indicação importante para a qualificação da norma inscrita no art. 150, III, *a* e *b*, da Constituição Federal de 1988 é o reconhecimento de que ela constava tanto na Constituição de 1946 (art. 141, § 34) quanto na de 1967/69 (art. 153, § 29), no capítulo consagrado aos direitos e garantias individuais. Parece óbvio que a colocação atual daquele dispositivo no título da Constituição referente à tributação e ao orçamento não alterou a sua natureza: estamos, aí, a todas as luzes, diante de uma norma primária e não secundária, para usarmos da conhecida classificação de H. L. A. Hart.[2] A Constituição, nesse passo, atribui direitos aos contribuintes, e não, simplesmente, regula o lançamento tributário.

Não foi outro, aliás, segundo parece evidente, o entendimento do Procurador-Geral da República a esse respeito. Ao ligar o disposto no art. 150, III, *a* e *b*, à norma geral do art. 5º, XXXVI, da Constituição Federal, Sua Excelência reconheceu que aquele dispositivo seria mera aplicação específica destoutro, no campo das relações jurídicas tributárias. O poder de tributar vê-se, aí, limitado por uma regra de direito fundamental da pessoa humana.

3. Temos, pois, que o princípio da reserva legal e da prévia autorização orçamentária em matéria de tributos existe, única e exclusivamente, em defesa do contribuinte, e não no interesse do Poder tributante. O próprio enunciado constitucional, de resto, torna patente essa verdade elementar: a limitação só existe para as leis que *instituam* ou *aumentem* tributos; portanto, não para as que os suprimam ou reduzam a sua incidência.

O mesmo se diga do princípio inscrito no art. 5º, XXXVI, da Constituição, do qual, como se assinalou, a regra do art. 150, III, é mera aplicação. Segundo formulação tradicional de nossas Constituições, declara-se que "a lei *não prejudicará* o direito adquirido, o ato jurídico perfeito e a coisa julgada". *A contrario sensu*, nada impede que a lei produza efeitos retroativos, quando e na estrita medida em que beneficia algum sujeito de direito.

Tal entendimento é largamente corroborado por uma análise comparatista da questão.

Na Alemanha, o Tribunal Constitucional reconheceu que o problema dos efeitos retrooperantes da lei, à míngua de disposi-

1. Cf. Emilio Betti, *Interpretazione della Legge e degli Atti Giuridici*, 2ª ed., Milão, Giuffrè, 1971, pp. 341 e ss.

2. Cf. *The Concept of Law*, Oxford, Clarendon Press, 1988, cap. V.

ção expressa na Lei Fundamental de Bonn, obedece ao princípio da confiança que toda pessoa deve ter em relação ao ordenamento jurídico. Assim, quando a lei nova estende os seus efeitos ao passado para prejudicar os sujeitos de direito, ela é inconstitucional, pois os cidadãos foram, com isso, iludidos em sua confiança e boa-fé. De onde se segue que a proibição de retroatividade somente alcança as leis onerosas, não as benéficas.[3]

Observe-se que, para a doutrina germânica, a admissibilidade de uma eficácia regressiva benéfica aplica-se não só à chamada retroatividade autêntica (*echte Rückwirkung*), como também à inautêntica, correspondente à aplicação imediata da lei aos efeitos — posteriores à sua promulgação — de atos ou situações jurídicas pretéritas.[4]

Em Portugal, a Constituição de 1976 explicita essa solução no art. 18º, alínea 3: "As leis *restritivas* de direitos, liberdades e garantias têm de revestir carácter geral e abstracto e não podem ter efeito retroactivo nem diminuir a extensão e o alcance do conteúdo essencial dos preceitos constitucionais". Como explicam J. J. Gomes Canotilho e Vital Moreira,[5] tal preceito se apresenta "como conseqüência imediata e irrecusável daquilo que constitui o cerne do Estado de um direito democrático, a saber, a *protecção dos cidadãos contra a prepotência e o arbítrio* (especialmente por parte do Estado)". Ou seja, é um princípio de defesa dos sujeitos de direito, e não de garantia do interesse estatal.

Na Constituição espanhola de 1978 (art. 9º, alínea 3), lê-se: "La Constitución garantiza el principio de legalidad, la jerarquía normativa, la publicidad de las normas, *la irretroactividad de las disposiciones sancionadoras no favorables o restrictivas de derechos* y la interdicción de la arbitrariedad de los poderes públicos".

A expressão "disposições sancionadoras", nesse texto, suscitou, a princípio, alguma dúvida interpretativa. Mas a doutrina constitucionalista afastou-a sem dificuldades. Como escreveu um comentador, "considera-se sancionadora não apenas a disposição que dá lugar a uma sanção (em seu sentido clássico de reação do ordenamento diante de uma atividade antijurídica penal, civil ou administrativa), mas também e em geral toda disposição que de algum modo venha restringir os direitos individuais reconhecidos no tít. I do Texto Fundamental".[6]

4. Lamentavelmente, a argumentação da douta Procuradoria-Geral da República cingiu-se ao nível meramente tributário da questão, buscando a defesa do interesse financeiro do Poder Público, e não se alçou, como devera, ao plano constitucional do respeito aos direitos fundamentais da pessoa humana. Declarou, nesse diapasão, a petição inicial que não seria invocável o dispositivo do art. 106, II, do Código Tributário Nacional, porque não se cuidaria, na espécie, de norma punitiva.

A assertiva é, obviamente, incontestável, mas o argumento, pela sua impertinência à matéria em debate, configura autêntica *ignoratio elenchi*. O dispositivo do art. 106 do Código Tributário — como indicado, de resto, no próprio título do capítulo onde se insere — dirige-se ao *aplicador da lei*, não ao legislador. Ainda que a lei não o diga expressamente, o aplicador está autorizado a estender os seus efeitos ao passado, naquelas expressas hipóteses aí indicadas. Mas isto não significa —

3. Cf. Klaus Stern, *Das Staatsrecht der Bundersrepublik Deutschland*, 2ª ed., v. I/832 e 833, Munique, Beck, 1984.

4. Cf. Ekkehart Stein, *Staatsrecht*, 11ª ed., Tübingen, J. C. B. Mohr, 1988, pp. 159 e 160.

5. *Constituição da República Portuguesa Anotada*, 2ª ed., v. 1º/74, Coimbra, 1984.

6. *Constitución Española de 1978*, t. I, "Preámbulo y Artículos 1 a 9", *Comentários a las Leyes Políticas*, dirigidos por Oscar Alzaga Villaamil, Madri, Editorial Revista de Derecho Privado, 1983, pp. 375 e 376.

como é óbvio — que o Código Tributário haja, nesse passo, limitado constitucionalmente os poderes legislativos do Congresso Nacional...

É esse paralogismo, no entanto, que fundamenta a ação em foco.

Observe-se, por fim, que esse trôpego argumento, além de ser impertinente à matéria em debate, ainda prova demais. Com efeito, se se entende que, pelo disposto no art. 106 do Código Tributário, o legislador estaria sempre impedido de editar normas retroativas benéficas ao contribuinte, como justificar as leis de anistia fiscal?

5. Para se entender o sentido e o alcance da Lei 8.200, de 28.6.91, é preciso remontar ao passado e analisar os desmandos da política governamental de combate à inflação.

A Lei 7.799, de 10.7.89, determinou que a correção monetária das demonstrações financeiras, com o fito de se exprimirem em valores reais o ativo patrimonial e o lucro das pessoas jurídicas — base de cálculo do imposto sobre a renda — seria efetuada "com base na variação diária do valor do BTN Fiscal, ou de outro índice que vier a ser legalmente adotado" (art. 10).

Em 30.6.90, o Governo baixou a MP 195, que determinou a atualização do valor nominal do BTN pelo Índice de Reajuste de Valores Fiscais-IRVF, de acordo com metodologia estabelecida em portaria do Ministério da Economia, Fazenda e Planejamento. Essa medida provisória foi reeditada, sob o n. 200, em 27.7.90, e novamente, com alterações, pela MP 212, de 29.8.90. Esta última, por sua vez, foi reeditada pela de n. 237, em 28 de setembro do mesmo ano, vindo afinal a ser convertida na Lei 8.088, de 31.10.91.

Iniciou-se, a partir dessa série de medidas provisórias, uma prolongada e viciosa manipulação do valor nominal desse título público, de sorte que, até a sua extinção, pela MP 294, de 31.1.91, a sua variação de valor, em relação ao IPC-Índice de Preços ao Consumidor, foi além de 100%!

Importa saber que essa manipulação do índice de correção monetária aplicável ao cálculo do imposto sobre a renda provocou *acentuada redução dos ativos patrimoniais das pessoas jurídicas e, conseqüentemente, aumento indevido do chamado imposto inflacionário*. Em outras palavras, o distorcido mecanismo de tributação da renda redundou em verdadeiro *confisco patrimonial*, numa escandalosa infringência do disposto no art. 150, IV, da Constituição Federal.

Reconhecendo — pelo menos uma vez — a sua culpa, o Governo Federal enviou projeto de lei ao Congresso Nacional, autorizando as pessoas jurídicas a procederem aos ajustes contábeis devidos, no montante da diferença verificada, durante o ano de 1990, entre a variação do IPC e do BTN Fiscal. Ora, a realização desse ajuste contábil *provocaria, como provocou, necessariamente, uma alteração na conta de resultados de 1991*, por efeito da regra constante do art. 186 da Lei de Sociedades por Ações. E essa alteração de resultados *não poderia deixar de repercutir na apuração do lucro tributável desse mesmo ano de 1991*, ainda que a lei não o explicitasse, pois a base de cálculo do imposto sobre a renda das pessoas jurídicas é o lucro real, correspondente ao período-base de incidência (Regulamento do Imposto sobre a Renda, art. 153).

Temos, portanto, que a Lei 8.200, ao determinar, por emenda no Congresso, o diferimento da dedução dos efeitos desse reajuste contábil em quatro exercícios, a partir de 1993, acabou sendo mais gravosa ao contribuinte do que o projeto governamental.

Em suma, o Governo da República procedeu a um confisco de bens, sob a capa de tributação de renda, e os representantes do povo, no Congresso Nacional, determinaram que o ressarcimento desse confisco seja feito não de imediato, mas em quatro prestações anuais. Não se pode dizer que a moralidade administrativa tenha sido reforçada, em todo esse lamentável episódio.

II — A infundada invocação da isonomia

6. Como segunda razão de pedir, na ação direta de declaração de inconstitucionalidade dos arts. 3º e 4º da Lei 8.200, o Procurador-Geral da República invoca o princípio da isonomia tributária, inscrito no art. 150, II, da Constituição Federal. Trata-se, ainda aí, de mera especificação de um princípio maior, com o qual se abre, no art. 5º da Constituição, a declaração dos direitos fundamentais.

Ora, de todos os princípios constitucionais, este é, seguramente, o de mais fraca compreensão em nosso meio jurídico, como demonstra a multiplicidade dos pleitos judiciais infundados, de que dão notícia os nossos repertórios de jurisprudência. Mais do que em qualquer outra matéria constitucional, por conseguinte, importa analisar os litígios sobre o assunto com aquela *prudentia* romana, toda feita de cautelosa distinção entre *genera* e *species*, conforme o modelo dialético grego.[7]

A compreensão do que seja a igualdade perante a lei não se esgota, escusa dizê-lo, na repetição da banalidade de que o legislador não pode tratar de modo igual situações desiguais, nem de forma desigual situações de igualdade. É antes mister, como bem salienta o Prof. Konrad Hesse, procurar entender, preliminarmente, o que seja a igualdade jurídica, que não se confunde com a identidade.[8] Se duas situações a serem normadas ou decididas fossem idênticas, não haveria, obviamente, nenhum problema jurídico a resolver, quer de legislação, quer de aplicação da lei. A igualdade jurídica supõe, portanto, logicamente, alguma diferença entre uma situação e outra, entre uma hipótese de incidência e outra.

Cada situação ou fato jurídico qualifica-se por um conjunto de notas, as quais podem ser tidas por essenciais ou não, conforme digam ou não respeito ao objeto direto da lei em causa, ou à natureza do instituto assim regrado. Ora, um instituto jurídico, qualquer que seja a concepção — normativista ou sociológica — que dele se tenha, caracteriza-se por um *regime jurídico próprio*, isto é, por um sistema próprio de normas jurídicas.

Há institutos-gênero e institutos-espécie. No gênero *pessoa*, p. ex., há as naturais ou físicas e as morais ou jurídicas. As pessoas naturais, por sua vez, distinguem-se pelo sexo, pela capacidade, pelo estado civil. As pessoas jurídicas são públicas ou privadas. Estas últimas são societárias ou não-societárias. As sociedades privadas são civis ou mercantis. E assim por diante, num desdobramento de classes praticamente sem fim.

De acordo com o princípio de isonomia, ou igualdade jurídica formal, se a lei tem por objeto o gênero, não pode, obviamente, discriminar entre as espécies. Mas se, ao contrário, ela se dirige a uma espécie determinada, é obviamente incongruente pretender que houve discriminação relativamente a outra espécie do mesmo gênero. Se se trata de lei relativa ao Estatuto da Mulher Casada, não se há, obviamente, de pretender que a lei em questão feriu o princípio da isonomia pelo fato de não se aplicar às mulheres solteiras, viúvas ou divorciadas. Mas se, ao contrário, a lei tem em vista a proteção da maternidade, haveria uma discriminação inconstitucional caso ela somente se aplicasse às mulheres casadas.

Na sistemática do imposto sobre a renda, o instituto do *contribuinte* divide-se em duas espécies, com regimes jurídicos destacados e

7. Sobre a importação do método dialético grego na fundação da *iurisprudentia*, cf. a exposição ainda insuperada de Fritz Schulz, *History of Roman Legal Science*, Oxford, Clarendon Press, 1967, pp. 62 e ss.

8. *Grundzüge des Verfassungsrechts der Bundesrepublik Deutschland*, 15ª ed., Heidelberg, C. F. Müller, 1985, n. 432.

inconfundíveis: o contribuinte pessoa física e o contribuinte pessoa jurídica. Se determinada lei se dirige unicamente aos contribuintes pessoas jurídicas, constitui inépcia jurídica falar-se em atentado à isonomia porque não foi considerada a situação dos contribuintes pessoas físicas. Dir-se-á talvez que, conforme as circunstâncias, essa extensão dos efeitos da lei, de uma espécie a outra, é exigência de justiça social, ou igualdade material. Mas não se trata, aí, evidentemente, de um problema de isonomia.

7. Ora, a Lei 8.200 teve, estritamente, por objeto regular a correção monetária das demonstrações financeiras, "para efeito de determinar o lucro real — base de cálculo do imposto sobre a renda das pessoas jurídicas", como se declara em seu art. 1º. Os contribuintes pessoas físicas não são tributados com base em lucro apurado em demonstrações contábeis.

A petição inicial da ação em exame, no entanto, incorporando considerações constantes da representação feita ao Procurador-Geral da República, enxergou atentado à isonomia no fato de que os "aplicadores em poupança em bancos, os correntistas tiveram correção em BTN; a eles não se aplicou o diferencial, levado só a crédito ou proveito das pessoas jurídicas, agora agraciadas com a diferença".

O argumento, com a devida vênia, é de manifesta inépcia. Em primeiro lugar, como se viu, os contribuintes pessoas jurídicas tiveram, pela Lei 8.200, apenas um ressarcimento diferido da redução confiscatória de seu patrimônio, provocada pela manipulação da correção monetária durante o ano de 1990.

Em segundo lugar, a questão em foco não é de ganhos ou perdas em aplicações financeiras ou operações bancárias, mas de apuração do lucro real dos contribuintes pessoas jurídicas. Quebra de isonomia haveria, sem dúvida, se o legislador discriminasse, nesse particular, entre as próprias pessoas jurídicas — distinguindo abusivamente, p. ex., entre as instituições financeiras e as demais sociedades. Mas, pretender que o mesmo regime de *correção monetária de balanço* seja aplicado também aos contribuintes pessoas físicas é mergulhar na absurdidade.

Em conclusão, bem examinadas as razões de pedir da ação direta de inconstitucionalidade que o Procurador-Geral da República ajuizou relativamente aos arts. 3º e 4º da Lei 8.200, de 28.6.91, sou de parecer que a demanda não tem nenhum fundamento jurídico.

São Paulo, 8 de maio de 1992.

PARECERES

APOSENTADORIA — REAJUSTE — ÍNDICES

AMAURI MASCARO NASCIMENTO
Professor Titular de Direito do Trabalho da Faculdade de Direito da Universidade de São Paulo

Parecer

I — Da questão

1. Trata-se do problema do percentual de reajuste dos aposentados diante da pretensão de 147% sobre os valores vigentes em setembro/91 e da Portaria 3.485, de 16.9.91, do Ministro de Estado do Trabalho e da Previdência Social, que os fixou em 54,60%.

II — Das razões do pedido

2. Diversas ações judiciais foram propostas e as razões de pedir ou os fundamentos de decisões que acolheram o pedido não são uniformes. Primeiro, a preservação do valor real das aposentadorias por força do disposto na Constituição Federal, art. 201, § 2º. Segundo, a fixação correta do momento da implantação do novo Plano de Benefícios e Custeio da Seguridade Social. Terceiro, a correlatividade entre valores fixados para as contribuições e os benefícios. Quarto, o direito adquirido. Quinto, a caracterização de direito líquido e certo ao reajuste de 147,06% fixado pela Lei 8.222/91, art. 19. Sexto, a não inclusão, nas Portarias Ministeriais 3.485 e 3.486, de 16.9.91, do reajuste pleiteado nas prestações de natureza continuada. Sétimo, a ilicitude de parâmetros diferentes para reajustes dos benefícios instantâneos e continuados. Diversificaram-se, como se vê, as tentativas de dar respaldo à pretensão, algumas com sucesso perante a Justiça Federal.

III — Perguntas

3. Assim sendo, pergunta-se:

"a) Diante dos termos dos arts. 41 e 143 a 146 da Lei 8.213/91, haveria dúvida sobre a implantação do Plano de Benefícios anteriormente à vigência do decreto regulamentador?

"b) Em face do estabelecido pelo art. 59, parágrafo único, do "Ato das Disposições Constitucionais Transitórias", as Leis de Custeio e de Benefícios da Previdência Social teriam sua eficácia subordinada ao implemento da condição resolutiva ali expressa?

"c) O critério de revisão dos benefícios estabelecido pelo art. 58 do "Ato das Disposições Constitucionais Transitórias" deveria ser o aplicável até a data-limite prevista no art. 154 da Lei 8.213/91 (60 dias, ou seja, 23.9.91) para sua regulamentação? A aplicação de critério diverso seria inconstitucional?

"d) Em obediência à legislação vigente, qual o percentual aplicável para o reajuste dos benefícios de prestação continuada (referente ao período de março a agosto/

91), em data de 1.9.91: a) 54,60%, correspondente à variação da cesta básica? b) 79,96%, índice do INPC, calculado pelo IBGE? c) 147,06%, índice de reajuste do salário mínimo?"

IV — Legislação, decisões, decretos, portarias e pareceres

4. Estudei as normas jurídicas, decisões judiciais, votos proferidos em acórdãos e pareceres a seguir enumerados:

a) Constituição Federal de 1988

Art. 201, § 2º — que assegura a preservação do valor real dos benefícios previdenciários, conforme critérios definidos em lei.

Art. 58 do "Ato das Disposições Constitucionais Transitórias" — que ordena a preservação do número de salários mínimos da data da concessão do benefício, até a implantação do plano de custeio de benefícios quanto às prestações mensais, a partir do sétimo mês a contar da promulgação da Constituição.

Art 7º, IV — que fixa componentes para cálculo do salário mínimo e veda sua vinculação para qualquer fim.

Art. 194, parágrafo único, IV — que garante irredutibilidade do valor dos benefícios.

Art. 195, § 5º — que estabelece o princípio da anterioridade da previsão da fonte de custeio para criação ou majoração de benefício ou serviço previdenciário.

Art. 5º e inc. XXXVI — sobre igualdade de todos perante a lei e respeito da lei ao direito adquirido, ao ato jurídico perfeito e à coisa julgada.

b) Leis infraconstitucionais

Lei 8.212, de 24.7.91 — que dispõe sobre Plano de Custeio.

Lei 8.213, de 24.7.91 — que dispõe sobre Plano de Benefícios.

Lei 8.222, de 5.9.91 — que dispõe sobre política nacional de salários, salário mínimo, outras providências e (art. 19) reajustes, para a competência de setembro/91, em 147,06%, dos valores expressos em cruzeiros nas Leis 8.212 e 8.213/91.

Lei 8.178, de 1.3.91 — que dispõe sobre preços, salários e outras providências.

c) Decretos

Dec. 356, de 7.12.91 — que aprovou o Regulamento da Organização e do Custeio da Seguridade Social.

Dec. 357, de 7.12.91 — que aprovou o Regulamento dos Benefícios da Previdência Social.

d) Portarias

Portaria 3.485, de 16.9.91, do Ministério do Trabalho e Previdência Social — que dispõe sobre abono.

Portaria 867, de 9.9.91, do Ministério da Economia, Fazenda e Planejamento — sobre percentual do Índice do Custo da Cesta Básica.

Portarias 3.523, 3.524 e 3.486/91, do Ministério do Trabalho e Previdência Social — sobre reajustes de benefícios.

e) Acórdãos

MS 1.270-DF — Reg. 91.200.131, rel. Min. Américo Luz, de 17.12.91.

MS 1.233-DF — Reg. 91.0018647-3, rel. Min. Garcia Vieira.

f) Votos e esclarecimentos

No MS 1.270-DF — Reg. 91.200.131.

No mesmo MS 1.270-DF — votos e esclarecimentos dos Exmos. Mins. Américo Luz, Antônio de Pádua Ribeiro, José de Jesus Filho, Garcia Vieira, Hélio Mosimann, Peçanha Martins e Gomes de Barros.

No MS 1.233-DF — Reg. 91.0018647-3.

No mesmo MS 1.233-DF — votos e esclarecimentos dos Exmos. Mins. Garcia Vieira, Hélio Mosimann, Américo Luz e Antônio de Pádua Ribeiro.

g) Pareceres

Do Consultor-Geral da República, Dr. Célio Silva, do Subprocurador-Geral da República, Dr. José Arnaldo da Fonseca, e do Procurador da República, Dr. Odim B. Ferreira.

V — Dois princípios básicos

5. Duas são as regras legais básicas que devem ser prioritariamente consideradas para a compreensão dos aspectos jurídicos do presente caso, tão debatido, até mesmo de forma emocional, nem sempre capacitante para uma solução compatível com o Estado de Direito e o primado da lei.

Não se duvida da necessidade de uma reforma estrutural do sistema previdenciário, para que não só os aposentados mas todos os segurados, dependentes da Previdência Social e assalariados tenham melhoria da condição de vida.

Todavia, não é esse o problema aqui discutido. Nem seria este o caminho adequado.

Trata-se de saber quais são as normas jurídicas aplicáveis para reajustar benefícios de prestação continuada dos segurados, como as aposentadorias.

São, como ficou dito, duas regras condicionantes das demais.

Primeira, o restabelecimento do número de salários mínimos a que correspondiam as aposentadorias na data da respectiva concessão, forma pela qual o legislador procurou preservar o seu valor real garantido pela Constituição Federal de 1988. A premissa da qual esta análise parte é a de que a Previdência Social o fez nas épocas próprias. A obrigação resulta do disposto no art. 58 do "Ato das Disposições Constitucionais Transitórias". Foi uma forma de fazer com que as aposentadorias, no início equivalentes a um determinado número de salários mínimos, voltassem a guardar essa mesma proporção. Não se trata de um indexador futuro, como, também, não o é o salário mínimo. Nem permanente. Foi transitório. É uma regra de restituição da proporcionalidade das aposentadorias. É correta. Tudo quanto a lei, com a mesma, obrigou foi, com a promulgação da Constituição Federal de 1988, uma retomada de parâmetros.

Expressou-se em termos claros.

Segunda, após o restabelecimento, e a partir da implantação do Plano de Custeio e Benefícios da Previdência Social, o fator de correção das aposentadorias é o INPC-Índice Nacional de Preços ao Consumidor, índice, por sinal, utilizado para os assalariados, com limitações, restrito a até três vezes o mínimo legal. A época da correção pelo INPC é a da elevação do salário mínimo, o que não é o mesmo que elevação pelo salário mínimo ou utilização deste como indexador. O indexador é o INPC. É sabido que não há como confundir *fator de reajuste* — INPC — e *época do reajuste* — a do aumento do salário mínimo.

6. Dentre as prestações da Previdência Social para os beneficiários, algumas se caracterizam como *instantâneas* e outras como *continuadas*, aquelas exaurindo-se com um só e único pagamento e estas prolongando-se de modo sucessivo e habitual.

Com a perda de ganho real decorrente da inflação seria natural que o legislador viesse a prever, como efetivamente ocorreu, critérios a serem observados pela Previdência Social, com a finalidade de evitar, na medida possível, a desvalorização das prestações continuadas, devidas aos segurados.

Para alcançar esse objetivo, a Constituição Federal de 1988 transferiu para a legislação ordinária a definição dos critérios para a sua consecução, nos termos do art. 201, § 2º, *in verbis*: "É assegurado o reajustamento dos benefícios *para preservar-lhes, em caráter permanente, o valor real, conforme critérios definidos em lei*".

Do texto resultam dois efeitos: a *preservação do valor real dos benefícios e os fatores a serem aplicados para a referida preservação, cuja definição foi transferida, como foi dito, para a lei infraconstitucional.*

A regra da preservação do valor real resultou dos arts. 201, § 2º, da Lei Magna e 58 do "Ato das Disposições Transitórias". Este último dispõe que "os benefícios de prestação continuada, mantidos pela Previdência Social na data da promulgação da Constituição, terão seus valores revistos, a fim de que seja restabelecido o poder aquisitivo, expresso em número de salários mínimos, que tinham na data da sua concessão, obedecendo-se a esse critério de atualização *até a implantação do plano de custeio e benefícios referidos no artigo seguinte*".

O mesmo já citado art. 58 do "Ato das Disposições Constitucionais Transitórias" estabeleceu o *dies a quo* do restabelecimento, a implantação do Plano de Custeio e Benefícios da Previdência Social (Leis 8.212 e 8.213/91 e Decs. 356 e 357/91), que fixou o critério daí por diante a ser observado para reajuste dos benefícios de prestação continuada da Previdência Social, o INPC-Índice Nacional de Preços ao Consumidor, calculado pelo IBGE-Instituto Brasileiro de Geografia e Estatística, nas mesmas épocas do salário mínimo (art. 41, II, da Lei 8.213/91).

Como há dois tipos de benefícios, continuados e instantâneos, para aqueles, como ficou mostrado, o fator de reajuste é o INPC e a época da atualização deve coincidir com o salário mínimo. Os benefícios instantâneos, não habituais e repetidos, que se exaurem numa única prestação, e cujos valores estavam na lei expressos em cruzeiros, foram reajustados em 147,06%, nos termos do disposto na Lei 8.222, de 5.9.91. É claro que os benefícios no valor mínimo também são elevados na mesma proporção do mínimo. O valor de um benefício previdenciário não pode ser inferior ao do salário mínimo.

Segue-se que não há lei que dê suporte legal para o reajuste de 147,06% sobre aposentadorias, prestações de natureza contínua. Esse percentual foi previsto em lei para a atualização dos benefícios expressos em cruzeiros, e que, como foi demonstrado, são aqueles de prestação única. Logo, não são favorecidos os pensionistas que percebem prestações de trato sucessivo, uma vez que aos reajustes que os favorecem é aplicado o INPC. O salário mínimo não é fator de correção das pensões, salvo as que estão na sua faixa. Serviu para parâmetro de restabelecimento.

Do exposto resulta que, a partir de 5.4.92, implantação do Plano de Custeio e Benefícios, considerando-se o INPC de março a agosto/91 e que foi, respectivamente, de 11,79% (março/91), 5,01% (abril/91), 6,68% (maio/91), 10,83% (junho/91), 12,14% (julho/91) e 15,62% (agosto/91), o total é 79,96%, portanto menos que 147,06% pretendidos e mais que 54,6% concedidos.

VI — O debate jurídico

O debate deslocou-se para outros aspectos, dos quais os principais passam a ser examinados.

Tese do direito adquirido

Os aposentados teriam direito adquirido ao reajuste de 147,06%?

Não há direito adquirido ao reajuste de 147% porque o art. 58 do "Ato das Disposições Constitucionais Transitórias" não determinou o referido percentual, o mesmo ocorrendo com o art. 201, § 2º, da Lei Maior. A preservação do valor real das aposentadorias se faz, após o restabelecimento já ocorrido, através da correção pelo INPC.

A regra vigente é a do art. 41, II, da Lei 8.213/91.

É o que resulta do art. 58 em questão, que não estabeleceu o critério de reajuste. Devolveu às prestações a proporcionalidade com o número de salários mínimos para que, daí por diante, viessem a ser corrigidas pelo fator previsto no Plano, o INPC.

Seria até possível, como forma de explicação, falar que o art. 58 referido estabeleceu um direito sob condição resolutiva, a regra do restabelecimento do número de salários mínimos, para a recomposição, num dado momento, das aposentadorias, após o quê confiou os critérios de atualização à lei ordinária, o Plano de Custeio e Benefícios da Previdência Social, daí não encontrar como fundamentar a pretensão no direito adquirido.

O art. 201, § 2º, da Constituição Federal também não respalda o direito adquirido, uma vez que preserva o valor real dos benefícios mas transfere para a lei ordinária o critério para a sua efetivação, como se vê do seu texto: "... *valor real conforme critérios definidos em lei*".

Como a definição dos critérios destinados à preservação do valor real dos benefícios foi transferida para a lei infraconstitucional, cabe a esta fazê-lo. E o fez adotando o INPC, de modo isonômico com os critérios aplicáveis aos reajustes de até três salários mínimos dos trabalhadores em atividade, sabidamente atualizados, até esse valor, pelo INPC, sendo o excedente objeto de livre negociação entre empregadores e empregados (Lei 8.222/91).

Tese da irredutibilidade dos salários e benefícios

Foi descumprido o princípio da irredutibilidade de salários e benefícios? Penso que não.

A menos que se entenda por redução a não concessão de 147,06%. No entanto, a lei não os concedeu para os benefícios continuados.

Inadequados, para o fim, o art. 7º, VI, da Constituição Federal, que trata de irredutibilidade do *salário*, salvo negociação coletiva, porque, no presente caso, cuida-se de benefício previdenciário e não de salário, conceitos sabidamente diferentes, bem como o art. 194, IV, da Lei Magna, diante da transitoriedade, específica, para a matéria, do critério constitucional do art. 58 do "Ato das Disposições Transitórias".

Tese da implantação do Plano pelos decretos

A implantação do Plano de Custeio e Benefícios da Previdência Social a que se refere o art. 58 do "Ato das Disposições Constitucionais Transitórias" deu-se com a lei ou com o decreto que a regulamenta?

A implantação do Plano de Benefícios da Previdência Social a que aludem os art. 58 e 59 do "Ato das Disposições Constitucionais Transitórias" e decretos regulamentadores é a data a que se refere o art. 145 da Lei 8.213, de 24.7.91, que assim dispõe: "Os efeitos desta Lei retroagirão a 5. de abril de 1991, devendo os benefícios de prestação continuada concedidos pela Previdência Social a partir de então, terem, no prazo máximo de 30 (trinta) dias, suas rendas mensais recalculadas e atualizadas de acordo com as regras estabelecidas nesta Lei".

Portanto, o Plano de Custeio e Benefícios da Previdência Social foi implantado em 5.4.91. Os decretos regulamentadores não adiaram essa data. Nem poderiam fazê-lo, em face do princípio da legalidade.

A lei foi retroativa. Não é inconstitucional. O art. 58 do "Ato das Disposições Constitucionais Transitórias" permitiu que a lei ordinária, quando fosse feita, indicasse o fator de reajuste que o legislador viesse a aprovar. Logo, a lei poderia entrar em vigor a qualquer tempo, com o quê pode ser retroativa. Ao retroagir, não retirou vantagens maiores, partindo-se do anterior restabelecimento da proporcionalidade acima descrita. Não há necessidade de doutrina diante da clareza da lei e da hipótese concreta.

Tese da correlatividade entre contribuição e benefício

A correlatividade entre contribuição e benefício está prevista pela lei?

Aplicável é o disposto no art. 20, parágrafo único, da Lei 8.212, de 24.7.91, que declara: "Os valores do salário de contribuição serão reajustados, a partir da data de entrada em vigor desta Lei, na mesma época e com os mesmos índices que os do reajustamento dos benefícios de prestação continuada da Previdência Social".

Como se vê, quando atualizados os *benefícios* da Previdência Social, o INSS deve reajustar o *salário de contribuição*. Não é o inverso, uma vez que a lei não dispõe que, reajustado o salário de contribuição, segue-se a alteração do salário de benefício. Entendimento desta forma, e não daquela, modifica o efeito em causa.

Tese da aplicação do artigo 19 da Lei 8.222/91

O art. 19 da Lei 8.222/91 é aplicável ao presente caso?

Ao dispor que "os valores expressos em cruzeiros nas Leis 8.212 e 8.213/91 serão reajustados, para a competência setembro/91, em 147,06% (cento e quarenta e sete inteiros e seis centésimos por cento)", a Lei 8.222, de 5.9.91, simplesmente atendeu à necessidade de nova definição dos valores fixos das prestações *instantâneas*. Atualizou-as, apenas. Para as prestações *continuadas*, a lei manda aplicar o INPC.

Valores expressos em cruzeiros na Lei 8.213/91 são aqueles para o salário-família (art. 66), auxílio-funeral (art. 141), auxílio-natalidade (art. 140), todos benefícios instantâneos ou em valores mínimos, como, também, multas (art. 133) e rito sumaríssimo (art. 128). Como se vê, não enquadráveis, no caso, as aposentadorias e outras prestações continuadas acima dos valores mínimos porque são atualizadas pelo INPC e não estão expressas, na mencionada lei, em cruzeiros.

VII — Conclusões

O Plano de Custeio e de Benefícios da Previdência Social previsto pelas Leis 8.212 e 8.213/91 foi implantado em 5.4.91, nos termos do art. 145 deste último diploma legal.

Os arts. 58 e 59 do "Ato das Disposições Constitucionais Transitórias" ordenaram o realinhamento do número de salários mínimos observado na época da concessão da aposentadoria e, após isso, cessaram os seus efeitos, em 5.4.91, com a implantação do Plano de Custeio e de Benefícios da Previdência Social, substituído, daí por diante, pelo INPC-Índice Nacional de Preços ao Consumidor, nos termos do art. 41, II, da Lei 8.213/91.

A aplicação de outro critério, e não o INPC, a partir da implantação do Plano de Custeio e Benefícios da Previdência Social descumpre o disposto no art. 58 do "Ato das Disposições Constitucionais Transitórias", específico para a matéria. O art. 201, § 2º, da Lei Maior transfere para a lei ordinária, no caso o Plano, a definição do critério de preservação das aposentadorias.

Em obediência à legislação vigente, o percentual aplicável para o reajuste de benefícios de prestação continuada referente ao período de março a agosto/91 em data de 1.9.91 é 79,96%, correspondentes ao INPC do referido período.

É o parecer.

São Paulo, 23 de fevereiro de 1992.

PRINCÍPIO DA LIVRE CONCORRÊNCIA — FUNÇÃO REGULAMENTAR E FUNÇÃO NORMATIVA

EROS ROBERTO GRAU
Professor Titular da Faculdade de Direito da Universidade de São Paulo

Consulta

"A empresa SDG S/A atua no setor de gás liquefeito de petróleo, mediante autorização do Departamento Nacional de Combustível-DNC (sucessor do antigo Conselho Nacional de Petróleo).

"Nesse setor atuam 15 empresas, que são chamadas 'distribuidoras' ou 'engarrafadoras', pertencentes a 10 grupos. Quatro deles dominam de 70% a 80% do mercado: a U, a A, a S e a NGB. O resto do mercado está distribuído entre as chamadas pequenas companhias.

"Nosso objetivo é cessar o que entendemos ser uma posição abusiva da empresa que responde atualmente por 50% do mercado de GLP em São Paulo, que é a U. Essa posição é mantida mediante os artifícios abaixo expostos e, *principalmente, a proibição administrativa de engarrafar botijão de outra marca, 'OM'* (como será explicado abaixo).

"No exercício de sua atividade, as distribuidoras utilizam-se de botijões para engarrafar o gás, que é bombeado pela Petrobrás para os terminais das engarrafadoras. *Todo botijão traz estampada, ainda que de maneira não muito clara, a marca do engarrafador em relevo, e traz, também, o lacre de quem o engarrafa.* Esse gás, uma vez acondicionado, é vendido diretamente ao consumidor, ou por caminhões que fazem a venda de porta em porta, ou por intermédio de representantes (revendedores exclusivos, devidamente credenciados pela engarrafadora). Os representantes também vendem de porta em porta.

"Diante do altíssimo custo do botijão, acontece um fenômeno semelhante ao das garrafas de refrigerante e cerveja. O revendedor e o consumidor têm que dar retorno de um vasilhame ao adquirir o produto. Na verdade, segundo a associação dos agentes fiscais de derivados de petróleo, existem no País cerca de 85 milhões de botijões, *dos quais apenas 15% estão registrados, contabilmente, como pertencentes às engarrafadoras; o restante está com os consumidores ou com revendedores. É importante ressaltar que, apesar disso, todos os botijões, por terem sido vendidos pelas distribuidoras, trazem a marca estampada de alguma delas.*

"Há um forte mercado secundário (isto é, não negociado diretamente pelas engarrafadoras) para os botijões, sendo eles quase que 'moeda' corrente entre os agentes do mercado.

"Para comprar o gás, consumidores e revendedores devem fazer, das duas, uma: a) dirigir-se a uma loja de ferragens, ou a uma das distribuidoras, e comprar um botijão para trocar com quem vier lhe vender o gás;

b) adquirir o botijão da própria engarrafadora ou seu revendedor, no momento da entrega do gás, que lho vende, emitindo uma nota de venda ao consumidor.

"Por outro lado, os revendedores geralmente não têm capital para comprar a totalidade dos botijões; então recebem, emprestada das engarrafadoras, uma boa parte desses vasilhames. Entendem as engarrafadoras que, de um modo geral, tais botijões são entregues ao revendedor ou ao consumidor em 'comodato', classificação de que discordo, em face da fungibilidade do botijão. Não se trataria antes de 'mútuo'? Nesse sentido, tomo a liberdade de submeter à sua apreciação a decisão e o acórdão prolatados em caso criminal, anexados a esta. Não raro os revendedores compram botijões, seja em ferro velho, seja da própria engarrafadora a quem representam, ou mesmo de outras marcas.

"Ocorre, prezado Professor, que surgem problemas quando a engarrafadora vende o gás; nessa ocasião, ela faz a troca do botijão cheio pelo vazio que pertença ao consumidor ou ao revendedor. Acontece que este botijão usado, entregue à engarrafadora pelo consumidor ou revendedor, *quase nunca* traz a marca de quem está entregando o botijão; geralmente essa marca estampada no botijão é de outra empresa. Tais botijões, recebidos por uma engarrafadora sem trazerem a sua própria marca, são chamados de OM ('outras marcas').

"Isso acontece com todas as empresas. Elas são, por portaria do antigo CNP e por nova portaria do Ministério da Infra-Estrutura (em anexo), obrigadas a armazenar os botijões OM e providenciar a chamada 'destroca' deles com os titulares da sua respectiva marca. O DNC veda que tais botijões sejam comercializados pela engarrafadora que os detiver, sob pena de multa ou fechamento administrativo.

"Acontece que, ressalva feita das grandes empresas (U, L), que têm fábrica própria de botijões — embora elas já tenham sido fechadas e autuadas por engarrafar OM — todas as demais companhias fazem o engarrafamento do chamado OM e o comercializam, apondo o lacre com sua marca no botijão que traz na estampa marca de outrem.

"Todavia, é impossível às companhias trabalhar sem engarrafar esses chamados OM, pelas razões que estão expostas na resposta à interpelação judicial que fizemos à Associação dos Fiscais dos Derivados de Petróleo. Sabíamos que tais respostas seriam dadas nesse sentido, posto que já externadas pela referida Associação em reuniões e congressos dentro do próprio DNC e do MINFRA (cópia em anexo).

"Temos fortes indícios, embora não tenhamos flagrantes, mas somente algumas denúncias, de que a U recolhe nossos botijões e os remete aos mais longínquos cantos do território nacional. Tanto que a SDG é obrigada a recolher botijões no Rio Grande do Sul, Pará etc., locais onde não atua.

"Sempre que minha cliente interpela a U para efetuar a chamada 'destroca' dos OM de marca desta pelos da marca SDG, ela raramente o faz, alegando não possuir botijões dessa marca.

"Minha cliente, como todas as companhias do setor, acaba engarrafando o OM que não consegue 'destrocar', ou seja, os 'indestrocáveis'. Essa situação não é nova; ela já existe há mais de 20 anos.

"No meu entendimento, a portaria que proíbe engarrafamento de OM não tem razão de ser. Isso porque, na verdade, o botijão é coisa fungível e não pertence a quem tem a marca, mas a quem o detiver, após regular transação com o consumidor, conforme exposto acima. O custo da 'destroca' é irracional, pois as companhias são obrigadas a percorrer, por vezes, milhares de quilômetros atrás de seus botijões. Por último, não vejo fundamento em lei para a portaria estabelecer restrição dessa natureza ao uso dos botijões.

"Ocorre que a situação se agravou sobremaneira.

"Como V. Sa. deve ter visto nos meios de comunicação, há algum tempo a U vem fazendo uma campanha acirrada para que o consumidor identifique visual e auditivamente seu produto.

"Aproveitando-se disso, ela instaurou inquérito (cópia anexa) contra *os representantes das engarrafadoras*, acusando-os de violar sua marca, utilização de suas cores e *apropriação indébita dos seus botijões*. Anexo cópia do inquérito, com a petição de representação para sua instauração.

"O Titular da 4ª Delegacia tem feito várias apreensões amplamente cobertas pela imprensa. Evidentemente, tais 'reportagens' são manipuladas. Para se ter uma idéia, uma repórter da TV Cultura chegou a ser surpreendida tentando apor o lacre de uma empresa em botijão da marca U, para filmá-los afirmando que tal empresa havia engarrafado OM marca U.

"Essas apreensões não foram dirigidas somente às engarrafadoras, mas aos representantes, tentando coibi-los de vender OM da marca U.

"Isso prejudica a cliente. Prejudica porque, como a U não faz 'destroca' de OM, a SDG não consegue engarrafar sua marca e os revendedores ficam temerosos de aceitar OM da U.

"Recentemente, contrariando afirmação dele, anteriormente feita a mim, o delegado do caso apreendeu botijões da própria engarrafadora, SDG. Entendemos que tal ato é arbitrário.

"Assim, peço vênia para formular os seguintes quesitos:

"1º. *O botijão, apesar da marca, pertence à empresa que o recolheu no mercado?*

"Observação: convém destacar o caráter fungível do botijão, a existência do mercado para botijões usados e outros pontos acima expostos. Em minha opinião, na medida em que uma distribuidora faz a troca de um botijão com o particular, ele estaria promovendo uma alienação do material, tanto que, se o particular não tiver o seu próprio botijão, ele deverá comprá-lo a preço de mercado da distribuidora ou do revendedor. Embora a quase-absoluta totalidade dos botijões tenha a marca estampada de alguma das companhias engarrafadoras, a elas somente pertencem 15% dos botijões existentes no mercado. O restante pertence a terceiros, que os vieram adquirindo das próprias distribuidoras. Trata-se, pois, de um mercado aberto. Um mercado tão extenso, no qual aquilo que pertence às distribuidoras consiste em somente uma pequena parte do universo existente de botijões, de sorte que não me parece ser a marca estampada um signo identificador de propriedade, mas, apenas e tão-somente, da origem dele; isto é, demonstra, em princípio, apenas quem o engarrafou. Em suma: nem as próprias distribuidoras consideram que todos os botijões existentes no mercado pertencem a elas pelo simples fato de que trazem em seu corpo sua marca.

"2º. *Seria antijurídica, por não encontrar supedâneo em lei, a portaria do Ministério da Infra-Estrutura que proíbe o engarrafamento de OM?*

"3º. *É possível, por esse ou por algum outro motivo, suspender-se os seus efeitos em medida cautelar, evidentemente considerando existir o chamado 'periculum in mora'? Seria possível interpor-se medida cautelar para impedir a ação da fiscalização tendente a coibir o engarrafamento de botijões na situação descrita?*

"4º. *Não havendo a troca de botijões — ou, não havendo acordo, recusando-se a tanto a U — poderá a Consulente encher os botijões OM indestrocáveis, apondo um selo indestrutível, com sua marca, invocando, para tanto, o parágrafo único do art. 11 da portaria referida?*

"Observação: a proibição de engarrafamento de OM, atualmente, encontra suporte direto no art. 13 da Portaria 843/90 (em anexo), o qual estabelece serem vedadas à distribuidora ou a seu revendedor a guarda ou comercialização de botijões de outras marcas, quando cheios de GLP. O art. 14 da mesma portaria autoriza, todavia, o enchimento de OM quando ajustado mediante prévio acordo com outras empresas titulares de outra marca a ser enchida. Todas as pequenas companhias fazem tal acordo, as grandes não, principalmente a U.

"5º. *Diante dos fatos expostos, e à vista da resposta dada pela Associação dos Fiscais de Derivados de Petróleo à interpelação que lhe foi feita, não está caracterizado abuso de poder econômico, cabendo representação à SNDE?*

"6º. *Que outras providências aconselha V. Sa. para a defesa e reparação dos direitos da Consulente?*"

Parecer

I — Posição da questão

1. Os quesitos propostos na consulta reclamam o tratamento de distintas matérias, a primeira delas atinente à questão da propriedade dos botijões recolhidos nos mercados pelas empresas distribuidoras, ou suas representantes, de gás liquefeito de petróleo. A segunda diz com a legalidade da portaria ministerial que proíbe o engarramento de OM. A terceira respeita ao tema da recusa da destroca de botijões. A quarta, àquele do abuso de poder econômico.

De todas essas matérias cuidarei. Preliminarmente, contudo, parece-me adequado considerarmos as circunstâncias no quadro das quais é operada a distribuição de gás liquefeito de petróleo, ou, no jargão do cotidiano, "distribuição de gás de cozinha".

2. O gás é produzido pela Petrobrás e fornecido a "distribuidoras" ou "engarrafadoras" autorizadas a comercializá-lo pelo Departamento Nacional de Combustíveis-DNC.

A distribuidora — ou engarrafadora — opera a venda de botijões cheios de gás. Para que o consumidor final possa adquirir o produto — isto é, gás acondicionado em botijão — deve entregar ao fornecedor do botijão pleno de gás (a distribuidora ou seu revendedor) um botijão vazio. Há pois, necessariamente, de ser proprietário de um botijão, que, como esclarece a consulta, é adquirido da distribuidora ou de seu revendedor, ou, ainda, em alguma loja de ferragens.

Cada distribuidora é titular de uma determinada marca, que aparece forjada nos botijões de que se utiliza; além disso, quando o botijão pleno de gás é entregue ao consumidor final, vem acompanhado de um selo lacrado com o nome da empresa fornecedora do gás.

A Portaria 843, de 31.10.90, do Ministro de Estado da Infra-Estrutura, veda, no seu art. 13, à distribuidora ou a seu revendedor credenciado, "a guarda e a comercialização de botijões de outras marcas *quando cheios de GLP*" (grifei).

Essa regra é excepcionada apenas na hipótese prevista no art. 14 da portaria: "é permitido à distribuidora o enchimento de botijões de outras marcas desde que previamente acordado mediante contrato celebrado entre as distribuidoras interessadas".

Ademais, o art. 18 da portaria diz que "as distribuidoras e seus revendedores credenciados deverão receber vasilhames vazios de outras marcas no atendimento ao consumidor, procedendo à destroca com as distribuidoras ou revendedores correspondentes, no menor prazo possível".

E o parágrafo único deste art. 18 define: "A sistemática de destroca de recipientes transportáveis de GLP vazios entre as distribuidoras será convencionada pelas mesmas, podendo o DNC estabelecer rotinas e procedimentos aplicáveis, sempre que entenda necessário".

3. O consumidor, como vimos, é proprietário do botijão usado para o acondicionamento do gás. O que adquire da distribuidora ou revendedora (representante), contra o pagamento de determinado preço, é apenas o gás liquefeito de petróleo. O botijão, tê-lo-á adquirido em momento anterior, como também acima esclarecido.

De outra parte, embora cada distribuidora possa ser identificada pela (sua) marca forjada em botijões, o consumidor não está obrigado, porque proprietário de um botijão com determinada marca, a adquirir o gás exclusivamente da distribuidora, ou seu revendedor, titular daquela determinada marca. Aqui não há reserva de mercado definida em função de marca — o que, ademais, seria inconcebível. Qualquer consumidor pode adquirir gás de qualquer distribuidora ou seu revendedor: o consumidor que, em determinado momento, é proprietário de um botijão com a marca "X" pode adquirir gás da distribuidora (ou seu revendedor) titular da marca "Y"; esta deve receber o botijão vazio com a marca "X", entregando outro, cheio, com a marca "Y", ao consumidor.

Contudo, para que possa empreender regularmente sua atividade, a distribuidora (ou seu revendedor) titular da marca "Y" — à qual é vedado ter sob guarda ou comercializar botijões da marca "X" — deverá destrocar o botijão vazio com a distribuidora (ou sua revendedora) titular da marca "X" no menor prazo possível.

4. Assim funcionaria, na concepção projetada através da Portaria 843/90, o mercado no qual atuam distribuidoras (e seus revendedores) de gás liquefeito de petróleo e os consumidores desse produto.

Sucede que, seja em razão das circunstâncias mencionadas na resposta do diretor da Associação dos Fiscais de Derivados de Petróleo-AFIPETRO à quinta questão proposta na interpelação referida na consulta — razões na consulta reproduzidas — seja especialmente na medida em que a "destroca" referida pelo art. 18 da portaria não é praticada e as grandes distribuidoras negam-se a celebrar o contrato aludido no art. 14, bem assim a convenção de que trata o parágrafo único do art. 18 da portaria, torna-se impossível às empresas que atuam nesse mercado o exercício de suas atividades sem que descumpram a disposição inscrita no art. 13 da portaria. Isto é, são elas compelidas, reiteradamente,a comercializar o gás acondicionando-o em OM, ou seja, botijões de outras marcas.

Este o quadro, que cumpria termos debuxado, no bojo do qual é operada a distribuição de "gás de cozinha".

II — A propriedade dos botijões

5. Diz a representação, aludida na consulta, que deu origem ao inquérito policial que noticia:

"A partir do instante em que o consumidor troca um botijão vazio por um cheio, a propriedade daquele botijão passa a ser da distribuidora responsável pela marca nele gravada, em decorrência da permuta realizada, ainda que a sua posse precária ou guarda (até a destroca, no 'menor prazo possível') seja de outrem.

" ...

"Os revendedores, ao darem aos botijões, de que têm a guarda provisória, destinação diversa daquela a que estão legalmente obrigados (destroca com os efetivos proprietários no menor prazo possível), estão se apropriando indebitamente de coisa alheia móvel, de que têm a posse ou detenção (art. 168 do CP). É certo que, em tese, tal procedimento pode caracterizar apenas um delito-meio, já que tais revendedores, no entender da peticionária, passam a se enquadrar dentro dos contornos do estelionato, pois, ao se utilizarem eles dos botijões vazios de terceiros, que deveriam ser destinados a seus legítimos proprietários, trocando-os com os consumidores, indevidamente cheios, *estão permutando coisa alheia como se própria fosse* (art. 171, I, do CP)."

6. Os botijões caracterizam-se, inquestionavelmente, como *bens fungíveis*. São substituíveis por outros da mesma espécie, qualidade e quantidade (CC, art. 50).

O consumidor, para que possa adquirir "gás de cozinha", deve, anteriormente, tornar-se proprietário de um botijão. Este botijão é propriedade do consumidor.

A marca — "X" ou "Y" — não identifica *propriedade*. Aposta em bem fungível, indica, única e exclusivamente, no caso, que seu primeiro proprietário, quem pela vez primeira utilizou o botijão para acondicionar gás, foi (no passado) a distribuidora "X" — ou "Y".

Vendido o botijão ao consumidor, sua propriedade passa a ser do consumidor. Perde a distribuidora a propriedade que dele detivera.

A compra de gás da distribuidora ou seu revendedor é operada concomitantemente à realização de uma *troca*, operada entre o consumidor e o vendedor de gás. Trocam-se botijões, independentemente de qual seja a marca neles forjada. E isso decorre não apenas do que dispõe a Portaria 843/90, art. 18, porém da própria mecânica viabilizadora do dinamismo do mercado em pauta: o abastecimento de gás liquefeito de petróleo não se poderia fluentemente realizar sem que essas trocas, independentemente da marca que em cada botijão tenha sido forjada, livremente se realizassem.

Há *troca*, ensina Pontes de Miranda,[1] "sempre que se presta direito de propriedade, ou posse, e se contrapresta outro ditreito de propriedade, ou posse, ou qualquer outro direito, inclusive o direito a alguma quantia certa". *Permuta, escambo* ou *barganha*,[2] *troca* é contrato pelo qual as partes se obrigam a dar uma coisa por outra, que não seja dinheiro (Clóvis Beviláqua[3]).

7. As distribuidoras e seus revendedores, ao praticarem essa troca — e assim tem de ser, para que *troca* efetivamente exista — detêm o domínio dos botijões, que, plenos de gás, entregam aos consumidores.

Esses botijões, esclarece a consulta, ou foram inicialmente comprados ou obtidos por empréstimo, pelos revendedores, das distribuidoras.

Entendem as engarrafadoras, diz a consulta, que há, no segundo caso, *comodato* dos botijões.

Isso, no entanto, não procede, visto que — insisto nisso — os botijões são *bens fungíveis*.

O art. 1.248 do Código Civil é claro: "O comodato é o empréstimo gratuito de *coisas não fungíveis*. Perfaz-se com a tradição do objeto".

Há no caso, portanto, *mútuo*, em relação ao qual incide a disposição veiculada pelo art. 1.257 do Código Civil: "Este empréstimo (o *mútuo*) *transfere o domínio da coisa emprestada ao mutuário*, por cuja conta correm todos os riscos dela desde a tradição" (grifei).

8. Isso importa que o revendedor que recolha no mercado determinado botijão vazio, ao trocá-lo por outro, pleno de gás, passe a ser titular do domínio do botijão que recolheu, ainda que nele esteja forjada marca de qualquer distribuidora ou de distribuidora da qual não seja ele revendedor. Era titular do domínio do botijão cheio, passa, mercê da troca, a ser titular do domínio do botijão vazio, que recebeu.

A marca, repita-se, não identifica *propriedade*, senão aquele que pela vez pri-

1. Pontes de Miranda, *Tratado de Direito Privado*, 2ª ed., t. XXXIX/378, Rio, Borsói, 1962.

2. Cf. J. M. de Carvalho Santos, *Código Civil Brasileiro Interpretado*, 3ª ed., v. XVI/277, Rio, Freitas Bastos, 1945.

3. Clóvis Beviláqua, *Código Civil Comentado*, 11ª ed., v. IV/265, Rio, Livraria Francisco Alves, 1958.

meira o utilizou para acondicionar gás. O botijão (bem fungível) que houve por troca foi originariamente comprado pelo revendedor ou havido através de mútuo. Em qualquer hipótese, detém o revendedor domínio sobre ele.

Assim, temos que:

a) *o botijão de que se vale o consumidor para armazenar o gás que adquiriu e que, após o consumo desse gás, é trocado por outro botijão pleno de gás é propriedade dele, consumidor*;

b) *o revendedor que recolhe botijão no mercado, em razão da troca de que se trata, é titular de domínio em relação a esse botijão, ainda que nele esteja forjada marca de qualquer distribuidora ou de distribuidora da qual não seja ele revendedor.*

9. Daí por que são insustentáveis as afirmações que acima reproduzi, feitas na representação que deu origem ao inquérito policial noticiado na consulta.

Quem opera a troca de botijão cheio por botijão vazio, qualquer que seja a marca que porte, assume o domínio do botijão recebido.

Logo, enquanto o botijão vazio não for destrocado, nos termos do que define o parágrafo único do art. 18 da portaria — e mesmo se não vier a ser assim destrocado — o revendedor que o recebeu, por troca, de consumidor deterá o seu domínio, não o tendo apenas em situação de guarda provisória.

E mais: não estará "se apropriando indebitamente de coisa alheia móvel". É impossível imputar-se ao revendedor a prática do crime de apropriação indébita de coisa que detém em razão de mútuo. A coisa (o botijão) não é *alheia*, mas própria — repita-se — em razão do mútuo. A propósito, o acórdão mencionado na consulta, lavrado nos autos da Ap. 322.123-4 pela 11ª Câmara do TACrimSP, no qual transcritas lições, neste mesmo sentido, de Magalhães Noronha e de Nélson Hungria. As coisas entregues a alguém em razão de mútuo ou de depósito não podem ser apropriadas indevidamente por quem as recebeu; a quem as recebeu já havia sido, anteriormente, transferido o domínio de tais coisas.

III — A Portaria 843/90, do Ministro da Infra-Estrutura

10. A Portaria 843, de 31.10.90, do Ministro da Infra-Estrutura, foi baixada com esteio no parágrafo único, II, do art. 84 da Constituição de 1988, tendo em vista o disposto no Dec.-lei 395, de 29.4.38, no Dec.-lei 538, de 7.7.38, na Lei 2.004, de 3.10.53, no Dec. 99.179, de 15.3.90, e nos arts. 213 e ss. do Dec. 99.244, de 10.5.90.

Seus arts. 13, 14 e 18 — que são, no caso, os que importa considerarmos — estabelecem restrições ao pleno exercício de atividade econômica.

11. Entende a doutrina tradicional que o Direito brasileiro recusa a imposição de qualquer obrigação de dar ou fazer que não tenha sido instituída pela lei.

Assim, para essa doutrina, os regulamentos — e, obviamente, as portarias ministeriais e de qualquer autoridade — não podem instituir obrigação de dar ou fazer que não tenha sido prevista em lei. Os regulamentos, qual as portarias, seriam, para essa doutrina, *atos administrativos*.

Este o sentido atribuído ao princípio enunciado no inc. II do art. 5º da Constituição de 1988: "Ninguém será obrigado a fazer ou deixar de fazer alguma coisa senão em virtude de lei".

De outra parte, sempre que se tome sob consideração qualquer manifestação estatal atinente ao exercício da atividade econômica, a essa doutrina são acrescidos subsídios extraídos a determinada leitura, por ela mesma parametrada, da disposição inscrita no parágrafo único do art. 170 do texto constitucional: apenas na medida em que isso tenha sido expressamente previsto *em lei* seria possível sujeitar-se à autorização de qualquer órgão público o livre exercício de qualquer atividade econômica.

12. Meu entendimento discrepa daquele consagrado pela doutrina tradicional, sustentada sobre equivocada compreensão da teoria da *separação dos Poderes*.[4]

Devo deter-me sobre este tema, ainda que a correr o risco de tornar extremamente longa minha exposição.

13. A exposição de Montesquieu, desde a qual é injustificadamente alardeada uma inconcebível "separação dos Poderes", encontra-se no cap. VI do Livro IX d'*O Espírito das Leis*.[5] As idéias que coloca inicialmente, neste capítulo, a sumariam: "Há, em cada Estado, três espécies de poderes: o poder legislativo, o poder executivo das coisas que dependem do Direito das Gentes, e o executivo das que dependem do Direito Civil. Pelo primeiro, o príncipe ou magistrado faz leis por certo tempo ou para sempre e corrige ou ab-roga as que estão feitas. Pelo segundo, estabelece a segurança, previne as invasões. Pelo terceiro, pune os crimes ou julga as querelas dos indivíduos. Chamaremos este último o poder de julgar e, o outro, simplesmente o poder executivo do Estado. A liberdade política num cidadão é esta tranqüilidade de espírito que provém da opinião que cada um possui de sua segurança: e, para que se tenha esta liberdade, cumpre que o governo seja de tal modo, que um cidadão não possa temer outro cidadão. Quando na mesma pessoa ou no mesmo corpo de magistratura o poder legislativo está reunido ao poder executivo, não existe liberdade, pois pode-se temer que o mesmo monarca ou o mesmo senado apenas estabeleçam leis tirânicas para executá-las tiranicamente. Não haverá também liberdade se o poder de julgar não estiver separado do poder legislativo e do executivo. Se estivesse ligado ao poder legislativo, o poder sobre a vida e a liberdade dos cidadãos seria arbitrário, pois o juiz seria legislador. Se estivesse ligado ao poder executivo, o juiz poderia ter a força de um opressor. Tudo estaria perdido se o mesmo homem ou o mesmo corpo dos principais, ou dos nobres, ou do povo, exercesse esses três poderes: o de fazer leis, o de executar as resoluções públicas e o de julgar os crimes ou as divergências dos indivíduos".

É certo, todavia, que Montesquieu não sustenta a impenetrabilidade, um pelos outros, dos Poderes que refere. Assim, por um lado afirma que: "apesar de que, em geral, o poder de julgar não deva estar ligado a nenhuma parte do legislativo, isso está sujeito a três exceções, baseadas no interesse particular de quem deve ser julgado".[6] Por outro lado, distinguindo entre *faculdade de estatuir* — o direito de ordenar por si mesmo, ou de corrigir o que foi ordenado por outrem — e a *faculdade de impedir* — o direito de anular uma resolução tomada por qualquer outro (isto é, poder de veto)[7] — entende deva esta última estar atribuída ao Poder Executivo, em relação às funções do Legislativo; com isso o Poder Executivo faz parte do Legislativo, em virtude do direito de veto: "Se o poder executivo não tem o direito de vetar os empreendimentos do campo legislativo, este último seria despótico porque, como pode atribuir a si próprio todo o poder que possa imaginar, destruiria todos os demais poderes";[8] "O poder executivo, como dissemos, deve participar da legislação atra-

4. Os adeptos dessa que denomino "doutrina tradicional", mesmo os kelsenianos, justificam a absolutização do princípio da legalidade na necessidade, que afirmam, de restringir-se tanto quanto possível a atuação do Executivo, sempre ocupado, entre nós — dizem — por pessoas inevitavelmente vocacionadas ao autoritarismo.

5. Trad. de Fernando Henrique Cardoso e Leôncio Martins Rodrigues, coleção *Os Pensadores*, v. XXI/156 e ss., São Paulo, Editor Victor Civita, 1973.

6. Montesquieu, ob. cit., p. 160.

7. Idem, p. 159.

8. Idem, p. 150.

vés do direito de veto, sem o quê seria despojado de suas prerrogativas."[9]

O que importa verificar, inicialmente, na construção de Montesquieu é o fato de que não cogita de uma efetiva *separação* de Poderes, mas sim de uma *distinção* entre eles, que, não obstante, devem atuar em clima de equilíbrio. Isso fica bastante nítido na análise de outro trecho de sua obra: "Eis, assim, a constituição fundamental do governo de que falamos. O corpo legislativo sendo composto de duas partes, uma paralisará a outra por sua mútua faculdade de impedir. Todas as duas serão paralisadas pelo poder executivo, que o será, por sua vez, pelo poder legislativo. Estes três poderes deveriam formar uma pausa ou uma inação. Mas como, pelo movimento necessário das coisas, eles são obrigados a caminhar, serão forçados a caminhar de acordo".[10]

De outra parte, importa enfatizar que já da sua exposição resulta a distinção entre Poderes Executivo e Legislativo, de um lado, e funções executiva e legislativa, de outro. Segundo Montesquieu, o Poder Executivo deve estar dotado de funções executivas e — pela titularidade da *faculdade de impedir* (poder de veto) — também, de parcela das funções legislativas. Da mesma forma, entende deva o Poder Legislativo, em casos excepcionais, estar dotado de funções jurisdicionais.[11]

14. No alinhamento procedido, das considerações de Montesquieu, a visualização da necessidade de distinguirmos entre *poderes* e *funções*. Para que o *equilíbrio* a perseguir seja logrado, impõe-se que o Poder Executivo exercite parcelas de função não executiva — mas legislativa.

Montesquieu, além de jamais ter cogitado de uma efetiva *separação* dos Poderes, na verdade enuncia a *moderação* entre eles como *divisão dos poderes entre as potências* e a limitação ou moderação das pretensões de uma *potência pelo poder* das outras; daí por que, como observa Althusser,[12] a "separação dos poderes" não passa da divisão ponderada do poder entre potências determinadas: o rei, a nobreza e o "povo".

O ponto de partida de Montesquieu no Livro IX d'*O Espírito das Leis* é a liberdade: "Encontra-se a liberdade política unicamente nos Estados moderados. Porém ela nem sempre existe nos Estados moderados: só existe nesses últimos quando não se abusa do poder; mas a experiência eterna mostra que todo homem que tem poder é tentado a abusar dele; vai até onde encontra limites ... Para que não se possa abusar do poder é preciso que, pela disposição das coisas, o poder freie o poder".[13] Ora, se a liberdade só pode existir nos Estados moderados nos quais ninguém abuse do poder, a divisão dos poderes encerra em si a virtude, precisamente, do *equilíbrio*. Esse *equilíbrio* é que Althusser[14] visualiza na divisão dos poderes entre as potências — o que importa que nos Estados moderados o poder não seja absoluto porque, mercê daquele equilíbrio, controlado.[15]

15. A esta altura cumpre tomarmos o tema da distinção entre *poder* e *função*: o poder estatal compreende várias funções. A classificação mais freqüentemente adotada dessas funções é a que — na expressão de Santi Romano[16] — concerne aos ofícios ou às autoridades que as exercem. Trata-se da classificação que se denomina *orgânica* ou *institucional*. Segundo ela, tais funções são a *legislativa*, a *executiva* e a *jurisdicional*.

9. Idem, p. 161.
10. Idem, p. 161.
11. Idem, ibidem.

12. Althusser, *Montesquieu — La Politique et l'Histoire*, 6ª ed., Paris, PUF, 1985, p. 104.
13. Montesquieu, ob. cit., p. 156 (cap. IV).
14. Althusser, ob. cit., pp. 103 e 104.
15. Michel Miaille, *El Estado del Derecho*, trad. de Jean Hennequin, Puebla, Universidad Autónoma de Puebla, 1985, p. 200.
16. Santi Romano, *Principii di Diritto Costituzionale Generali*, 2ª ed., Milão, Giuffrè, p. 173.

Se, porém, pretendermos classificá-las segundo o critério *material*, teremos: a função *normativa* — de produção das normas jurídicas; a função *administrativa* — de execução das normas jurídicas; a função *jurisdicional* — de aplicação das normas jurídicas.

Aquela primeira classificação decorre da adoção de um sistema organizacional, construído precisamente sobre a técnica da divisão dos poderes. A busca de uma classificação material, no caso, nos conduz à determinação da noção de *função estatal*. Tome-se, para tanto, do vocábulo *função* no sentido que lhe atribui Renato Alessi,[17] a partir da noção de *poder estatal*: este, enquanto preordenado às *finalidades* de interesse coletivo e enquanto objeto de um *dever* jurídico, constitui uma *função estatal*.

Neste ponto impõe-se a determinação de uma precisão, a propósito do uso da palavra *poder*. Por um lado, o *poder* é expressão de uma capacitação para efetivamente realizar ou impor a realização de determinado fim. Quando nos referimos a *poder estatal*, visualizamos o poder (político) juridicamente organizado. Assim, se o Estado é uma ordem jurídica, o poder estatal é capacitação para a realização dos fins dessa ordem. Neste sentido é que Alessi menciona *poder estatal*: o *poder*, no ordenamento estatal, se traduz em uma *função* — mas a idéia de *função* envolve a consideração do poder desde o seu aspecto *material*. Podemos usar a mesma palavra, todavia, com ênfase não no seu aspecto *material*, mas no *subjetivo*. Então, ao referirmos, *v.g.*, os Poderes Legislativo, Executivo e Judiciário, estaremos a mencionar os centros ativos de funções, ou seja, os *órgãos* incumbidos de sua execução.[18]

Fixadas tais noções, verificamos que na menção aos Poderes Legislativo, Executivo e Judiciário estamos a referir centros ativos de funções — da função legislativa, da função executiva e da função jurisdicional. Essa classificação de funções estatais, todavia, decorre da aplicação de um critério *subjetivo*; estão elas assim alinhadas não em razão da consideração de seus aspectos *materiais*.

Montesquieu, na busca do equilíbrio entre os poderes — centros ativos de funções (aspecto subjetivo) — recomenda exerça, o executivo, parcelas de poder (aqui usada a palavra no sentido *material*) legislativo.

Em conseqüência, demonstra-se a correção do anteriormente afirmado. A classificação das funções estatais em legislativa, executiva e jurisdicional é corolário da consideração do poder estatal desde o seu aspecto *subjetivo*: desde tal consideração identificamos, nele, centros ativos que são titulares, precipuamente, de determinadas funções. Estas são assim classificadas em razão das finalidades a que se voltam seus agentes — isto é, finalidades legislativas, executivas e jurisdicionais. Tal classificação, como vimos, tem caráter *orgânico* ou *institucional*.

As funções estatais, porém, quando classificadas desde o critério *material*, levarão à definição de diversa taxionomia. Isso passo, em seguida, a demonstrar.

16. Entenda-se por *função estatal* a expressão do poder estatal, enquanto preordenado às *finalidades* de interesse coletivo e objeto de um *dever jurídico* — tomada a expressão poder estatal, então, no seu aspecto *material*. A consideração do poder estatal desde tal aspecto, assim, liberta-nos da tradicional classificação das funções estatais segundo o critério *orgânico* ou *institucional*. Nesta última, porque o poder estatal é visualizado desde a perspectiva *subjetiva*, alinham-se as funções legislativa, executiva e jurisdicional, a que estão vocacionados, respectivamente, os Poderes Legislativo, Executivo e Judiciário.

Afastada, porém, neste passo, essa forma tradicional de classificação, fixemo-

17. Renato Alessi, *Principii di Diritto Amministrativo*, 4ª ed., v. I/3, Milão, Giuffrè, 1978.

18. Idem, ob. cit., pp. 14 e 15.

nos na primeira delas, que, como vimos, leva à enunciação seguinte:

a) *função normativa* — de produção das normas jurídicas;

b) *função administrativa* — de execução das normas jurídicas;

c) *função jurisdicional* — de aplicação das normas jurídicas.

Tomarei como fios condutores da minha demonstração, para precipuamente cogitar da função normativa e da função legislativa, como se verá, a noção de ordenamento jurídico e algumas colocações de Renato Alessi.

17. A introdução do conceito de função normativa supõe a colocação de duas premissas: a norma jurídica constitui um elemento essencial do ordenamento jurídico (a); a norma jurídica consubstancia inovação de preceito primário no ordenamento jurídico (b).

A postulação de tais premissas coloca imediatamente em pauta a noção de ordenamento jurídico. Esta é geralmente fixada na afirmação de que o conjunto das normas jurídicas, consideradas umas em relação às outras, o constitui.[19] Tomo da noção, aqui, tal como a conceberam os institucionalistas, que encontram sua unidade no impulso prático que ele, o ordenamento, como instituição social, recebe no seu processo de formação.[20]

18. Assim, podemos conceituar a norma jurídica como o preceito, abstrato, genérico e inovador — tendente a regular o comportamento social de sujeitos associados — que se integra no ordenamento jurídico.

Uma outra característica da norma jurídica, porém, como enfatiza Alessi[21] — além das já apontadas — é a de constituir um preceito *primário*, no sentido de que se impõe por *força própria*, autônoma. Os ordenamentos jurídicos são referidos como *primários* porque se impõem, aos grupos sociais a que respeitam, por virtude própria, isto é, por *força primária* — tal como ocorre com as normas. Assim, se o caráter inovador da norma a peculiariza, seus reflexos, em termos de inovação — para que existam como tais — penetram o próprio ordenamento. Por isso que a norma configura inovação no ordenamento jurídico e, daí, é de ser definida como preceito *primário*. A característica da inovação, destarte, está subsumida na *primariedade* da norma.

Deixando neste passo à margem considerações que Alessi traça a respeito da coligação entre os atributos de abstração e generalidade da norma — com a subsunção do segundo no primeiro[22] — nele recolhamos a noção de que por *função normativa* deve entender-se aquela de emanar *estatuições primárias* — isto é, operantes por força própria — contendo preceitos abstratos.[23]

Um outro ponto de extrema relevância, porém, deve ser aqui enfatizado. Refiro-me à circunstância de Alessi apartar a noção de *primariedade* da de *originariedade*. Daí ter como *primário* — isto é, imposto por força própria — mesmo um preceito que integra um ordenamento *derivado* ou um preceito que seja emanado com fundamento em uma *atribuição* de poder normativo conferida a órgão que ordinariamente não o detenha.[24]

Daí também, por outro lado, a enunciação da *função normativa* como aquela de emanar *estatuições primárias* — seja em decorrência do exercício de *poder originário* para tanto, seja em decorrência de *poder derivado* — contendo preceitos abstratos e genéricos.

19. A palavra "ordenamento", não obstante, ainda quando qualificada pelo adjetivo "jurídico", compreende sentidos diversos. V. Vittorio Frosini, *Il Diritto nella Società Tecnologica*, Milão, Giuffrè, 1981, p. 8.
20. Cf. Vittorio Frosini, ob. cit., p. 30.
21. Alessi, ob. cit., p. 5.
22. Idem, ob. cit., p. 5.
23. Idem, ob. cit., p. 6. Alessi refere "contendo normalmente preceitos abstratos".
24. Idem, ob. cit., p. 5.

A *função normativa*, como passo a demonstrar, adotando ainda a exposição de Alessi, não se confunde com a *função legislativa*.

19. Ao referir a *função legislativa*, Alessi[25] indica ser ela construída — tal como venho afirmando — a partir de uma perspectiva *subjetiva*, decorrente da adoção do sistema de divisão dos Poderes. Consagrada tal adoção, resta confiada a determinados órgãos a tanto predispostos a tarefa suprema de constituir (integrar) o ordenamento jurídico. A tais órgãos — que constituem o Poder Legislativo — pois, na colocação de Alessi, resulta confiada a tarefa de emanar *estatuições primárias*, isto é, que valem por força própria.

Mas — continua Alessi — ao Poder Legislativo está atribuída também a emanação de certos atos que não estão efetivamente voltados à integração do ordenamento jurídico, albergando, portanto, diverso conteúdo e diversa finalidade. Aqui os atos legislativos que se referem como lei em sentido apenas *formal*.[26] Trata-se de estatuições primárias, na medida em que emanadas do Poder Legislativo, ainda que sem conteúdo normativo; *leis*, embora não possam ser caracterizadas como *normas jurídicas*.

Alessi conclui sua exposição contrapondo as noções de lei e de norma. *Norma* é todo preceito expresso mediante estatuições primárias (na medida em que vale por força própria, ainda que eventualmente com base em um poder não originário, mas derivado ou atribuído ao órgão emanente), ao passo que *lei* é toda estatuição, embora carente de conteúdo normativo, expressa, necessariamente com valor de estatuição primária, pelos órgãos legislativos ou por outros órgãos delegados daqueles. A lei não contém, necessariamente, uma norma. Por outro lado, a norma não é necessariamente emanada mediante uma lei. E assim temos três combinações possíveis: a *lei-norma*, a *lei não-norma* e a *norma não-lei*.

20. A partir das colocações de Alessi podemos referir a *função legislativa* como aquela de emanar *estatuições primárias*, geralmente — mas não necessariamente — com conteúdo normativo, sob a forma de lei.

A noção de *função legislativa*, assim, é tautológica, visto que fundada sobre um conceito formal. É certo, todavia, que não há como fugir à tautologia,[27] visto como há estatuições primárias, contendo preceito abstrato e genérico, que não são leis: refiro-me às *normas que não são lei*.

Na tentativa, portanto, de superação das distorções decorrentes do caráter tautológico da noção de função legislativa, cumpre-nos recorrer ao Direito Positivo, para, no texto constitucional, identificarmos parâmetros que iluminem a definição dos contornos desse objeto, a lei.

É necessário apontar, de toda sorte, neste passo, que a distinção entre função normativa e função legislativa impõe a manipulação de critérios distintos: a noção de função normativa pode ser alinhada desde a consideração de critério *material*; a de função legislativa apenas se torna equacionável na consideração de critério *formal*. Isso, porém, é conseqüência da circunstância de — como vimos — a legislativa alinhar-se como um dos tipos de função estatal identificada em classificação que decorre da adoção de um sistema organizacional, construído sobre a técnica da "separação" dos Poderes.

O que importa reter, todavia, é a verificação de que — libertando-nos daquela for-

25. Idem, ob. cit., pp. 6 e 7; tb. p. 14.

26. A propósito da distinção entre lei em sentido material e lei em sentido formal, Léon Duguit, *Traité de Droit Constitutionnel*, t. I/132 e ss., Paris, Fointemoing & Cie. Éditeurs, 1911. Tb. José Joaquim Gomes Canotilho, *Direito Constitucional*, 3ª ed., Coimbra, Almedina, 1983, pp. 607-609.

27. Neste sentido, Manoel Gonçalves Ferreira Filho, *Curso de Direito Constitucional*, 7ª ed., São Paulo, Saraiva, 1978, p. 93.

ma tradicional de classificação das funções estatais — poderemos (e deveremos) classificá-las desde a perspectiva *material*. Donde a seguinte taxionomia: *função normativa* — a de produção das normas jurídicas; *função administrativa* — a de execução das normas jurídicas; *função jurisdicional* — a de aplicação das normas jurídicas.

Mais ainda — cumpre reter também — entende-se como *função normativa* a de emanar estatuições primárias, seja em decorrência do exercício do poder *originário* para tanto, seja em decorrência de poder *derivado*, contendo preceitos abstratos e genéricos.

21. Diante da realidade do exercício, nos dias que correm, pelo Executivo de largas parcelas de *capacidade normativa*, a generalidade dos autores sustenta que tal desempenho envolve a dinamização de *funções legislativas*. Ainda quando não expressamente formulada observação desse jaez, é ela que se coloca como pano de fundo às afirmações de que aquele exercício consubstancia *derrogação do princípio da separação dos Poderes* e de que, no caso, há *delegação de poder*.[28]

Os regulamentos, no entanto — e assim também outros atos normativos, veiculados através de resoluções, instruções, portarias etc. — são estatuições primárias (impostas por força própria) ainda que não emanados de um poder *originário*. Por isso, apresentam-se como *derivados*, no sentido de que devem fundar-se sobre uma *atribuição* de *poder normativo* contida, explícita ou implicitamente, na Constituição ou em uma lei formal. O fundamento do poder regulamentar, pois, está nesta *atribuição* de poder normativo — e não no poder discricionário da Administração, como de ordinário vem afirmando a chamada doutrina tradicional. Assim, o fundamento da chamada potestade regulamentar decorre de uma *atribuição de potestade normativa material*, de parte do Legislativo, ao Executivo. Diz Alessi: "atribuizone da tenersi naturalmente ben distinta dalla *delega di potestà legislativa formale*".[29] Tal atribuição — completa — não há de ser necessariamente explícita, surgindo, por vezes, de modo implícito.

O que importa reter, neste passo, é o fato de que o exercício da função regulamentar, pelo Executivo, não decorre de uma delegação de função legislativa.

22. Retomando, porém, as verificações até este passo enunciadas, teremos que, *materialmente*, classificarmos as funções estatais em *normativa*, *administrativa* e *jurisdicional*. Procedida a classificação desde a perspectiva *organizacional*, todavia, teremos as funções *legislativa*, *executiva* e *jurisdicional*.

Daí, em uma tentativa de conciliação de critérios, teremos que a *função normativa* (material) compreende a *função legislativa* e a *função regulamentar* (institucionais)[30] — mais a *função regimental*, se considerarmos a normatividade emanada do Poder Judiciário.

Em conseqüência — considerado que o princípio em referência não é para ser tomado em termos absolutos — teremos que, efetivamente, na *atribuição de função normativa* (regulamentar) ao Executivo não há derrogação dele, visto como aí não ocorre *delegação de função legislativa*.

23. A exposição que desenvolvi a propósito das funções estatais permitiu-me

28. *V.g.*, Edgard Bodenheimer (*Ciência do Direito*, trad. de Enéas Marzano, Rio, Forense, 1966, p. 309), ao referir as fontes formais do Direito, alude a uma *legislação autônoma* e a uma *legislação delegada*. Segundo Manoel Gonçalves Ferreira Filho (ob. cit., p. 93): "É prática freqüentíssima o exercício pelo governo (o Executivo) do poder legislativo que lhe vem às mãos por meio de delegação — às ocultas ou às escâncaras".

29. Alessi, ob. cit., p. 458.

30. Neste sentido, Sérgio de Andréa Ferreira (*Direito Administrativo Didático*, Rio, Forense, 1981, p. 58), distinguindo entre função legislativa e poder normativo regulamentar.

demonstrar o equívoco que tem sistematicamente circundado as análises que entre nós são desenvolvidas a propósito dos regulamentos e demais atos normativos emanados do Executivo. O Legislativo não é titular de monopólio senão da *função legislativa*, parcela da *função normativa*, e não de toda esta, como a recepção irrefletida da teoria da "separação" dos Poderes à primeira vista indica.

Um outro ponto, de toda sorte, atinente ainda ao tema dos atos normativos emanados do Executivo, deve ser ferido. É que tem a nossa doutrina com grande freqüência aludido ao *princípio da legalidade* como impediente do exercício, por ele, da *função regulamentar*, salvo no que respeite à produção de regulamentos de execução.

Nesta oportunidade pretendo limitar-me, no exame do princípio, exclusivamente a um dos múltiplos aspectos, nele, a reclamar atenção. Tome-se o seu enunciado, na Constituição de 1988, art. 5º, II: "*Ninguém será obrigado a fazer ou deixar de fazer alguma coisa senão em virtude de lei*".

Há visível distinção, evidenciadamente, entre as seguintes situações: a) vinculação da Administração às definições *da* lei; b) vinculação da Administração às definições *decorrentes* — isto é, fixadas em virtude dela — de lei.

Na segunda situação, ainda quando as definições em pauta se operem em atos normativos não da espécie legislativa — mas decorrentes de *previsão implícita ou explícita em atos legislativos contida* — o princípio está sendo devidamente acatado. No caso, o princípio da legalidade expressa reserva da lei *em termos relativos*, razão pela qual não impede a *atribuição*, explícita ou implícita, ao Executivo, para, no exercício de *função normativa*, definir obrigação de fazer e não fazer que se imponha aos particulares — e os vincule.

24. Voltando ao art. 5º, II, do texto constitucional, verificamos que, nele, o princípio da legalidade é tomado *em termos relativos*, o que induz a conclusão de que o devido acatamento lhe estará sendo conferido quando — manifesta, explícita ou implicitamente, *atribuição* para tanto — ato normativo não legislativo, porém regulamentar (ou regimental), definir obrigação de fazer ou não fazer alguma coisa imposta a seus destinatários.

Tanto isso é verdadeiro — que o dispositivo constitucional em pauta consagra o princípio da legalidade em termos apenas relativos — que em pelo menos três oportunidades, isto é, no art. 5º, XXXIX, no art. 150, I, e no parágrafo único do art. 170, a Constituição o retoma, então o adotando, porém, *em termos absolutos*: não haverá crime ou pena, nem tributo, nem sujeição do exercício de atividade econômica a autorização de órgão público, sem *lei*, aqui entendida como tipo específico de ato legislativo, que os estabeleça. Não tivesse o art. 5º, II, consagrado o princípio da legalidade em termos somente relativos, e razão não haveria a justificar a sua inserção no bojo da Constituição, em termos então absolutos, nas hipóteses referidas. Inconcebível a admissão de que o texto constitucional contivesse disposição despicienda — *verba cum effectu sunt accipienda*.

Penso estar evidenciado, desta sorte, não importar ofensa ao princípio da legalidade inclusive a imposição, veiculada por regulamento, de que alguém faça ou deixe de fazer algo, desde que isso decorra, isto é, venha em virtude de lei. Note-se, ademais, que quando o Executivo expede regulamentos — ou, o Judiciário, regimentos — não o faz no exercício de delegação legislativa.

25. Onde e quando não houver transferência de função legislativa, do Legislativo para o Executivo (ou para o Judiciário), não há que falar em delegação, nem em derrogação do princípio da divisão dos Poderes.

Logo, quando o Executivo e o Judiciário emanam atos normativos de caráter não legislativo — atos regulamentares e regimentais, respectivamente — não o fazem no exercício de *função legislativa*, mas sim no desenvolvimento de *função normativa*. Trata-se, aí, não de *atos administrativos*, porém, nitidamente, de *atos normativos*. Relembre-se que a *função legislativa*, em face do Direito Positivo nacional, consiste na emanação de estatuições primárias, em decorrência de poder *originário* para tanto, geralmente — mas não exclusivamente — com conteúdo normativo, sob uma das formas definidas no art. 59 do texto constitucional. De outra parte, a *função regulamentar* — bem assim *função regimental*, exercitada pelo Judiciário — consiste na emanação de estatuições primárias, em decorrência de poder *derivado*, com conteúdo normativo.

Daí por que, evidenciadamente, o exercício da função regulamentar e da função regimental não decorre de delegação de função legislativa, não envolvendo, portanto, derrogação do princípio da divisão dos Poderes.

26. De outra parte, desejo ainda salientar que a *função normativa*, assim designada e tendo seu conteúdo definido a partir da classificação material das funções estatais, está originariamente espraiada pelo todo que constitui o Estado. Apenas, em conseqüência da adoção de um determinado sistema organizacional, parte dela, transmutada em função legislativa, é destinada à titularidade do Legislativo. Não obstante, remanescem as partes restantes, como faculdades do Executivo e do Judiciário. Apenas, em razão da contemplação daquele sistema, que supõe a *divisão de Poderes* — não, porém, para cindi-los, mas para tê-los em situação de equilíbrio — o exercício de tais faculdades reclama uma *atribuição*, explícita ou implicitamente reconhecida em ato legislativo.

A norma jurídica, como anteriormente vimos, é preceito abstrato, genérico e inovador que se integra no ordenamento jurídico. Por isso não tem existência isolada, mas sim em um complexo de outras normas relacionadas entre si, isto é, no ordenamento jurídico. A função normativa, desde este aspecto, pois, está vocacionada à integração do ordenamento jurídico. Neste sentido, diviso o fundamento da função normativa, enquanto faculdade a ser exercitada pelo Executivo — função regulamentar — e pelo Judiciário — função regimental — não na permissão (*atribuição*) para o seu exercício, mas na vocação do ordenamento jurídico a realizar-se como um todo, para o quê é indispensável a ativação da função normativa em sua globalidade. Isto é, das funções legislativa, regulamentar e regimental, e não apenas da primeira delas.

A exigência de o exercício da função regulamentar e de a função regimental condicionar-se a *atribuições* (permissões) do Legislativo é expediente tendente à promoção do *equilíbrio* na dinâmica dos Poderes tripartidamente organizados, sem que tal signifique a não preexistência de tais funções, como faculdades vocacionadas à integração do ordenamento. O desenvolvimento, pelo Executivo, da função regulamentar efetivamente não consubstancia exercício de função legislativa, razão pela qual não há que cogitar, na hipótese, de delegação desta última àquele.

E assim é ainda quando a esse desenvolvimento seja conseqüente a imposição de obrigações de fazer ou deixar de fazer alguma coisa, desde que tenha ele decorrido de uma *atribuição* de poder normativo, explícita ou implicitamente contida em ato legislativo — a imposição de tal obrigação, então, terá surgido "*em virtude de lei*".

27. A exposição que acabo de produzir, alinhada a partir do item 12, acima, encerra algumas virtudes.

Em primeiro lugar, exorciza leituras distorcidas, reiteradamente repetidas, inercialmente, do pensamento de Montesquieu. O hábito de não se estudar os clássicos através de seus próprios textos, mas na exposição de seus intérpretes (que em regra se valem de outros intérpretes, e não dos textos originais), condena os que assim procedem à inanição intelectual.

De outra parte, desnuda os enunciados semânticos nos quais efetivamente estão enunciados, no *Direito brasileiro*, os princípios do equilíbrio entre os Poderes (nada de "separação", é óbvio) e da legalidade. O Direito é uma prática social e, ao mesmo tempo, um nível da realidade social. À recusa da possibilidade jurídica de o Executivo exercer a chamada potestade regulamentar como e enquanto capacidade normativa corresponde uma revolta dos juristas alinhados naquela que denominei "doutrina tradicional" contra a realidade. E aqui me refiro a uma realidade que apenas e tão-somente é tal e qual porque *constituída* pelo Direito.

A constitucionalidade do exercício, pelo Executivo, daquela capacidade normativa não é recusada pelos tribunais. Apenas a refuta o "senso comum dos juristas", que, por a recusarem em princípio, além de romperem com a realidade — isolando-se em torres nem ao menos de marfim — deixam de cumprir função que lhes incumbe, que seria a de informar e conformar técnicas de efetivo controle daquele exercício. A omissão dos juristas — negando a possibilidade daquele exercício, recusam-se a cogitar do seu controle, repita-se — coloca-os, destarte, em autêntica linha auxiliar do autoritarismo: nenhuma palavra produz a doutrina no sentido de coartar os excessos do Executivo.

28. A análise que passo a empreender, da Portaria 843/90, apenas se torna possível na medida em que a realidade do exercício, pelo Executivo, da função regulamentar (parcela da *função normativa*) — que nossos Tribunais acatam — seja reconhecida.

Vimos que o Executivo pode (deve, aliás), entre nós, exercer capacidade normativa (função regulamentar).

Para que possa fazê-lo, contudo, no quadro da constitucionalidade, é necessário que a ele tenha sido *atribuído*, em cada caso, esse exercício, implícita ou explicitamente (diretamente pela Constituição ou através de lei). Essa *atribuição* de exercício da função regulamentar é indispensável à promoção e preservação de equilíbrio na dinâmica de Poderes tripartidamente organizados. Por isso não pode, essa *atribuição*, ser excedida.

29. A Portaria 843, de 31.10.90, do Ministro da Infra-Estrutura, foi baixada — disse-o já no item 10, acima — com esteio no parágrafo único, II, do art. 84 da Constituição de 1988, tendo em vista o disposto no Dec.-lei 395, de 29.4.38, no Dec.-lei 538, de 7.7.38, na Lei 2.004, de 3.10.53, no Dec. 99.179, de 15.3.90, e nos arts. 213 e ss. do Dec. 99.244, de 10.5.90.

Seus arts. 13, 14 e 18 — que são, no caso, os que importa considerarmos — estabelecem restrições ao pleno exercício de atividade econômica.

Assim, impõe-se verificarmos se há *lei* prevendo a sujeição do exercício da atividade econômica de distribuição de gás liquefeito de petróleo a autorização de órgão público e atribuindo ao Ministro da Infra-Estrutura o exercício, em relação à matéria, de função regulamentar.

30. O Conselho Nacional do Petróleo detinha, por força de *lei* (art. 10, *a*, do Dec.-lei 538, de 7.7.38, combinado com o art. 4º da Lei 2.004, de 3.10.53), poderes para autorizar, regular e controlar a distribuição e o comércio de derivados de petróleo no território nacional. Competia-lhe, pois, *autorizar, regular* e *controlar* a distribuição e o comércio de gás liquefeito de petróleo no território nacional.

Extinto o Conselho Nacional do Petróleo, suas atribuições foram transferidas ao Departamento Nacional de Combustíveis, ao qual incumbe:

a) nos termos do art. 222, III, *b*, do Dec. 99.244/90, superintender, autorizar e fiscalizar o abastecimento nacional de gás natural e suas frações recuperáveis;

b) nos termos do art. 222, V, *b*, do Dec. 99.244/90, supervisionar os assuntos relacionados a distribuição de gás liquefeito de petróleo.

31. Diante disso, cabe inicialmente indagarmos se, à distribuição do gás liquefeito de petróleo respeitando apenas o enunciado da alínea *b* do inc. V do art. 222 do Dec. 99.244/90 — e não, portanto, o enunciado da alínea *b* do inc. III daquele artigo (que envolve *superintendência, autorização* e *fiscalização* do "abastecimento nacional de gás natural e suas frações recuperáveis") — não teria o Executivo não apenas liberado de *autorização* as empresas que pretendam exercer atividade de distribuição de gás liquefeito de petróleo, mas também aberto mão da função de *regular* (isto é, dispor normas sobre) a distribuição e o comércio de gás liquefeito de petróleo no território nacional.

Que o Executivo já não mais *autoriza* o (livre) exercício da atividade econômica de distribuição (e comércio, é óbvio) de gás liquefeito de petróleo, isso resulta evidenciado da mera leitura da disposição inscrita no art. 1º da Portaria 843/90, do Ministro da Infra-Estrutura.

Quanto à impossibilidade de *regulação* dessa atividade (isto é, disposição de normas sobre ela) pelo Departamento Nacional de Combustíveis — e, por conseqüência, pelo Ministro da Infra-Estrtura, ainda que com fundamento no parágrafo único, II, do art. 87 da Constituição — poderia ser afirmada: dir-se-ia o Dec. 99.244/90, cujo art. 222, V, *b*, não a prevê, vincula o próprio Presidente da República (*legem patere quam fecisti*); ora, se o decreto não prevê aquela regulação, não poderia o Ministro de Estado provê-la, a pretexto de "expedir instruções para a execução das leis, decretos e regulamentos" ou se valendo da figura da *avocação de competência*[31] (inexistente) do Departamento Nacional de Combustíveis.

Paralelamente a isso, a enriquecer ou a turbar o possível torneio de argumentos, dir-se-á que o Dec. 99.244/90 é inconstitucional: diz o art. 84, VI, da Constituição que compete privativamente ao Presidente da República "dispor sobre a organização e o funcionamento da Administração federal, *na forma da lei*" (grifei), e, no caso, inexistia lei dispondo sobre a matéria.

32. São inconsistentes, não obstante, em nada acudindo ao deslinde da questão que nos envolve, os argumentos alinhados no sentido acima indicado.

Como o Conselho Nacional de Petróleo detinha, por força de *lei* (art. 10, *a*, do Dec.-lei 538, de 7.7.38, combinado com o art. 4º da Lei 2.004, de 3.10.53), poderes para autorizar, regular e controlar a distribuição e o comércio de derivados de petróleo no território nacional, ao Departamento Nacional de Combustíveis, ao qual suas atribuições foram transferidas, *incumbe* fazê-lo, isto é, *autorizar, regular* e *controlar* a distribuição e o comércio de gás liquefeito de petróleo no território nacional.

Estamos diante, aqui, de *função administrativa*.

Existe *função* — observa Celso Antônio Bandeira de Mello[32] — "quando alguém está investido no *dever* de satisfazer dadas finalidades em prol do *interesse de outrem*, necessitando, para tanto, manejar os poderes requeridos para supri-las. Logo, tais poderes são *instrumentais* ao alcance das sobreditas finalidades. Sem eles, o sujeito investido na função não teria como desincumbir-se do *dever* posto ao seu cargo. Donde, quem os titulariza ma-

31. V. O. A. Bandeira de Mello, *Princípios Gerais de Direito Administrativo*, v. II/122, Rio, Forense, 1969.

32. C. A. Bandeira de Mello, *Elementos de Direito Administrativo*, 2ª ed., São Paulo, Ed. RT, 1991, p. 23.

neja, na verdade, 'deveres-poderes', no *interesse alheio*".

Procurei, em outra ocasião,[33] deixar bem salientado que a autoridade pública, enquanto tal, não é titular de *direitos* que se possa individualmente arrogar. Cumpre-lhe o exercício de função pública. Ou seja, incumbe-lhe o *dever* de prover a realização de interesses alheios. Para tanto, confere-lhe o ordenamento jurídico determinados *poderes*. A função pública, assim, é antes expressão de um *dever-poder* do que de um *poder-dever*. À entidade administrativa, pois, incumbe o *dever-poder* de gerir a *res publica*, assim como ao membro do Poder Judiciário incumbe o *dever-poder* de aplicar o Direito e ao membro do Poder Legislativo incumbe o *dever-poder* de integrar o ordenamento jurídico, inovando-o. A concepção de que esta ou aquela autoridade pública, enquanto autoridade pública, seja titular de um direito integrado em sua esfera de interesses individuais é incompatível com os princípios do Estado de Direito. Tal sentir só é compatível com a tirania; apenas pode prosperar no clima das ditaduras, nas quais os cidadãos são retransformados em súditos.

A autoridade pública, assim, no desempenho da *função administrativa*, está abrangida por um vínculo imposto à sua vontade. O *dever* jurídico consubstancia uma vinculação imposta à vontade de quem esteja por ela alcançado. E consubstancia, no caso da *função administrativa*, vinculação imposta à vontade da autoridade pública em razão de interesse alheio, isto é, do todo social.

Os *poderes* que maneja a autoridade pública no desempenho da *função administrativa* são, destarte, poderes que detém exclusivamente a fim de que possa prestar acatamento ao vínculo que afeta sua vontade. Por isso sustento que a Administração, no desempenho da *função administrativa, pode* fazer tudo quanto *deva* fazer; mas apenas isso, nada mais. Não pode, por certo, fazer mais do que deva fazer.

Assim, existindo lei (art. 10, *a*, do Dec.-lei 538/38, combinado com o art. 4º da Lei 2.004/53) que atribui à Administração — ao Conselho Nacional de Petróleo, sucedido pelo Departamento Nacional de Combustíveis — *função* de autorizar, regular e controlar a distribuição e o comércio de derivados de petróleo no território nacional, tendo a lei sido recebida pela vigente Constituição, os enunciados do art. 222, V, *b*, do Dec. 99.244/90 (na medida em que teria excluído o gás liquefeito de petróleo da ação regulamentadora do Executivo) e do art. 1º da Portaria 843/90, do Ministro da Infra-Estrtura (na medida em que dispensa a autorização da Administração para o exercício da atividade econômica de distribuição de gás liquefeito de petróleo) são absolutamente *ilegais*, a par de evidenciarem a determinação do Executivo no sentido de se demitir do exercício de *função* que lhe incumbe e de não cumprir a lei.

33. Alcançado este ponto de minha exposição, se ela resultasse incompleta, aqui se encerrando, seríamos levados a afirmar, dando resposta ao segundo quesito proposto na consulta, que a portaria nele mencionada não é, na dicção do quesito, antijurídica, salvo no que respeita ao seu art. 1º.

Devo, contudo, ainda, ferir outro ponto, cuja ponderação é fundamental — definitiva — para o deslinde da questão.

34. Não tenho nenhuma dúvida em afirmar que a atribuição, ao Executivo (ao Conselho Nacional de Petróleo, originariamente), de função normativa regulamentar, operada pelo artigo da Lei 2.004/53, combinado com o art. 10, *a*, do Dec.-lei 538/38, era plenamente constitucional no regime da Constituição de 1946.

Mais, dúvida não tenho, também, quanto à circunstância de a Constituição

33. Eros Roberto Grau, *Direito, Conceitos e Normas Jurídicas*, São Paulo, Ed. RT, 1988, pp. 179 e 183.

de 1967, sua Emenda 1/69 e a Constituição de 1988 terem recebido a Lei 2.004/53, resultando plenamente constitucional, pois, ainda no regime desta última, aquela atribuição de função normativa regulamentar ao Executivo. Apenas quem se dedique ao estudo do Direito tomando-o como objeto abstrato, dissociado da realidade — objeto de indagação "científica", que nada, absolutamente nada, tem a ver com a realidade social (esta tomada como elemento que polui esse conhecimento, "científico") — desconhece que a "separação" dos Poderes é um mito[34] e que a função normativa não se confunde com a função legislativa, é mais ampla do que ela.

Sucede dispor o art. 25 do "Ato das Disposições Constitucionais Transitórias" anexo à Constituição de 1988 que:

"Art. 25. Ficam revogados, a partir de cento e oitenta dias da promulgação da Constituição, sujeito esse prazo a prorrogação por lei, todos os dispositivos legais que atribuam ou deleguem a órgão do Poder Executivo competência assinalada pela Constituição ao Congresso Nacional, especialmente no que tange a:

"I — ação normativa;

"II — alocação ou transferência de recursos de qualquer espécie."

Recebida a Lei 2.004/53 pela Constituição de 1988, a disposição inscrita no seu art. 4º, combinada com o disposto no art. 10, *a*, do Dec.-lei 538/38 — disposição que atribuiu ao Conselho Nacional de Petróleo a função de *regular* (função — "ação" — normativa) a distribuição e o comércio de derivados de petróleo — resultou *revogada*, *ex vi* do definido pelo art. 25 do ADCT, 180 dias após 5.10.88, data da promulgação da Constituição vigente.

34. V. Charles Eisenmann, "L'Esprit des Lois et la séparation des pouvoirs", in *Cahiers de Philosophie Politique* (Montesquieu), Bruxelas, Éditions Oupia, 1985, pp. 3-34.

Assim, vencido aquele prazo, não tendo ele sido prorrogado por lei, como não foi, resultaram revogados os preceitos inscritos no art. 10, *a*, do Dec.-lei 538/38 e no art. 4º da Lei 2.004/53.

Revogados tais preceitos, pereceu a atribuição de função regulamentar ao Executivo, para regular a distribuição e o comércio de derivados de petróleo no território nacional. Inexistente, desde o momento daquela revogação, a *atribuição* imprescindível à preservação de equilíbrio na dinâmica dos Poderes tripartidamente organizados, a Portaria 843/90, do Ministro da Infra-Estrutura, resulta nítida e inquestionavelmente *ilegal*.

35. A *ilegalidade* da portaria decorre, destarte, não — de conformidade com o "senso comum dos juristas", nutrido na chamada "doutrina tradicional" — da equivocada afirmação de que toda e qualquer obrigação de dar ou fazer alguma coisa deve ser instituída *em lei*, porém da circunstância de a imposição, por ela veiculada, de restrições ao pleno exercício da atividade econômica de distribuição de gás liquefeito de petróleo não decorrer de lei; isto é, da circunstância de já não encontrar, essa imposição, fundamento em *atribuição*, a qualquer órgão do Executivo, de função normativa, regulamentar, que a justifique.

O exercício da atividade econômica de distribuição de gás liquefeito de petróleo no território nacional não pode, portanto, ser objeto de regulação por ato normativo, regulamentar, do Executivo. A ilegalidade da portaria ministerial é inquestionável.

De outra parte, ilegal também a disposição inscrita no seu art. 1º. O art. 25 do ADCT não revogou senão os dispositivos legais, da Lei 2.004/53 e do Dec.-lei 538/38, que atribuíam função — "ação" — normativa, regulamentar, ao Executivo. O exercício dessa mesma atividade continua sujeito a autorização administrativa, prevista pelo mesmo art. 4º da Lei 2.004/53, combinado com o art. 10, *a*, do Dec.-lei 538/38 — e aí se presta acatamento ao quanto dispõe o parágrafo único do art. 170 do vigente texto constitucional — que evidentemente não poderiam ter sido revogados seja pela portaria, seja pelo Dec. 99.244/90 ou pelo Dec. 99.179, de 15.3.90, que instituiu o Programa Federal de Desburocratização.

36. Dou resposta, assim, ao segundo e ao terceiro quesitos propostos na consulta.

A ilegalidade da Portaria 843/90 é flagrante. Caracterizado o *periculum in mora*, parece-me indisputável o direito ao requerimento de medida cautelar, seja com o objetivo de que se suspendam os seus efeitos, seja para o fim de que se impeça a ação da fiscalização, tendente a coibir o engarrafamento dos chamados botijões OM. A medida cautelar poderá ser requerida anteriormente, como preparatória, ou, incidentalmente, no curso de ação declaratória de nulidade da portaria.

IV — A recusa da destroca de botijões

37. Ilegal a Portaria 843/90, do Ministro da Infra-Estrutura, a vedação enunciada no seu art. 13 é despida de qualquer validade. Assim também com o disposto no art. 18 e seu parágrafo único da portaria.

O mesmo, precisamente o mesmo, seja dito do que define o parágrafo único do art. 11 da portaria. Insisto: é ilegal a disposição de normas, pelo Executivo, atinentes à regulação da distribuição de gás liquefeito de petróleo.

Logo, a invocação do parágrafo único do art. 11 da portaria para qualquer efeito é vazia, nula, inútil, descabida. O enunciado desse parágrafo não se presta a justificar ou a injustificar coisa nenhuma.

Por certo pode a consulente encher os chamados botijões OM indestrocáveis, se for do seu agrado apondo um selo indestrutível, com sua marca, sobre ele.

A consulente tem direito a fazê-lo, visto que, como anteriormente demonstrei, independentemente de qual a marca neles forjada, detém o domínio dos botijões que recolheu no mercado, ao trocar, com os consumidores de gás liquefeito de petróleo, botijões cheios por botijões vazios.

V — O princípio da livre concorrência e abuso de poder econômico

38. O princípio da livre concorrência encontra fundamento na concepção liberal da economia e da sociedade. Uma sociedade que, então, acreditava que o melhor proveito geral haveria de provir do melhor proveito individual. Sociedade que repudiava o corporativismo das guildas e das corporações de ofício, intermediários responsáveis — segundo se acreditava — pelas distorções que comprometiam o funcionamento, aspirado, de uma "concorrência perfeita".

O princípio da livre concorrência é, assim, uma herança da civilização burguesa, na qual prevalece o *princípio da competição* diante do *princípio da colaboração*.

A concorrência, enquanto *competição*,[35] manifestava-se — e ainda se manifesta — em todos os setores da vida social. Aí a competição política (na disputa pelo voto), a competição pelo acesso à função pública e à universidade (os concursos públicos), a competição dentro da universidade e em outras arenas sociais (onde se desenvolve à margem de qualquer regra ou, mesmo, princípio ético).

Grassa, nesse modelo de sociedade, a idéia de que a competição e o egoísmo são *fatores de progresso* e da ausência de competição decorre a decadência social.

35. O vocábulo "concorrência" assim como o vocábulo "concurso" vêm do Latim *concurrere* (*cum currere*), denotando *andar juntos* ou *o andar de muitos pela mesma via*, o que poderia ser associado à idéia de movimento em associação. A conotação de "competição", contudo, assinala andar paralelo de homens que não colaboram, mas diputam entre si.

39. O princípio da liberdade de iniciativa econômica, do qual decorre o da livre concorrência — originariamente postulado no Édito de Turgot, de 9.2.1776[36] — inscreve-se plenamente no Decreto d'Allarde, de 2-17.3.1791, cujo art. 7º determinava que a partir de 1º de abril daquele ano seria livre a qualquer pessoa a realização de qualquer negócio ou o exercício de qualquer profissão, arte ou ofício que lhe aprouvesse, sendo, contudo, ela obrigada a se munir previamente de uma patente (imposto direto), a pagar as taxas exigíveis e a se sujeitar aos regulamentos de polícia aplicáveis.[37]

Vê-se para logo, nestas condições, como observei em outra oportunidade,[38] que no princípio da livre iniciativa nem mesmo em sua origem se consagrava a liberdade absoluta de iniciativa econômica. Vale dizer: a visão de um Estado inteiramente omisso, no liberalismo, em relação à iniciativa econômica privada, é expressão pura e exclusiva de um tipo ideal. Pois medidas de polícia já eram, neste estágio, quando o princípio tinha o sentido de assegurar a defesa dos agentes econômicos contra o Estado e contra as corporações, a eles impostas.

Em sua raiz, o princípio era expressão de uma garantia de *legalidade*. Inúmeros sentidos, de toda sorte, podem ser divisados no princípio, em sua dupla face, ou seja, enquanto liberdade de comércio e indústria e enquanto liberdade de concorrência. A este critério classificatório acoplando-se outro, que leva à distinção entre liberdade pública e liberdade privada, poderemos ter equacionado o seguinte quadro de exposição de tais sentidos:[39]

a) liberdade de comércio e indústria (não ingerência do Estado no domínio econômico):

a.1) faculdade de criar e explorar uma atividade econômica a título privado — liberdade pública;

a.2) não sujeição a qualquer restrição estatal senão em virtude de lei — liberdade pública;

b) liberdade de concorrência:

b.1) faculdade de conquistar a clientela, desde que não através de concorrência desleal — liberdade privada;

b.2) proibição de formas de atuação que deteriam a concorrência — liberdade privada;

b.3) neutralidade do Estado diante do fenômeno concorrencial, em igualdade de condições dos concorrentes — liberdade pública.

36. Estipulava o art. XIV do Édito: "Défendons pareillement à tous maîtres, compagnons, ouvriers et apprentis desdits corps et communautés, de former aucune association ni assemblée entre eux sous quelque prétexte que ce puisse être" (*apud* Jean-Pierre Potier, "L'Assemblée Constituante et la question de la liberté du travail: un texte méconnu, la loi Le Chapelier", in *Idées Économiques sous la Revolution (études coordonnées par Jean-Michel Servet)*, Lyon, Presses Universitaires de Lyon, 1989, p. 238).

37. A Lei de Chapelier é citada freqüentemente como a lei que promove a abolição do sistema de corporações, o que constitui um erro. A abolição desse sistema foi definida no Decreto d'Allarde. A Lei Le Chapelier constitui um verdadeiro "golpe de Estado" contra o direito de associação que os trabalhadores acabavam de conquistar na França revolucionária (Marx, *El Capital*, 5ª ed., v. I/631, trad. de Wenceslao Roces, México, Fondo de Cultura Económica, 1968). A lei dá resposta, nas palavras de Isaac-René-Guy Le Chapelier, que a apresentou como projeto ao Comitê de Constituição, à ameaça, à "ordem pública", que constituía a criação de assembléias de trabalhadores, voltadas à reivindicação por aumentos de salários. Passando ao largo do direito de reunião, que fora reconhecido pela lei de 21.8.1790, a Lei Le Chapelier proíbe toda associação, coalizão ou ação coletiva dos trabalhadores, qual o direito de petição e a greve — proibindo também, por outro lado, as associações e coalizões patronais. A negação da existência de interesses intermediários entre o interesse geral e o interesse particular é tomada como justificativa para o golpe (v. Jean-Pierre Potier, ob. cit., pp. 235 e ss.).

38. Eros Roberto Grau, *A Ordem Econômica na Constituição de 1988 (Interpretação e Crítica)*, 2ª ed., São Paulo, Ed. RT, 1991, p. 224.

39. Utilizo aqui, parcialmente, a exposição de Antonis Manitakis, *La Liberté du Commerce et de l'Industrie*, Bruxelas, Bruylant, 1979, pp. 6 e ss.

40. O que mais importa considerar, de toda sorte, é o fato de que, em sua concreção em regras atinentes à liberdade de iniciativa econômica, o princípio, historicamente, desde o Decreto d'Allarde, jamais foi consignado em termos absolutos. A observação de que o mercado não é capaz de auto-regular-se, a verificação de insuficiência dos postulados da racionalidade dos comportamentos individuais, do ajuste espontâneo das preferências, da harmonia natural dos interesses particulares e do interesse geral, tudo isso associado à evidência dos fenômenos de dominação que desnaturam o funcionamento dos mercados, tudo conduziu à relativização do princípio da livre iniciativa. Essa relativização, contudo, prospera no sentido de prover a preservação dos mercados. Marcam-na o instituto dos privilégios industriais, os monopólios estatais, as medidas de atuação e de regulamentação estatal do processo econômico, a possibilidade jurídica de restrições convencionais serem estipuladas pelos agentes econômicos no domínio da concorrência.

Os agentes econômicos, no mercado clássico — suposta a sua homogeneidade — deviam cuidar exclusivamente de si, submetendo-se às regras que tinham liberdade para impor a si próprios.[40] Mas os mercados não são homogêneos — é possível a qualquer empresário, licitamente, mercê, *v.g.*, de tecnologia que detenha, excluir seus concorrentes deles. Daí a necessidade de o empresário atuar também com os olhos voltados a seus concorrentes, de desenvolver sua atividade não apenas em função de si, mas em razão das ações dos que com ele disputam nos mercados.

O mercado é uma arena de luta, na qual cada concorrente configura — sartreanamente — para o outro, o inferno. A guerra, nos mercados, torna necessária a atuação do Estado para regular a concorrência, inicialmente protegendo os concorrentes.[41] E essa proteção, com o tempo, passa a ampliar-se, de modo a se deslocar do concorrente para o consumidor. É inquestionável, na proteção dos consumidores, o desempenho, pelo Estado, da tradicional função que o move, de preservação dos mercados.

41. Em outra ocasião,[42] cogitando do art. 170, IV, da Constituição de 1988, observei que não há oposição entre o princípio da *livre concorrência* e aquele que se oculta sob a norma do § 4º do art. 173 do texto constitucional, princípio latente, que se expressa como *princípio da repressão aos abusos do poder econômico* e, em verdade — porque dele é fragmento — compõe-se no primeiro. É que o poder econômico é a regra, e não a exceção. Frustra-se, assim, a suposição de que o mercado esteja organizado, naturalmente, em função do consumidor. A ordem privada, que o conforma, é determinada por manifestações que se imaginava fossem patológicas, convertidas porém, na dinâmica de sua realidade, em um elemento próprio à sua constituição natural.[43]

Assim, como "la concurrence tue la concurrence" (Proudhon), a feição de *livre con-*

40. V. Gérard Farjat, *Droit Économique*, 2ª ed., Paris, Presses Universitaires de France, 1982, pp. 707 e 708.

41. Diz Pontes de Miranda: "Quando se viu que a livre concorrência se tornou sem freios, que se fez algo de luta livre, *cut-throat competition*, competição de cortar pescoço, teve-se de cogitar de regras jurídicas que lhe aparassem as garras, que lhe cortassem as unhas, que lhe amputassem os tentáculos de polvo, que lhe vedassem alguns meios. Não foi o excesso no exercício o que se teve por fito, em todos os casos, coibir, foram as armas empregadas, os embustes, as práticas desleais. Principalmente porque a concorrência tende, quando intensificada, a eliminar a concorrência" (*Tratado de Direito Privado*, t. XVII/268, Rio, Borsói, 1956).

42. Eros Roberto Grau, ob. ult. cit., pp. 229 e 230.

43. Salienta Gérard Farjat (ob. cit., p. 472): "Les phénomenes comme les ententes, les positions dominantes, les pratiques restrictives, les concentrations ne sont plus en eux-mêmes des phénomenes pathologiques, mais ils constituent, au contraire, une réalité fondamentale du nouvel État industriel — l'ordre privé économique".

corrência, que enseja a competição aberta, na linha do que se tem referido como "capitalismo selvagem", assume novos traços. *Livre concorrência*, então — e daí por que não soa estranho nem é instigante a sua consagração como princípio constitucional, embora desnecessária (bastava, nesse sentido, o princípio da *livre iniciativa*) — significa *liberdade de concorrência*, desdobrada em liberdades privadas e liberdade pública, tais como acima aludi.

42. O conjunto das verificações até este ponto alinhadas nos permite escapar a equívocos que inúmeras vezes turbam as construções doutrinárias erguidas em torno do princípio da livre concorrência, desdobramento, como vimos, daquele outro, da livre iniciativa (ou da liberdade de iniciativa econômica).

É que a liberdade de concorrência deve ser visualizada como elemento moderador do princípio da liberdade de comércio e indústria, e não como ratificador deste último. Não deve ser tomado, pois, como princípio negativo. Este sentido já é coberto pelo princípio da liberdade de comércio e indústria (não ingerência do Estado no domínio econômico). A liberdade de concorrência é, fundamentalmente, uma liberdade privada e se apresenta dotada de caráter positivo, expressando-se como direito a que o abuso (deslealdade) da liberdade de comércio e indústria não comprometa o funcionamento regular dos mercados.

Esse o sentido sob o qual o princípio é consagrado no plano constitucional, no inc. IV do art. 170 da vigente Constituição.

Aqui se impõe ainda uma consideração, a propósito do dever que vincula o intérprete do Direito e, em especial, da Constituição. É que não a podemos interpretar em tiras, aos pedaços, como tanto tenho enfatizado.[44] O princípio da liberdade de concorrência ou da livre concorrência assume, no quadro da Constituição de 1988, sentido conformado pelo conjunto dos demais princípios por ela contemplados. Seu conteúdo é determinado pela sua inserção em um contexto de princípios, no qual e com os quais subsiste em harmonia.

Desde a visualização desse quadro posso enunciar premissas desde as quais a matéria do abuso de poder econômico deve, no caso, ser tratada.

43. Em primeiro lugar, observe-se que a faculdade de conquistar a clientela não pode ser exercitada mediante práticas que configurem ações de concorrência desleal.

Após, que a ordem jurídica proíbe todas as formas de atuação que importem comprometimento — eliminação — da concorrência; a liberdade de comércio e indústria não pode ser exercitada de modo a comprometer o regular funcionamento dos mercados.

No primeiro caso, a ordem jurídica protege os agentes econômicos, unitariamente considerados. No segundo, volta-se à preservação do mercado como instituição de coordenação das decisões econômicas, adequada ao modo de produção capitalista; daí por que a liberdade de concorrência apresenta-se dotada de caráter positivo: é direito a que o abuso (deslealdade) da liberdade de comércio e indústria não comprometa aquele funcionamento regular, dos mercados.

De outra parte, tenha-se bem presente que o princípio da tutela do consumidor ilumina a compreensão dos limites dentro dos quais a liberdade de concorrência pode ser exercitada.

44. À liberdade de comércio e indústria, desdobrada em (a) faculdade de criar e explorar atividade econômica a título privado e (b) não sujeição a qualquer restrição estatal senão em virtude de lei (v. item 39, acima), deitamos atenção, no que tange à hipótese da consulta, na exposição acima desenvolvida, desde o item 10 até o item 37.

44. Eros Roberto Grau, ob. ult. cit., pp. 181 e 182.

Cumpre verificarmos, agora, se o comportamento da U turba a liberdade de concorrência — desdobrada em (a) faculdade de conquistar a clientela, desde que não através de concorrência desleal, e (b) proibição de formas de atuação que deteriam a concorrência — e/ou caracteriza abuso de poder econômico.

45. A Lei 8.158, de 8.1.91, institui normas para a defesa da concorrência e dá outras providências, voltando-se, nitidamente, à preservação do mercado como instituição de coordenação das decisões econômicas, adequada ao modo de produção capitalista. Neste sentido, define, em seu art. 3º, *infrações à ordem econômica*.

Da mesma matéria — e desde a mesma perspectiva — trata a Lei 8.137, de 27.12.90, sob a ótica penal. Define *crimes contra a ordem econômica* (e contra a ordem tributária e as relações de consumo).

O Código da Propriedade Industrial de 1945, no título mantido em vigor pela Lei 5.772, de 21.12.71 — art. 128 — define, em seu art. 178, *crimes de concorrência desleal*. Aqui, a ordem jurídica volta-se à proteção dos agentes econômicos unitariamente considerados. O mercado, no caso, não é o bem imediatamente, senão mediatamente, protegido.

O que importa considerarmos, diante de todas essas definições normativas, é que, em matéria de concorrência, o que a ordem jurídica visa a coibir é a conduta incorreta dos agentes econômicos, contrária "aos usos honestos em matéria comercial e industrial"[45] e/ou que possa afetar, comprometendo-os em suas integridades, os mercados. Nessas condutas, coibidas, joga papel de extrema importância o elemento subjetivo, o que enseja a sua descrição no que Manoel Pedro Pimentel,[46] embora criticando a expressão, referia como *tipo anormal*. Anormal, diga-se, justamente na medida em que inclui uma especial subjetividade do agente.

Infrações à ordem econômica, crimes contra a ordem econômica e crimes de concorrência desleal de que passo a tratar, todos consubstanciam, naquele sentido, *tipos anormais*.

46. Define o art. 3º, I, da Lei 8.158/91: "Art. 3º. Constitui infração à ordem econômica qualquer acordo, deliberação conjunta de empresas, ato, conduta ou prática tendo por objeto ou produzindo o efeito de dominar mercado de bens ou serviços, *prejudicar a livre concorrência* ou aumentar arbitrariamente os lucros, *ainda que os fins visados não sejam alcançados*, tais como:...".

O preceito enuncia, então, *exemplificativamente*, modalidades da infração que define.

Paralelamente, diz o seu art. 2º, em suas alíneas *b* e *c*:

"Art. 2º. A Secretaria Nacional de Direito Econômico-SNDE atuará de forma a evitar que as seguintes distorções possam ocorrer no mercado:

"...

"b) o cerceamento à entrada ou à existência de concorrentes, seja no mercado local, regional ou nacional;

"c) o impedimento ao acesso dos concorrentes às fontes de insumos, matérias-primas, equipamentos ou tecnologia, bem como aos canais de distribuição."

De outra parte, o art. 4º, I, *f*, e IV, da Lei 8.137/90 define:

"Art. 4º. Constitui crime contra a ordem econômica:

45. Assim, o art. 10-*bis* da Convenção da União de Paris, promulgada entre nós pelo Dec. 5.685, de 30.7.29, caracteriza os atos de concorrência desleal.

46. Manoel Pedro Pimentel, *Direito Penal Econômico*, São Paulo, Ed. RT, 1973, p. 47.

"I — abusar do poder econômico, dominando o mercado ou eliminando, total ou parcialmente, a concorrência mediante:

"...

"f) impedimento à constituição, funcionamento ou desenvolvimento de empresa concorrente;

"...

"IV — açambarcar, sonegar, destruir ou inutilizar bens de produção ou de consumo, com o fim de estabelecer monopólio ou de eliminar, total ou parcialmente, a concorrência."

No que tange aos crimes de concorrência desleal, definidos pelo art. 178 do Dec.-lei 7.903, de 27.8.45 (antigo Código da Propriedade Industrial), entre eles não diviso tipo nenhum ao qual se pudesse, ainda que em tese, amoldar o comportamento, aludido na consulta, da U.

47. Esse comportamento, aludido na consulta, assim se o descreve:

47.1 A U vale-se da proibição administrativa de engarrafamento de botijões de outra marca — OM — (art. 13 da Portaria 843/90, do Ministro da Infra-Estrutura) para cercear o livre exercício da atividade de distribuição de gás liquefeito de petróleo pela consulente.

47.2 A U, conforme indícios colhidos pela consulente, recolheria os botijões desta última e os remeteria aos mais longínquos cantos do território nacional, com aquele mesmo objetivo.

47.3 A U, em regra, alegando não os possuir, recusa-se a destrocar os botijões vazios — OM — que trazem estampada sua marca por outros, com a marca estampada da consulente (art. 18 e parágrafo único da Portaria 843/90).

47.4 A U requereu a instauração de inquérito policial contra os representantes das engarrafadoras, acusando-os, entre outros delitos, de apropriação indébita dos seus botijões, o que dificulta o exercício de sua atividade pela consulente, visto que os revendedores guardam temor em dela receber, plenos de gás, botijões com a marca U.

48. A conduta descrita no item. 47.1 não pode, isoladamente, até que judicialmente declarada a ilegalidade da Portaria 843/90, caracterizar ilícito.

A conduta descrita no item 47.2 pode, *em tese*, desde que comprovada a sua prática pela U, caracterizar impedimento ao acesso de concorrente a equipamentos (Lei 8.158/91, art. 2º, *c*); considere-se a propósito, também, o disposto na alínea *b* deste mesmo art. 2º e no art. 4º, I, *f*, da Lei 8.137/90; não me parece possa ser subsumida no tipo descrito no art. 4º, IV, desta mesma lei.

A conduta descrita no item 47.3 consubstanciaria, não fora ilegal a Portaria 843/90, infração administrativa; sua prática, porém, em qualquer circunstância contribui, reforçando-a, à caracterização da conduta descrita no item 47.2 como impedimento ao acesso de concorrente a equipamentos, afetada ainda pelo disposto na alínea *b* do art. 2º da Lei 8.158/91 e no art. 4º I, *f*, da Lei 8.137/90.

A conduta descrita no item 47.4, ainda que evidentemente não se caracterize, no caso, apropriação indébita — vide item 9, acima — e se deva supor que a U o saiba, não se a pode ter como ilícita.

Não obstante, o comportamento da U, na prática do conjunto dessas condutas, não é anódino. Pode, *em tese*, configurar *conduta tendo por objeto e/ou produzindo o efeito de prejudicar a livre concorrência (ainda que os fins visados não sejam alcançados)*, tipificada no art. 3º, *caput*, da Lei 8.158/91.

Aqui, contudo, a relevância de fatos a serem comprovados é extrema, de sorte que apenas em tese posso dar resposta, afirmativa, ao quinto quesito proposto na consulta.

VI — Conclusões

49. Indaga, finalmente, a consulente, através de seu advogado, que outras providências aconselho para a defesa e reparação dos seus direitos.

À consulente recomendo, inicialmente, a proposição de ação visando à declaração da ilegalidade da Portaria 843/90, do Ministro da Infra-Estrutura; poderá e deverá requerer, ainda, medida cautelar tendo em vista os efeitos indicados no item 36, acima. Para que se impeça a ação da fiscalização, tendente a coibir o engarrafamento dos botijões OM, entendo possa a consulente, alternativamente, impetrar mandado de segurança.

No que concerne ao comportamento da U, pode a consulente, com fundamento no art. 4º da Lei 8.158/91, representar à Secretaria Nacional de Direito Econômico-SNDE, descrevendo-o.

O inquérito policial instaurado a pedido da U, na verdade, atinge, como verifiquei de cópia *xerox* de suas peças, que me exibiu a consulente, pessoas humildes, trabalhadores braçais que transportam botijões, para que sejam entregues aos consumidores. Considero indigno o procedimento da empresa, procedimento violador dos direitos humanos, na medida em que — é evidente — sabe perfeitamente que não há como cogitar-se, na hipótese, de apropriação indébita. Tanto mais grave esse procedimento quando se observe que, embora formalmente defensável, é usado para o fim de atemorizar os revendedores de botijões OM, com a marca desta, U, plenos do produto.

50. Em face do exposto, dou as seguintes respostas aos quesitos propostos na consulta:

1º. *Sim*; o botijão, apesar da marca, pertence à empresa que o recolheu no mercado.

2º. *Sim*; a portaria do Ministério da Infra-Estrutura, que proíbe o engarrafamento de OM, é ilegal.

3º. *Sim*; é cabível a suspensão dos efeitos dessa portaria mediante o requerimento de medida cautelar, evidentemente comprovado o *periculum in mora*; ademais, seria cabível, ainda, na situação descrita na consulta, a interposição de medida cautelar para impedir a ação da fiscalização tendente a coibir o engarrafamento de botijões.

4º. *Sim*; não havendo a troca de botijões — ou, não havendo acordo, recusando-se a tanto a U — poderá a consulente encher os botijões OM indestrocáveis, sobre eles apondo, se for do seu agrado, um selo indestrutível, com sua marca; a invocação do parágrafo único do art. 11 da Portaria 843/90, do Ministro da Infra-Estrutura, para tanto ou para qualquer outro fim, será vazia, nula, inútil, descabida.

5º. A respeito da caracterização de abuso de poder econômico, no caso, diante dos fatos expostos na consulta e à vista da resposta dada pela Associação dos Fiscais de Derivados de Petróleo à interpelação que lhe foi feita, veja-se o quanto observei no item 48, acima.

6º. As providências que recomendo para a defesa e reparação dos direitos da consulente são as enunciadas no item 49, imediatamente acima.

É o que me parece.

São Paulo, 17 de agosto de 1992.

LEGITIMIDADE DA "OPERAÇÃO PATRÍCIA" E O MODO DE SUA LIQUIDAÇÃO

LUCIANO BENÉVOLO DE ANDRADE
Advogado em Brasília

Mas é igualmente perigoso que o Estado dê o exemplo da infidelidade não satisfazendo as suas próprias obrigações.
(Georges Ripert, *O Regimen Democrático e o Direito Civil Moderno*, Ed. Saraiva, 1937, p. 154)

Consulta

A Federação Brasileira dos Exportadores de Café me faz a seguinte *exposição*:

1. Em agosto/86, as empresas (nacionais e estrangeiras) mais ativas no comércio do café do Brasil foram convidadas — cada uma separadamente das demais — a comparecer, através de seus representantes legais, a reuniões com os Diretores do Instituto Brasileiro do Café, nas quais lhes foi exposto que:

a) No entender do Governo brasileiro, a queda de 33% dos preços do café no mercado internacional, verificada nos seis meses anteriores, que estava inviabilizando as exportações brasileiras, com importantes reflexos na receita cambial do País, resultava da manipulação de especuladores baixistas que operavam nas Bolsas de Nova York e no Terminal de Londres, posto que incompatível com a previsão de escassez de oferta de café.

b) O Ministro da Fazenda, na qualidade de Presidente do Conselho Monetário Nacional, aprovando proposta do Ministro da Indústria e Comércio, *ad referendum* do Colegiado autorizara o IBC a promover intervenção no mercado externo mediante compra, no Terminal de Londres, de contratos futuros de café da variedade "robusta", com o fim de retirá-los do mercado, substituindo-os por café dos estoques do IBC da variedade "arábica", de produção brasileira.

c) O IBC não pretendia intervir no mercado em seu próprio nome, mas através de empresas privadas com capacidade comercial e vínculos com o Brasil, e as empresas eram convidadas a participar da operação nos termos de minuta de contrato padronizado fornecida pelo IBC.

2. As principais estipulações desse contrato podem ser assim resumidas:

I — A empresa obrigava-se a prestar ao IBC os seguintes serviços:

a) comprar no Terminal de Londres, em seu próprio nome, mas segundo ordens de compra do IBC, determinado número de contratos futuros de café da variedade "robusta", e executá-los até a entrega do café, dando as fianças ou outras garantias por eles requeridas e recebendo ou pagando as margens (positivas ou negativas) a eles correspondentes;

b) receber os cafés comprados, providenciar seu armazenamento e, uma vez instruída pelo IBC sobre a remoção, transferi-los para o Entreposto do IBC em Trieste ou outro local por ele determinado;

c) prover os recursos financeiros necessários ao pagamento do preço de compra e das despesas de armazenamento, seguro, movimentação e transporte.

II — O IBC obrigava-se, em contrapartida, a:

a) no prazo máximo de 90 dias após o pagamento pela empresa do preço dos lotes recebidos em Bolsa, entregar-lhe, em substituição aos cafés "robusta" por ela adquiridos, café da variedade "arábica" dos estoques do IBC, na quantidade necessária para ressarcir a empresa de todos os custos por ela suportados, acrescidos de juros, calculados à taxa "Libor" para seis meses mais 1%;

b) entregar o café "arábica" por valor determinado segundo um de três critérios, à opção da empresa;

c) decorrido o prazo de 90 dias referido na alínea *a* sem a entrega do café "arábica", ressarcir em dinheiro norte-americano os custos incorridos pela empresa, reservando-se ainda o IBC o direito de efetuar o pagamento em dinheiro, acrescido de 1%, depois de a empresa optar por um dos três critérios de determinação de valor;

d) garantir a empresa contra a queda do preço do café "arábica" no mercado internacional durante o prazo de 45 dias a contar da sua entrega.

III — A transferência para o IBC do domínio do café "robusta" comprado pela empresa em seu nome foi assim regulada:

a) a partir da entrega do café pela empresa, no Entreposto do IBC em Triestre ou em outro local indicado pelo IBC, esta passava a fiel depositário do café, responsabilizando-se pelo custo do armazenamento e seguro;

b) enquanto fiel depositário, o IBC devia fornecer à empresa os documentos representativos do depósito de forma a habilitá-la a realizar operações de crédito bancário tendo como garantia o produto armazenado;

c) completada a substituição dos cafés e uma vez em ordem os cafés recebidos do IBC, a empresa obrigava-se a transferir definitivamente para a autarquia os cafés "robusta" entregues nos termos da alínea *a*.

IV — O IBC, ao entregar o café "arábica" à empresa, devia fornecer-lhe os documentos hábeis que permitissem a normal e livre comercialização para qualquer destino.

V — A empresa ficava proibida de qualquer menção quanto à origem da compra do café "robusta" e se obrigava a não vender os lotes comprados.

3. A maioria das empresas consultadas aceitou a oferta do IBC porque a autarquia, após mais de 30 anos de participar do mercado, comprando e vendendo café, como órgão federal encarregado de realizar a política econômica do café brasileiro, tinha criado a reputação de que era cumpridora pontual das obrigações que contraía; foram concluídos 18 contratos nos exatos termos do modelo padronizado, dos quais 17 com empresas privadas e 1 com a Interbrás-Petróleo Internacional S/A.

Cumprindo instruções recebidas do IBC e sob a coordenação da Interbrás, as empresas contratadas compraram no Terminal de Londres, em setembro e outubro/86, 632.000 sacas de café "robusta". Nada obstante, a cotação do café no mercado internacional, depois de sofrer elevação durante dois a três meses, voltou a cair de modo acentuado. Por isso, quando se venceu o prazo para que o IBC efetivasse a substituição do café "robusta" por café dos seus estoques, a liquidação da operação implicava a realização de prejuízos. Por essa razão, e com o pretexto de não aumentar a pressão da oferta no mercado, o IBC deixou de cumprir, nos prazos previstos, a obrigação de substituir o café, e passou a estudar formas de liquidação gradativa da operação, na expectativa de uma melhoria dos preços do mercado.

Em abril/87, quando o IBC já se encontrava em mora no adimplemento das obrigações que assumira para com as empresas compradoras do café, o Ministro da Indústria e Comércio propôs ao Conselho Monetário Nacional que o Banco do Brasil emprestasse ao IBC, por conta do Tesouro Nacional, 15 milhões de dólares, para atendimento de parte dos compromissos assumidos com as empresas, além de aumentar suas garantias mediante transferência de *warrants* de sacas de café estocadas em Triestre (voto 139/87). Essa proposta foi aprovada pelo Ministro da Fazenda *ad referendum* do Conselho Monetário Nacional, em 3.4.87, e referendada pelo Plenário do CMN em sessão de 18.6.87.

4. Depois desse ato, nenhuma outra providência foi adotada pelo IBC para cumprir as obrigações contratuais assumidas com as 18 empresas, e durante 3 anos e meio a operação "London Terminal" ou, como ficou conhecida, a "Operação Patrícia", passou a ser objeto de denúncias ou suspeitas, Comissão de Inquérito constituída pelo IBC, Comissão Interministerial constituída pelos Ministros da Fazenda e da Indústria e Comércio, auditoria pela empresa Arthur Young contratada pelo IBC, notas da Secretaria de Estudos Econômicos do Ministério da Fazenda e da Secretaria de Controle Interno do Ministério da Indústria e Comércio, além de pareceres jurídicos da Consultoria Jurídica do Ministério do Desenvolvimento da Indústria e do Comércio, da Procuradoria-Geral do IBC e do Procurador-Geral Adjunto da Fazenda, aprovado pelo Procurador-Geral da Fazenda Nacional.

5. Desde setembro/86, a dívida do IBC nascida desses contratos vem aumentando diariamente pelo acréscimo de custos de armazenamento, seguro e financiamento do café "robusta" comprado, e as empresas credoras, com o fim de orientá-las nas negociações que procuram manter com o Ministério da Economia, do Planejamento e da Fazenda visando ao cumprimento, pelo Governo, das obrigações contraídas pelo IBC, formulam os seguintes quesitos:

1º. As obrigações do IBC nascidas dos contratos acima referidos são válidas e podem ser exigidas pelas empresas contratantes?

2º. O IBC tinha competência legal para se obrigar a entregar café "arábico" de sua propriedade, ou dos estoques governamentais, em permuta pelos cafés "robusta" comprados pelas empresas contratadas?

3º. Decorridos os 90 dias previstos no contrato, o IBC pode ainda hoje (admitida a concordância das empresas contratadas) cumprir a obrigação de entregar café da variedade "arábica", nos exatos termos previstos nos contratos em questão?

4º. O cumprimento dessa obrigação pelo IBC pressupõe existência de dotação orçamentária específica, que autorize despesa pública em valor correspondente ao café "arábico" a ser permutado?

5º. Essa obrigação pode ser cumprida pelo IBC apesar de se achar em processo de liquidação?

6º. Extinto o IBC, a obrigação contratual acima referida transmite-se, por sucessão, à União Federal?

7º. Se afirmativa a resposta à questão anterior, a autoridade competente do Poder Executivo pode, independentemente de autorização legislativa e dotação orçamentária específicas, cumprir tal obrigação de permutar café em que o IBC foi sucedido pela União Federal?

Informações Adicionais

A consulta vem instruída com documentação suficiente a permitir a compreensão integral e exata do problema, tais como cópia da proposta do então Ministro da Indústria e Comércio, aprovada pelo

Ministro da Fazenda Dílson Funaro, *ad referendum* do CMN; minuta do contrato oferecido pelo IBC às empresas selecionadas; *telex* do Presidente do IBC, reafirmando o propósito de efetuar, com a máxima brevidade, o ressarcimento das despesas incorridas na "Operação Patrícia"; voto 139/87 do Ministro da Indústria e Comércio, aprovado pelo Ministro da Fazenda e referendado pelo CMN em 18.6.87; relatório da Comissão Interministerial instituída pela Portaria MF/MIC-2, de 24.7.87; nota 167/88, da Secretaria Especial de Assuntos Econômicos do antigo Ministério da Fazenda; relatório do Min. José Hugo Castelo Branco ao Presidente da República sobre a aquisição de café, pelo IBC, no Terminal de Londres; despacho do IBC, acolhendo as conclusões do inquérito e determinado o arquivamento do processo, além de outros.

Acompanha, também, cópia do extenso Parecer PGFN/PGA-781/89, da lavra do eminente Procurador-Geral-Adjunto, Dr. Carlos Roberto Guimarães Marcial, que discorre com minúcias sobre o desenvolvimento de toda a "Operação Patrícia" e procura dar-lhe equacionamento jurídico, bem assim cópia de precioso parecer proferido pelo exímio jurista Prof. Caio Tácito.

Pelo exame dessa documentação, verifica-se que as autoridades administrativas hesitam em honrar os compromissos contratuais assumidos pelo IBC.

A par de razões econômicas, decorrentes das áleas ordinárias dos negócios mercantis, de que elas parecem esquecer, antepondo tropeços jurídicos onde eles não existem, essa vacilação repousa na única alegativa de que não teria havido aprovação da proposta inicial do MIC, pelo CMN, ou, melhor, retificando, a primeira decisão do Ministro da Fazenda não teria sido submetida à apreciação do Plenário do aludido colegiado.

O que, tudo bem visto e ponderado, passo ao parecer.

Parecer

1. Da natureza jurídica do "referendo"

A questão principal e da qual fluirão normalmente as respostas a todas as demais indagações reside na legitimidade dos contratos celebrados pelo IBC com as empresas cafeeiras. E essa legitimidade depende unicamente da correta fixação da natureza jurídica do ato administrativo praticado pelo Presidente do CMN *ad referendum* do Plenário.

É muito cômodo afirmar-se que o *referendo*, como ato de aprovação, tem a natureza de um ato de controle, que confere eficácia ao ato controlado. Esta, aliás, a posição assumida pelo inolvidável mestre Themístocles Brandão Cavalcanti, na achega coletada nos itens 66 e 67 do mencionado Parecer PGFN/PGA-781/89.

Trata-se, porém, de uma daquelas doutrinações singelas, que se vão vulgarizando sem maiores detenças e estão a merecer revisão crítica. O jurista, como o cientista em qualquer área do conhecimento, não se dcixa impressionar pelas aparências. Investiga, vai ao fundo dos fenômenos, para só depois formular, com segurança, leis e conceitos.

Na terminologia jurídica, *referendo* é termo plurissignificativo.

Figuremos as seguintes situações:

Hipótese A: o Presidente da República sanciona uma lei ou expede um decreto ou regulamento. Aos Ministros de Estado das áreas interessadas cabe referendá-lo (CF, art. 87, parágrafo único, I).

Hipótese B: o Congresso Nacional aprova uma lei, suponhamos, atribuindo encargos militares às mulheres em tempo de paz (CF, art. 143, § 2º), e determina que ela entrará em vigor após referendada em plebiscito (CF, art. 49, XV).

Hipótese C: estando o Congresso Nacional em recesso, o País sofre agressão estrangeira. O Presidente da República, então, decreta a mobilização nacional e declara a guerra, *ad referedum* do Congresso Nacional (CF, art. 84, XIX). Também sujeita à aprovação, vale dizer, ao *referendo* do Congresso Nacional, é a decretação do estado de defesa, que tem vigência imediata, a qual cessará se o decreto vier a ser rejeitado pelo Congresso (art. 136 e §§ 4º-7º).

Hipótese D: a incorporação, subdivisão, desmembramento ou formação de novos Estados ou Territórios Federais dependem de aprovação da população diretamente interessada, por meio de plebiscito, e do Congresso Nacional, por lei complementar (CF, art. 18, § 3º).

Hipótese E: a criação, a incorporação, a fusão e o desmembramento de Municípios far-se-ão por lei estadual, obedecidos os requisitos estabelecidos em lei complementar estadual, e dependerão de consulta prévia, mediante plebiscito, às populações diretamente interessadas (CF, art. 18, § 4º).

Hipótese F: no regime anterior, o Presidente da República, em casos de urgência ou interesse público relevante, podia expedir decretos-leis, desde que sem aumento de despesa, sobre matérias especificadas. Publicado o texto, tinha vigência imediata, até deliberação do Congresso Nacional. A rejeição do decreto-lei não implicava nulidade dos atos praticados durante sua vigência (CF/67, cf. EC 1/69 e 22/82, art. 55).

Hipótese G: de acordo com a Constituição atual, o Presidente da República, em caso de relevância e urgência, pode adotar medidas provisórias, com força de lei, devendo submetê-las de imediato ao Congresso Nacional, que, estando em recesso, será convocado extraordinariamente para se reunir no prazo de cinco dias. As medidas provisórias perderão a eficácia, desde sua edição, se não forem convertidas em lei no prazo de 30 dias, a partir de sua publicação, devendo o Congresso disciplinar as relações jurídicas delas decorrentes (art. 62).

Hipótese H: segundo a Constituição de 1946, os contratos que, por qualquer modo, interessassem à receita ou à despesa só se reputariam perfeitos depois de registrados pelo Tribunal de Contas. A recusa de registro suspenderia a execução do contrato até que se pronunciasse o Congresso Nacional (art. 77 e § 1º). Nessa conformidade, eram considerados vigentes os arts. 775, § 1º, *f*, e 792 do Regulamento Geral de Contabilidade de 1922 (Dec. 15.783, de 8.11.22), pelos quais ditos contratos só entravam em vigor após o registro no Tribunal de Contas.

Hipótese I: ao Tribunal de Contas compete apreciar, para fins de registro, a legalidade dos atos referentes à admissão de pessoal, a qualquer título, na Administração direta e indireta, excetuadas as nomeações para cargos em comissão, bem assim a das concessões de aposentadorias, reformas e pensões, salvo melhorias posteriores que não alterem o fundamento legal do ato (CF, art. 71, III).

Hipótese J: competia ao Presidente do IBC fixar o valor da quota de contribuição instituída pela Instrução 205, de 12.5.61, da antiga SUMOC, ouvido o Conselho Nacional de Política Cafeeira (CNPC). Em caso de urgência, porém, decorrente das oscilações internacionais do preço do café, o valor da quota poderia ser alterado para maior ou para menor, pelo Presidente do IBC, *ad referendum* do CNPC (Dec.-lei 2.295, de 21.11.86, art. 4º e §).

Hipótese L: o CMN delibera por maioria de votos, com a presença, no mínimo, de 13 membros, cabendo ao Presidente também o voto de qualidade e a prerrogativa de deliberar *ad referendum* do Plenário (Dec. 83.323, de 11.4.79, com a redação dada pelo Dec. 85.776, de 26.2.81). Em caso de urgência, a critério de seu Presidente, o CMN poderá deliberar em miniconselho, isto é, com 7 representantes governamentais e 3 do setor privado (Dec. 94.303, de 1.5.87, art. 2º).

Muitos outros exemplos poderiam ser trazidos à colação. Mas os acima enumerados são suficientes para demonstrar que não se pode generalizar e reduzir a uma única categoria o ato de aprovação ou de referendo.

Com efeito, basta um simples relance d'olhos para positivar que nenhuma dessas hipóteses é igual à outra. Algumas delas talvez tenham certos pontos de contato ou semelhança. Nenhuma, porém, conserva identidade com as demais. Todas possuem aspectos distintos que as diferenciam, entre si, na essência.

Na hipótese *A*, ninguém de bom siso arriscaria asseverar que o referendo ministerial aos atos do Chefe do Executivo seja um ato de controle ou aprovação. É, sim, um ato acessório, de incorporação, que, outrora, tinha a função certificativa da vontade imperial, mas hoje representa uma formalidade de engajamento governamental, necessária na medida em que implica co-responsabilidade do Ministro referendário, que, por essa maneira, exprime o compromisso público e solene de sua pasta na execução do ato que subscreveu.

E que efeitos podem ser atribuídos à falta de referendo ministerial nesta hipótese? A inexistência do ato presidencial? Sua nulidade? Sua ineficácia? Sua incompletude? Note-se que o emissor da vontade é um só, único e privativo (CF, art. 84, IV). A vontade do Ministro nada acrescenta à vontade formadora do ato referendado. A doutrina, contudo, tende a considerar a assinatura ministerial requisito de validade (cf. José Celso de Mello Filho, *Constituição Federal Anotada*, 2ª ed., p. 255), tese que contraria o sistema vigente. Uma lei sancionada pelo Presidente da República e comunicada a sanção ao Congresso Nacional deixaria de ser lei e válida por lhe faltar o referendo de um Ministro de Estado qualquer? Decididamente, impende refletir melhor sobre o assunto.

A hipótese *B* representa fase do processo legislativo, que só se conclui com o referendo popular, consagrando forma excepcional da democracia direta, exercida nos termos dos arts. 1º, parágrafo único, e 14 da Constituição.

Na hipótese *C*, o Presidente da República exerce competência própria, exclusiva e plena, diante de uma situação de emergência. Seu ato é perfeito e acabado, auto-executório de pronto. A confirmação ou a reprovação posterior pelo Congresso Nacional tem o caráter de controle político, com eficácia ab-rogatória, sem afetar a legalidade das situações geradas na vigência do decreto presidencial. É que não se pode imaginar que deva o País ficar aguardando a deliberação congressual para tomar medidas em sua defesa ou da ordem pública. Em caso de rejeição do decreto, as relações até então criadas cessam de produzir efeitos e o máximo que poderá acontecer, em termos jurídicos, será a responsabilização do Presidente da República, pelo uso indevido de seus poderes discricionários, e, em relação a terceiros, talvez o direito a indenização por eventuais lesões sofridas.

Podem ou não coincidir as hipóteses *D* e *E*. Se a lei complementar a que se refere o art. 18, § 3º, da Constituição vier a prescrever, a exemplo da Lei Complementar 1/67, que a aprovação plebiscitária para a alteração do quadro estadual seja prévia, haverá um ato preliminar de convocação popular, para só então ficarem o Congresso Nacional ou as Assembléias Legislativas, conforme o caso, habilitados a desencadear o processo legislativo inovador da unidade federativa que se pretenda. A negação plebiscitária abortará o processo legislativo. Assim sendo, não se estará na presença de *referendo*, que é sempre um *posterius*, mas típico condicionamento pré-legislativo.

Referendo ocorrerá apenas na hipótese *D*, tanto e se a lei complementar estabelecer que a aprovação da população diretamente interessada seja ulterior. Neste caso, a situação equivalerá à descrita na hipótese *B*.

F e *G* aproximam-se da hipótese *C*. Mas dela se distanciam por dois aspectos fundamentais. Em primeiro lugar, em *C* ocorre a prática de ato concreto, enquanto *F* e *G* consubstanciam atividade legislativa. Ao depois, em *F*, havendo rejeição de decreto-lei, os atos praticados durante sua vigência continuavam intangíveis, salvo quanto à revogação de legislação anterior.

Já, no tocante às medidas provisórias, a situação se inverte em parte. A rejeição leva-as a perder a eficácia retroativamente. Entretanto, não será como se nunca tivessem existido. Haverá sempre um resíduo de sua vigência efêmera, que obriga o Congresso a disciplinar as relações jurídicas delas acaso advindas, não se podendo, de qualquer modo, menosprezar os direitos adquiridos em sua decorrência.

Em ambas as hipóteses, a deliberação do Congresso equivale a *referendo* — um, ab-rogatório; o outro, invalidante *ex tunc*.

São nítidos atos de controle administrativo, exercido por via para-hierárquica (cf. meu *Curso Moderno de Direito Administrativo*, 1975, p. 187), as hipóteses *H* e *I*, que, todavia, diferem entre si, porque *H* tinha efeito suspensivo, ao passo que *I* tem efeito meramente corretivo, sem prejudicar os fatos pretéritos. Deveras, uma concessão que venha a ser julgada ilegal não apaga o período de inatividade vivido pelo servidor até então, o qual não fica obrigado a restituir os proventos provisórios percebidos em boa-fé e, inclusive, pode contar o respectivo tempo como de serviço para nova aposentadoria (v. Súmula 74 do TCU). E, como atos de controle administrativo, essas hipóteses guardam algo da natureza de *referendo*.

A fixação do valor da quota de contribuição do café (hipótese *J*) era atribuição do Presidente do IBC, que, contudo, só podia fazê-lo ouvindo previamente o Conselho Nacional de Política Cafeeira. Sendo essa audiência necessária, não se entenda, porém, que a deliberação do Conselho tivesse caráter de aprovação. Sua natureza equipara-se à de *parecer* — obrigatório, mas não vinculante. A expressão "ouvido o CNPC" não significa que a decisão fosse do Colegiado. O Presidente do IBC podia ou não seguir o *conselho*, visto que a decisão era sempre sua.

Não obstante, surgia a necessidade de *referendo* quando, em caso de urgência, o Presidente do IBC, sem oportunidade de ouvir o Conselho, fixava de logo o novo valor da quota de contribuição e o *referendo*, neste caso, tinha a natureza de ato de conhecimento, pois as oscilações internacionais do preço do café, sem a medida antecipadora, podiam conduzir a prejuízos na política nacional nesse setor. Sucedendo a urgência, o Conselho adquiria, então, um poder que ordinariamente não possuía, isto é, a faculdade de reformar o ato do Presidente, se porventura verificasse ter ele agido em excesso ou em desconformidade com a finalidade insculpida na regra de competência.

Neste passo, parece que as idéias já estão bem claras e se pode enfrentar a hipótese *L*, esta a que interessa ao presente parecer.

Antes, porém, uma breve consideração. Que lição se pode extrair da digressão acima?

A de que existem, no sistema jurídico, diversas espécies de *referendo*, cada uma com fundamento, natureza e efeitos jurídicos próprios e distintos. Se se quisesse, em razão disso, fazer uma sistematização, o que não é objetivo deste trabalho, poderíamos denominar referendo-aderente [outrora, certificativo] (hipótese *A*), referendo-participativo (hipóteses *B* e *E*, com a ressalva dantes feita), referendo-controle parlamentar (hipótese *C*), referendo-integração legislativa (hipóteses *F* e *G*), referendo-controle administrativo (hipóteses *H* e *I*) e assim por diante.

Quanto aos efeitos, teríamos o referendo preventivo, o suspensivo, o homologatório, o ab-rogatório e o invalidante.

2. *O poder de cautela na administração pública*

O poder geral de cautela, reconhecido universalmente ao juiz, não é faculdade exclusiva do Judiciário. Apresenta-se também, até com maior intensidade, na administração pública.

O magistrado exerce o poder cautelar condicionado a dois pressupostos conjuntamente: o *fomus boni juris* e o *periculum in mora*. Para a atuação preventiva do administrador, basta o último desses requisitos.

Ademais, a discricionariedade do administrador é bem mais ampla do que a do juiz, agindo aquele por iniciativa própria, ao passo que este, salvo casos restritos e excepcionais, só pode movimentar-se mediante provocação da parte.

O poder cautelar na administração sucede com maior freqüência no exercício do poder de polícia, o que não o exclui no uso dos poderes diretivo, normativo, disciplinar e operativo (v. meu *Curso* cit., pp. 14 e ss.).

Não é preciso ascender à cúpula do Executivo, como nas hipóteses *C*, *F* e *G*, para localizar a faculdade cautelar. Ela é encontradiça em todos os níveis da administração pública.

É que constitui dever de administração guardar a boa ordem, a segurança e a tranqüilidade públicas. Assegurar sempre o interesse público. Portanto, não pode omitir-se, nem esperar, na adoção de medidas prontas e eficazes, exigidas para a preservação desses valores.

Comprovação cabal dessa tese vem ungida pelo art. 5º, XXV, da Constituição atual, que, aliás, mantendo princípio sufragado pelas suas antecessoras, logo após assegurar o direito de propriedade, preceitua que, *no caso de iminente perigo público, a autoridade competente poderá usar de propriedade particular, assegurada ao proprietário indenização ulterior, se houver dano*. É interessante observar que a restritiva *se houver dano* não aparecia nas Cartas anteriores.

Pois bem. É dentro desse quadro que se situa a decisão do Ministro da Fazenda aprobatória de medida da competência originária do CMN, *ad referendum* do Plenário.

Advirta-se que, assim agindo, o Presidente do Conselho pratica ato singular, de competência própria e — repita-se — de natureza provisional ou cautelar.

De maneira que, como toda e qualquer medida provisional, preventiva, tem efeitos imediatos e, embora valendo provisoriamente até sua transformação em definitiva ou sua ab-rogação, conserva autonomia própria.

Por isso, em caso de não aprovado ou não referendado o ato, por meio de outro ato igualmente autônomo, não se despe de sua validade, nem de sua eficácia. Os efeitos que produziu e as relações jurídicas dele nascidas subsistem em toda a inteireza.

Que a aprovação ministerial *ad referendum* do CMN constitui ato simples e completo, ainda que provisório até a manifestação do Plenário, resulta nítido da disposição regulamentar que instituiu o sistema.

De fato, diferentemente de outros preceptivos legais ou regulamentares que estatuem formas semelhantes de substituição cautelar, o § 2º do art. 1º do Dec. 83.855/79, com a redação dada pelo Dec. 85.776/81, mantida pelo art. 2º do Dec. 94.303/87, é enfático ao qualificar como *prerrogativa* do Ministro da Fazenda deliberar *ad referendum* do Plenário. Ora, quem fala em prerrogativa refere-se a atributo inerente a alguém. Destarte, seria palavra vã, sem sentido no texto regulamentar, se não fosse entendida nesta acepção.

3. *Da efetiva aprovação pelo CMN*

Não bastassem essas considerações para demonstrar que, ao dar imediato cumprimento à deliberação do Ministro da Fazenda, exarada na questionada proposta do Ministro da Indústria e Comércio, o IBC estava forrado de autorização formalmente válida, eficaz e exeqüível, um fato concreto não pode ser negado: *o CMN referendou aquela deliberação*. Este é fato real concreta e juridicamente.

Negá-lo será obscurecer a evidência.

O Direito é, antes de tudo, lógica; mas a lógica do bom senso.

Como nos fatos da vida, os fenômenos jurídicos se sucedem num encadeamento de antecedente e conseqüente, de compatibilidade ou de incompatibilidade, de tal modo que uma situação legal não pode existir ou ser repelida sem a precedência de outra que lhe é consubstancial.

Não se trata de mera relação de causalidade, mais apropriada ao mundo do *ser*, mas relação de imbricação necessária, ou relação de implicação.

Na legislação, são muito freqüentes situações desse tipo. Tome-se ao acaso o art. 112 do CC: "Presumem-se, porém, de boa-fé e *valem*, os negócios ordinários indispensáveis à manutenção de estabelecimento mercantil, agrícola, ou industrial do devedor".

Isto acontece especialmente em matéria de prova e é a partir dessa constatação que se legitima a técnica dos indícios e presunções.

No entanto, não só em questões probatórias se verifica esse entrelaçamento lógico. Veja-se este outro exemplo: regulando a venda a contento, o art. 1.146 da lei civil assevera que, "se o comprador não fizer declaração alguma dentro do prazo, reputar-se perfeita a venda, quer seja suspensiva a condição, quer resolutiva; *havendo-se, no primeiro caso, o pagamento do preço como expressão de que aceita a coisa vendida*".

Esse dispositivo vem a talho de foice para as nossas cogitações, porquanto está carregado da mesma lógica do voto CMN-139/87, aprovado pelo Ministro da Fazenda *ad referendum* do Plenário e por este referendado em 18.6.87, conforme relatado na Exposição *retro*.

Por meio desse ato, o CMN autorizou medidas tendentes à liquidação ordenada (sic) da "Operação Patrícia", também denominada "London Terminal", expressamente referida e descrita no texto do voto.

Tal ato não teria o menor sentido, recairia no vazio, seria um *non sense*, se não reconhecesse a legitimidade da indigitada operação, objeto da aprovação ministerial anterior, ou não a placitasse.

Porque a autorização para o desencadeamento da "Operação Patrícia" constitui antecedente necessário da própria existência do voto CMN-139/87, numa relação não apenas de vinculação recíproca, mas de inevitável imbricação.

Então, o que, no mínimo, se pode inferir é que o voto CMN-139/87 significa a aprovação conjunta e simultânea das duas decisões do Ministro da Fazenda — o que sacramentou duplamente a "Operação Patrícia".

4. Da competência específica do agente coordenador

De conseguinte, ao contratar com as empresas cafeeiras a execução da "Operação Patrícia" estava o IBC legalmente autorizado e — frise-se — não agiu com precipitação, quando imediatamente a pôs em prática.

Não obstante, convém um breve comentário sobre a sua competência específica para realizar negócios desse porte e natureza.

Constitui o IBC instrumento de intervenção da União no domínio econômico.

Foi criado pela Lei 1.779, de 22.12.52, sob a forma autárquica, sucedendo a "Divisão da Economia Cafeeira", órgão subordinado ao Ministério da Fazenda (Dec.-lei 9.784, de 6.9.46), que, à sua vez, substituiu o antigo "Departamento Nacional do Café", extinto pelo Dec.-lei 9.068, de 15.3.46, complementado pelos Decs.-leis 9.410, de 28.6.46, e 9.272, de 22.5.46.

Segundo sua lei instituidora, o objetivo do IBC era "realizar, através das diretrizes constantes desta lei, a política econômica do café brasileiro no País e no estrangeiro". Dentre essas diretrizes, destaca-se "a defesa de um preço justo para o produtor, condicionado à concorrência da produção alienígena e dos artigos congêneres, bem assim à indispensável expansão do consumo"; "o aperfeiçoamento do comércio e dos meios de distribuição ao consumo, inclusive transportes"; "a regularidade das vendas e a conquista de novos mercados" (art. 2º, *d*, *e* e *g*).

Em suas atribuições incluía-se "regulamentar ... a exportação, inclusive fixando cota de exportação por porto e exportador"; "definir a qualidade dos cafés de mercado para o consumo do interior e do exterior"; "defender preço justo para o café ..., inclusive, quando necessário, mediante compra do produto para retirada temporária dos mercados"; "facilitar, estimular ou organizar e estabelecer sistemas de distribuição, visando à colocação mais direta do café dos centros produtores aos de consumo" (art. 3º, ns. 2, 5, 7 e 10).

Além dessas atividades e providências, poderia o IBC "adotar outras implícitas em suas finalidades" (art. 3º, § 1º).

Durante toda a sua provecta existência, o IBC sempre conservou essas finalidades, atribuições e competência, sendo que os decretos que cuidaram de sua estrutura básica reafirmaram a incumbência de *executar a política cafeeira nacional* (Decs. 74.760, de 24.10.74, e 77.339, de 25.3.76).

É interessante lembrar que o convênio celebrado entre os Estados Cafeeiros, em 15.3.45, e aprovado pelo Dec.-lei 7.623, de 11.6.45, previa, em sua: *"Cláusula vigésima*. O Departamento Nacional do Café deverá continuar a promover mediante os métodos tecnicamente aconselháveis, a recuperação e conquista de mercados, bem como a expansão do consumo interna e externamente, e regular, por meio de contratos, previamente aprovados pelo Governo Federal, as obrigações e concessões que visem esses objetivos".

De tudo deflui que a "Operação Patrícia" se amolda, à justeza, ao esquema tradicional e definido do IBC, como agente legítimo da União, na intervenção no domínio econômico, legalmente delineado, não constituindo novidade, nem exorbitância.

5. Da desobrigatoriedade de licitação

Ainda que esta questão não tenha sido aventada, mas para que não fique nenhum ângulo sem exame, nem sobrepaire qualquer dúvida quanto à lisura dos procedimentos adotados, convém uma menção a este aspecto.

O Dec.-lei 2.300, de 26.11.86, que se auto-intitulou estatuto jurídico das licitações e contratos administrativos, sanando lacuna da legislação anterior, consagrou a dispensa da licitação "quando a União tiver que intervir no domínio econômico para regular preços ou normalizar o abastecimento".

A "Operação Patrícia" precedeu o citado estatuto licitatório e a própria Constituição, que passou a exigi-la expressamente, ressalvados os casos previstos na legislação (art. 37, XXI).

No entanto, o mesmo princípio da dispensabilidade a ela se aplica.

Com efeito, destina-se a licitação a selecionar a proposta de quem poderá contratar mais vantajosamente com a administração e funda-se nos princípios imperativos da isonomia e da moralidade. Esta a pregação uníssona dos doutrinadores (cf. Oswaldo Aranha Bandeira de Mello, *Da Licitação*; Celso Antônio Bandeira de Mello, *Licitação*; Adílson Abreu Dallari, *Aspectos Jurídicos da Licitação*; Lúcia Valle Figueiredo e Sérgio Ferraz, *Dispensa de Licitação*; Hely Lopes Meirelles, *Licitação e Contrato Administrativo*; Antônio Carlos Cintra do Amaral, *Licitações nas Empresas Estatais*; Toshio Mukai, *Estatutos Jurídicos de Licitações e Contratos Administrativos*) [tb. Dec.-lei 2.300, art. 3º].

Por outro lado, para que a licitação seja exigível é preciso que haja possibilidade de competição. Ocorrendo inviabilidade de disputa ou de comparação do objeto pretendido, desaparece o suporte lógico que conduziria ao procedimento da licitação. Essa doutrina, que já vinha sendo proclamada pelos mestres (Celso, ob. cit., e *Elementos de Direito Administrativo*: Lúcia/Sérgio, ob. cit.), ante a omissão da legislação anterior, acabou sufragada pelo Dec.-lei 2.300, em seu art. 23.

A inviabilidade de licitação pode ocorrer em virtude de razão jurídica, quando decorrente de impedimento legal (*causa juris*), ou por motivo de fato (*causa facti*), ou seja, impossibilidade material inerente à natureza das coisas.

Pois bem. A "Operação Patrícia" atende a ambas as situações. Não fosse um ato de intervenção no domínio econômico, haveria ainda inviabilidade de licitação. Em primeiro lugar, pela imediatidade e sigilo que a natureza do negócio impunha. E, em segundo, porque a contratação não se endereçava a um único interessado, mas a um universo de empresas, previamente selecionadas e confiáveis, convidadas a colaborar com o Governo, contratando todas em igualdade de condições. Quer dizer, contrato genérico, com normas uniformes, cumpridos, portanto, os padrões da isonomia e da moralidade administrativa.

6. Da regularidade da cláusula de permuta

Arrimados na generalização indiscriminada do princípio da inalienabilidade dos bens públicos, houve quem sustentasse que eles não poderiam ser objeto de permuta, sem autorização legal.

Essa tese já era de há muito refutada pelo conspícuo J. M. de Carvalho Santos, que sustentava: "*b*) os bens públicos, que não podem ser alienados sem ser em hasta pública, poderão, todavia, ser permutados, independentemente dessa formalidade, impossível no caso" (*Código Civil Brasileiro Interpretado*, 8ª ed., Rio, 1938, p. 280).

Aliás, o festejado Autor contava com o abono do precitado Regulamento de Contabilidade Pública, que, no art. 810, classificava como *disponíveis* "os bens do Estado, qualquer que seja a sua proveniência, dos quais se possa efetuar venda, permuta ou cessão, ou com os quais se possam fazer operações financeiras em virtude de disposição de leis especiais de autorização".

E, mais uma vez, o Dec.-lei 2.300 veio em abono da boa razão. De fato, estatui seu art. 15 que a alienação de bens públicos da União e de suas autarquias subordina-se à existência de interesse público devidamente justificado, será precedida de licitação e obedecerá às normas que enumera, dentre as quais a licitação. Mas a licitação é dispensada (o particípio passado indica que a dispensa é legal e automática) no caso de *permuta* (incs. I, *c*, e II, *b*).

Importa notar que, em se tratando de imóveis, a lei exige autorização legislativa (inc. I), requisito eliminado no caso de bens móveis (inc. II).

Então, o que dizer relativamente aos cafés estocados no IBC?

Fala-se que a alienação de bens públicos requer sua prévia desafetação. Ora, se afetação é a consagração da coisa a determinado fim público (v. José Cretella Júnior, *Curso de Direito Administrativo*, p. 617; *Lições de Direito Administrativo*, p. 253; *Bens Públicos*, pp. 29 e 107; *Dicionário*, p. 28; Diogo de Figueiredo Moreira Neto, *Curso de Direito Administrativo*, v. 2º/82; Diógenes Gasparini, *Direito Administrativo*, p. 340), os cafés estocados no IBC são, pela lei de regência do Instituto, destinados a comercialização, ou, como se costuma dizer, *in commercium* por natureza e predestinação legal. Noutras palavras, dir-se-ia: são bens *afetados* à finalidade pública de ordenação do mercado do café.

Na verdade, a inalienabilidade dos bens públicos há de ser entendida de modo relativo, não só tendo em vista a natureza das coisas, vale dizer, "quando não consistentes em utilidades imediatamente negociáveis" (v. meu *Curso*, p. 97), mas também hoje, em especial, quando servem de instrumento de intervenção do Estado no domínio econômico.

Segue-se que os cafés do IBC constituem bens *disponíveis* e, como tais, passíveis de venda, permuta, cessão ou quaisquer operações financeiras.

Assim sendo, nada há que objetar quanto à regularidade da estipulação ajustada na cláusula 7 dos malsinados contratos, quando adotou como forma da transação a permuta do café "robusta" por café "arábica".

7. *Da obrigação de cumprir o contrato e o princípio da boa-fé*

Num regime constitucional alicerçado na garantia do ato jurídico perfeito e do direito adquirido (CF, art. 5º, XXXVI) ganha prestígio o princípio *pacta sunt servanda*.

No mesmo regime constitucional que erige a *moralidade* em princípio cogente da administração pública (art. 37), a *boa-fé* e a *seriedade* administrativa ingressam na categoria dos valores absolutos do sistema jurídico.

Afronta a moralidade administrativa o ato ou a omissão da autoridade que se escusa em cumprir, sem causa legítima e razoável, as obrigações assumidas pelo poder público e que lhe compete executar.

A seriedade administrativa fica comprometida quando o administrador tergiversa no atendimento dos direitos do administrado, sob sua guarda, especialmente quando este contratou em boa-fé, confiando na honestidade da administração pública.

Ocorre, então, uma espécie particular de arbitrariedade, que atenta contra a ordem jurídica.

Discorrendo a respeito das regras sobre arbitrariedade da sentença, aplicáveis ao ato administrativo, Juan Francisco Linares, na companhia de Carrió, enumera em primeiro lugar: "*a*) No decidir cuestiones sustanciales planteadas" (*Fundamentos de Derecho Administrativo*, Buenos Aires, 1976, p. 322).

Explicita Agustín A. Gordillo:

"Incluimos a la arbitrariedad como vicio de tipo subjetivo de la voluntad en los actos administrativos, en atención a que la caracterización que se hace en los fallos es precisamente que el juez o el administrador ha prescindido de la sujeción a la ley y a la prueba, fundándose en su sola voluntad al adoptar la decisión.

"Pero si bien el vicio es de tipo subjetivo — en cuanto el agente actua por veleidad personal, por capricho — su apreciación es definidamente objetiva, pues surge de que el funcionario se aparta de lo objetivamente determinado por la razón y el derecho: se aparta de la razón objetiva, de los hechos comprobados, etc.

"Los actos incluidos dentro de la arbitrariedad, en cuanto vicio del acto, son los siguientes:

"*a*) *actos que omiten decidir* puntos comprendidos en el expediente, oportunamente propuestos por el recurrente o interesado, y que eran conducentes a la solución del caso" (*El Acto Administrativo*, Buenos Aires, 1976, pp. 135 e 136).

Essas considerações são oportunas na medida em que se constata objetivamente, diante das circunstâncias do caso concreto, que a administração vem protelando a solução das obrigações assumidas por motivos incompatíveis com a seriedade já comprovada e reiterada da "Operação Patrícia".

É certo que os contratos administrativos têm sua marca nas chamadas "cláusulas exorbitantes", que em regra se traduzem nos poderes de alteração ou de rescisão unilateral.

Mas tais poderes são circunscritos e, para que possam ser exercidos, é necessário que ocorra concreto e relevante interesse público (v. arts. 55 e 56 do Dec.-lei 2.300).

Manoel de Oliveira Franco Sobrinho enfatiza, com superior acuidade: "A questão da supremacia do poder público não significa potestades arbitrárias, porque mesmo as potestades administrativas estão sujeitas a regime de direito. Há antes de tudo, na base da atividade administrativa consentida, valores que dizem com a organização estatal, os poderes, os órgãos e os serviços indispensáveis à consecução dos fins públicos" (*Obrigações Administrativas*, Forense, 1983, p. 19).

E adverte o insigne Mestre paranaense:

"Enganam-se aqueles que, diante do interesse ou do serviço público, colocam o Estado-poder-administrativo acima das comuns obrigações jurídicas. Não sendo estranhas às normas positivas, as pessoas públicas, conforme posicionadas na organização estatal, respondem em face das relações por obrigações oriundas de situações objetivas e subjetivas.

"Já é tempo, dentro da ordem jurídica geral, ou do funcionamento das instituições administrativas, de considerar que o Direito das Obrigações possui uma extensão onde as modalidades obrigacionais, de fazer ou não fazer, de dar coisa certa, de prestar ou de receber, constituem em tese e na prática *obrigações positivas* protegidas na legitimidade pelo princípio da responsabilidade.

"*Dare, facere, praestare*, eis, diante do conteúdo-finalidade, questões que, embora afetem a culpa e o fortuito, levam o hermeneuta a indagar onde começa a responsabilidade ou até onde se chega na reciprocidade ao cumprimento das obrigações. Qualquer das partes, na área do Direito Administrativo, tem a garantia de exigir o adimplemento na espécie das obrigações na relação comprometidas" (ob. cit., p. 25).

Sem embargo de já haver a administração esgotado todos os meios de questionamento da "Operação Patrícia", releva, ainda, trazer à tona o princípio da *presunção de legitimidade do ato administrativo*.

Aqueles que levantaram dúvida quanto à validade dos contratos firmados tinham o dever de promover a declaração de sua nulidade.

Contudo, ninguém até hoje se arriscou a tal providência extrema.

Na linha de Kelsen, Lúcia Valle Figueiredo (*Extinção dos Contratos Administrativos*) e Antônio Carlos Cintra do Amaral (*Extinção do Ato Administrativo*) ensinam, com muita propriedade, que a invalidação de um ato administrativo tem caráter constitutivo, pois a "retirada da declaração de uma vontade socialmente reconhecível depende de uma outra declaração a que o ordenamento jurídico reconheça o sentido objetivo de retirar a declaração anterior", para que não seja agredido também o princípio da certeza do direito.

Fosse a "Operação Patrícia" portadora de algum vício invalidante, ainda assim seria de exigir a declaração formal da nulidade dos atos que a compuseram. Isto não acontecendo, os contratos permanecem íntegros para ser cumpridos fielmente.

Sobretudo porque inexiste qualquer mácula que os contamine e há de ser respeitado o princípio da boa-fé que animou as empresas que neles se engajaram.

8. *Da interpretação das cláusulas contratuais*

Segundo os termos dos contratos em causa, as empresas contratadas se obrigavam a adquirir, em seu nome, conta e risco, um determinado volume máximo de lotes de café da variedade "robusta", vedada qualquer menção à origem da compra ou a venda de qualquer contrato adquirido, salvo autorização prévia, e a entregá-los ao IBC, no local por este indicado, tudo de acordo com as instruções recebidas da autarquia.

No prazo máximo de 90 dias após o pagamento dos lotes recebidos em Bolsa, o IBC se obrigava a entregar cafés da variedade "arábica", tipo 6 para melhor, bebida isenta do Gosto Rio, condição FOT, peso na saída, em volume correspondente à fórmula do cálculo estabelecida no subitem 8.1.

Como regra geral, ficou avençado que a liquidação do crédito das empresas far-se-ia por meio da entrega de café dos estoques do IBC e, uma vez concretizada a substituição e recebidos em ordem, proceder-se-ia à transferência definitiva de titularidade dos cafés entregues.

Dessa regra excetuavam-se duas hipóteses:

A) não haver o IBC, indiferentemente ao motivo alegado, promovido a liberação do café "arábica", no prazo pactuado de 90 dias, caso em que ficava "a Autarquia obrigada a efetuar no prazo máximo de 30 (trinta) dias, independentemente de notificação judicial ou extrajudicial, em dólares americanos, o ressarcimento integral de todas as despesas incorridas, aí incluídas corretagens, pagamento da compra, perdas por liquidação de contratos, armazenamento, seguros, transportes e outras havidas, bem como os custos financeiros, calculados conforme item 8.1, até sua efetiva liquidação"; ou

B) ter a empresa fixado, a seu exclusivo critério, o valor do café a ser fornecido pelo IBC, com base nas fórmulas opcionais estipuladas no item 8.3, caso em que ficava reservado a este optar pelo pagamento em moeda, conforme apurado no item 8.1, acrescendo-se um percentual de 1% a favor da empresa, a título de remuneração.

Ao IBC era também facultado entregar os cafés em porto brasileiro, na condição FOB, deduzindo-se, então, a importância de 12 centavos de dólar por libra-peso.

Uma leitura aligeirada das clásulas 7 e 8 dos contratos pode conduzir à impressão de que ao IBC era permitido, a seu alvedrio, liquidar a obrigação em dinheiro. Bastaria deixar transcorrer o prazo de 90 dias e estaria no direito de pagar o débito em moeda, como e quando bem lhe aprouvesse, embora sujeito a encargos adicionais.

A meditação sobre os termos contratuais, no entanto, induz à compreensão oposta. Na realidade e no fundo, o que se tem aí é uma perfeita cláusula penal, estabelecida em favor das empresas contratadas. Do contrário, estar-se-ia na presença de uma condição potestativa *voluntariosa*, ilícita, e, por isso, vedada em nosso Direito (CC, art. 115, *in fine*), além de imoral, posto que só ampararia a torpeza da parte inadimplente.

Que se trata de uma cláusula penal, protetora dos direitos das contratadas, é fácil de perceber.

Em tese, o que interessa à empresa é a liquidez. Decorrido, portanto, o prazo em que o café deveria ficar retido, para sucesso da operação, é evidente que, para o comerciante, mais vale receber o preço em moeda, no caso, dólares americanos, acrescidos de encargos acessórios e remuneração, do que ficar com a mercadoria à busca de compradores.

E por que se estipulou desse modo? Responde Ripert, em magnífica antevisão: "Examinemos o contrato mais de perto: a vontade do que oferece está tão sujeita e presa como a do aderente. Pode aquele estabelecer à sua vontade as condições do contrato? De modo nenhum. Também ele sofre as forças das leis econômicas que obrigam a tratar em certas condições. Mesmo quando não subordinado à administração, é ele obrigado a contratar para continuar sua empresa. Está ligado a interesses concorrentes, faz parte dum agrupamento que lhe impõe a sua conduta, as condições do seu contrato, o preço dos seus produtos ou dos seus serviços" (*A Regra Moral nas Obrigações Civis*, Saraiva, 1937, p. 107).

Acaso não era essa a posição do IBC, na oferta do contrato, condicionado pelas leis econômicas e ligado a interesses concorrentes, diante de uma situação desfavorável do comércio internacional?

Se se tem, pois, uma estipulação em favor das contratadas, inelutavelmente podem as beneficiárias a ela renunciar, perdoando o prazo, e pleitear que o pagamento se faça pela forma originariamente pactuada como regra geral.

9. Da extinção do IBC e sucessão das obrigações

Não se questiona que, no caso de extinção de uma autarquia, a pessoa jurídica de Direito Público, sua matriz, a sucede em todos os direitos e obrigações, salvo disposição expressa em contrário.

A Lei 1.779/52, que criou o IBC, dispunha, no art. 33, que, no caso de sua extinção, "o acervo existente terá a destinação que for estabelecida pelas entidades representativas da lavoura cafeeira, as quais, para esse fim, serão convocadas na própria lei que extinguir o instituto".

A Lei 8.029, de 12.4.90, que autorizou sua extinção, estabeleceu diferentemente, determinando a incorporação de todos os bens imóveis, materiais e equipamentos integrantes de seu acervo ao patrimônio da União (art. 9º).

E, no art. 20, reafirmou a regra de sucessão universal.

Assim, é a União, sucessora do IBC, responsável pelo cumprimento integral dos contratos da autarquia, que poderão continuar sendo executados (parágrafo único), por intermédio do liquidante, até final acertamento de todos os direitos e obrigações.

10. Dos deveres do liquidante

Liquidante é a pessoa ou órgão incumbido, por designação legal ou convencional, de realizar o ativo e satisfazer o passivo de entidade em dissolução.

O liquidante tem deveres e responsabilidades, dentre os quais sobressaem o de diligência e o de não prejudicar, por qualquer forma, direta ou indiretamente, a massa ou os credores.

Os deveres do liquidante aplicam-se, indistintamente, às pessoas jurídicas de Direito Privado, como às de Direito Público, sendo que esses deveres são muito mais rígidos em relação às últimas.

11. Da desnecessidade de previsão orçamentária ou de qualquer outra autorização legislativa

Visto que é perfeitamente lícita a cláusula de permuta, resta verificar se, para executá-la ou cumpri-la, há necessidade de dotação orçamentária ou de outra autorização legislativa qualquer.

Consiste a permuta, troca ou escambo no negócio jurídico que transfere, reciprocamente, a titularidade do domínio sobre coisas certas, presumível e relativamente equivalentes.

Primitivamente, era a permuta o contrato mercantil por excelência. Com o surgir da moeda, foi cedendo passo à compra-e-venda, de sorte que as legislações lhe dedicam regulação escassa.

Sem embargo, a permuta não perdeu de todo o interesse prático, pois ainda conserva sua utilidade, notadamente na vida interiorana. Aqui mesmo, próximo à Capital Federal, tornou-se famosa a "Feira de Trocas", realizada periodicamente em Olhos d'Água, distrito de Alexânia, GO.

Também nos grandes negócios ressurge a utilidade da permuta, como nos mercados imobiliário e de veículos. Esse fenômeno, fruto de diversos fatores, é testemunhado por Ignacio de Casso y Romero e Francisco Cervera y Jiménez-Alfaro: "Pero la compraventa, hija del bienestar y del progreso, está unida de tal forma al dinero que en las épocas de desvalorización y crisis monetaria se eclipsa y deja paso de nuevo a la permuta" (*Diccionario de Derecho Privado*, t. II/2.964, ed. Labor, 1950).

Contrato bilateral, oneroso, comutativo e simplesmente consensual, que Orlando Gomes classifica dentre os "tendentes a favorecer a circulação da riqueza" (*Contratos*, Forense, 1966, pp. 22 e 259), existem dois tipos de permuta: a pura ou simples e a mista ou imprópria.

Na permuta pura, ocorre simplesmente a troca de coisa por coisa. É o *do ut des*. Neste caso, há unanimidade quanto à caracterização do contrato.

Na permuta mista, a prestação de um dos contratantes desdobra-se em duas partes: a entrega da coisa por um dos contraentes é complementada por uma determinada soma em dinheiro, que se chama *torna*.

Havendo *torna*, grassa divergência entre os doutrinadores. Para alguns deixa o negócio de ser permuta, transformando-se em compra-e-venda. Na vertente oposta, dividem-se ainda os autores. Segundo a concepção subjetivista, prevalece a intenção das partes para caracterizar o contrato; segundo os objetivistas, prepondera o objeto de maior valor. Para estes, haverá compra-e-venda se a *torna* for maior do que o valor da coisa, e permuta se menor. Pelas dificuldades que o critério subjetivista apresenta, prevalece a tese objetivista.

No caso da "Operação Patrícia", verifica-se que a permuta é do tipo puro ou simples, pois nenhuma *torna* é prevista.

Nosso Código Civil dedica à permuta um único artigo. É o art. 1.164, que, à semelhança do de outros países, manda aplicar-lhe as disposições referentes à compra-e-venda, com apenas duas modificações: uma referente às despesas com o instrumento da troca e a outra referente à troca de valores desiguais entre ascendentes e descendente.

Para efeitos fiscais, entretanto, a permuta é considerada como dois negócios distintos.

A singeleza do Código Civil no trato do assunto não impede que se reconheçam muitas outras diferenças entre a permuta e a compra-e-venda, em face da incompatibilidade em alguns aspectos entre ambas as figuras. Por exemplo, na compra-e-venda, se uma das partes não cumpre sua prestação, à outra só compete demandar perdas e danos; na permuta, cabe demandar o cumprimento da obrigação ou pedir a devolução do objeto entregue.

Com essas considerações, extraídas do Direito Privado, não se pretende, de maneira alguma, assumir aquela atitude civilista tão ao desagrado dos publicistas. Simplesmente segue-se a orientação traçada pelo art. 44 do Dec.-lei 2.300, consoante o qual "os contratos administrativos de que trata este decreto-lei regulam-se pelas suas cláusulas e pelos preceitos de Direito Público, aplicando-se-lhes, supletivamente, disposições de Direito Privado". Regra que não é novidade, mas tem sua fonte no art. 766 do precitado Regulamento Geral de Contabilidade Pública.

Não tendo o Dec.-lei 2.300 disciplinado a permuta, senão enquanto a autoriza (tópico 6, *retro*), resta imperiosa a subsidiariedade das normas e conceitos do Direito Civil.

A despeito disso, outra grande diferença surge entre a permuta e a compra-e-venda, agora já no campo do Direito Administrativo. Essa diferença decorre do fato de que requisito fundamental da permuta é a ausência do preço. Inexistindo preço, não ocorre despesa, em especial quando se trata de permuta do tipo puro ou simples. E, não ocorrente despesa, não há que falar em autorização orçamentária.

Embora modernamente seja o orçamento concebido como um programa de governo, conserva a idéia essencial de "um plano de ação expresso em termos financeiros" (Pedro Muñoz Amato, *Orçamentos*, FGV, 1958, p. 7).

"Nos Estados democráticos — define Aliomar Baleeiro — o orçamento é considerado *o ato pelo qual o Poder Legislativo prevê e autoriza ao Poder Executivo, por certo período e em pormenor, as despesas destinadas ao funcionamento dos serviços públicos e outros fins adotados pela política econômica ou geral do país, assim como a arrecadação das receitas já criadas em lei*" (*Uma Introdução à Ciência das Finanças*, 13ª ed., p. 387).

Porque: "A função básica do orçamento consiste em ordenar e coordenar os meios (receitas e despesas) em relação com os fins das finanças públicas" (José Afonso da Silva, *Orçamento-Programa no Brasil*, Saraiva, 1973, p. 40).

Ao orçamento, portanto, só interessa o que diz respeito à receita e à despesa públicas. Tudo quanto estiver fora da seara das finanças públicas, significa dizer, das entradas e saídas de dinheiro, é assunto alheio ao orçamento e a Constituição proíbe que a lei orçamentária contenha dispositivo estranho à previsão da receita e à fixação da despesa, ressalvados os casos que menciona, todos relacionados com créditos e operações financeiras (cf. meu *Curso*, p. 111; CF, art. 165, § 8º).

Que ao orçamento só condizem receita e despesa comprovam-no a Constituição, quando o insere no capítulo relativo às finanças públicas ou quando discerne bem a matéria financeira da patrimonial (*v.g.*, arts. 70 e 165, § 9º, II); a Lei 4.320, de 17.3.64, que estatui normas gerais de Direito Financeiro para a elaboração dos orçamentos e controle dos orçamentos e balanços da União, dos Estados, dos Municípios e do Distrito Federal; e, por último, as Leis de Diretrizes Orçamentárias (para 1990, v. a Lei 8.074, de 31.7.90, arts. 3º, 5º e 36 e ss.).

Nessa conformidade, a permuta constitui matéria completamente estranha ao orçamento. Quando pura, não acarreta nenhum movimento financeiro, pois não há entrada nem saída de numerário. Traduz-se em mera mutação patrimonial, de caráter estritamente qualitativo, ou seja, sem alteração nos valores contábeis.

Do mesmo modo, não há razão para que se exija qualquer autorização legislativa de outra espécie, porque não se trata de dação em pagamento, como equivocadamente se suscitou alhures, uma vez que são institutos distintos e, conforme cumpridamente demonstrado, a cláusula de permuta é regular e autorizada expressamente pela legislação administrativa em vigor.

Ademais, sendo os cafés do estoque IBC bens públicos disponíveis e, por sua natureza e finalidade, *in commercium*, são preordenados a negócios do tipo realizado por meio da "Operação Patrícia".

12. Da responsabilidade pela mora

Se a "Operação Patrícia" não se constituiu no sucesso desejado, os prejuízos daí resultantes correm por conta dos riscos naturais do negócio.

Mas, a partir do momento em que esses prejuízos se vão avolumando, em virtude dos titubeios da administração, especialmente depois de checadas e comprovadas a lisura, a regularidade e a legalidade dos procedimentos adotados, a União responde pelos danos que forem causados a terceiros (CF, art. 37, § 6º).

Terá, porém, ação de regresso contra os funcionários e autoridades que, por omissão ou receio de decidir, ainda que sob as aparências de dúvidas jurídicas, já desfeitas, renitirem em prolongar a mora.

De todo o exposto, deduzo como *respostas*:

1º. *As obrigações do IBC nascidas dos contratos acima referidos são válidas e podem ser exigidas pelas empresas contratantes?*

Sim. Os contratos são perfeitos, nada se lhes podendo opor quanto à legalidade. Foram celebrados pelo IBC no uso de sua competência específica, regularmente autorizado por meio da aprovação do Ministro da Fazenda, na qualidade de Presidente do CMN, que afinal veio a ser referendada pelo Plenário, na forma da legislação em vigor.

Por conseguinte, podem as respectivas obrigações ser exigidas pelas empresas contratadas, nos termos pactuados.

2º. *O IBC tinha competência legal para se obrigar a entregar café "arábico" de sua propriedde, ou dos estoques governamentais, em permuta pelos cafés "robusta" comprados pelas empresas contratadas?*

Sim. Como afirmado na resposta anterior, é inquestionável a competência do IBC para se obrigar na forma por que se obrigou. O negócio se incluía entre os atos normais de gestão a cargo da Autarquia, embora os cafés possam ser considerados bens da União.

Trata-se, todavia, desde as origens do IBC, de bens disponíveis e vocacionados por lei e por natureza a operações do tipo, sendo a cláusula de permuta plenamente lícita e válida.

3º. *Decorridos os 90 dias previstos no contrato, o IBC pode ainda hoje (admitida a concordância das empresas contratadas) cumprir a obrigação de entregar café da variedade "arábica", nos exatos termos previstos nos contratos em questão?*

Sim. O prazo de 90 dias foi estabelecido como o período de tempo necessário para que os cafés permanecessem fora do mercado.

O pagamento em dinheiro era a forma satisfatória para os credores, naquela oportunidade, com coloração, inclusive, penal.

Sendo estipulação em favor dos credores, podem eles renunciar a seu benefício e exigir o pagamento pela entrega da coisa avençada, isto é, de café da variedade "arábica", nos exatos termos previstos no contrato. Aliás, esta é uma das características intrínsecas que diversificam a permuta da compra-e-venda.

4º. *O cumprimento dessa obrigação pelo IBC pressupõe existência de dotação orçamentária específica, que autorize despesa pública em valor correspondente ao café "arábico" a ser permutado?*

Não. Tratando-se de permuta pura, em que não ocorre *torna*, não há movimento financeiro, nem de receita, nem de despesa.

Há apenas mera mutação qualitativa no sistema patrimonial, sem implicação nos sistemas orçamentário e financeiro. Assim, carece de qualquer sentido falar-se em dotação orçamentária, menos ainda específica, porque não existe despesa de qualquer espécie. Exigir tal dotação orçamentária seria o mesmo que exigir a contabilização da entrega dos cafés "robusta" como receita — o que evidencia um contra-senso.

5º. *Essa obrigação pode ser cumprida pelo IBC apesar de se achar em processo de liquidação?*

Sim. O processo de liquidação não impede o cumprimento dos contratos. Antes, ele existe justamente para apuração dos haveres e satisfação das obrigações da entidade extinta, impondo-se respeitar os direitos dos credores.

6º. *Extinto o IBC, a obrigação contratual acima referida transmite-se, por sucessão, à União Federal?*

Sim. A União Federal é sucessora universal do IBC, por força do disposto nos arts. 9º e 20 da Lei 8.029/90.

7º. *Se afirmativa a resposta à questão anterior, a autoridade competente do Poder Executivo pode, independentemente de autorização legislativa e dotação orçamentária específicas, cumprir tal obrigação de permutar café em que o IBC foi sucedido pela União Federal?*

Sim. Somente se o pagamento, no todo ou em parte, fosse realizado em dinheiro é que se exigiria dotação orçamentária para cobrir a despesa. Mas despesa não há na entrega do café, mediante permuta sem *torna*, e o órgão incumbido da liquidação do IBC pode cumprir a obrigação por esse modo, sem necessidade de provisão legislativa de qualquer espécie, já que a permuta está autorizada por lei e no contrato.

Na pior das hipóteses, seria admissível apenas um decreto executivo, nos moldes do previsto no § 1º do art. 20 da Lei 8.029/90, tomado por analogia, não se podendo, contudo, sustentar a existência de interesse público capaz de conduzir à suspensão ou rescisão desses contratos.

Em síntese, a autoridade competente tem o dever de dar pronta execução aos contratos, na forma neles pactuada, sob pena de responsabilidade pelos danos que a União vier a ser chamada a compor e que se vão avolumando a cada dia que passa.

S. m. j., é o que considero acertado.

Brasília, DF, 24 de outubro de 1990.

ESTUDOS & COMENTÁRIOS

PORTARIA, COMO ATO ADMINISTRATIVO*

João Luiz Teixeira Neto

I — Introdução

Pretende-se examinar, no curso deste trabalho, a natureza jurídica da portaria e o alcance dos efeitos que dela defluem, em face do conceito de ato administrativo acolhido entre as diversas posições da doutrina.

Para tanto, admite-se como moldura da matéria tratada o entendimento de que, sob a denominação genérica de "atividade administrativa", são praticados atos que possuem características bem marcantes e diferenciadas, cujas peculiaridades permitiriam agrupá-los em: atos da administração, atos regulamentares e atos administrativos.

A atividade administrativa, em qualquer de seus desdobramentos, tem como limite a lei. Trata-se, pois, de atividade infralegal, submetida integralmente ao princípio da legalidade, consagrado pelo art. 153, § 2º, do Texto Constitucional.**

Grande parte dos atos sub-legais, através dos quais se movimenta a Administração Pública, são nominados. Nem sempre, entretanto, é possível reconhecer-lhes a natureza jurídica apenas pelos rótulos que os veiculam. Todavia, uma nota identifica-se como comum e essencial a todos eles: são atos infralegais, de alcance limitado aos mandamentos da lei.

Tais atos apresentam-se no universo jurídico introduzidos pelos mais variados títulos: decreto, portaria, deliberação, circular, regulamento, regimento, resolução, provimento, instrução, instrução-normativa, ato declaratório, comunicado, aviso, ato, alvará, acórdão (de Conselho Deliberativo), carta-circular etc. Todos traduzindo o exercício de atividade administrativa.

Interessa-nos, em especial, o exame da portaria à luz dos conceitos de ato administrativo, permitindo-se um esforço em se perquirir se realmente a portaria possui características que a diferenciam dos atos inominados e dos demais atos nominados.

II — Atos da administração

A doutrina, na busca de um conceito de ato administrativo, procura identificar certos atos praticados pela Administração Pública, que não correspondem à noção de ato administrativo em face dos diversos critérios adotados. De forma invariável, os autores relacionam atos com os quais se desenvolve a atividade administrativa que

* Trabalho publicado *in memoriam* de seu ilustre Autor, que era Procurador da Prefeitura Municipal de São Paulo e Professor da Faculdade de Direito da Pontifícia Universidade Católica de São Paulo.

** Nota da Redação: CF de 1969. Na Constituição de 1988, art. 5º, II.

não se confundem com a noção de ato administrativo, que formulam.

Entre tais atos, entendemos que uma significativa parte deles pode ser agrupada sob a denominação genérica de *atos da administração*, cuja natureza distingue-se dos atos regulamentares e dos atos administrativos.

Passaremos, a seguir, a sucinto exame das várias posições doutrinárias no que concerne aos chamados "atos da administração".

1. Marcello Caetano, investigando se há coincidência entre o conceito de Administração Pública e função administrativa, divide a atividade do Estado em funções jurídicas e funções não jurídicas, reduzindo essas últimas à função política e função técnica.

Seriam atos da administração, segundo entendemos, ou poderiam ser incluídos como tais, todos aqueles praticados no exercício da função política e da função técnica, como concebidas pelo autor.

2. Oswaldo Aranha Bandeira de Mello distingue ato da administração e ato administrativo, incluindo entre os primeiros os atos regidos pelo Direito Privado e os atos políticos ou de governo.

3. André Gonçalves Pereira, ao conceber a ação da Administração decomposta em regulamentos administrativos, atos administrativos, atos regidos pelo Direito Privado e contratos administrativos, permite-nos considerar como "atos da administração" os dois últimos.

4. Agustín Gordillo dá ênfase aos efeitos jurídicos. Para ele, ato da administração seria todo aquele produtor de efeitos jurídicos indiretos. Distingue, ainda, ato e fato. Os atos seriam as decisões, declarações ou manifestações de vontade ou de juízo; enquanto os fatos seriam as atuações materiais, as operações técnicas realizadas no exercício da função administrativa.

Parece ser possível, pois, dentro do pensamento de Gordillo, identificar como atos da administração tanto os fatos como os atos que não produzem efeitos jurídicos diretos.

5. Renato Alessi considera que ato administrativo corresponde ao exercício genérico da atividade administrativa. À vista de tal generalidade, a atividade característica da autoridade administrativa consistirá em manifestações do poder soberano, referidas a relações em que a autoridade agente seja parte, a fim de dar satisfação a interesses públicos concretos. A essa categoria, que seria, segundo seu entendimento, uma espécie do gênero ato administrativo — considerado como tal toda e qualquer atividade administrativa — denominou de "provedimento", "*provedimento* administrativo".

No pensamento de Alessi parece ser possível entender que todo e qualquer ato que não fosse "provedimento" seria ou um ato da administração ou um ato de natureza regulamentar.

6. Michel Stassinopoulus distingue da noção de ato administrativo os atos de gestão privada, os regulamentos e os atos de governo, os quais chamamos de atos da administração.

7. Juan Carlos Cassagne faz, de início, a distinção entre ato e fato, em seguida exclui da noção de ato administrativo todos aqueles que não produzem efeitos diretos com relação a terceiros, excluindo, pois, os atos internos, interorgânicos e interadministrativos, como também os regulamentos que não possuem alcance individual, pois que importam a edição de normas gerais, implicando sempre uma atividade materialmente legislativa.

Assim, os atos praticados pela Administração que não tivessem a natureza de regulamento, e nem produzissem efeitos diretos com relação a terceiros, seriam atos da administração, segundo pensamos.

Verifica-se, pois, que os autores excluem da noção que emprestam aos atos administrativos os regulamentos e uma série de outros atos que variam em função dos critérios adotados: atos praticados no exercício da função política e da função técnica, atos regidos pelo Direito Privado, atos de governo, fatos, atos não produtores de efeitos diretos, atos que não satisfaçam interesses públicos concretos, atos de gestão privada e atos que não produzem efeitos diretos com relação a terceiros — enfim, é certo que nem todo ato praticado no exercício da atividade administrativa é ato administrativo, podendo ser considerado, pois, como ato da administração ou ato regulamentar.

III — Atos regulamentares

A lei comanda toda a atividade administrativa. Mesmo os atos políticos seriam praticados em obediência ao sistema normativo.

A partir da concepção de Montesquieu, surgiria a idéia de separação das *funções* estatais, já que o poder é um só. Entrementes, as funções legislativa, administrativa e jurisdicional não estão exclusivamente a cargo de órgãos legislativos, administrativos e judiciais. As funções seriam típicas ou atípicas de tais órgãos.

A produção de normas gerais e abstratas que regulam a conduta e o relacionamento dos indivíduos componentes do grupo social constitui atividade materialmente legislativa, função típica do Poder Legislativo.

Entretanto, cabe ao Poder Executivo a função de regulamentar as leis, para sua fiel execução. As leis não descem a detalhes, especialmente no que tange aos modos de seu cumprimento. O regulamento tem utilidade prática, ora apresentando-se como uma faculdade do Executivo, ora como dever de regulamentação. Embora possua características de aplicação geral e abstrata, não se permite exceder nem restringir a matéria regulada em lei. Não altera o texto nem o espírito da lei. Veicula normas práticas destinadas à aplicação da lei. Constitui legislação, mas legislação secundária.

Parece-nos que o ato típico que veicula o regulamento é o decreto. Como ato regulamentar, o decreto exterioriza o exercício de funções administrativas. Trata-se de segmento da atividade administrativa, caracterizado como ato regulamentar, produtor de normas gerais e abstratas nos limites permitidos em lei e para sua fiel execução. Constitui atividade administrativa privativa do Chefe do Poder Executivo.

Entende-se que, entre todos os atos praticados no exercício da atividade administrativa, o decreto seria o único hábil a conter normas dirigidas aos sujeitos de direito com caráter de abstração e generalidade nos limites admitidos por lei. Nenhum outro ato praticado pela Administração Pública seria ato regulamentar. Trata-se de categoria perfeitamente definida, com identidade própria entre os atos praticados no exercício da atividade administrativa.

Assim sendo, parece certo quc a portaria não seria um ato regulamentar. Em alguns casos apareceria como tal, mediante expressa delegação do Chefe do Executivo a seus auxiliares diretos, produzindo, nesse caso, e de forma atípica, os mesmos efeitos do decreto.

De conseguinte, embora não seja implícita à portaria uma natureza regulamentar, os efeitos do regulamento veiculado mediante portaria emergem tão-somente mediante expressa delegação do Chefe do Executivo, que, nessa hipótese, exercita uma das faculdades inerentes ao poder hierárquico.

IV — Atos administrativos

Como foi verificado, a doutrina, com freqüência, exclui da noção de ato administrativo o regulamento e outros atos praticados pela Administração. Passamos, em seguida, a transcrever os vários conceitos formulados pelos autores.

1. Oswaldo Aranha Bandeira de Mello: "Em sentido material ou objetivo, o ato administrativo é toda manifestação de vontade do Estado enquanto poder público, individual, concreta, pessoal, na consecução do seu fim, de criação da utilidade pública, de modo direto e imediato, para produzir efeitos de direito. Em sentido orgânico-formal ou subjetivo, é todo ato emanado de órgãos encarregados da Administração Pública, compreendendo os integrantes do Poder Executivo, ou mesmo dos outros, desde que tenham a mesma estrutura orgânico-formal daquele, como sejam as Secretarias do Legislativo e do Judiciário".

2. Agustín Gordillo: "Ato administrativo é uma declaração unilateral realizada em exercício de função administrativa que produz efeitos jurídicos individuais de forma imediata".

3. Michel Stassinopoulus: "Ato administrativo é uma declaração de vontade da pessoa jurídica Estado através de um órgão administrativo dotado de competência legal para a prática do ato, declaração essa de natureza unilateral, visando à aplicação do Direito ao caso concreto".

4. Renato Alessi: "*Provedimento* administrativo é a manifestação de um poder soberano que corresponde a uma autoridade administrativa como tal, referente a uma realização em que dita autoridade é parte, para a satisfação de intreresses públicos concretos confiados à mesma".

5. André Gonçalves Pereira: "Ato administrativo é o ato voluntário de um órgão da Administração que, no exercício da função administrativa, e usando de um poder público, concretiza em comandos individualizados o comando contido abstratamente na norma jurídica".

6. Juan Carlos Cassagne: "Ato administrativo é toda declaração de um órgão do Estado no exercício da função administrativa, caracterizada por um regime exorbitante do Direito Privado, que gera efeitos individuais diretos com relação a terceiros".

7. Hely Lopes Meirelles: "Ato administrativo é toda manifestação unilateral de vontade da Administração Pública, que, agindo nessa qualidade, tenha por fim imediato adquirir, resguardar, transferir, modificar, extinguir e declarar direitos, ou impor obrigações aos administrados ou a si própria".

8. Celso Antônio Bandeira de Mello (acepção estrita): "Ato administrativo é uma declaração unilateral do Estado no exercício de prerrogativas públicas, manifestada mediante comandos *concretos* complementares da lei expedidos a título de lhe dar cumprimento e sujeitos a controle de legitimidade por órgão jurisdicional".

Conjugando o conceito do Prof. Celso Antônio Bandeira de Mello e o de Juan Carlos Cassagne, entendemos que: "Ato administrativo é uma declaração unilateral do Estado no exercício de prerrogativas públicas que produz efeitos individuais diretos com relação a terceiros".

Com efeito, devem ser excluídos do conceito de ato administrativo os atos bilaterais praticados com ou sem prerrogativas públicas e incluídos tão-somente aqueles produtores de efeitos individuais diretos com relação a terceiros, excluídos, pois, os regulamentos e os atos da administração.

V — A portaria como ato da administração

Entre os atos da administração, destacam-se os atos internos, os atos interorgânicos e os atos interadministrativos, conforme concebidos por Cassagne. Segundo o autor citado, as relações interorgânicas (...) a atos da administração que se classificam em distintas espécies: atos de colaboração, atos de conflito, atos de hierarquia, atos de caráter consultivo e atos de controle. "Este tipo de relações tem caráter jurídico, porém, por princípio, seus efeitos operam dentro do ordenamento interno da pessoa pública estatal na qual se desenvolvem."

Por seu turno, os atos interadministrativos estabelecem relações entre duas pessoas públicas estatais, portanto, ao contrário do que acontece nas relações interorgânicas, as partes neste tipo de relaçõs são sempre sujeitos de direito, possuem personalidade jurídica, são pessoas estatais. Em tais relações não há exercício de *prerrogativas* públicas, já que não há supremacia de uma parte em relação à outra. No Brasil, em face da distribuição constitucional de competências, as relações entre União, Estados e Municípios estabelecem-se linearmente, sem que haja supremacia ou prerrogativas especiais de uma pessoa jurídica de Direito Público com capacidade política sobre a outra, assim como entre as entidades de administração descentralizada entre si ou das três esferas governamentais.

A respeito, pois, das relações entre tais pessoas jurídicas correspondentes a distintas esferas de competência constitucional não existe subordinação nem supremacia de uma em relação à outra, e, portanto, não emergindo a possibilidade de exercício de prerrogativas de poder público não autorizadas pela Constituição.

Os atos internos ou interorgânicos são vocacionados à produção de efeitos sobre órgãos e agentes da Administração. Não produzem efeitos com relação a terceiros, não impõem obrigações aos administrados. Atos produzidos pelo Executivo produtores de efeitos externos ou seriam decretos (alcance geral), ou atos administrativos (alcance individual).

Com freqüência, os atos internos, como manifestação de hierarquia, são veiculados mediante portarias. Na definição de Celso Antônio Bandeira de Mello, portaria "é fórmula pela qual autoridades de nível inferior ao Chefe do Executivo, seja de qualquer escalão de comando que forem, dirigem-se a seus subordinados transmitindo decisões de efeito interno, quer com relação ao andamento das atividades que lhes são afetas, quer com relação à vida funcional de servidores ou, até mesmo, por via delas, abrem-se inquéritos, sindicâncias, processos administrativos. Como se vê, trata-se de ato formal de conteúdo muito fluido e amplo".

Segundo entendemos, a portaria é *ato da administração*, não inserida no conceito de ato administrativo, quando revela o exercício de prerrogativas inerentes à hierarquia, veiculando comandos numa relação de hierarca a subalterno. Expedida com tal característica, é ato interno, ato de hierarquia, classificado por Cassagne como uma espécie de ato interorgânico. Seus efeitos não desbordam do âmbito do órgão titularizado por quem a expediu, vale dizer, não alcançam terceiros. Nesse sentido, entendemos, ainda, que é através de portaria que o Chefe do Executivo estabelece normas internas, assim como seus subordinados, no âmbito de suas competências. O decreto, como ato privativo do Chefe do Executivo, seria reservado aos atos produtores de efeitos gerais com relação a terceiros, vale dizer, para normas gerais e abstratas nos limites permitidos em lei, visando à sua fiel execução, seja como faculdade, seja como obrigatoriedade prevista em lei.

É com relativa freqüência que se vê decretos atingindo um só funcionário, ou produzindo efeitos somente internos, veiculando, pois, matéria típica de portaria. São usuais os chamados "decreto s/n" (decreto sem número), dispondo normas dessa natureza.

Acreditamos, pois, ser a portaria um ato tipicamente interno, produzido tanto pelo Chefe do Executivo quanto por qualquer escalão de comando, cujos efeitos não alcançam os administrados, uma vez que traduzem o exercício de faculdades inerentes às relações hierárquicas.

Insere-se assim, a portaria como ato interno, entre os atos da administração, vale dizer, entre os atos *não* produtores de efeitos externos, sejam individuais (atos administrativos), sejam gerais (regulamentos).

VI — A portaria como ato administrativo

Consoante o entendimento exposto no item V, a portaria é um ato tipicamente da administração e, de acordo com a conclusão alcançada no item III, dela foi excluída qualquer característica regulamentar, como veículo hábil para imposição de normas de alcance geral.

Resta examinar se, no âmbito do conceito de ato administrativo, que adotamos, a portaria, em alguns casos, figuraria como ato administrativo.

Para tal, o alcance de suas determinações há de ser individual com relação a terceiros.

Entre os atos nominados como ato administrativo, o alvará parece ser o veículo mais apropriado para institucionalizar uma autorização ou licença, que seriam atos administrativos discricionários e vinculados, respectivamente. A concessão de um "alvará" tanto poderia, pois, ser uma faculdade da Administração, ou um direito do administrado, conforme dispuser a lei que dá os contornos para a prática do ato. Entretanto, é certo que o alvará seria um ato administrativo por excelência, dentro do conceito acolhido. Trata-se de instrumento pelo qual a Administração Pública exercita o poder de polícia.

Examinando-se, entretanto, o Direito Positivo, bem como a forma pela qual a Administração vem exteriorizando certos atos, verifica-se a expedição de portarias que são propriamente alvarás. Tais portarias em nada coincidem com a sua natureza de ato interno, de ato da administração. Como o alvará, seria um ato praticado pela Administração produtor de efeitos diretos com relação a terceiros, portanto, um ato administrativo.

Assim, são exemplos as portarias expedidas pelo Ministro da Justiça concedendo naturalização a estrangeiros, em face das atribuições conferidas pelo art. 123 do Dec.-lei 941/69. Da mesma forma, é através de portaria que o Ministro dos Transportes, no uso de atribuições conferidas pela Lei 3.115/57, declara de utilidade pública imóveis para efeito de desapropriação. Também através de portaria, o Ministro das Minas e Energia autoriza a produção de energia e a pesquisa de lavra.

A nível da Administração direta do Estado de São Paulo, os Secretários de Estado normalmente praticam atos internos mediante "resoluções". As portarias vêm sendo expedidas pelas autoridades de nível inferior aos secretários, para a prática de atos internos.

No plano municipal, exemplo de portaria que produz efeito direto com relação a terceiros, portanto com natureza de ato administrativo, é a que confere autorização de uso de bens públicos municipais, nos termos do § 4º do art. 65 da Lei Orgânica dos Municípios do Estado de São Paulo, Dec.-lei Complementar 9, de 31.12.69.*

Em face do exposto, verifica-se que a portaria é também um ato administrativo (além de um ato da administração) quando o destinatário de suas normas não é um órgão ou agente da Administração, mas sim um terceiro. E, nesse aspecto, ela equivale a um alvará, vale dizer: seria propriamente um alvará, já que os efeitos seriam idênticos.

Destarte, parece ser de nenhuma utilidade que se empreguem denominações diferenciadas para dois atos administrativos de mesma identidade, produtores dos mesmos efeitos jurídicos. Tal qual o alvará, também a portaria, com os efeitos ora tra-

* Nota da Redação: antiga Lei Orgânica dos Municípios, vigente à época da redação do texto.

tados, poderá ser um ato vinculado ou um ato discricionário.

VII — Conclusões

1. A atividade administrativa pode ser desdobrada em três segmentos básicos: atos da administração, atos regulamentares e atos administrativos.

2. Seriam atos da administração quaisquer atos praticados no exercício da atividade administrativa não produtores de efeitos individuais e diretos com relação a terceiros.

3. Os atos regulamentares contêm normas dirigidas aos cidadãos ou sujeitos de direito, com caráter de abstração e generalidade, nos limites permitidos em lei.

4. O poder regulamentar é privativo do Chefe do Executivo e é exercido mediante decreto.

5. Entende-se por ato administrativo a declaração unilateral do Estado, no exercício de prerrogativas públicas, que produz efeitos individuais diretos com relação a terceiros.

6. A portaria é tipicamente um ato da administração, na medida em que é um ato interno, cujos efeitos se produzem apenas no âmbito do órgão titularizado pelo agente que a expediu. Revela o exercício de prerrogativas inerentes à hierarquia, introduzindo mandamentos numa relação de superior a subalterno.

7. Como ato interno, a portaria não produz efeitos diretos com relação aos sujeitos de direito, os quais, como tais, não são os destinatários da portaria, pois que não se colocam numa posição subordinada própria de relações hierárquicas.

8. Como ato da administração, da espécie ato interno, a portaria pode, em tese, ser expedida tanto pelo Chefe do Executivo quanto por qualquer escalão de comando.

9. No plano do Direito Positivo e na prática, a portaria vem sendo expedida como ato administrativo, ao lado de sua característica básica de ato interno. É freqüente a produção de portarias cujas normas alcançam os sujeitos de direitos.

10. As portarias que produzem efeitos diretos com relação a terceiros têm a mesma natureza do alvará, sendo de nenhuma utilidade a existência de dois atos administrativos nominados produtores dos mesmos efeitos, veiculando comandos de mesma natureza.

11. A portaria não tem características próprias, individualizadoras, que lhe dêem identidade em relação aos atos praticados no exercício da atividade administrativa; ora se apresenta como ato da administração, ora como ato administrativo, ora como ato regulamentar no exercício de funções expressamente delegadas.

VIII — Bibliografia

ALESSI, Renato. *Sistema Istituzionale del Diritto Amministrativo Italiano.*

BANDEIRA DE MELLO, Celso Antônio. *Elementos de Direito Administrativo.*

BANDEIRA DE MELLO, Oswaldo Aranha. *Princípios Gerais de Direito Administrativo.*

CAETANO, Marcello. *Manual de Direito Administrativo.*

CASSAGNE, Juan Carlos. *El Acto Administrativo.*

GORDILLO, Agustín. *Princípios Gerais de Direito Público.*

MEIRELLES, Hely Lopes. *Direito Administrativo Brasileiro.*

PEREIRA, André Gonçalves. *Erro e Ilegalidade no Ato Administrativo.*

STASSINOPOULUS, Michel. *Traité des Actes Administratifs.*

COMISSÃO PARLAMENTAR DE INQUÉRITO — INDICAÇÃO DE INTEGRANTES*

JOSAPHAT MARINHO
Professor Catedrático de Direito Constitucional e Senador

1. O recurso ora examinado envolve a tese da representação proporcional dos partidos políticos nas comissões parlamentares e seus consectários.

2. Os fundamentos gerais deste voto encerram-se, por sinal, em parecer que emiti, em 1991, para fins estranhos ao Senado, respondendo a consulta do Partido dos Trabalhadores, seção do Distrito Federal.

Apesar da anterioridade, ou talvez por isso, as idéias então expostas se ajustam, seguramente, à situação presente. Ei-las, no essencial:

"1. A Constituição Federal estabelece, no art. 58, que 'o Congresso Nacional e suas Casas terão comissões permanentes e temporárias'. Embora declare que tais comissões serão 'constituídas na forma e com as atribuições previstas no respectivo regimento interno ou no ato de que resultar sua criação', prescreve no: '§ 1º. Na constituição das Mesas e de cada Comissão, é assegurada, tanto quanto possível, a representação proporcional dos partidos ou dos blocos parlamentares que participam da respectiva Casa'.

"2. A Constituição é clara, taxativa: *assegura* aos partidos representação proporcional em 'cada comissão'. Não é uma garantia aleatória, sucetível de recusa por interpretação, mas de caráter incondicional, impositivo. O texto constitucional apenas permite variação ou flexibilidade na medida da proporcionalidade, que será observada '*tanto quanto possível*'.

"A *dimensão da proporcionalidade*, portanto, é que *poderá ser graduada*, tendo em vista o número de partidos e a representação de cada qual deles. Mas a cláusula 'tanto quanto possível', se permite *cálculo relativo* ou *aproximado*, não autoriza *exclusão*. Excluir é *eliminar*, e a norma fundamental admite somente *variar* de número, o que se entende em face da multiplicidade de representação partidária. Não se pode transfigurar o que indica *oscilação*, ou seja, *variação de grandeza*, em *supressão*, que significa *abolir* ou *cassar*. Os termos usados pelo legislador, sobretudo num instrumento constitucional, precisam ser compreendidos lógica e racionalmente, e não ao sabor de interesses circunstanciais.

"3. Pontes de Miranda, no exame desta matéria diante da Constituição de 1967 (art. 30, parágrafo único), é de firmeza incontestável ao asseverar que 'os partidos políticos têm direito público (constitucional) subjetivo e pretensão para exigir, por intermédio dos seus deputados ou senado-

* Voto do Senador Josaphat Marinho sobre o Recurso s/n, 1992-CN, interposto *ex officio* pela Presidência do Congresso Nacional da decisão que acolheu indicação feita pelo líder do PDS no Senado de membro estranho ao partido para composição de CPI.

res federais, o cumprimento' da proporcionalidade assegurada. E fulmina a dúvida que o interesse ocasional poderia suscitar: 'Não se trata de simples *recomendação*. Não se disse: 'quando possível', ou 'se possível', e sim 'tanto quanto possível" (*Comentários à Constituição de 1967 com a Emenda n. 1 de 1969*, 3ª ed., t. II/598, Forense, 1987). E 'tanto quanto possível' em nenhum critério lógico e jurídico se reduz a nada, como ocorreu com a exclusão do Partido dos Trabalhadores — por sinal o de maior representação na Câmara Legislativa — na formação de uma das comissões destinadas a elaborar a Lei Orgânica do Distrito Federal.

"4. Avulta a anomalia porque a Constituição Federal, determinando a feitura da Lei Orgânica pela Câmara Legislativa, ordenou que esta a promulgasse, 'atendidos os princípios estabelecidos nesta Constituição' (art. 32).

"Um dos princípios estabelecidos na Constituição é o da proporcionalidade da representação partidária 'em cada comissão'. Além de situado no capítulo do Poder Legislativo, o que bastaria para emprestar-lhe extensão geral, corresponde a um dos 'preceitos' que configuram os partidos políticos: o 'caráter nacional' (art. 17, I, da CF).

"5. Ora, se os partidos políticos têm 'caráter nacional', e se a Constituição também lhes assegura representação proporcional em cada comissão (art. 58, § 1º), é óbvio que esta garantia, ou este 'direito público subjetivo', se estende a todas as entidades federadas, como o Distrito Federal (CF, arts. 1º e 32). Do contrário, criar-se-ia a situação esdrúxula de serem os partidos políticos de âmbito nacional titulares de direitos nos órgãos legislativos da União e destituídos de tais prerrogativas nas Assembléias ou Câmaras Legislativas e nas Câmaras Municipais.

"6. Tanto mais ilegítima ou absurda seria a exegese discrepante do mecanismo do regime constitucional porque a Constituição, no art. 1º, proclama entre seus 'fundamentos', e sob o título *Dos Princípios Fundamentais*, 'o pluralismo político', do qual uma das garantias reside, precisamente, em nosso sistema de Direito escrito, na segurança da proporcionalidade de representação nas comissões.

"7. À luz do regime positivo examinado, e considerando que 'o *princípio da prevalência da Constituição* — como adverte Gomes Canotilho — impõe que, dentre as várias possibilidades de interpretação, só deve escolher-se a interpretação que não seja contrária ao texto e programa da norma ou normas constitucionais' (*Direito Constitucional*, 5ª ed., Coimbra, Liv. Almedina, 1991, p. 235) — é irrecusável que a garantia da representação proporcional dos partidos, em cada comissão, tem caráter obrigatório, coercivo, e se estende às Assembléias Legislativas e Câmaras Municipais.

"8. Em conseqüência, cabe ver que, se foram criadas diversas comissões, com tarefas específicas, para tratar da elaboração da Lei Orgânica do Distrito Federal, em cada qual delas o Partido dos Trabalhadores há de ter representação proporcional, 'tanto quanto possível'. Lícita não é a exclusão, como se operou, desde que se formaram comissões *distintas*, para assuntos diferentes, embora dentro do objetivo geral de preparo da Lei Orgânica.

"...

"10. Em conclusão: sendo, como é, titular de direito líquido e certo à representação proporcional em cada comissão (CF, arts. 58, § 1º, 25 e 32), o Partido excluído de uma delas, e assim lesado, pode pleitear a nulidade da composição do órgão, inclusive por meio do mandado de segurança (CF, art. 5º, LXIX). Se ao partido político, que se reveste de personalidade jurídica (CF, art. 17, § 2º), é dado impetrar mandado de segurança coletivo (CF, art. 5º, LXX), com razão maior se há de considerá-lo habilitado ao uso dessa garantia constitucional para defesa de seu próprio direito. Conferindo uma garantia, a Constituição há de proporcionar a seu titular o uso dos meios necessários a torná-la eficaz.

"11. De deliberação *interna corporis* não se há de cogitar, na tentativa de impedir o exame judicial da matéria. Não se admite competência excludente da apreciação judicial quando em causa a Constituição: seu valor e sua aplicação. O *princípio da prevalência da Constituição*, por sua superioridade, afasta a possibilidade de opor-se-lhe argumento peculiar a atribuição interna de qualquer órgão. É o que se firmou e se ampliou desde a famosa decisão de Marshall, de 1804, no *caso Marbury* x *Madison*. O ilustre Presidente da Câmara Legislativa, aliás, reconhece, em suas informações, a procedência dessa tese ao invocar a lição de Hely Lopes Meirelles, segundo a qual 'é lícito ao Judiciário perquirir da competência das Câmaras e verificar se há inconstitucionalidades, ilegalidades e infringências regimentais nos seus alegados *interna corporis*'".

3. A essas idéias articuladas no parecer cabe acrescentar alguns pontos, relacionados com as singularidades do caso agora discutido e que ressaltam como conclusões lógicas dos fundamentos básicos enunciados.

4. Em primeiro lugar, urge salientar que a proporcionalidade se estabelece entre os partidos ou blocos parlamentares, a que se refere a Constituição Federal (§ 1º do art. 58). E o Regimento Interno do Senado alude expressamente a "*representantes das respectivas agremiações* nas comissões" (art. 66) ou "a participação proporcional das *representações partidárias ou dos blocos parlamentares*" (art. 78). Daí o Prof. Pinto Ferreira, em comentário à atual Constituição, observar: "exige-se assim uma proporção relativamente aos partidos e blocos parlamentares..." (*Comentários à Constituição Brasileira*, v. 3º/109, ed. Saraiva, 1992).

Logo, a designação para qualquer comissão há de ser feita por *partido ou bloco dentre seus integrantes*, e não com representante de outra agremiação. A representação é intransferível, pois, do contrário, não há como apurar proporcionalidade. Escolhido estranho ao partido ou ao bloco, desrespeitada está a proporcionalidade, porque beneficiada organização que não tinha direito a participar da comissão. Se um partido, com direito a presença, não quer integrar uma determinada comissão, abdica de indicar representante, para que o faça a agremiação imediatamente credenciada pelo volume da representação. O estranho a uma legenda, por mais eminente, não concorre, juridicamente, para compor a proporcionalidade partidária. Falta-lhe qualidade legal, que não lhe pode ser deferida pela vontade ou por homenagem de outro partido. O que a Constituição e as leis internas do Congresso definem e circunscrevem o arbítrio dos partidos não pode alterar, mesmo em nome da cortesia parlamentar.

Pouco importa que o estranho designado declare que representa o partido designante ou cedente, se, na realidade, é membro de outra agremiação, e a esta *filiado* por força de lei. O Regimento Interno do Senado exige declaração de "filiação partidária" no ato da posse (art. 7º) e a Lei Orgânica dos Partidos Políticos proíbe a "coexistência" dessa formalidade "em outro partido", prevendo o seu "cancelamento" (art. 67, § 2º, e art. 69, IV).

Demais, se os partidos políticos, por suas tendências diferenciadas, modernamente estruturam a "divisão do espírito público", segundo o objetivo resumo conceitual de Pierre Avril (*Essais sur les Partis*, Paris, Librairie Générale de Droit et de Jurisprudence, 1986, pp. 7 e 8), tanto mais se compreende por que o membro de um não pode ser delegado de outro partido, sobretudo num regime de representação proporcional, salvo se se verifica a formação de blocos parlamentares. A "divisão do espírito público", configurada em partidos distintos, é incompatível com tal confusão, ainda que a tenham praticado gregos e troianos. A tolerância, mesmo generalizada, não subsiste diante da irresignação fundada no Direito.

5. Não anula essa argumentação a ocorrência de praxe parlamentar em sentido contrário. Sem dúvida, é prática notória a indicação de membro de um partido por outro para compor comissão, em certas circunstâncias. A praxe há de vigorar, porém, quando não contestada, ou enquanto não se verificar impugnação. Ocorrendo oposição, há de prevalecer a ordenação legal, como no caso. E assim se deverá entender porque no Direito brasileiro, em princípio, o uso ou costume não anula a vigência de lei. Está explícito na Lei de Introdução ao Código Civil — sabidamente de abrangência ampla: "Art. 2º. Não se destinando à vigência temporária, a lei terá vigor até que outra a modifique ou revogue".

A Constituição e o Regimento Interno não tiveram suas normas alteradas; portanto, hão de prevalecer na extensão de seus mandamentos. Como escreveu o clássico Paula Baptista, ainda no século XIX, "o *uso* pode interpretar as leis, e supri-las em suas omissões, mas não revogá-las" (in *Hermenêutica Jurídica: Compêndio de Hermenêutica Jurídica*, ed. Saraiva, 1984, pp. 56 e 57). No século atual, Carlos Maximiliano não ensinou diversamente: "tem valor jurídico uso, ou costume — diuturno, constante, uniforme e não contrário ao Direito vigente" (*Hermenêutica e Aplicação do Direito*, 8ª ed., Liv. Freitas Bastos, 1965, p. 205).

Já em nossos dias, na edição refundida, de 1991, de seu *Direito Constitucional* (Liv. Almedina), o Prof. Gomes Canotilho ressalta a importância e os limites do valor do costume. Depois de assinalar que "ao costume deve ser atribuída uma função de *integração* ou *complementação* do Direito Constitucional", para o que cabe "ainda inserir-se no *programa* da norma constitucional", como forma de contribuir "para o *desenvolvimento* da Constituição" (p. 148), traça-lhe os lindes necessários. "Neste sentido" — acrescenta — "o costume para além da Constituição ou constitui a expressão de uma *alteração constitucional* à qual ainda se pode estender o *programa* normativo ou extravasa do âmbito do programa da norma constitucional e, nesse caso, estaremos perante um puro fato que não pode reivindicar qualquer força normativa" (pp. 948 e 949).

Ora, vistas as cláusulas constitucionais, legais e regimentais citadas, componentes do nosso Direito Positivo, a praxe invocada e examinada não pode ser considerada integrante delas, nem um desenvolvimento do seu comando normativo. Não é oponível, pois, às norms escritas em vigor.

6. Todos os fatos relevantes, enquadrados na competência da Comissão Parlamentar de Inquérito, devem ser criteriosamente apurados. A primeira condição, porém, de apuração criteriosa é a obediência à lei, inclusive no que concerne à composição do órgão. Não há poder legítimo se também não se revestir de legitimidade quem o exerce. E, como adverte Pontes de Miranda, "nada mais perigoso do que fazer-se Constituição sem o propósito de cumpri-la. Ou de só se cumprir nos princípios de que se precisa, ou se entende que devam ser cumpridos — o que é pior" (*Comentários à Constituição de 1967 com a Emenda n. 1 de 1969*, 2ª ed. rev., t. I/15, Ed. RT, 1970).

7. Diante das razões expostas, voto no sentido de ser provido o recurso *ex officio*, para declarar insubsistente, por inconstitucional, a indicação feita pelo ilustre Líder do PDS do nome do nobre Senador José Paulo Bisol, do PSB, para a Comissão Parlamentar de Inquérito que apura supostos fatos relacionados com a Administração

Federal e o procedimento de particulares, e, assim, assegurar a aplicação da proporcionalidade partidária em benefício da agremiação a que couber a representação (RJ, art. 101, I, e CF, art. 58, § 1º).

É o meu voto, em respeito ao Direito vigente.

Sala das Comissões, em 22 de julho de 1992.

ORGANIZAÇÃO POLICIAL INTEGRADA

DALMO DE ABREU DALLARI
Professor Titular da Faculdade de Direito da Universidade de São Paulo

1. Necessidade da Polícia eficiente

Uma organização policial eficiente é necessidade indiscutível do mundo contemporâneo. Essa verdade simples coloca, imediatamente, algumas indagações fundamentais: para quê a Polícia eficiente? Como avaliar a eficiência? Como organizar o sistema policial para que ele cumpra seus objetivos?

O sistema político que se universalizou a partir do século 18, como decorrência das revoluções burguesas, eliminou alguns privilégios e injustiças mas criou outros, que se agravaram com os efeitos da Revolução Industrial e atingiram extrema agudeza no final do século 20. Uma das conseqüências da valorização exacerbada dos objetivos econômicos, associada às transformações tecnológicas recentes, foi a rápida formação de supermetrópoles, com uma população que, em grande parte, emigrou em massa para as cidades, sem perspectivas de um trabalho regular e sem que houvesse equipamento urbano preparado para um elevado aumento da demanda.

Esses fatores, aliados aos baixos índices de remuneração dos assalariados em geral e, de modo especial, dos trabalhadores não qualificados, mais o alto custo dos bens e serviços acabaram produzindo uma população marginalizada, sem educação básica para a convivência, desprovida de apoio psicológico e afetivo, sem consciência de valores éticos e jurídicos. Superando todas as previsões, ocorreu o crescimento rápido e desordenado das grandes cidades, que passaram a abrigar populações numerosas e extremamente heterogêneas, convivendo no mesmo espaço interesses absolutamente contraditórios, crenças, costumes e expectativas de vida colidentes, tudo em ambiente que apresenta a mais agressiva ostentação de riqueza e a mais dramática e desumana marginalização pela miséria.

Daí nascem conflitos, desajustes, violências, que vitimam diariamente milhões de pessoas, indo desde a pequena ofensa a costumes e a regras jurídicas, de repercussão social pouco intensa, até a criminalidade de mais brutal e hedionda, que comove intensamente a população, chegando a inspirar iniciativas de vingança armada, que muitas vezes atingem inocentes e sempre contribuem para a desmoralização dos valores e das instituições.

Como vem sendo proclamado pelos mais eminentes criminalistas, desde o final do século 18, a pobreza não é causa mas sem dúvida alguma é fator de criminalidade. Se fosse causa, todos os pobres seriam criminosos, o que está muito longe de corresponder à realidade. Mas atua como fator, criando condições mais propícias para que uma pessoa chegue a praticar um crime ou mesmo a adotar a prática habitual de crimes como meio de vida. Não se pode, também, perder de vista que os grupos sociais dominantes usam as leis para definir como crimes as práticas que contrariam seus valores, costumes e interesses, que nem sempre são os mesmos da população mais pobre. A par disso, existem comportamentos sociais arrogantes e desrespeitosos, típicos da sociedade mais rica, que ficam à margem das punições, o que contribui para reforçar a idéia de que o pobre é mais propenso ao crime.

É dentro desse quadro, extremamente complexo, que se coloca a questão da Polícia, de sua finalidade, de sua organização e de seus métodos. Mesmo nos momentos de afirmação mais veemente da liberdade individual como primeiro valor da pessoa humana e condicionante da organização e do funcionamento da sociedade e do Estado, nunca foi negada a necessidade de uma ação administrativa do Poder Público, visando à proteção das pessoas e dos bens, assegurando o exercício dos direitos, a incolumidade dos bens, prevenindo eventuais ofensas a direitos e a interesses coletivos e, na estrita medida das necessidades, reprimindo a prática de atos anti-sociais.

Essa atividade de vigilância, regulamentação e eventual repressão, que pode representar um condicionamento do exercício dos direitos individuais, é legalmente prevista e deve ser desenvolvida nos estritos limites fixados na Constituição e nas leis, podendo ser enquadrada naquilo que a doutrina do Direito Administrativo convencionou chamar "poder de polícia".

A palavra polícia, assim como política, deriva da expressão grega *polis*, que significa a unidade fundamental de convivência, correspondendo mais ao que hoje denominamos Estado do que a cidade. A atividade de polícia é aquela que se desenvolve com a finalidade de assegurar a convivência pacífica, implicando a garantia do exercício dos direitos e do cumprimento das obrigações legalmente impostas. Essa é uma *função administrativa* do Estado, sendo impróprio e inconveniente o uso da expressão "poder de polícia", que se generalizou a partir da doutrina francesa.

No âmbito mais amplo das funções de polícia administrativa, como gênero, é que se colocam aquelas atividades específicas que se convencionou chamar de "policiais" e que são legalmente atribuídas à Polícia, órgão ou conjunto de órgãos que fazem parte do setor da Administração Pública denominado, habitualmente, de "segurança pública".

Assim, pois, a Polícia é parte da Administração Pública e suas atribuições são legalmente estabelecidas, devendo ser desenvolvidas dentro da lei. Em parte, os atos que os agentes policiais podem praticar são vinculados, isto é, estritamente determinados por lei, e em parte são discricionários, deixando ao agente certa margem de escolha, de acordo com as circunstâncis do caso concreto. O que não existe, nos Estados regidos por uma Constituição, são os atos arbitrários, livres de qualquer limitação legal. Assim, p. ex., portar ou não uma arma durante o trabalho é ato vinculado, pois não depende de cada policial essa decisão, que já foi previamente adotada na elaboração da lei ou do regulamento. Mas o uso efetivo da arma numa situação concreta é ato discricionário, pois o policial tem a possibilidade e a responsabilidade da decisão. Mas, evidentemente, o uso da arma está condicionado a certos parâmetros legais, como a inevitabilidade e a moderação.

Assim, a Polícia é necessidade premente do mundo moderno, não sendo suficiente dizer que ela é necessária para manutenção da ordem pública, pois um governante ou um grupo social dominante podem querer impor uma arrumação arbitrária, sustentada apenas na coação, como se fosse uma nova ordem. Em tais circunstâncias não é raro que pretendam usar os organismos policiais para forçar a obediência às suas determinações, que visam sobretudo à defesa e promoção de seus interesses particulares. Esse tipo de utilização é arbitrário e favorece o arbítrio, confundindo eficiência e violência, acarretando a desmoralização dos policiais, que se tornam muito visíveis e assumem a condição de arbitrários ostensivos.

A Polícia, órgão da Administração Pública, presta serviço público de natureza essencial, tendo por objetivo a proteção das pessoas e dos bens, devendo agir de modo legal para prevenir ofensas a direitos individuais ou coletivos, auxiliar no cumprimento das regras de convivência legalmente impostas ou admitidas, cooperar para a consecução dos direitos fundamentais e, quando indispensável, reprimir a prática de atos contrários à ordem constitucionalmente estabelecida. Quando a Polícia estabelece regras, p. ex., para o uso dos espaços públicos, não deve estar presente a idéia de que os direitos individuais precisam ser limitados, mas, bem diferente disso, é preciso haver consciência de que se busca, tão-só, disciplinar o uso, na medida em que isso for necessário para a convivência dos próprios direitos.

A eficiência policial deve ser avaliada pela capacidade de colaborar para a convivência pacífica das pessoas e dos grupos sociais, assegurando direitos com o mínimo possível de condicionamentos e só usando da repressão em casos excepcionais, de modo legalmente permitido e na medida estrita das necessidades.

2. O sistema policial brasileiro

No mundo contemporâneo a organização das Polícias ganhou bastente complexidade, por vários motivos. Desenvolveu-se uma criminalidade internacional, que às vezes torna difícil saber se uma ação criminosa é apenas semelhante à de outros países ou se existe um vínculo organizacional entre os criminosos. O desenvolvimento dos meios de comunicação e de transporte contribui, muitas vezes, para essa indefinição, pois a notícia minuciosa pode sugerir a imitação e informar sobre os métodos de ação dos criminosos. Ao mesmo tempo, foi sendo desenvolvida uma criminalidade que é internacional em certos aspectos e interna em outros, como ocorre com o tráfico de drogas e com o contrabando.

Foi com base nessa nova realidade que a Constituição brasileira de 1988 enfatizou muito a presença de uma Polícia Federal, que também recebeu a incumbência de substituir as polícias políticas estaduais como vigilante da ordem política e social. Essa valorização da Polícia Federal ocorreu durante os regimes militares implantados no Brasil a partir de 1964 e foi mantida por influência dos militares e dos integrantes do "dispositivo de segurança" que agiu com a mais absoluta desenvoltura, como polícia política, até o final do ciclo militar, que, de fato, perdurou até 1985.

Excluídas as hipóteses expressamente enumeradas nos §§ 1º (Polícia Federal), 2º (Polícia Rodoviária Federal) e 3º (Polícia Ferroviária Federal) do art. 144, a Constituição manteve, de modo imperfeito, a competência dos Estados para o exercício das funções policiais, como vem ocorrendo no Brasil desde 1891, com a primeira Constituição republicana. Na verdade, não está expressamente declarado que tal competência é estadual, mas a isso se chega por via indireta, pois no art. 144 foram enumeradas as competências dos três organismos policiais federais já referidos. E no art. 25, § 1º, diz a Constituição que "são reservadas aos Estados as competências que não lhes sejam vedadas" pelos dispositivos constitucionais.

Mantendo uma dividão tradicional no sistema brasileiro de segurança pública, a Constituição prevê, nos §§ 4º e 5º do art. 144, respectivamente, a existência de "polícias civis" e "polícias militares".

Essa bifurcação é, em grande parte, reflexo da influência do Direito Administrativo francês do século 19 sobre os teóricos brasileiros, muitos dos quais ainda hoje insistem na diferenciação entre polícia administrativa e judiciária, segundo a qual a primeira deve atuar para impedir a prática de crimes e a segudna só começará a agir depois de cometidos os crimes que a primeira não conseguiu evitar. Essa distinção é absolutamente insustentável na prática, pois sua aplicação levaria a conclusões absurdas, como é fácil demonstrar. Suponha-se que um agente da polícia judiciária esteja levantando informações sobre o autor de um crime e descubra que ele pertence a uma organização que prepara outros crimes. Se fosse aplicada aquela distinção, esse agente não poderia tomar conhecimento dos crimes planejados pela organização criminosa e que ainda não tiverem sido cometidos, devendo, entretanto, continuar verificando o que se referisse ao crime já praticado.

Na realidade, as funções policiais são, sempre, de natureza administrativa, mesmo quando exercidas para auxiliar o Poder Judiciário no esclarecimento das circunstâncias de um crime. O que é razoável, e mesmo necessário em conseqüência da complexidade adquirida pela vida social, é a especialização de organizações policiais ou de seus setores, sem excluir o auxílio de especialistas não integrantes dos quadros da Polícia, para objetivos determinados, como a investigação científica ou a perícia técnica.

As Constituições brasileiras sempre trataram de modo vago a questão das atribuições policiais, em grande parte porque se considerava que essa matéria se incluía entre as funções administrativas. A Constituição monárquica de 1824 atribuiu aos governos municipais a competência para o assunto, que é referido no art. 169, onde se diz que a formação das Posturas Policiais, competência das Câmaras Municipais, seria objeto de lei regulamentar. Essa lei foi o Regimento das Câmaras, de 1.10.1828, cujo tít. III tratou especificamente das Posturas Policiais, dispondo o art. 71 que às Câmaras competia deliberar "sobre os meios de promover e manter a tranqüilidade, segurança, saúde e comodidade dos habitantes".

Entretanto, após a abdicação do Imperador D. Pedro I, os Regentes da Monarquia, por ato de 10.10.1831, deram às Províncias o poder de criar um Corpo Municipal Permanente, para cuidar da ordem e da segurança interna. Foi com base nessa permissão que o brigadeiro Rafael Tobias de Aguiar, Presidente da Província de São Paulo, propôs ao Conselho do Governo da Província, em 15.12.1831, a criação do Corpo Municipal Permanente de São Paulo. Aprovada a proposta nessa mesma data, nascia a primeira corporação policial paulista, antecedente mais remoto da atual Polícia Militar.

Foi no ambiente de efervescência política que caracterizou o perído das Regências que se estabeleceu formalmente a bifurcação do sistema policial, separando-se a polícia administrativa da judiciária, raiz da atual dicotomia Polícia Civil e Polícia Militar. Com efeito, o Ato Adicional, Lei 16, de 12.8.1834, alterou a Constituição, fortalecendo as Assembléias Provinciais em prejuízo das Câmaras Municipais. E a Lei 105, de 12.5.1840, chamada Lei de Interpretação, modificou o próprio Ato Adicional e, entre outras coisas, fixou regras sobre as Polícias.

O Ato Adicional havia estabelecido, no art. 10, § 4º, que competia às Assembléias Provinciais legislar "sobre a polícia e economia municipal, precedendo propostas das Câmaras". E pelo art. 1º da Lei de Interpretação foi feita a seguinte distinção: "A palavra 'Polícia' compreende a Polícia Municipal, e Administrativa somente, e não a Polícia Judiciária". O que se quis dizer e passou a ser entendido foi que a Polícia Administrativa, e só ela, seria objeto de legislação provincial, precedida de propostas das Câmaras Municipais. Sobre a Polícia Judiciária as Câmaras não teriam qualquer influência, ficando a matéria sob exclusiva competência das Assembléias Provinciais, às quais o Ato Adicional, em seu art. 11, § 2º, deu o poder de fixar a Força Policial da Província.

A Constituição de 1891 não dispôs sobre o assunto, mas na prática foi mantida a diferenciação entre Polícia Administrativa e Judiciária, ambas sujeitas à legislação estadual. Essa orientação tinha apoio no Dec. 1, de 15.11.1889, que, proclamando a República, determinou, pelo art. 5º, que os Estados, antigas Províncias, adotassem com urgência "as providências necessárias para a manutenção da ordem e da segurança pública, defesa e garantia da liberdade e dos direitos dos cidadãos". E a Constituição de 1891 estabeleceu, no art. 5º, que incumbia a cada Estado prover às necessidades de seu governo e administração, nada havendo que implicasse a mudança de competências quanto à Polícia.

A implantação da República no Brasil não encontrou grande resistência dos monarquistas, bastando lembrar que muitos portadores de títulos de nobreza que tinham ocupado Ministérios no governo imperial foram depois Ministros dos governos republicanos. Os verdadeiros conflitos resultaram dos confrontos entre o governo central da República e os governos estaduais, pois estes representavam grupos oligárquicos que interpretavam a proclamação da República como declaração de independência das Províncias. Por esse motivo ocorreram inúmeras intervenções federais nos Estados durante as primeiras décadas do período republicano.

O Estado de São Paulo, economicamente mais poderoso, preparou-se para resistir a eventuais iniciativas de intervenção federal. É muito expressiva, para compreensão dessa fase da história brasileira e dos rumos que tomou a organização da Polícia em São Paulo e em vários outros Estados, uma carta escrita por Campos Sales, eminente líder republicano, a Bernardino de Campos, então Chefe do governo do Estado de São Paulo, em 2.9.1892. Aconselhando o amigo e correligionário, diz Campos Sales: "Você é governo: não assombre-se com os boatos e procure tornar simpática a República. Uma precaução você deve tomar e eu já aconselho para São Paulo desde o governo de Prudente: é que deve ter muito bem organizada e disciplinada a nossa força policial, dando o comando a homens de confiança. Com 5.000 homens (que é o efetivo, segundo creio) você pode conservar um grosso de 2.000 permanentes na Capital. Esta gente, sob um regime rigorosamente militar, será o casco poderoso para qualquer eventualidade...".

Há quem sustente que havia o risco da tentativa de uma restauração monárquica, outros entendem que só existia o perigo da intervenção federal, o que me parece mais provável. De qualquer modo, é sugestivo que Campos Sales fale na "força policial" e aconselhe que ela seja mantida "sob um regime rigorosamente militar", o que lembra mais a preparação de um exército do que de uma organização policial.

Esse conselho foi rigorosamente seguido, poucos anos mais tarde, por Jorge Tibiriçá, Presidente do Estado de São Paulo, eleito em 1904. Agravando-se a situação política e social, com o aparecimento dos primeiros movimentos operários, liderados por trabalhadores italianos e espanhóis adeptos do anarquismo, Jorge Tibiriçá acabou contratando um grupo de oficiais do Exército francês para a reorganização da Força Policial do Estado. E assim, chegou a São Paulo, em 21.3.06, a celebrada Missão Francesa, que daria à milícia paulista a feição de um pequeno exército muito bem treinado, tendo muito pouco a ver com o exercício de funções policiais (sobre a Missão Francesa e sua contribuição v. meu livro *O Pequeno Exército Paulista*, trabalho sintético publicado pela Editora Perspectiva, de São Paulo, em 1977).

Desse modo, a Força Policial caminhou no rumo de uma corporação militar, o que acarretou a ampliação das competências e dos quadros da Polícia Civil, que não se limitou a ser a Polícia Judiciária, anteriormente referida, assumindo grande parte das atribuições do que seria uma Polícia Administrativa.

A Constituição brasileira de 1934 manteve a dicotomia, mas, provavelmente por temor do excesso de autonomia das Polícias Militares, tendo em vista, sobretudo, o eficiente desempenho da Força Pública de São Paulo no movimento armado que se denominou Revolução Constitucionalista, em 1932, procurou criar um mecanismo de controle. Para tanto estabeleceu, no art. 167, que as Polícias Militares passavam a ser consideradas reservas do Exército, o que dava a este um poder legal de controle daquelas Polícias.

Na Constituição de 1946 foi tornada ainda mais explícita essa condição, mas introduzindo uma ambigüidade, provavelmente para ressaltar que o caráter militar não excluía funções policiais. Dispôs o art. 183 da Constituição: "As polícias militares, instituídas para a segurança interna e a manutenção da ordem nos Estados, nos Territórios e no Distrito Federal, são consideradas, como forças auxiliares, reservas do Exército". É possível que a referência à segurança interna tenha sido inspirada na intenção de dizer ao Exército que este só se destinava à segurança externa, para afastar o risco de novos golpes militares sob pretexto de manutenção da ordem interna. A par disso, a referência à condição de forças auxiliares, e, como tais, reservas do Exército, sugere, inevitavelmente, treinamento militar, ao passo que a expressão "manutenção da ordem nos Estados", como atividade permanente, suscita a idéia de função policial, exigindo preparação adequada.

Com pequena diferença de redação e o acréscimo de uma referência aos corpos de bombeiros militares, a Constituição de 1967 repetiu a de 1946, o que também se verificou na Constituição decretada em 1969 com o nome de Emenda Constitucional 1.

Aí está como se originou e se desenvolveu a existência de duas Polícias no âmbito dos governos estaduais, uma Civil e outra Militar. Depois de conhecidos os antecedentes históricos e as prováveis motivações teóricas e práticas, será possível analisar, com maior precisão, os dispositivos da Constituição brasileira de 1988 que tratam da organização da Polícia nos Estados, para, em seguida, fixar algumas conclusões quanto ao aperfeiçoamento desejável e possível.

3. Polícia Civil e Polícia Militar: tradição e conflito

Ao manter a dicotomia Polícia Civil e Militar, o constituinte brasileiro aparentemente respeitou a tradição e evitou dificuldades, mas, embora tenha pretendido fixar com certa precisão as competências, não avançou em termos de modernização do sistema e criou novas possibilidades de conflitos entre policiais.

A multiplicidade de organismos policiais, como vem existindo, não tem assegurado maior eficiência e, não raro, tem provocado conflito aberto entre policiais, sobretudo pela má definição das competências, agravada pela preocupação com a preservação da autonomia, constante nas ações dos integrantes de ambas as organizações policiais. Enquanto, p. ex., nenhuma delas exerce, na plenitude, o policiamento noturno nas grandes cidades, dando margem ao aparecimento de guardas particulares despreparados e com antecedentes nebulosos, ambas disputam a primazia em certas ações, como a prisão de seqüestradores. E muitas vezes a disputa entre policiais tem prejudicado a eficiência, em prejuízo da população.

De acordo com o § 4º do art. 144 da Constituição, às Polícias Civis incumbem "as funções de polícia judiciária e a apuração de infrações penais". Aí está presente a idéia da Polícia como auxiliar do Poder Judiciário, na apuração das circunstâncias relativas a delito já cometido, pois tanto a expressão "polícia judiciária" quanto a competência para "apuração de infrações penais" excluem as hipóteses de regulamentação de atividades e de ação preventiva. Fica excluída, também, a competência para investigação das atividades de indivíduos e de grupos potencialmente criminosos.

Em termos formais é clara essa delimitação. Entretanto, como já foi observado, na prática resulta absurdo circunscrever com esse rigor uma atividade policial, a menos que já se disponha de um mecanismo que possibilite a imediata ligação com outros setores policiais, para quê, conjuntamente, cada um assuma certa parte do trabalho mas em perfeita coordenação com os demais. Assim, p. ex., se durante a investigação das circunstâncias em que um crime foi cometido for descoberta uma quadrilha que prepara futuras ações criminosas, é indispensável que alguém assuma a investigação e a vigilância dos membros da quadrilha, sem que isso interfira no trabalho de quem auxilia o Judiciário.

Ao lado disso, é importante lembrar que na tradição brasileira só as Polícias Civis se prepararam e estão aparelhadas — algumas mais, outras menos — para detectar, acompanhar e enfrentar certas atividades criminosas de grande repercussão social. Basta lembrar algumas especializações da Polícia Civil: proteção policial para a vida de pessoas ameaçadas; tráfico de mulheres e de crianças; tráfico de drogas; furtos de automóveis; identificação de pessoas e fornecimento dos respectivos documentos, sem nenhuma ligação com práticas criminosas. Se tudo isso fosse retirado, hoje, da competência da Polícia Civil, como deveria resultar da aplicação estrita, formal e rigorosa da Constituição, não haveria qualquer organização policial apta para assumir essas tarefas.

Pela grande importância, mais do que óbvia, dessas atividades policiais, é absolutamente impensável a hipótese de impedir que as Polícias Civis continuem a desempenhá-las, o que demonstra, por si só, a necessidade e a urgência de repensar a Polícia no Brasil, em termos de legislação e de prática.

O § 5º do art. 144 da Constituição trata das Polícias Militares, que, pelo § 6º, são consideradas "forças auxiliares e reserva do Exército". De acordo com o § 5º, as Polícias Militares são competentes para o desempenho das seguintes funções, policiais em essência: a) polícia ostensiva; b) preservação da ordem pública; c) atividades de defesa civil.

É patente a ambigüidade, que acaba acarretando um dilema insuperável: ou a Polícia Militar se organiza e prepara seus integrantes para o desempenho das relevantes e difíceis tarefas de natureza policial a seu cargo; ou a Polícia Militar adota organização e treinamento tipicamente militares, para ser uma eficiente força auxiliar do Exército. Como é mais do que evidente, a preparação do profissional que vai ajudar e proteger *seu próprio povo*, organizando a convivência, regulamentando atividades, assistindo pessoas pobres ou vítimas de acidentes e catástrofes naturais, reprimindo excessos que perturbam a vida social ameaçando ou prejudicando direitos, essa preparação deverá ser bem diferente daquela dispensada a profissionais que deverão participar de ações armadas, combatendo *inimigos* numa circunstância de guerra. O policial é membro de seu próprio povo, e não tem sentido querer que ele o trate como inimigo, ao passo que o inimigo, por definição, está em oposição aos interesses do povo.

A existência de Polícias Militares é um absurdo lógico, mantido no Brasil por força de uma tradição ligada à luta política e à injustiça social. Como já foi assinalado, fatores como a necessidade de sustentar a República recém-implantada, o temor de intervenções federais nos Estados e a intolerância das elites econômicas em relação às reivindicações de trabalhadoores foram determinantes para a criação e o aperfeiçoamento de organizações militares estaduais, "casco poderoso para qualquer eventualidade".

Afastados os riscos da restauração monárquica e das intervenções federais, restou a questão social, que para as classes dominantes foi definida como "questão de polícia", no sentido de reprimir manifestações pacíficas dos operários, de calar reivindicações pela coação, sem atentar para a justiça, tratando como inimigos os integrantes do povo inconformados com os privilégios, o egoísmo e a insensibilidade dos dominadores.

A par disso, dentro das Polícias Militares foram mantidos e alimentados certos equívocos que ainda hoje, embora bastante atenuados, continuam presentes. Um deles é a idéia de que o policial *fardado* impõe mais respeito, tanto para as atividades de prevenção e orientação quanto para as situações em que se faz necessária a repressão. Na realidade, a prática já demonstrou sobejamente que, em muitas circunstâncias, o policial *uniformizado*, facilmente identificável e ostentando de modo bem visível a imagem concreta de sua corporação, impõe respeito com sua simples presença. Além disso, o uniforme quase sempre inibe possíveis resistências violentas ou pacíficas.

Tudo isso é verdadeiro, mas uniforme policial não pode nem deve ser confundido com fardamento militar. O único ponto em comum é que ambos são vestimentas que identificam o membro de uma corporação, mas até as características físicas de um e de outro devem ser diferentes, em função dos objetivos de sua adoção. Mantenha-se, portanto, o policial uniformizado, o que não exige que ele seja militarizado.

Outro equívoco importante é a convicção de que só numa organização militar existe respeito pela disciplina e pela hierarquia. Com efeito, disciplina e hierarquia são princípios inerentes a toda espécie de organização administrativa. Ocorre, porém, que na formação militar esses princípios são exacerbados, especialmente porque, numa situação de combate, mais do que em qualquer outra, a obediência imediata e absoluta aos comandos, mesmo que pareçam evidentemente inadequados, é indispensável, pois qualquer demora ou vacilação pode acarretar a derrota.

Nas atividades civis é raro que se tenha uma situação de tal premência, mas ainda assim é feita expressamente a exigência de respeito à disciplina e à hierarquia, sob pena de punição, que poderá ser mais ou menos grave, de acordo com a lei. Nada impede que em relação às organizações policiais a própria legislação reforce a exigência, prevendo punição severa dos que desobedecerem.

Esse equívoco é também alimentado pelo mau exemplo dado por policiais civis que, sob pretexto de camaradagem e achando que com isso conquistam a adesão afetiva de seus subordinados e exercem mais liderança, permitem excessos de intimidade, tanto na linguagem como nos gestos. Também a idéia de que o policial não está sujeito a regras e limitações, absolutamente errada e inaceitável, ainda se faz presente em certos ambientes da Polícia Civil, que, a par disso, convive permanentemente com pessoas do mais baixo nível de educação e sem qualquer noção de ética. Há policiais que usam freqüentemente a gíria e o baixo calão, estejam ou não perante seus superiores ou mesmo falando com eles.

Todos esses fatos realmente ocorrem, mas, em primeiro lugar, é errada e injusta a generalização. Felizmente, esse tipo de policial vai ficando cada vez mais raro, em conseqüência das críticas, da maior publicidade e das exigências mais rigorosas para ingresso nas carreiras policiais. Além disso, esses vícios podem ser evitados através da formação técnica, intelectual e ética dos policiais, mediante cursos e treinamento que lhes infundam a consciência de suas responsabilidades e a necessidade e conveniência de pleno respeito aos princípios da disciplina e da hierarquia. Para atingir esses objetivos a corporação policial não precisa ser militar.

Como se verifica, a atribuição de caráter militar a uma atividade que integra com relevância a Administração Pública e que é essencialmente civil, por sua natureza, decorreu em grande parte dos interesses políticos de governantes, apoiando-se também em equívocos que uma reflexão serena pode facilmente eliminar, com vantagens para a corporação e seus integrantes. Afastada a preocupação com a natureza militar e as necessidades que daí decorrem, inclusive um treinamento dispensável para as funções policiais, será possível ajustar a organização administrativa da corporação às suas atribuições policiais. Será mais fácil eliminar a imagem de agrupamento isolado da sociedade, que na tradição brasileira está ligada aos militares, transformando-se os quartéis em escolas e departamentos especializados, onde os policiais receberão ensinamentos e treinamento adequados e estarão preparados para o desempenho de todas as tarefas implícitas nas competências que hoje a Constituição atribui às Polícias Militares.

4. A integração das Polícias

Nas atuais circunstâncias brasileiras, tendo em conta a longa tradição de autonomia das Polícias Civis e Militares e, por outro lado, a necessidade de ação conjunta e bem coordenada de todos os órgãos policiais, para atendimento eficiente das necessidades da população, é indispensável e urgente redefinir o sistema policial.

A proposta de unificação da Polícia, que seria reduzida a uma organização única, com uma chefia e uma carreira comuns, foi suscitada várias vezes e jamais conseguiu a mínima possibilidade de avançar, nem mesmo em termos de discussão. Com realismo e sentido prático pode-se pôr de lado esse tipo de proposta, passando-se a buscar a *integração dos organismos policiais*, perfeitamente viável e plenamente satisfatória, que poderia ser obtida com a probabilidade de poucas resistências e num prazo relativamente curto.

Mantendo-se a definição constitucional, que corresponde à tradição republicana no Brasil, os serviços policiais deverão continuar integrando as competências estaduais, com as exceções previstas na Constituição.

No âmbito de cada Estado haverá uma Secretaria de Segurança Pública, da qual fará parte uma autarquia reunindo os órgãos da Polícia Civil e outra autarquia agrupando os órgãos das atuais Polícias Militares, que poderão adquirir a denominação "Polícia de Segurança". Cada autarquia terá seu próprio órgão dirigente, cuja escolha se fará mediante indicação do Governador do Estado e aprovação da Assembléia Legislativa, podendo-se fixar em lei os requisitos necessários para indicação aos cargos de direção. A lei estabelecerá também os canais de comunicação de cada autarquia com a Secretaria de Segurança Pública.

Poderá ser criado na Secretaria, também diretamente ligado ao Secretário, um Conselho Superior de Autarquias, do qual farão parte representantes do Secretário de Segurança Pública e de cada autarquia, com a possível participação de representantes da comunidade e de especialistas sem vinculação funcional. Suas principais funções seriam estabelecer regras para a ação integrada das autarquias e solucionar conflitos de competências. Esse Conselho poderá receber outras atribuições que forem sugeridas pelas discussões e pela experiência.

Evidentemente, não se há de pretender introduzir uma transformação dessa envergadura sem amplo debate prévio e numa única etapa, mudando-se tudo pela simples aprovação de uma lei, sem atentar para as situações jurídicas já estabelecidas e para as prováveis resistências, muitas delas inspiradas em fatores afetivos respeitáveis. Mas o interesse público exige que se tenha a coragem de inovar, para que a proteção das pessoas e dos bens prevista na lei aconteça na realidade. E, por maior respeito que se tenha pelos interesses individuais, não se pode admitir que estes sejam obstáculos intransponíveis ao aperfeiçoamento das corporações para atender a necessidades essenciais de toda a coletividade.

O noticiário da imprensa e os informes oriundos dos próprios organismos policiais demonstram hoje, muito claramente, que há graves deficiências em matéria de segurança pública, que se acentuam à medida que aumenta a população das cidades e os desajustes sociais e econômicos se tornam mais evidentes. A realização de linchamentos, a existência comprovada de grupos de "justiceiros" fazendo execuções sumárias, a entrega do patrulhamento noturno das cidades a guardas-noturnos improvisados, por auto-assunção dessa tarefa, sem que ninguém conheça a identidade e os antecedentes desses vigilantes e, praticamente, sem a possibilidade de recusa do serviço e de suas tarifas, todos esses fatos e muitos outros que poderiam ser enumerados mostram a importância e urgência do assunto.

É óbvio que ninguém poderá pretender solucionar todos os problemas sociais e eliminar a marginalização e os conflitos mediante a simples melhoria do aparato policial. Mas, sem qualquer dúvida, a boa Polícia, bem organizada e equipada, com integrantes treinados adequadamente, pode exercer ação preventiva da máxima relevância, contribuindo para desencorajar a utilização de meios ilegais para solucionar problemas e o recurso à violência em situações de conflito. As investigações em profundidade, a vigilância ostensiva e permanente, utilizando os mais modernos recursos técnicos e científicos, poderão levar à identificação e ao desmantelamento de quadrilhas e redes criminosas, com resultados muito superiores ao que se consegue com a simples matança de delinqüentes isolados.

Por último, há dois pontos essenciais que não podem ser esquecidos ou postos em plano secundário: a *interação com a sociedade* e o *respeito aos direitos das pessoas*, mesmo daqueles que tenham cometido crimes e que se quer punir exatamente porque não respeitaram os direitos.

Agindo em estreita colaboração com a sociedade, impondo-se a esta pelo reconhecimento do valor social de seu trabalho e não pelo medo que inspiram, as corporações policiais terão muito mais facilidade para o desempenho de suas difíceis e relevantes funções. O policial visto como amigo e colaborador, gozando da confiança da população, estará sempre mais bem informado e mais protegido, adquirindo condições para agir com mais eficiência e menor risco. Isso terá reflexos positivos na destinação de recursos aos organismos policiais e na própria remuneração de seus integrantes.

A par disso, é fundamental que as ações policiais se desenvolvam com estrito respeito à Constituição e às leis. É preciso reconhecer, com honestidade e clareza, que não tem sido observado esse ponto, através da história brasileira. Por muitos motivos, que vêm desde a colonização do Brasil pelo absolutismo português e que incluem vários outros fatores antigos ou recentes, foi implantada a idéia de que "a Polícia é a lei", e por isso não pode ser contida ou limitada por barreiras legais. Daí se difundiu a convicção de que as ações policiais podem ser arbitrárias e precisam mesmo da arbitrariedade para atingir seus objetivos. Muitos policiais não acreditam na possibilidade de ação policial eficiente dentro da lei.

Isso tem contribuído para difundir uma imagem negativa da Polícia e tem servido também para a prática de graves arbitrariedades. Veja-se, p. ex., a facilidade com que se prendem pessoas no Brasil, muitas vezes sem nenhum fundamento sério e sem real necessidade. E, no entanto, é sabido que uma prisão traz conseqüências muito danosas para quem a sofre, como a impossibilidade de gozar de quase todos os direitos assegurados pela Constituição, a desmoralização perante a sociedade, o risco de perda do emprego e muitas outras fáceis de imaginar. Assim também ocorre com outras práticas, muitas vezes claramente ilegais e no entanto repetidas rotineiramente por setores da organização policial.

Antes de tudo, é ilógico que um servidor público incumbido de zelar pelo respeito à lei use métodos ilegais para cumprir sua tarefa. Além disso, se algum tipo de atividade, importante para a ação policial, estiver sendo impedido ou seriamente dificultado pela exigência de formalidades legais, o caminho certo e legalmente correto para superar a dificuldade é a proposta de mudança da lei ou do regulamento que contiver o obstáculo. Jamais se deverá ignorar a lei e recorrer à arbitrariedade, pois esta desmoraliza a instituição policial e desperta contra ela a resistência da população.

A boa Polícia é possível e necessária, e este é um momento oportuno para que os próprios policiais, com a colaboração de pessoas de experiência, bem informadas e de boa vontade, procurem dar ao País uma organização moderna e eficiente, que se imponha ao respeito de todos, como instrumento de justiça e garantia de respeito à dignidade da pessoa humana.

5. Bibliografia

BENEVIDES, Maria Victória. *Violência do Povo e Polícia*. São Paulo, Brasiliense, 1983.

CASTRO, Jeanne Berrance de. *A Milícia Cidadã*. São Paulo, Nacional, 1977.

COMBLIN, Joseph. *A Ideologia da Segurança Nacional*. Rio, Civilização Brasileira, 1978.

D'ALMEIDA, Noely Manfredini. *Nove Armas para a Polícia*. 2ª ed. Curitiba, Artes e Textos, 1991.

DALLARI, Dalmo de Abreu. *O Pequeno Exército Paulista*. São Paulo, Perspectiva, 1977.

FERNANDES, Heloísa Rodrigues. *Política e Segurança*. São Paulo, Alfa-Omega, 1974.

FOUCAULT, Michel. *Vigiar e Punir*. Petrópolis, Vozes, 1977.

KEITH, Henry, e HAYES, Robert A. (organizadores). *Perspective on Armed Politics in Brazil*. Tempe (Arizona), Center for Latin American Studies, 1976.

MALVÁSIO, Luiz Sebastião. *História da Força Pública*. São Paulo, s/d.

MORAES, Bismael B. *Artigos de Polícia e Direito*. São Paulo, IBRASA, 1990.

EMENDA 3/93 (À CONSTITUIÇÃO DE 1988)

GERALDO ATALIBA

Há inúmeras inconstitucionalidades na Emenda 3/93. Muitos de seus preceitos ferem a Constituição em tópicos imodificáveis, irredutíveis, irreformáveis. Deveras, a Constituição de 1988 contém dois tipos de normas: as reformáveis (mediante emenda) e as fixas, imodificáveis (art. 60, § 4º). É a parte "super-rígida" da Constituição. A que está fora do alcance do poder constituinte derivado de reforma. O Congresso não tem poder para modificar estas normas.

Pois essa Emenda vulnerou-as e, por isso, nessas partes, é inconstitucional.

O Conselho Federal da Ordem dos Advogados reuniu, sob a coordenação de Sérgio Sérvulo da Cunha, os Profs. Souto Borges, Eduardo Botallo, Misabel Derzi e o subscritor deste (fevereiro/93) para estudar o projeto que se transformou na Emenda, e, em dois dias de trabalhos, estudos e debates, aportamos às sintéticas conclusões que transcrevo a seguir, expondo os fundamentos de nosso parecer jurídico sobre os temas. No que tange às premissas econômicas de alguns pontos concernentes ao IPMF, ouvimos, nessa reunião, considerações do Prof. Dércio Garcia Munhoz, que confirmou o pensamento que levávamos.

Para bom entendedor, meia palavra basta. Cremos que, para juristas, são suficientes os argumentos a seguir expostos.

OAB — EMENDA CONSTITUCIONAL (FEVEREIRO/93)

Ação de constitucionalidade

1. Souto Maior Borges

Na prática, funcionará como uma consulta ao Poder Judiciário, cuja resposta, pelo STF, será vinculante para os demais órgãos do próprio Judiciário e do Poder Executivo. São manifestos os reflexos dessa declaração no amesquinhamento do controle jurisdicional "difuso".

É bem verdade que a ação é uma categoria de Direito Positivo. A Constituição Federal pode então definir a ação de modo como lhe pareça tecnicamente mais adequado. Não é possível, no entanto, desconhecer ou desconsiderar a atecnia do analisado instituto processual constitucional. Porque nele não estará presente o contraditório. Quem será o citado como réu na "ação" de constitucionalidade? O grau de indeterminação constitucional é tão grande que serão baldados todos os esforços para, na integração da Constituição Federal, delimitar o universo potencial dos "réus" da indigitada ação. Sob esse aspecto, não há nenhuma simetria entre a ação de inconstitucionalidade e a de constitucionalidade.

2. Eduardo Botallo

A ação declaratória de constitucionalidade de lei ou ato normativo federal, constante da proposta de EC 48/91, tem características até mais graves que a própria ação avocatória, cuja implantação já foi objeto de veemente repúdio por parte da sociedade brasileira, na medida em que:

a) compromete a garantia do devido processo legal (art. 5º, LVI);

b) nega os princípios da ampla defesa, do contraditório e da dupla instância de julgamento (art. 5º, LV);

c) restringe severamente o direito de acesso do cidadão ao Judiciário, pelo quê contraria o princípio da inafastabilidade do controle judicial (art. 5º, XXXV).

Como se não bastasse, o fato de a iniciativa de tal ação haver sido reservada a pessoas ou órgãos restritos (Presidente da República, Mesas das Casas do Congresso e Procuradores-Gerais da República), quase todos envolvidos no próprio processo de elaboração da lei cuja constitucionalidade se pretende ver declarada, compromete sua própria idoneidade, colocando-a sob suspeita de converter-se em mero instrumento inibidor do direito fundamental de cada cidadão de provocar o controle difuso da constitucionalidade das leis, sempre que estas venham a interferir na esfera de seus interesses jurídicos, por lesão ou ameaça de lesão.

Portanto, a modificação da Constituição para introduzir a ação em pauta é claramente vedada pelo seu art. 60, § 4º, visto como acarreta a abolição dos direitos e garantias fundamentais aqui mencionados.

3. Misabel Derzi

A ação direta declaratória de constitucionalidade, como instrumento exclusivo da União, não guarda, quanto à natureza, efeitos e legitimação processual, qualquer simetria com a ação direta de inconstitucionalidade.

Sendo pronunciamento do STF, abstrato, em tese, converte o Poder Judiciário em legislador, com ofensa à função que lhe é institucionalmente inerente, ou seja, a distribuição da justiça no caso concreto; lesa o princípio da separação de Poderes; bloqueia o acesso do cidadão ao Poder Judiciário, prejudicando o princípio da universalidade da jurisdição; destrói o controle difuso da constitucionalidade das leis; a segurança jurídica; a renovação e o aperfeiçoamento do Direito.

Com a assunção pelo Poder Judiciário de função que lhe é estranha, comprometer-se-á esse Poder, para o futuro, com leis que espelham planos de governo, ou normas provisoriamente adotados por uma maioria política, ocasionalmente no governo, marginalizando seu profundo comprometimento com a defesa das minorias políticas e com o processo do Direito.

4. Geraldo Ataliba

O exercício da jurisdição supõe decisão de controvérsia processualmente deduzida. Sem processo, não há jurisdição.

A proposta de ação declaratória de constitucionalidade confunde as funções de fazer justiça comutativa (legislar) com fazer justiça distributiva (julgar). Compromete o órgão de cúpula do Judiciário com a elaboração legislativa, inibindo o Judiciário todo, e, via de conseqüência, impede os cidadãos de invocarem a proteção jurisdicional. Na verdade, abole os direitos previstos nos incs. XXXV, XXXVI, LIV e LV do art. 5º da Constituição.

Abolindo o contraditório, cria um processo sem parte, sem duplo grau de jurisdição e sem recursos; revoga a separação de Poderes (art. 2º da CF) e exclui a função dos demais órgãos jurisdicionais.

Nem se pretenda entender isso como mera ampliação das ADINs. Não! Aqui não se protege a Constituição, impedindo legislação inconstitucional; pelo contrário, em vez de se conter o poder do Estado, expande-o, em prejuízo dos direitos da cidadania, que perde sua última defesa, que está no Judiciário e em seus mecanismos de controle difuso de constitucionalidade.

A Emenda propõe a institucionalização da possibilidade de conluio entre os Poderes, para alterar a Constituição. Em suma: torna a Constituição flexível, pela possibilidade irrecorrível de ser alterada por leis ordinárias, desde que com o abono do STF.

5. *Sérgio Sérvulo da Cunha*

A "ação declaratória de constitucionalidade" é uma avocatória recauchutada, com os mesmos defeitos desta: suprime a jurisdição da Magistratura singular e dos tribunais estaduais ou regionais federais. Tem, entretanto, uma agravante seríssima com relação à avocatória ao vincular o Executivo e o Judiciário à decisão nela proferida: suprime o controle difuso de constitucionalidade. Se não há possibilidade de exercer esse controle, se não se permite, à lei, passar pelo crivo da controvérsia social, a Constituição deixa de ser instrumento de controle da ação governamental, por parte do povo. A função jurisdicional não pode ser concentrada nos órgãos de cúpula do Poder Judiciário, nos casos de interesse da União, sem ofensa aos atributos constitucionais da Magistratura.

IPMF

1. *Eduardo Botallo*

A instituição do denominado imposto provisório sobre movimentações financeiras não pode sequer ser objeto de deliberação, em face do que dispõe o art. 60, § 4º, da Constituição da República.

Isto porque o referido imposto, nos termos em que foi concebido, viola os princípios da *isonomia* e da *proibição de confisco*, que estão induvidosamente incluídos entre os direitos e garantias individuais.

Além disso, o § 2º do art. 2º da proposta de EC 48/91 pretende restringir o alcance das garantias da imunidade e da anterioridade em relação ao mesmo, que estão igualmente protegidas contra atentados, nos termos do citado preceito.

Tal Emenda, se aprovada, acarretará total ruptura do sistema constitucional vigente, em clara expressão de usurpação de competência por parte do Congresso Nacional.

2. *Misabel Derzi*

O Estado Federal repousa em descentralizações político-jurídicas, que têm natureza estatal e exercem relativa soberania (como Estados e Municípios). Nele se dá uma descentralização horizontal de poder, como garantia adicional da liberdade e da democracia, e nele se pressupõe a isonomia entre os entes políticos — União, Estados e Municípios — incompatível com a tributação unilateral, via imposto, exercida por um desses entes sobre os demais.

Igualmente, a República Federal assenta-se na igualdade, como realização da Justiça Tributária, sendo inaceitáveis os impostos arbitrários ou de captação, sem base em fatos econômicos, não configuradores de real capacidade econômica.

Ora, a Emenda Constitucional, que introduz o imposto sobre movimentação financeira, na pretensão geral de tributar as rendas de Estados e Municípios e, sem graduação, quaisquer outras movimentações financeiras não representativas de real capacidade econômica, lesa princípios fundamentais da Constituição, irredutíveis e incontornáveis, como o Federalismo e os direitos e garantias individuais.

3. Geraldo Ataliba

O tratamento igual (equânime) dos contribuintes dá-se, no Estado de Direito, pela exigência constitucional de que a lei que cria imposto deva descrever como fatos capazes de fazerem nascer obrigações tributárias concretas (hipóteses de incidência tributária) fatos de conteúdo econômico (fatos signo-presuntivos de riqueza do contribuinte).

Daí que o princípio da capacidade econômica (art. 145, § 1º, da CF) seja projeção (reflexo necessário), no campo dos impostos, do princípio geral da igualdade.

Ora, a previsão de competência tributária federal para criar imposto sobre "movimentação" financeira cria uma competência arbitrária, porque o conceito que a baliza ("movimentação") é amplo, vago e aberto. Nele se compreendem fatos sem conteúdo econômico. Isso impede a satisfação das exigências do princípio constitucional irredutível da igualdade (art. 5º, I), protegido pelo art. 60, § 4º, da Constituição.

Logo, o Congresso Nacional — poder constituinte derivado (de reforma), subordinado ao texto constitucional — é proibido de sequer discutir esse projeto.

Responsabilidade por fato futuro (§ 7º do art. 150)

1. Geraldo Ataliba

O preceito autoriza a lei a fazer nascer obrigação de fatos ainda não acontecidos.

Autoriza, portanto, a lei a estabelecer presunção de acontecimentos de fatos futuros, atribuindo a tal presunção (e não aos fatos, até porque não aconteceram e podem não acontecer) a virtude jurídica de fazer nascer obrigações tributárias.

Ora, se, de modo geral, as leis civis, comerciais, administrativas podem prudentemente estabelecer presunções e ficções, a Constituição veda que isso seja feito em matéria penal e tributária (***nullum crimen, nullum tributum sine lege***). Isto integra o art. 5º e está protegido pelo § 4º do art. 60.

Além do mais, o § 1º do art. 145 — mero desdobramento do art. 5º, I, e por isso expletivo — refere-se a "capacidade econômica" como critério de tratamento igual dos contribuintes. Ora, essa "capacidade econômica", atribuível a cada contribuinte, em cada caso, revela-se e realiza-se pela exigência de que todo fato tributável tenha conteúdo econômico mensurável.

Ora, esse conteúdo há de ser real, efetivo, comprovado, concreto. Não pode ser presumido. Não pode resultar de ficção, do mesmo modo que não se pode punir alguém por crime não cometido. Não se tributa por fato provável, plausível, possível. Só por fato ocorrido, consumado.

A capacidade econômica — corolário da igualdade — é a "pedra de toque" do sistema. Não pode ser violada.

A DIMENSÃO DA REVISÃO CONSTITUCIONAL

DIÓGENES GASPARINI
Doutor em Direito pela Universidade Católica de São Paulo

O "Ato das Disposições Constitucionais Transitórias" - ADCT da Constituição Federal de 1988 estabelece: "A revisão constitucional será realizada após cinco anos, contados da promulgação da Constituição, pelo voto da maioria absoluta dos membros do Congresso Nacional, em sessão unicameral".

Esse dispositivo transitório foi alvo, desde logo, de severas críticas e de rasgados elogios de importantes jornais brasileiros, instaurando-se, desse modo e praticamente de imediato, uma polêmica quanto à conveniência dessa previsão constitucional. Disso nos dá conta Gilberto Caldas (*Nova Constituição Brasileira*, São Paulo, EUD, 1989, p. 247), ao asseverar que ele foi duramente criticado por editorial de *O Estado de S. Paulo*, que apontava para o risco de o diploma perder a sua força e de os juízes vacilarem na sua aplicação, mas, em compensação, foi taxado de medida sábia pelo editorial de *O Globo*, numa demonstração de que a sua oportunidade era discutível.

Mas essa não é a única discórdia que tal dispositivo temporário enseja. A dimensão ou amplitude da revisão por ele autorizada é outro centro de desentendimento que tem levado os mais responsáveis estudiosos a pronunciamentos, algumas vezes, diametralmente opostos. O tema, não obstante essas manifestações, não deve ser havido como esgotado, pois pode ser dissecado e estudado em outros de seus múltiplos aspectos. Tampouco se pode dizer que sobre a dimensão da revisão que ele propicia já se tem uma posição dominante tal ou qual. Por essas razões, cremos ser ainda conveniente e oportuna qualquer manifestação a esse respeito, além do quê a revisão está por vir.

Se no pertinente às limitações da atribuição de emendar (art. 60 da CF) não se colocam quaisquer dúvidas, o mesmo não se pode assegurar no concernente à atribuição de revisar a Constituição Federal (art. 3º do ADCT). Nesse particular divergem os autores. Esses, em razão dessa discórdia, acabaram por formar três correntes.

Para a primeira, abraçada por José Afonso da Silva (*Curso de Direito Constitucional Positivo*, 9ª ed., São Paulo, Malheiros Editores, 1992, p. 62), o Congresso Nacional, com suporte no art. 3º do ADCT, investe-se de Poder Constituinte Originário, para atuar sem limites, acima, portanto, da Constituição Federal. Nessas condições, o Congresso Nacional pode promover toda e qualquer alteração constitucional que entender necessária à satisfação do interesse público. Via de conseqüência, a conformidade dessas alterações com a Constituição Federal sequer poderia ser objeto de apreciação pelo Poder Judiciário.

Pela segunda, defendida por, entre outros, Leon Frejda Szklarowsky (*BDA* 10/

575, outubro/92), Fábio Konder Comparato (*RDP* 93/125) e Nélson Jobim, conforme palestra proferida em 9.9.92 na Escola Nacional de Administração Pública-ENAP, o Congresso Nacional pode rever, generalizadamente, a Constituição Federal sem, contudo, modificar ou suprimir as cláusulas pétreas (as que não podem sofrer alteração ou supressão), consignadas, substancialmente, no art. 60, § 4º, desse Diploma Maior. Quanto ao mais, pode tudo.

A terceira, onde nos incluímos, defendida, entre outros, por Geraldo Ataliba (*RPGESP* 33/157), Paulo Bonavides (*RIL* 113/53) e Hélio Bicudo (*Folha de S. Paulo* de 25.2.92), sustenta que o Congresso Nacional somente tem "poder" para revisar a Lei Maior com o fito de dar exeqüibilidade ao resultado plebiscitário, à vontade do eleitorado consultado nos termos do art. 2º do ADCT, observadas, ainda, as demais limitações constitucionais e regimentais.

A razão, cremos, está com a última corrente. Com efeito, o art. 3º somente foi necessário dada a insegurança do constituinte de 1988 quanto à escolha da forma (República ou Monarquia constitucional) e do sistema (Presidencialismo ou Parlamentarismo) de governo. Por esse motivo designou a data de 7.9.93 (hoje, 21.4.93, nos termos da EC 2/92) para, mediante plebiscito, ouvir sobre esses temas o eleitorado brasileiro. Aí o porquê do art. 2º, também da parte transitória. A vinculação entre esses dispositivos, vê-se, é inarredável.

Se essa dúvida não tivesse existido, não existiriam os arts. 2º e 3º do ADCT. Destarte, a interpretação do art. 3º da parte transitória da Lei Maior deve levar em conta esse dado histórico. A dimensão da revisão constitucional prevista nesse artigo precário deve, assim, conformar-se com o disposto no artigo que o precede, isto é, com o resultado do plebiscito.

Essa vinculação é percebida até pela seqüência dos arts. 2º e 3º do ADCT. Pelo primeiro marca-se a consulta ao eleitorado, e, como essa levará, inexoravelmente, a um resultado, consubstanciando uma opção pela forma tal e pelo sistema qual de governo, deve-se, sob pena de inócua a consulta, rearranjar a Constituição Federal segundo essa escolha, daí a revisão prescrita no segundo.

Se imaginarmos a Constituição Federal sem o art. 2º do ADCT, o art. 3º desse mesmo Ato não teria qualquer função. De fato, a que revisão esse dispositivo estaria se referindo, se em nenhum outro lugar a Constituição Federal mencionou a palavra revisão, ou deixou entrever uma alteração dessa ordem? Sendo assim, é válido afirmar que esse dispositivo está intimamente ligado ao art. 2º do ADCT, o único que prevê uma revisão constitucional. Sua redação, nesse particular, é sintomática, pois refere-se a uma revisão certa, tratada anteriormente, e a única, nessas condições, é a do art. 2º das "Disposições Transitórias". Não fosse dessa maneira, o constituinte teria dito: "A Constituição será revista após cinco anos ...". A dicção do art. 3º, portanto, seria outra.

Desse modo, será correto dizer-se que só haverá revisão constitucional se a opção do eleitorado for pela "República Presidencialista", ou pela "República Parlamentarista", ou pela "Monarquia Parlamentar", e, ainda assim, só no que for necessário a rearranjar a Constituição Federal à opção escolhida pelo eleitorado em 21.4.93. Paulo Bonavides, de maneira clara e precisa, ensina que haverá revisão se o eleitorado pender para "a Monarquia Constitucional ou pelo Parlamentarismo" (*RIL* 113/53), pois, se pender para a "República Presidencialista", não há o que revisar, essa já é praticada. De fato, se isso ocorrer, haverá apenas a confirmação do atual regime e da vigente forma de governo, o que não impede a revisão, que, diga-se, se impõe para compatibilizar alguns dos dispositivos constitucionais em dissonância com ditos regime e sistema.

Fora daí seria fraudar a vontade do colégio eleitoral, tomando-a como fundamento para uma revisão mais ampla que a autorizada pelo Constituinte de 1988. Estar-se-ia dando um efeito maior, mais largo, à decisão plebiscitária e a revisão calcada nesse *plus* não teria como ser sustentada. Seria, induvidosamente, inconstitucional. Ademais, a revisão assim ultimada pelo Congresso Nacional, sobre padecer desse gravíssimo vício, beiraria, sem dúvida, a um estelionato, por aproveitarem-se seus promotores de um mecanismo de alteração constitucional beneficiado por um *quorum* favorecido e exclusivo a dar atendimento à vontade do eleitorado, manifestada nos estritos limites do art. 2º do "Ato das Disposições Constitucionais Transitórias".

ESTUDOS & COMENTÁRIOS

EFETIVAÇÃO DE SERVIDORES CELETISTAS E CONCURSO PÚBLICO

CARLOS ARI SUNDFELD
Professor da Faculdade de Direito da Universidade Católica de São Paulo

A Prefeitura Municipal de Taubaté apresentou-me a seguinte

Consulta

O Código de Administração do Município de Taubaté, editado pela Lei Complementar 1, de 4.12.90, estabeleceu, em seu art. 67, § 1º, que os servidores então existentes, não estáveis e regidos pela CLT-Consolidação das Leis do Trabalho, seriam obrigados, sob pena de rescisão de seus contratos de trabalho, a se inscrever nos concursos para provimento de cargos públicos a realizarem-se no prazo de 18 meses. No entanto, o mesmo dispositivo excluiu dessa obrigação os servidores celetistas que haviam ingressado no serviço através de "provas seletivas", garantindo-lhes a efetividade, sem a "prestação de novo concurso".

Indaga a consulente se é constitucional o dispositivo mencionado.

À consulta respondo, através do seguinte

Parecer

I — A aquisição da efetividade depende da aprovação em concurso para cargo efetivo.

1. Na estrutura burocrática da consulente, à moda da generalidade dos Municípios brasileiros, existiam, quando da promulgação da Carta brasileira de 1988, duas espécies de postos de trabalho: cargos e empregos. Os ocupantes de cargos, chamados *funcionários públicos*, submetem-se ao regime tipicamente administrativo: o estatutário. Os *empregados* se vinculam ao regime contratual, celetista.

Os cargos públicos, classificados de acordo com a maior ou menor vocação para a retenção de seus ocupantes, podem ser de três espécies: em comissão, efetivos ou vitalícios. Os em comissão, preenchidos em função dos critérios da autoridade competente, não conservam seus ocupantes, exoneráveis livremente. Já, os cargos efetivos e vitalícios conferem maior proteção: passados dois anos da nomeação, seus ocupantes adquirem estabilidade e não são dispensáveis discricionariamente. Podem apenas ser demitidos, caso pratiquem faltas funcionais graves: os servidores em cargos efetivos, por processo administrativo ou judicial; os em cargos vitalícios, apenas por processo judicial.

2. Nem todos os servidores públicos têm, portanto, efetividade. Têm-na os nomeados para cargo público, não os contratados em emprego; mas nem todos os investidos em cargos: apenas os que o sejam para cargos efetivos. Para ser efetivo, destarte, é mister que o servidor tenha sido nomeado para *cargo* (não para *emprego*) e que este cargo seja de provimento *efetivo* (não de provimento em comissão).

Em relação ao celetista, o servidor efetivo conta com inúmeras vantagens, entre as quais: a) adquire estabilidade após dois anos de serviço, se aprovado no estágio probatório (CF, art. 41, *caput*); b) goza de regime de aposentação mais generoso, previsto no art. 40 da Constituição; c) tem direito à disponibilidade remunerada em caso de extinção ou declaração de desnecessidade do cargo (CF, art. 41, § 3º); d) integra-se ao quadro de carreira a que pertence seu cargo, tendo acesso aos níveis superiores, através de promoção.

No entanto, a nomeação para cargo efetivo exige o preenchimento de condição inafastável: a aprovação em concurso público. De fato, diz o art. 37, II, da vigente Constituição que a investidura em cargo público depende de aprovação prévia em concurso público de provas ou de provas e títulos, ressalvadas as nomeações para cargo em comissão declarado em lei de livre nomeação e exoneração.

II — Os servidores estabilizados pelo artigo 19 do ADCT não têm efetividade.

3. Em princípio, apenas os servidores efetivos têm direito à estabilidade no serviço público a que se refere o art. 41 da Constituição.

Porém, o art. 19 do "Ato das Disposições Constitucionais Transitórias" abriu exceção a essa regra. Disse ele:

"Art. 19. Os servidores públicos civis da União, dos Estados, do Distrito Federal e dos Municípios, da Administração direta, autárquica e das fundações públicas, em exercício na data da promulgação da Constituição, há pelo menos cinco anos continuados, e que não tenham sido admitidos na forma regulada no art. 37 da Constituição, são considerados estáveis no serviço público.

"§ 1º. O tempo de serviço dos servidores referidos neste artigo será contado como título quando se submeterem a concurso para fins de efetivação, na forma da lei.

"§ 2º. O disposto neste artigo não se aplica aos ocupantes de cargos, funções e empregos de confiança ou em comissão, nem aos que a lei declare de livre exoneração, cujo tempo de serviço não será computado para os fins do *caput* deste artigo, exceto se se tratar de servidor.

"§ 3º. O disposto neste artigo não se aplica aos professores de nível superior, nos termos da lei."

Beneficiados por esse dispositivo excepcional foram os servidores celetistas e os admitidos, nos termos do art. 106 da Carta de 1969, para serviços temporários ou funções de natureza técnica especializada, em regime especial. De fato, estes jamais adquiriam a estabilidade garantida constitucionalmente aos funcionários públicos.[1]

A maior parte deles ingressou no serviço sem concurso público. Na lamentável praxe administrativa do passado, tais servidores ou se submetiam a meras provas seletivas ou eram admitidos de acordo com os caprichos da autoridade de plantão. Mas a realidade é que, em 1988, já contavam cinco anos de serviço e o constituinte houve por bem garantir sua permanência. Por isso, deu-lhes estabilidade, mesmo se admitidos sem concurso (isto é, de forma diversa da prevista no art. 37 da vigente Carta).

Obviamente, os destinatários dessa norma não foram os funcionários públicos efetivos, porque já tinham anteriormente direito ao benefício por ela conferido: eram admitidos por concurso para cargo efetivo (CF de 1969, art. 97, § 1º) e, por isso, estabilizavam-se após dois anos (CF de 1969, art. 100).

1. Márcio Cammarosano, "Servidores públicos", in *Direito Administrativo na Constituição de 1988*, Ed. RT, 1991, p. 187.

4. Resultou, portanto, do *caput* do art. 19 do "Ato das Disposições Constitucionais Transitórias" que servidores não efetivos se tornaram estáveis. Mas, afora essa particularidade, seu regime permaneceu o mesmo: os empregados continuaram sendo empregados e os submetidos ao regime especial assim persistiram. Nenhum deles foi automaticamente transformado em funcionário efetivo.[2]

O referido art. 19 do ADCT foi expresso quanto a isso, em seu § 1º. Realmente, dispôs que o servidor beneficiado pela estabilidade excepcional deverá, para se efetivar, submeter-se a concurso, no qual terá a vantagem de computar como título seu tempo de serviço público. Não querendo prestar o concurso, ou não sendo nele aprovado, o servidor, embora estável, não se efetivará, permanecendo no regime anterior.

Vê-se que, no sistema da Constituição de 1988, um único modo existe para a aquisição da efetividade: a nomeação, após concurso, para um cargo de provimento efetivo. Mesmo os abrangidos pela estabilidade excepcional do art. 19 do ADCT devem se submeter ao concurso, se quiserem alcançar a efetividade.

III — A norma objeto da consulta

5. E o que fez o art. 67, § 1º, do Código de Administração do Município de Taubaté? Concedeu efetividade — transformando-os, assim, em funcionários públicos efetivos — a todos os empregados não estáveis admitidos através de *provas seletivas*, independentemente de seu tempo de serviço.

Com isso, entre outras vantagens, deu-lhes o direito, típico dos efetivos, à aquisição de estabilidade após dois anos de serviço. Destarte, os empregados que, na data da lei (4.12.90), já contavam mais de dois anos, ficaram imediatamente estabilizados. Os demais foram obtendo o benefício à medida que completaram o biênio, de modo que, hoje, passados mais de dois anos da promulgação da lei, já obtiveram, todos, a estabilidade.

6. É simples compreender o que fez a norma em análise: estendeu a servidores não contemplados pelo art. 19 do "Ato das Disposições Constitucionais Transitórias" a regalia por ele conferida — qual seja: a estabilidade — agregando-a a outra, mais ampla, que o próprio preceito constitucional transitório negou: a efetividade.

A sem-cerimônia do legislador municipal foi, realmente, notável. Como se o art. 19 do ADCT fosse uma massa de moldar, e ele uma criança travessa, esticou-o para todos os lados. Manipulou-o a ponto de cobrir empregados que, em 5.10.88, sequer haviam sido admitidos no serviço. Com efeito: bastava o servidor ter sido contratado na véspera da lei para aproveitar-se de sua peraltice.

A inconstitucionalidade, imitando os brinquedos infantis, salta da norma ao menor contato. Não é preciso arte ou ciência para surpreendê-la.

Conferir efetividade a servidores que, além de admitidos no regime celetista, não prestaram concurso público — mas simples "provas seletivas" — é afrontar grosseiramente o art. 37, II, da Constituição Nacional.

IV — A impossibilidade de efetivar servidores celetistas sem novo concurso público

7. Não salva o dispositivo a circunstância de haver efetivado servidores anteriormente admitidos através de meras "provas seletivas".

2. Márcio Cammarosano, ob. cit., p. 190; Raimundo Nonato Fernandes, "A estabilidade na Disposição Transitória da Constituição", *RDA* 174/240; Celso Antônio Bandeira de Mello, *Regime Constitucional dos Servidores da Administração Direta e Indireta*, 2ª ed., Ed. RT, 1991, p. 15; Adílson Abreu Dallari, *Regime Constitucional dos Servidores Públicos*, 2ª ed., Ed. RT, 1990, p. 91; Maria Sylvia Zanella Di Pietro, *Direito Administrativo*, Atlas, 1990, p. 326; Diógenes Gasparini, *Direito Administrativo*, 2ª ed., Saraiva, 1992, p. 160.

Embora a Constituição não estabeleça os requisitos para um certame enquadrar-se no conceito de concurso público, é intuitivo — e toda a doutrina o tem demonstrado — não merecerem tal qualificação as disputas internas (portanto: não públicas) ou as seleções em que não haja disputa entre todos os interessados, mas simples submissão a provas de capacidade.[3] Também não são consideráveis como concursos seleções feitas sem a rigidez, seriedade e confiabilidade que devem caracterizar aqueles. Em suma: meras "provas seletivas", normalmente despidas dos requisitos aqui apontados, não atendem à exigência do art. 37, II, do Texto Constitucional.

8. Mas, ainda que as "provas seletivas" a que se submeteram os beneficiados pelo art. 67, § 1º, do Código de Administração de Taubaté tivessem reproduzido, em tudo, um autêntico concurso público, nem por isso poderia salvar-se o preceito. É que não há como, sem inconstitucionalidade, a lei transformar em estatutário o regime do servidor admitido sob a égide da Consolidação das Leis do Trabalho.

Quando uma vantagem é oferecida pela Administração aos particulares, os possíveis interessados se decidem por pleiteá-la ou não, dependendo de suas características. Ao abrir as citadas "provas seletivas", o Município de Taubaté acenou aos aprovados com a contratação como empregados, não com a admissão como funcionários efetivos, muito mais vantajosa, inclusive por conferir direito à estabilidade e à aposentadoria especial. Assim, os pretendentes a cargos efetivos não se inscreveram, já que não havia cargos em disputa. Por isso mesmo, a transformação, agora, dos empregados em estatutários implica evidente fraude ao certame realizado.

Ninguém consideraria lícita a nomeação, em cargo de Guarda Municipal, de alguém submetido a concurso para Inspetor de Alunos. Pouco importariam a eventual identidade do grau de escolaridade exigido, a semelhança dos programas dos concursos ou a equivalência dos vencimentos. O certo é que o interessado não teria passado por concurso aberto especificamente para o cargo em causa e, só por isso, sua admissão seria afrontosa ao art. 37, II, da Carta brasileira. Da mesma forma, irrelevante o servidor ter passado por "prova seletiva" para emprego público; não enfrentou concurso para cargo efetivo e, portanto, não pode ser nomeado para este sem ferir o art. 37, II, da Constituição.

O jurista Miguel Reale, em notável parecer elaborado para a Prefeitura de Campinas, demonstrou a flagrante inconstitucionalidade — seja pela burla ao concurso público, seja pelo amesquinhamento da igualdade — de medidas legislativas importando a completa transformação da situação funcional do servidor:

"Ora, como bem observa Alaim de Almeida Carneiro, a efetividade é uma característica do provimento do cargo ("Estabilidade e efetividade", em *Estudos Brasileiros de Direito Administrativo*, 1957, p. 293). Diria mesmo que a efetividade é um *consecutivum* da nomeação, e esta pressupõe a aprovação em concurso para determinado cargo, cuja configuração legal se particulariza de antemão. Não é admissível, em suma, que o provimento, válido que seja para um cargo, se converta em um 'abre-te Sésamo' para a investidura em qualquer outro, porquanto, repito, a efetividade diz respeito a cargo, e todo cargo público se refere a uma dada situação, à qual corresponde um conjunto de atribuições previamente definidas. ...

"Assim sendo, quando, sob a aparência de uma transformação extrínseca, o que na realidade ocorre é o aparecimento de uma nova situação funcional, diversa daquela para a qual o concurso foi aberto, com livre acesso a todos os interessados, mister é reconhecer que o legislador campineiro foi

3. Adílson Abreu Dallari, ob. cit., p. 36; Celso Antônio Bandeira de Mello, ob. cit., p. 64.

além de seus poderes, outorgando efetividade de maneira graciosa, ou promovendo servidores *ad libitum*."[4]

9. Aliás, justamente para impedir mágicas da espécie, o constituinte de 1988 abandonou a redação do art. 97, § 1º, da Carta anterior, que impunha o concurso para "a *primeira* investidura em cargo público"; a norma atual exige o certame para "a investidura", não mais se referindo à "primeira".

A razão da mudança é de todos conhecida. É que, no sistema anterior, a investidura por concurso para um cargo ou emprego qualquer funcionava como autêntico passaporte, conduzindo às delícias de outros postos melhores, já agora sem qualquer concurso, eis que não se tratava mais da "primeira investidura", e sim da segunda, terceira ... décima. Por essa via, ascensoristas ascenderam à fiscalização de tributos, motoristas foram conduzidos à advocacia pública, serventes se serviram do magistério, empregados viraram funcionários.

Se tais medidas eram inconstitucionais no passado, o são com mais nitidez agora, depois de o constituinte haver suprimido a expressão que as mascarava. O ilustre Celso Antônio Bandeira de Mello alerta, a respeito:

"Claro está, entretanto, que a existência de formas de provimento derivadas de modo algum significa abertura para costear-se o sentido próprio do concurso público. Como este é sempre específico para dado cargo, encartado em carreira certa, quem nele se investiu não pode depois, sem novo concurso público, ser trasladado para cargo de natureza diversa ou de outra carreira melhor retribuída ou de encargos mais nobres e elevados.

"O nefando expediente a que se alude foi algumas vezes adotado, no passado, sob a escusa de corrigir desvios de funções ou com arrimo na nomenclatura esdrúxula de 'transposição de cargos'. Corresponde a uma burla manifesta do concurso público."[5]

Conclui-se com facilidade que, do fato de os beneficiados pelo art. 67, § 1º, do Código de Administração do Município de Taubaté terem sido admitidos em decorrência de "provas seletivas" não resulta que a concessão, a eles, da efetividade poderia fazer-se sem novo concurso. Isso porque, além de não terem prestado concurso público, mas mera "prova seletiva", não se candidataram a cargos efetivos, mas a simples empregos.

10. Algum intérprete desavisado poderia, eventualmente, pretender sustentar o oposto, com base na leitura invertida do § 1º do art. 19 do "Ato das Disposições Constitucionais Transitórias".

Segundo essa amalucada visão, como o preceito exige concurso para efetivação dos servidores anteriormente admitidos sem ele (e que foram estabilizados pelo *caput* do mesmo artigo), disso decorreria a desnecessidade do certame para efetivação dos celetistas contratados em virtude de concurso.

Bem. Não demanda grande esforço derrubar as interpretações em sentido contrário, especialmente quando brigam com outras normas constitucionais. Basta levá-las um pouco adiante. Ora, se a interpretação invertida do art. 19 do ADCT fosse admissível, deveríamos entender que a Constituição negou estabilidade a *todos* os servidores que, na data de sua promulgação, contassem menos de cinco anos de serviço (afinal, o preceito só estabilizou os que já haviam completado o qüinqüênio). Isso seria absurdo, claro, porque o art. 41 da Carta dá estabilidade, após dois anos, aos servidores efetivos admitidos por concurso, mas seria resultante da mesma espécie de interpretação a que acima aludi.

4. Miguel Reale, "Abuso do poder de legislar", *RDP* 39-40/77.

5. Celso Antônio Bandeira de Mello, ob. cit., p. 63.

Admitir a efetivação em cargo público, sem novo concurso, de servidor celetista concursado só porque os não concursados devem fazê-lo é fazer prevalecer a leitura inversa de dispositivo transitório sobre a leitura reta de norma pemanente, qual seja, a do art. 37, II, da Constituição. Algo assim como dizer legítima a tortura das pessoas livres só porque uma norma proibiu-a nos presos (afinal, se a proteção foi dirigida aos presos, então não vale para quem não o seja!).

Ademais, é adequado notar que o mencionado § 1º do art. 19 do ADCT não foi escrito com o fito de impor o concurso de efetivação para os servidores beneficiados pela estabilidade. Essa imposição não está diretamente no preceito, que diz, simplesmente: "o tempo de serviço dos servidores referidos neste artigo será contado como título quando se submeterem a concurso para fins de efetivação". A norma apenas regula o cômputo, como título, do tempo de serviço. A exigência de concurso não é exatamente dela, mas é *pressuposta* por ela. E por que isso? Porque, de acordo com o art. 37, II, da Constituição, ninguém é investido em certo cargo efetivo sem passar por um concurso aberto para provimento *daquele específico cargo*.

É errado, de outra parte, supor que o constituinte tenha negado a efetivação, sem concurso, aos contemplados pelo art. 19 do ADCT (o que está implícito no § 1º) *pelo fato* de terem ingressado sem concurso — donde a idéia de que os celetistas concursados fariam jus à automática efetivação. A razão foi bem outra.

O dispositivo constitucional nada quis alterar na vida funcional dos servidores. Seu intento, bem ao contrário, foi o de manter, preservar, consolidar, situações fáticas então existentes; daí a concessão de *estabilidade* no serviço, com o que se tornou intocável, de direito, o que já existia, de fato, a saber: os vínculos funcionais. O comando constitucional foi, portanto, impeditivo de mudanças, não transformador. Nada alterou; só preservou. O que quis foi a continuidade da permanência, é dizer, a manutenção no serviço público, agora a título de direito subjetivo, daqueles que, por longo tempo, nele permaneceram por razões de fato.

Pois bem. Nenhum desses servidores era, de fato ou de direito, titular de cargo público; nenhum tinha, portanto, efetividade. Eram ocupantes de emprego e assim se mantiveram. Como a norma constitucional não lhes concedeu, de direito, nada que já não tivessem de fato, é evidente que não lhes outorgou a efetividade que, de fato, nunca tiveram. Em suma: o art. 19 do ADCT deixou de reconhecer efetividade aos servidores em causa porque eles nunca a tiveram, na prática, não porque tenham ingressado sem concurso.

Ora, os celetistas ingressados por concurso também não eram efetivos, nem de fato nem de direito. E isso, decerto, não se devia à falta de concurso — que, afinal, fizeram — mas simplesmente de, à semelhança dos não concursados, terem sido admitidos em emprego. Em suma: a causa da ausência de efetividade era idêntica, seja para os concursados, seja para os não concursados. Por isso mesmo, a aquisição da efetividade, em ambos os casos, há de operar-se pela mesma via: o concurso *para um cargo público*.

Está aí corroborada, com abundância de demonstração, a conclusão já assentada antes, que ora reafirmo, com ainda maior empenho: independentemente do modo como o servidor celetista tenha ingressado no serviço estatal, é totalmente impossível à lei investi-lo, sem concurso específico, em um cargo público efetivo.

V — A inconstitucionalidade da extensão do artigo 19 do ADCT

11. O texto legal em exame, tomando do art. 19 do "Ato das Disposições Constitucionais Transitórias", resolveu ampliá-lo em dois sentidos. Inicialmente, estendeu o benefício conferido (qual seja: a estabilidade) a pessoas não enquadradas nas condições nele previstas, isto é, a servidores que, em 5.10.88, não contavam cinco anos continuados de serviço. Indo além, resolveu desde logo efetivá-los, livrando-os do concurso de que nem os abrangidos pelo privilégio constitucional se viram dispensados.

Peripécias da espécie não são novas na realidade administrativa brasileira. Como as Cartas de 1946 (ADCT, art. 23) e de 1967 (art. 177, § 2º) também concederam estabilidade a servidores não concursados que contassem certo tempo de serviço, em sua vigência diversas normas foram editadas para atribuir o benefício a outros servidores.

O egrégio STF, examinando tais normas, anulou-as todas por inconstitucionalidade. Cito como exemplos:

a) o art. 222 da Constituição do Estado de Pernambuco, Repr. 760, relator o Min. Aliomar Baleeiro, *RTJ* 49/804;

b) o art. 197 da Constituição do Estado do Rio Grande do Sul, Repr. 749, relator o Min. Adalício Nogueira, *RTJ* 50/834;

c) o art. 143, § 2º, da Constituição do Estado do Paraná, Repr. 808, relator o Min. Luiz Gallotti, *RTJ* 55/532;

d) o art. 204 da Constituição do Estado do Espírito Santo, Repr. 824, relator o Min. Djaci Falcão, *RTJ* 54/786;

e) o art. 2º do Dec. 9.140/70, do Estado do Ceará, Repr. 859, relator o Min. Amaral Santos, *RTJ* 59/635.

Em todos esses casos, entendeu-se corretamente que a estabilização, por norma inferior, de servidores não abrangidos pelo privilégio conferido em preceito constitucional transitório importava violação da Carta Magna. Isso porque a estabilidade dependia sempre de concurso público, salvo para aqueles que, pelo próprio constituinte, foram dele desonerados.

12. O art. 67, § 1º, do Código de Administração de Taubaté, revivendo hábitos transactos, incidiu no mesmo vício. Efetivando servidores que não haviam feito concurso público para cargos efetivos, permitiu-lhes a aquisição da estabilidade contra o art. 41, *caput*, da vigente Constituição.

Reconhece-se a viabilidade de o legislador municipal conceder a servidores direitos outros que não os previstos constitucionalmente. Mas só estará legitimado a fazê-lo se, com isso, não contrariar a própria Lei Maior. Dar estabilidade a servidores que não fizeram concurso para cargos efetivos não significa propriamente a outorga de direito não atribuído pelo constituinte; importa, isso, sim, a concessão de direito por ele negado. O saudoso Hely Lopes Meirelles, demonstrando a impossibilidade de o legislador conferir a servidores direitos omitidos na Constituição toda vez que isso implique a dispensa de exigência por ela formulada, deixou-nos estes preciosos comentários:

"Juntamente com as garantias outorgadas aos servidores, o texto constitucional assegura ao Estado os meios para realizar uma boa administração, dentre os quais o poder-dever de zelar pela eficiência, moralidade e aprimoramento do pessoal administrativo. É o que ocorre, p. ex., com o instituto da *estabilidade*, que, a par de um direito, para o funcionário, de permanência no serviço público enquanto bem servir, representa, para a Administração, a garantia de que nenhum funcionário *nomeado por concurso* poderá subtrair-se ao *estágio probatório* de dois anos, e a de que nenhum outro servidor poderá adquirir igual direito. Assim, não pode a Administração — federal, estadual ou municipal — ampliar o prazo do art. 41 da Constituição da República, pois estaria restringindo direito do funcionário público; mas também não pode diminuí-lo ou estendê-lo a outros servidores que não os *funcionários públicos nomeados por concurso*, porque estaria renunciando a prerrogativas constitucionais consideradas essenciais na relação Estado-agente administrativo. Não sendo lícito ao Estado renunciar a essas prerrogativas, seria nula e de nenhum efeito, portanto, a disposição estatutária em desacordo com o preceito constitucional.

...

"Não quer isso dizer que a Administração esteja impedida de conceder outros direitos e vantagens a seus funcionários, através de normas estatutárias. Absolutamente, não. Além de o texto constitucional não exaurir a matéria, deixando, portanto, muita coisa à discrição das entidades estatais, estas se vêem comumente obrigadas a assegurar outros benefícios a seus servidores, pois os recruta em competição com o mercado empresarial. ... O que não se permite é dispensar ou alterar o que a Constituição já estabeleceu como *condições de eficiência, moralidade e aprimoramento do serviço* (requisitos de investidura, estágio probatório, limite para a aposentadoria, processo demissório, inacumulabilidade de cargos, responsabilização funcional) e como *garantias dos funcionários públicos* (estabilidade, aposentadoria remunerada, contagem do tempo de serviço prestado às três esferas administrativas, disponibilidade)."[6]

13. A lei municipal ora submetida a exame, contudo, deu aos servidores envolvidos mais do que a simples estabilidade. Transformou-os, de empregados que eram, em funcionários públicos efetivos, com todos os direitos a eles inerentes. Não se contentou em ampliar o rol dos contemplados pelo art. 19 do "Ato das Disposições Constitucionais Transitórias". Foi bem mais longe: considerou-os efetivados sem novo concurso.

Aqui, a violação à Carta Nacional foi ainda mais vistosa. De fato, se nem os estabilizados excepcionalmente pelo art. 19 do ADCT tiveram alterado seu regime jurídico, estando obrigados ao concurso se pretenderem ascender aos cargos efetivos, como justificar que servidores outros sejam presenteados com cargos da espécie, sem qualquer concurso?

14. Nem se argumente, em defesa da providência adotada, que a Constituição, após exigir um regime jurídico único para os servidores (art. 39), determinou à União, aos Estados, ao Distrito Federal e aos Municípios a compatibilização de seu quadro de pessoal à unicidade do regime (ADCT, art. 24), donde a necessidade de eliminar os celetistas anteriormente existentes, pela via da automática efetivação.

O argumento seria, de fato, completamente equivocado. Desde logo, porque o próprio constituinte impôs, no art. 19 do ADCT, o concurso público para a transformação em funcionários justamente daqueles que, por terem se estabilizado, necessariamente deveriam permanecer nos quadros administrativos. Não teria lógica, portanto, que a mesma Constituição abrisse oportunidade para a transformação, sem mais, do regime jurídico dos celetistas não estabilizados. Demais disso, o concurso público é a regra geral e permanente para acesso aos cargos efetivos, nos termos do art. 37, II, da Constituição, não podendo ser costeado sob o pretexto de que se está dando execução a preceito transitório que em momento nenhum o dispensou.

A respeito do tema, vale invocar as lúcidas palavras do então Procurador-Geral da República, Dr. Décio Miranda, no parecer proferido na já aludida ReprInconst 760:

"O fato da transitoriedade do dispositivo não confere à regra estadual o poder de eximir-se ao exame de sua normalidade para com mandamento maior, de ordem permanente. A alegada liberdade de regular a *transição* ao desabrigo do respeito à norma constitucional *permanente* é dada apenas ao constituinte 'federal'. Só a este, porque, no instante dessa elaboração, não

6. Hely Lopes Meirelles, *Direito Administrativo Brasileiro*, 14ª ed., Ed. RT 1989, pp. 368-371.

existe ainda a norma permanente norteadora. E, quando existente — hipótese de reforma constitucional — a ele é permitido excepcionar aquela norma, porque tem, então, a plena competência de editar mandamento da mesma hierarquia.

"Ao 'constituinte' estadual, porém, mesmo ao regular o *transitório*, impõe-se respeito à norma *permanente* de ordem constitucional maior. Não pode, assim, a regra estadual, pela sua só natureza de transitoriedade, ignorar o preceito. No caso, a efetivação de que se cuida estaria, pois, obrigada a respeitar o mandamento federal permanente. Mas, se buscou abrigo na exceção transitória que a própria Constituição fez à norma basilar, apenas o cotejo se transfere para o campo dessa exceção, sem que isso implique em se ter permitido ao legislador estadual aquela plena liberdade de prover sobre a *transição*."[7]

O art. 24 do ADCT determinou às pessoas políticas a edição de leis estabelecendo "critérios para a compatibilização de seus quadros de pessoal ao disposto no art. 39 da Constituição". Óbvio está que a lei do Município de Taubaté deveria se limitar a regular a realização de concursos para a efetivação de todos os servidores não titulares de cargos, inclusive dispondo sobre a dispensa daqueles que, não tendo sido estabilizados pelo art. 19 do ADCT, deixassem de participar do certame ou nele fossem reprovados.

Aliás, outra coisa não fez o dispositivo legal objeto da consulta, salvo no instante em que, desatinando, efetivou automaticamente os celetistas que haviam prestado "provas seletivas". Veja-se o texto:

"Art. 67. No prazo máximo de 18 (dezoito) meses, a contar da publicação desta lei, o Poder Executivo realizará concurso público de provas ou de provas e títulos para provimento dos cargos criados por esta lei e constantes do Anexo I.

"§ 1º. Os atuais servidores, não estáveis e regidos pela CLT-Consolidação das Leis do Trabalho, deverão, sob pena de rescisão contratual, submeter-se a este concurso, excetuando-se aqueles que ingressaram no serviço público municipal através de provas seletivas, previstas na lei, que terão garantida a sua efetividade, desobrigando-se de prestação de novo concurso.

"§ 2º. Os servidores não estáveis e regidos pela CLT-Consolidação das Leis do Trabalho que não se enquadram nos termos do § 1º deste artigo e que não lograrem êxito no concurso ou não forem classificados, terão seus contratos de trabalho rescindidos."

Vê-se que o legislador teve facilidade em estabelecer condições para, cumprindo o art. 24 do ADCT, obter a unificação do regime dos servidores anteriormente existentes: mandou abrir concurso público no prazo de 18 meses, determinou que os celetistas não estáveis nele se inscrevessem e, por fim, ordenou a dispensa dos que não tivessem êxito. Aí está a demonstração de que, sem qualquer violência ao art. 37, II, da Constituição, era perfeitamente viável atender ao art. 24 do ADCT. Nenhuma razão lógica, material ou jurídica, impunha a dispensa do concurso público em favor de certos servidores, como fez o § 1º, parte final, do dispositivo.

15. É bem verdade que a Lei federal 8.112, de 11.12.90, ao instituir o regime jurídico único no âmbito da União e sob o mesmo pretexto de uniformizar a situação dos servidores já existentes, também adotou, em seu art. 243, a absurda solução engendrada pelo legislador de Taubaté.

Mas, obviamente, a inconstitucionalidade e a imoralidade, por melhor postados que sejam seus autores, não servem de exemplo. E a doutrina, em uníssono, já apontou, com palavras candentes, o despropósito do mencionado art. 243.

Celso Antônio Bandeira de Mello, em lapidar comentário, averbou:

7. *RTJ* 49/805.

"Vejamos, entretanto, o que, escandalosamente, ocorreu na composição do panorama dos servidores públicos civis, na esfera federal, em decorrência da Lei 8.112, de 11.12.90.

"Por força dela, de um só golpe e *inconstitucionalmente* desapareceram os empregados (isto é, os contratados pela CLT) da União, de suas autarquias e fundações públicas (bem como os estatutários destas últimas), sendo todos, indiscriminadamente — sem se fazer acepção de concursados e não concursados publicamente, estáveis e não estáveis — *convertidos no equivalente de funcionário público* e colocados sob um regime jurídico único, já agora sob uma nova e equívoca designação: 'servidores', simplesmente.

"Registre-se que o art. 39 da Constituição, como ao diante melhor se dirá no capítulo próprio, determinou que União, Estados, Distrito Federal e Municípios instituíssem, cada qual em suas próprias órbitas, um regime jurídico único para o pessoal de suas respectivas Administrações diretas, autarquias e fundações públicas. É certo, pois, que a Constituição previu devessem os aludidos servidores vir a ser, em suas correspondentes esferas, sujeitos a uma disciplina uniforme. Não é certo, entretanto, que todos os *atuais* servidores pudessem vir a ser, *de imediato*, encartados em tal regime. Pelo contrário: é certo e inobjetavelmente certo que *não poderiam sê-lo*, pois a própria Constituição o interditou de modo claro e explícito, como a seguir se esclarece. ...

"Trata-se, pois, do mais visível, escandaloso e teratológico desacato à Lei Magna que se poderia conceber em matéria de servidor público e cujas conseqüências patrimoniais detrimentosas, para serem avaliadas, não precisam mais do que a simples lembrança de que este conjunto de beneficiários irá se aposentar com proventos integrais, nos termos da Constituição, ao invés de fazerem-no segundo o regime previdenciário próprio da relação empregatícia comum. Isto, para não se falar do adicional de 1% ao ano por tempo de serviço ou das múltiplas licenças remuneradas a que só fazem jus os que ingressaram em cargo público regularmente, por concurso.

"Acresça-se que há inconstitucionalidade também por outro ângulo, já que os que mantinham relação trabalhista não poderiam, sem ofensa a direito adquirido (art. 5º, XXXVI), ter modificada a natureza de seu vínculo contratual para institucional ou estatutário,. com alteração dos precedentes direitos, sem que livremente aceitassem a inclusão em um novo regime."[8]

VI — Conclusão

16. Viu-se, do exposto, que:

a) A efetividade é atributo exclusivo dos funcionários públicos nomeados em

8. Celso Antônio Bandeira de Mello, ob. cit., pp. 13-17. Igual censura é feita por Ivan Barbosa Rigolin, em suas anotações ao preceito: "Que fez a Lei 8.112, então, para resolver o problema da União? Se precisava ter um regime jurídico único, tratou de obtê-lo com a velocidade do raio, com a rapidez do trovão. Simplesmente ignorou as limitações impostas pelo mesmo inc. XXXVI do art. 5º constitucional para a hipótese, e transmutou, num passe de mágica, *contratos de trabalho*, ocupados por servidores nele estabilizados junto à União, em *atos administrativos unilaterais* de admissão de servidores estatutários. Suprimiu, nesse passo, o elemento volitivo, anteriormente havido, do servidor estabilizado. Transformou a relação antes estabelecida, e cristalizada sob a forma da estabilização contratual, numa outra, de natureza unívoca, ditada e completada pelo Estado, de natureza estatutária. ... Mas não pára aí a inconstitucionalidade do artigo, pois que ele também afrontou, ao transformar emprego em cargo efetivo, o disposto no art. 19, § 1º, do ADCT da Constituição Federal, que exigia, como exige, *concurso*, seja ele público, seja ela interno, para o fim de efetivação de servidores estabilizados em empregos pela CLT, quando de uma eventual passagem para o regime estatutário. A União os passou sem concurso, por simples determinação de lei, em aberta afronta à exigência constitucional" (*Comentários ao Regime Jurídico Único dos Servidores Públicos Civis*, Saraiva, 1992, p. 363).

virtude de concurso público, para cargos de provimento efetivo.

b) Em condições normais, apenas os servidores efetivos adquirem estabilidade no serviço público.

c) Os servidores admitidos no regime da Consolidação das Leis do Trabalho ou no regime especial referido no art. 106 da Carta de 1969 e que, à data da promulgação da Constituição de 1988, contassem com cinco anos de exercício continuado foram excepcionamente estabilizados no serviço público, mas se mantiverem no regime em que ingressaram, não tendo adquirido efetividade.

d) O art. 67, § 1º, do Código de Administração do Município de Taubaté conferiu efetividade a empregados não abrangidos pelo art. 19 do "Ato das Disposições Constitucionais Transitórias" da Carta de 1988 e, com isso, converteu-os em funcionários públicos efetivos, com direito à aquisição da estabilidade.

e) A lei municipal, além de ampliar os benefícios previstos no art. 19 do ADCT, estendeu-os a servidores por ele não abrangidos, violando, assim, os arts. 37, II, e 41, *caput*, da Constituição da República.

f) A circunstância de o ingresso desses servidores ter decorrido de "provas seletivas" não legitima sua efetivação, seja porque tais provas não se confundem com concurso público, seja porque a transformação de empregados em funcionários efetivos importa burla ao certame de que participaram.

Nessas condições, à consulta respondo:

É inconstitucional, por violação dos arts. 37, II, e 41, *caput*, da Constituição Nacional, o art. 67, § 1º, parte final, do Código de Administração do Município de Taubaté, aprovado pela Lei Complementar 1, de 4.12.90, naquilo em que concedeu efetividade a servidores não estáveis e regidos pela Consolidação das Leis do Trabalho, que ingressaram no serviço público através de provas seletivas.

Em conseqüência, devem ser anulados os atos administrativos que, dando execução ao preceito, declararam efetivados os servidores em causa, os quais devem ser reconduzidos à situação anterior, qual seja, a de servidores regidos pela Consolidação das Leis do Trabalho.

É o meu parecer.

São Paulo, 8 de fevereiro de 1993.

ESTUDOS & COMENTÁRIOS

A AVOCAÇÃO DE CAUSAS PELO SUPREMO TRIBUNAL FEDERAL

CARLOS DAVID S. AARÃO REIS
Juiz Federal

No Estado absoluto não existia qualquer separação de Poderes: as funções legislativa, judicial e administrativa estavam confundidas e concentradas na mesma pessoa. O príncipe era não apenas o legislador como, também, o supremo juiz. Ao final do século XVIII escrevia-se que "estes direitos (do rei), em si mesmo muito vastos e abundantíssimos, se podem comodamente reduzir a cinco capítulos: Legislativo, Inspectivo, Policiativo, Judicativo e Executivo".[1] Nesta situação, os magistrados eram apenas funcionários do monarca, o qual podia, como "detentor supremo da jurisdição, intervir em qualquer processo; na Justiça Criminal vigia o sistema da chamada *Justice retenue*, ou seja, a confirmação final da sentença competia ao príncipe".[2] Seus poderes eram amplos em relação aos juízes e aos processos, sendo aqueles seus "servidores, suscetíveis de destituição e transferência. O príncipe podia decidir pessoalmente qualquer processo ou substituir o juiz por funcionários ou comissões especialmente instituídos. Como a qualquer outro funcionário, podia dar-lhe instruções vinculantes no caso concreto, modificar ou cassar a sentença proferida, suprimir o procedimento ou encerrar autos".[3] Desta maneira, as Ordenações Filipinas consagravam o poder avocatório do monarca absoluto nos seguintes termos: "Porém Nós poderemos mandar em todo caso per simples petição trazer perante Nós per nosso especial mandado qualquer feito, ainda que seja da Almotaceria, quando o houvermos per nosso serviço, porque assi foi usado pelos Reis, que ante Nós foram".[4]

Exemplo clássico, talvez o mais famoso, de *Machtspruch*, de decisão de poder, de subordinação da Magistratura ao rei e da interferência deste nos processos judiciais, foi o do processo do moleiro Arnold (episódio verdadeiro, ao contrário daquele do moleiro de Sans-Souci, uma lenda). Desgostoso com uma decisão judicial, o Grande Frederico cassou-a e proferiu ele próprio a sua "sentença" (embora homem de extraordinário valor, entendido em muitos assuntos, o rei nada sabia de Direito). Posteriormente, demitiu os juízes e até seu

1. *Apud* Paulo Brossard de Souza Pinto, *O Impeachment*, Porto Alegre, Globo, 1965, p. 15.

2. Helmut Coing, *Epochen der Rechtsgeschichte in Deutschland*, 2. Afl., Munique, Beck, 1971, p. 85.

3. Georg Dahm, *Deutsches Recht — die geschichtlichen und dogmatischen Grundlagen des geltenden Rechts — eine Einführung*, 2. neubearbeitete Afl., Stuttgart, W. Kohlhammer, 1963, p. 332, § 45.

4. *Ordenações e Leis do Reino de Portugal — recopiladas per mandado d'el Rei D. Philippe o primeiro*, 13ª ed. segundo a de Coimbra de 1824, Coimbra, Imprensa da Universidade, 1865, Livro III, Título V, § 10.

Ministro da Justiça, Fürst, que protestara contra a resolução real.[5]

Com o advento do regime constitucional, portanto da separação de Poderes e da independência judicial, desapareceu aquele poder do monarca. Se a avocatória ressurgiu no século XX, foi em Estados totalitários, sucessores aperfeiçoados do Estado absoluto. Assim, na antiga zona russa de ocupação da Alemanha (eufemisticamente, para dizer o menos, denominada de "República Democrática Alemã", falecida com o desmantelamento da ditadura), o Pleno do Tribunal Supremo podia, por meio de cassação, suprimir uma sentença com trânsito em julgado.[6]

No Brasil, figura semelhante voltou a ser introduzida no Direito Constitucional através da Emenda 7, de 13.4.77, conferindo-se ao STF o poder de apreciar e julgar "as causas processadas perante quaisquer juízos ou tribunais, cuja avocação deferir, a pedido do Procurador-Geral da República, quando decorrer imediato perigo de grave lesão à ordem, à saúde, à segurança ou às finanças públicas, para que se suspendam os efeitos da decisão proferida e para que o conhecimento integral da lide lhe seja devolvido" (art. 119, I, *o*, da CF de 1967, com redação da Emenda mencionada).

Recentemente, reabriu-se a discussão sobre o assunto, pois na proposta de Emenda Constitucional, oriunda do Executivo, atribui-se de novo ao STF o poder de avocar causas.

No debate sobre a matéria, esquece-se, por vezes, ser a avocatória, com referência ao Judiciário, instrumento característico do absolutismo e de regimes totalitários, ou, então, peça do centralismo judiciário impingido em 1977, caco-de-telha, prego enferrujado do entulho autoritário. Atribuí-la a um tribunal nada mais é que transferi-la do monarca absoluto para este, sem privá-la de seu conteúdo autocrático.

Tanto que a tradição jurídica brasileira sempre repeliu esta figura. Mesmo que do absolutismo português fosse vívida a lembrança, jamais o Supremo Tribunal de Justiça do Império poderia intervir na atuação dos demais órgãos judiciários. Aos olhos de nossos antepassados, a proibição de avocar causas consistia mesmo uma garantia constitucional do cidadão, enumerada entre os direitos e garantias individuais: "Nenhuma autoridade poderá avocar as causas pendentes, sustá-las ou reviver os processos findos" (art. 179, XII, da Carta Constitucional de 1824).

Se já freqüentou o Direito Constitucional brasileiro, foi por obra de Emenda elaborada pelo Executivo, depois do fechamento do Congresso, motivado pela recusa deste em aprová-la. Ingressou na Constituição por intermédio do tristemente famoso "pacote de abril", que, entre outras providências, pretendia "reformar" o Judiciário, sem consegui-lo. A avocatória era parte daquele projeto, emanado do Executivo, de "reforma do Judiciário", severamente criticado pelo então Senador — hoje Ministro do STF — Paulo Brossard, o qual, em discurso célebre, pronunciado logo após a Emenda, afirmava: "*eu não me recordo de um grande jurista ou de uma instituição significativa que houvessem aplaudido o projeto*"[7] (grifos do original).

Poucos se lembram que o instituto continuava previsto no Anteprojeto da Comissão Afonso Arinos (art. 278, I, *o*), no primeiro projeto de Constituição (nes-

5. Sobre o episódio, v. Coing, ob. cit., pp. 85 e 86; Hans Hattenhauer, "Introdução" ao *Allgemeines Landrecht für die Preussischen Staaten von 1974*, Frankfurt am Main, Metzner, 1970, pp. 14 e 15; conforme a lenda, outro moleiro, ameaçado pelo rei, teria retrucado "Es gibt noch ein Kammergericht im Preussen" ("Ainda existe um tribunal na Prússia" ou, na versão mais conhecida: "Ainda há juízes em Berlim") (v. Hans-Joachim Schoeps, *Preussen — Bilder und Zeugnisse*, Berlim, Propylän, p. 13).

6. Georg Dahm, ob. cit., p. 334.

7. Paulo Brossard, *É Hora de Mudar*, Porto Alegre, L&PM, 1977, pp. 16 e 17.

te atribuindo-se o poder ao STJ, art. 206, I, *f*) e no Projeto da Comissão de Sistematização (art. 129, I, *g*), só eliminado (felizmente!) na redação final da Constituição de 1988.[8]

Mas, a seu favor, invoca-se a possibilidade de ser meio para uniformizar entendimentos judiciais divergentes, com os benefícios daí oriundos. Em conexão com a deplorável tendência contemporânea para a padronização, característica de uma sociedade de massas, tal parecer indica também uma certa dificuldade de setores da sociedade brasileira em conviver com o plurarismo de opiniões e mesmo em aceitar o funcionamento normal do Judiciário. Entretanto, é preciso não alimentar ilusões: decisões judiciais discrepantes são inevitáveis, porque o Direito controvertido, *stritiges Recht*, constitui fenômeno não eliminável,[9] trata-se de uma contingência da vida. A atividade judicial dirige-se a investigar o sentido de proposições humanas, dificilmente unívocas. Ao perseguir-se a uniformidade, busca-se uma quimera.

Certamente, existem juristas desejando a todo custo um *ius certum*, para os quais é preferível o Direito mais injusto, desde que certo, que o melhor, mas relativamente incerto. Todavia, esta opinião, escreve Hans Reichel, pertence à esfera de um estéril oportunismo.[10] O aperfeiçoamento do Direito só se obtém através do esforço e da investigação contínuos e pacientes de muitos, nunca por meio de opiniões cristalizadas de poucos. "No âmbito do Direito, como em qualquer outro, somente o trabalho progressivo do espírito humano revela a verdade."[11] Conformismo, inércia mental e preguiça intelectual não enriquecem o Direito — mas somente a discussão, a lenta reflexão sobre temas controvertidos: daí serem legítimas e saudáveis as divergências judiciais.

Consistem, até mesmo, em garantia para as partes, dado indicarem debate e exame das questões jurídicas, com observância das regras constitucionais a respeito de competência jurisdicional e utilização regular do sistema de recursos. Se os juízes de primeiro e segundo graus são falíveis, os Ministros do STF também podem errar — somos todos seres humanos, não super-homens. Nenhuma razão autoriza conceder àquele órgão judiciário a infalibilidade papal em matéria de dogma. Mais fácil será prevenir ou eliminar o erro mediante a ampla discussão em todos os graus do Judiciário do que por meio de decisão solitária de um único tribunal.

"Que novamente se manifeste uma diversidade de opiniões, que possa surgir novamente a discussão e a dúvida sobre as decisões é um dos benefícios com que agora Deus nos abençoou, porque somente desta dissensão pode surgir uma unidade viva e firme, a unidade do convencimento ..." — eram as sábias palavras de Savigny, ao início de sua obra polêmica mais conhecida.[12]

Longe de fomentar, a avocatória gera a insegurança, provoca a incerteza jurídica. Reintroduzida, nenhum cidadão, ao litigar em juízo, principalmente em face de pessoas jurídicas de Direito Público, poderá estar seguro de que uma injunção qualquer

8. Em trabalho publicado na *Tribuna da Imprensa*, do Rio de Janeiro, edição de 25.11.83, p. 5, intitulado "A Magistratura e o entulho legislativo autoritário", o autor destas linhas já propunha eliminar da Constituição a figura da avocatória.

9. A. B. Schwarz, *apud* Emilio Betti, *Interpretazione della Legge e degli Atti Giuridici*, Milão, Giuffrè, 1949, p. 63.

10. Hans Reichel, *La Ley y la Sentencia*, trad. de Emilio Miñana Villagrasa, Madri, Reus, 1921, pp. 107 e 108.

11. Bernhard Windscheid, *Lehrbuch des Pandektenrechts*, 9. Afl., unter vergleichender Darstellung des deutschen bürgerlichen Rechts bearbeitet von Theodor Kipp. 2. Neudruck der Ausgabe Frankfurt am Main 1906, Aalen, Scientia, 1984, B. 1, p. 19, nota 5, § 6.

12. Friedrich Carl von Savigny, *Vom Beruf unsrer Zeit für Gesetzgebung und Rechtswissenschaft*, 3. Afl., Heidelberg, Mohr, 1840, pp. 2 e 3.

não implicará a avocação dos autos pelo STF, com todos os inconvenientes resultantes (até do ponto de vista prático). Requerida à sorrelfa, será deferida sem qualquer audiência da parte contrária, ficando esta impedida de alinhar argumentos a seu favor. Ou seja, constitui liberalidade em benefício de um dos litigantes, que raia a parcialidade em relação ao outro. Bastará a mera alegação de perigo de "grave lesão" à ordem, à saúde, à segurança ou às finanças públicas para que o STF passe a apreciar a causa mesmo decidida por sentença passada em julgado! Colocando as partes sob ameaça de uma espada de Dâmocles, a avocatória não se coaduna com os princípios da igualdade processual, da ampla defesa e do devido processo legal.

Embora no Regimento Interno daquele Tribunal, vigente entre 1977 e 1988, se proibisse a avocatória, havendo decisão com trânsito em julgado, ou se assegurasse à outra parte manifestação sobre o pedido de avocação (Emenda Regimental 6), isto não basta para aparar suas arestas inconstitucionais. Tais disposições não constavam do texto constitucional e, assim, o mesmo Tribunal que ontem estabelecera as restrições poderá aboli-las. Não é possível tornar a segurança jurídica dependente de um simples regimento interno, mesmo do STF.

Finalmente, o pior inconveniente da avocatória é a grave ameaça que representa para a independência judicial. Como escrevia Pimenta Bueno, "certamente a autoridade judiciária não seria independente, desde que pudesse ser despojada de sua competência, ou por via de avocação, ou porque sua ação fosse sustada, salvo o caso de anistia. Também não seria independente, se suas decisões soberanas pudessem ser postas de novo em dúvida, ou ficar destituídas de seus legítimos resultados".[13]

Certamente, porque só há duas alternativas: ou a avocatória não será efetivamente utilizada, funcionando mais como instrumento de intimidação, ou será empregada, criando de fato uma hierarquia judicial. Em qualquer das hipóteses, estimulará a *crainte révérentielle de la réformation*[14] nos espíritos mais fracos (felizmente, minoria entre os juízes), com prejuízo das decisões imparciais.

No primeiro caso, é inadmissível tenha o magistrado que julgar sob ameaça de uma espada de Dâmocles, podendo afetar a soberania de suas decisões; no segundo caso, como será impossível ao STF, p. ex., instruir as causas avocadas, transformar-se-á o juiz em empregado daquele Tribunal, a ele subordinado, inserido numa hierarquia judicial inconciliável com a função judicial. Como dizia Philadelpho Azevedo a respeito da malsinada correição parcial, "não é possível que seja diretor do processo o juiz que age com fiscal em cima a lhe acompanhar todos os passos e modificar toda a orientação, tendente a formar certa convicção, sempre subjetiva".[15]

Em suma, sob qualquer ponto de vista, é nociva à independência judicial, atrapalhando os julgamentos e eventualmente estimulando a subserviência. Conseqüentemente, não interessa aos cidadãos, beneficiados com a atividade independente de seus magistrados.

Do ponto de vista prático, a avocatória não surtiu os efeitos desejados pelos autores da Emenda Constitucional 7. Em 1981, portanto quatro anos depois de sua introdução, o Min. Xavier de Albuquerque, em discurso no STF, registrava as conseqüências decepcionantes da "inovação": "da segunda e da terceira, a utilização parca ou nenhuma, parece insuscetível de qualificar

13. José Antônio Pimenta Bueno, *Direito Público e Análise da Constituição do Império*, Rio de Janeiro, Ministério da Justiça e Negócios Interiores, 1958, pp. 325 e 326.

14. A expressão deve-se ao Juiz francês Serge Fuster, em seu livro *Les Juges*, Paris, Seuil, 1957, p. 124, escrito sob pseudônimo de Casamayor.

15. Philadelpho Azevedo, *Um Triênio de Judicatura*, v. 5/184, São Paulo, Max Limonad, s/d.

lisonjeiramente os resultados. De apenas cinco avocatórias, somente uma foi deferida e desfechou modificação nos rumos da causa; duas outras foram denegadas pelo Tribunal e, das duas restantes, os próprios relatores se incumbiram de trancar liminarmente".[16] Anos depois, o então Procurador-Geral, Sepúlveda Pertence, afirmava que a Procuradoria "deve ter solicitado uma dezena e meia de processos, dos quais o STF acolheu uns quatro casos".[17] Resultados tão magros não jusitificam ressuscitar o carunchoso instituto.

Mergulhadas suas raízes na época da Monarquia absoluta, em um tempo de centralização, a avocatória constitui uma figura "ditatorialiforme", para usar a qualificação dada por Pontes de Miranda às reclamações e correições parciais,[18] repugnando à consciência jurídica.

Incompatível com o Estado de Direito, ferindo a independência judicial, afetando os princípios da igualdade, ampla defesa e devido processo legal, criando insegurança jurídica, a proposta de Emenda sequer poderá ser objeto de deliberação (CF, art. 60, § 4º, IV). Mas, mesmo que o Congresso assim não entenda, prestará um serviço à Nação rejeitando este *arbitrary and unreasonable requiriment so inconsistent with the established modes of administering justice*.[19]

16. *DJU* 31.3.81, p. 2.673.

17. Entrevista a *O Globo*, do Rio de Janeiro, ed. de 10.4.88, p. 10.

18. Pontes de Miranda, *Comentários ao Código de Processo Civil*, 2ª ed., t. 2/6 e 41, Rio, Forense, 1960.

19. *Justice* Pitney, *apud* Freund *et al.*, *Constitutional Law*, Boston, Little Brown, 1954, p. 954.

MANDADO DE SEGURANÇA E DECADÊNCIA (INCONSTITUCIONALIDADE DO ART. 18 DA LEI 1.533/51)

FRANCISCO BARROS DIAS
Juiz Federal no Rio Grande do Norte

Em face do que preceitua o art. 18 da Lei 1.533/51, firmou-se na jurisprudência pátria o entendimento de que o mandado de segurança, após o decurso do prazo de 120 dias da prática ou do conhecimento do ato, não pode mais ser postulado, por ter havido decadência do direito.

Essa posição encontra apoio unânime de nossos Tribunais e pouca divergência da doutrina. Por isso, pouco se tem falado ou quase nada se tem feito para demonstrar o equívoco em que se está incorrendo, em que pese ao respeito e admiração dos órgãos e pessoas responsáveis por esse engano.

O primeiro equívoco é se afirmar que o prazo previsto naquele dispositivo legal é decadencial e por isso está subordinado ao regramento desse instituto.

Ora, a se entender dessa forma, não haveria condições para se ingressar com outro remédio legal visando a corrigir o ato ilegal. Isto porque as primeiras lições de Direito que aprendemos nos ensinam que a decadência "é a extinção do direito pela inércia de seu titular...", conforme nos tem transmitido Antônio Luís da Câmara Leal, em seu clássico *Da Prescrição e da Decadência*, (4ª ed., Forense, 1982, p. 101).

O mesmo autor informa ainda que os efeitos da decadência são arrasadores, pois, além de extinguir o direito, não se suspende nem se interrompe o seu prazo, além de correr contra todos a ter "efeitos extintivos de modo absoluto, pelo quê o direito decadente não pode ser utilmente invocado, nem mesmo por via de exceção" (ob. cit., p. 115).

Ora, a ser verdadeira a afirmativa de que o direito de pleitear mandado de segurança decai em 120 dias, não poderia, em hipótese alguma, ser discutido esse direito em outro tipo de ação. Pois bem, a jurisprudência unissona trilha esse caminho.

Poder-se-ia argumentar: a decadência que aqui se fala reflete apenas uma corrente de nosso pensamento jurídico nacional, pois há divergência nesse campo e se sabe que uma outra parcela de juristas reconhece que se trata de prescrição.

Afigura-se-nos, mais uma vez, equivocada essa posição, pois o saudoso Min. Alfredo Buzaid legou-nos o seguinte ensinamento:

"Sem entrar no mérito dos conceitos de prescrição e de decadência e dos elementos que as distinguem, admitamos, apenas para argumentar, a orientação da doutrina brasileira segundo a qual a prescrição tem por objeto a ação, enquanto que a decadência extingue o direito, ou, acolhendo a fórmula de Câmara Leal, 'a decadência extingue diretamente o direito e, com ele, a ação que o protege; ao passo que a prescrição extingue diretamente a ação e, com ela, o direito que protege'.

"Esta distinção, por mais respeitável que seja, dada a importância dos autores que a partilharam, já não condiz com as tendências do Direito moderno europeu e tampouco com o sistema processual vigente no Brasil, que colocou o problema em outros termos. Com efeito, diversamente do que estatui o Código Civil brasileiro, que fala sistematicamente em prescrição da ação (arts. 177 *usque* 179), outros Códigos Civis (da Itália, art. 2.934; da República Federal da Alemanha, § 194; da Áustria, § 1.451; de Portugal, art. 304º) dizem que são os direitos que prescrevem" (in "Do prazo para impetrar mandado de segurança", *RePro* 53/101, Ed. RT).

Verifica-se, do ensinamento, que a prescrição também extingue o direito e, por isso, não poderia o mérito do mandado de segurança ser discutido em outra ação.

Assim, temos a convicção de que o prazo do art. 18 já nasceu com vício de origem, pois não se tem sua natureza definida. Vulnerada está qualquer tentativa que se faça para defender sua validade no mundo jurídico.

Não se diga que se trata de preclusão, como quer uma parte da doutrina, pois, como diz o Min. Buzaid, "a preclusão tem lugar dentro do processo e supõe, portanto, seu nascimento e sua natural evolução" (ob. cit., p. 103). Hoje, esse pensamento não encontra maiores resistências.

A dificuldade em encontrar a natureza jurídica desse prazo obrigou o eminente Min. Buzaid a se filiar ao ponto de vista de que ele é simplesmente extintivo, como quer o texto legal.

Ao nosso ver, esse prazo é, antes de tudo, inconstitucional.

Encontra-se assente nos dias atuais (aqui não há divergência) que o mandado de segurança é uma ação, seja condenatória, declaratória ou constitutiva, dependendo dos efeitos da sentença. Porém, mais do que isso, é uma ação constitucional, pois tem berço na própria Constituição.

Argumentar-se-ia que toda ação é constitucional, em razão do princípio da inafastabilidade do controle jurisdicional previsto na Constituição. É verdade. No entanto, há de se distinguir o direito genérico de ação embutido nesse princípio e as ações que se poderiam denominar de típicas, nominadas ou especiais que a Carta Magna oferece. Dentre elas, são perfeitamente identificáveis o mandado de segurança, o mandado de injunção, o *habeas corpus*, o *habeas data*, a ação popular, e assim por diante.

Como se trata de uma ação especial de categoria constitucional, por que a lei infraconstitucional que a disciplinou restringiu o seu alcance? Como entender que uma ação que tem a mesma natureza da ação ordinária de nulidade de ato administrativo, p. ex., só possa vir a ser proposta no prazo de 120 dias, enquanto a outra pode ser promovida em até 5 anos? Podem dois institutos da mesma natureza (os dois são ação), sendo um eminentemente constitucional, sofrer restrições por lei infraconstitucional?

Entendo que já é chegada a hora de se fazer uma revisão crítica do art. 18 da Lei 1.533/51. Esse dispositivo não se compadece com o direito de ação que impregna o mandado de segurança. No mínimo, o prazo deve ser equiparado ao da ação ordinária, com um lapso de tempo de cinco anos, como é previsto para a nulidade dos atos administrativos em geral. Assim, se estaria assegurando, na pior das hipóteses, um tratamento igual para situações iguais e evitando o que se põe como obstáculo, a indefinição de prazo para se impetrar mandado de segurança.

Data venia da corrente contrária, não estou só nessa encruzilhada, pois, em trabalho contundente sobre a inconstitucionalidade desse prazo, escreveu o eminente Procurador da República do Rio Grande do Sul, Amir José Finocchiaro Sarti: "Para quem conhece a longa e penosa história da evolução do instituto, a regra do art. 18 da Lei 1.533/51 desde logo parece constituir-se em verdadeira burla aos princípios e ideais que presidiram a estruturação do mandado de segurança como remédio jurídico constitucional".

Depois, acrescenta: "De que vale erigir-se um instrumento jurídico à magnitude de garantia constitucional se uma simples lei ordinária tem o poder de fulminá-lo, literalmente, pelo decurso de um breve lapso de tempo?".

"O remédio jurídico ótimo, constitucionalmente intangível, destinado à proteção sumária do cidadão contra os desmandos da autoridade, passados apenas alguns dias, simplesmente deixa de existir, inevitavelmente aniquilado! O interessado, então, vê-se novamente devolvido à mesma situação de impotência que afligia e angustiava o seu antepassado, naqueles tempos de antanho: atropelado pelos abusos do Poder, não dispunha o indivíduo de outros recursos senão os frágeis remédios ordinários, com os quais era obrigado a resignar-se para postular a tutela jurisdicional de seus direitos, nem sempre eficazmente, como se sabe."

Em seguida, arremata: "Em suma: nada parece justificar o estranho preceito do art. 18 da Lei 1.533, seja do ponto de vista lógico, histórico, doutrinário ou meramente pragmático".

Após uma análise da doutrina contra e a favor desse prazo, conclui de forma fulminante:

"O conflito entre o preceito do art. 153, § 21, da Constituição Federal (hoje art. 5º, LXIX) e a limitação estabelecida pela regra do art. 18 da Lei 1.533/51 é manifesto e inconciliável. E, nessas condições, não há motivo para qualquer hesitação: a lei menor deve ceder passo àquela que lhe é superior. Cumpre seja recusado cumprimento à lei inconstitucional, fazendo-se prevalecer em toda inteireza o comando da Constituição Federal.

"A regra do art. 18 da Lei 1.533/51 contrasta com a garantia do art. 153, § 21, da Constituição Federal; é inconstitucional e, por isso, não deve merecer acatamento" (in "O prazo preclusivo para a impetração do mandado de segurança", *RePro* 28/116-122, 1982, Ed. RT).

O eminente Min. Carlos Mário Velloso, do STF, em conferência intitulada "Conceito de direito líquido e certo", no *Curso de Mandado de Segurança* em comemoração ao cinqüentenário do Instituto, promovido pela Associação dos Juízes Federais, em co-patrocínio com o Instituto dos Advogados do Brasil e de São Paulo e Associação dos Advogados de São Paulo, em 1984, já se manifestava pela inconstitucionalidade desse prazo, nos seguintes termos:

"Nós todos, advogados, professores, juízes, temos aplicado o prazo de decadência do direito à ação de segurança sem maiores considerações. Parece-me, entretanto, que chegou a hora de indagar: por que esse prazo de decadência de 120 dias? Qual a sua justificativa? Ora, se o legislador ordinário poderia fixá-lo em 120 dias, poderia fazê-lo, evidentemente, em prazo menor. De outro lado, indaga-se: se a Constituição institui o mandado de segurança, assentado em pressupostos, seria lícito ao legislador ordinário estabelecer um prazo para o exercício da ação?

"Parece-me que é hora de darmos resposta às indagações que ora venho a fazer. Parece-me que é hora de indagarmos, numa palavra, se não seria o art. 18, da Lei 1.533/51, inconstitucional."

Em seguida, indaga o eminente Ministro: "Esse prazo assenta-se numa razão científica? Penso que não. Ele veio através dos anos, nos projetos e nas leis, pelo gosto de copiar coisas, sem se indagar da razão de sua existência" (in *Curso de Mandado de Segurança*, São Paulo, Ed. RT, 1986, pp. 86 e 87).

A falta de natureza jurídica desse prazo, antes demonstrada, comprova, *quantum satis*, que o mesmo não encontra qualquer embasamento científico, como afirma o Min. Velloso.

Nessa conferência, informa o Min. Mário Velloso que, além dos doutrinadores citados por Amir Sarti, outros tantos já haviam aderido a essa tese, como o "*mestre de todos nós*", Min. Seabra Fagundes, e o Prof. Torquato Lorena Jardim, da UnB.

O jovem e brilhante Procurador da República, neste Estado, Marcelo Navarro Ribeiro Dantas, em seu livro *Apontamentos sobre o Mandado de Segurança*, também se manifestou pela inconstitucionalidade da norma, com base em lições de Celso Agrícola Barbi, Amir Sarti e Alfredo Guimarães Chaves (Natal, CERN-Cia. Editora, 1984, pp. 83-86). O mesmo se deu por outro não menos ilustre e jovem Procurador, Walter Nunes da Silva Jr., em seu *Mandado de Segurança contra Ato Judicial* (Natal, Nordeste Gráfica Ltda., 1990, pp. 21-24).

Na atualidade, a tese vem reforçada pelo fato de a nova Constituição Federal ter incluído o mandado de segurança dentre aqueles direitos fundamentais intangíveis, que não sofrem maculação, sequer, por emenda constitucional.

Diante desses ensinamentos, vale a pena relembrar lição imorredoura de Eliézer Rosa, em *A Voz da Toga:*

"E aqui vai um conselho da experiência: não tenha o juiz a lei de cor. Se à força de manejar seu código chegar a decorar seus textos, busque esquecer. Sempre que tiver de aplicar uma lei, abra o código e leia o texto que entende aplicável. Leia-o em momentos diversos, em horas diferentes. Dessa leitura pode surgir inesperadamente uma nova interpretação benéfica. Durante mais de meio século, os Tribunais franceses leram o art. 1.382 do Código de Napoleão e o aplicavam tal como lhes soava sua letra. Um grave acidente que vitimou um grande número de operários que ficariam ao desamparo de uma necessária indenização, segundo a doutrina tirada do dito texto, levou um juiz estudioso a uma leitura do revelho artigo. E, sem mudar uma só palavra no anoso texto, levou ao seu Tribunal uma leitura nova, uma inteligência nova daquele versículo legal.

"Nesse dia, nasceu para o mundo ocidental a teoria da responsabilidade sem culpa" (*apud* Agapito Machado, "Delito de sonegação fiscal — Primariedade — Prescrição", *Revista Trimestral de Jurisprudência dos Estados* 80/73).

Na espécie, não é preciso se chegar a tanto, pois reconheço que a mera forma é que está em discussão. Não está o intérprete, aqui, criando ou revolucionando o Direito. Apenas atendendo a um ditame constitucional que clama pela sua integral aplicação.

Não posso conceber que um prazo criado por lei que não encontrou até hoje uma natureza jurídica que o justifique, com fim exclusivamente de restringir um direito constitucional, possa subsistir em nosso sistema jurídico. Esse raciocínio leva ao absurdo de que o mandado de segurança não seria possível, porém a ação ordinária seria o caminho correto, mesmo não havendo dilação probatória, por ser a matéria eminentemente de direito.

Resta, tão-somente, reconhecer a inconstitucionalidade do prazo decadencial.

Essas considerações estão a merecer maiores reflexões no campo jurisprudencial, para que não se cometa o pecado da inércia como forma de negação de um direito que se encontra cristalino no seio constitucional.

CONFERÊNCIAS & DEBATES

A INDEPENDÊNCIA DO PODER JUDICIÁRIO E DOS MAGISTRADOS*

JOSÉ NÉRI DA SILVEIRA
Ministro do Supremo Tribunal Federal

1. Introdução

Sensibilizou-me profundamente o honroso convite para proferir a palestra de abertura do Curso de Direito Tributário que promove a Escola de Magistrados da Justiça Federal da 3ª Região, formulado pelo ilustre Diretor, Dr. José Kallás, e pelo eminente Prof. Geraldo Ataliba, um dos Coordenadores do referido Curso.

Enche-se-me a alma de alegria sempre que tenho a oportunidade de estar na amável convivência da Justiça Federal, onde vivi as primícias da judicatura, faz quase vinte e seis anos, como Juiz Federal no Rio Grande do Sul.

Rejubilo-me, hoje, com a realidade do funcionamento desta Escola de Magistratura, certo de que extraordinários serão seus resultados para a Justiça Federal da Região e prestimosa sua contribuição aos trabalhos e pesquisas do Centro Nacional de Estudos Judiciários, cuja criação se prevê no Projeto do Estatuto da Magistratura Nacional, ora tramitando no Congresso Nacional.

A formação do magistrado prevista expressamente na Constituição de 1988 (art. 93, II, "c", e IV) é matéria de significativa importância, em todo o mundo, no interesse maior da boa administração da Justiça, conforme o reconheceu e proclamou, em longos debates, a 5ª Conferência Internacional de Juízes de Cortes Supremas, realizada em Washington, USA, em setembro/90, com a representação de noventa e três países, de todos os Continentes, inclusive do Brasil. No relatório final, registrou-se ocorrer uma crescente percepção de que a *educação judicial* — geralmente dividida em duas categorias: orientação e treinamento de juízes novos e aperfeiçoamento para juízes experientes — é um dos mais efetivos meios, e talvez um meio indispensável, para melhorar a prestação jurisdicional, ressaltando-se, porém, que deve ser realizada sob a orientação do Judiciário, a fim de não se dar invasão no campo de sua independência.

Nessa linha de compreensão, tanto no Projeto do Estatuto da Magistratura, Título V, quanto na Exposição de Motivos que o acompanha, reservou-se largo espaço ao tema da Formação do Magistrado, acentuando-se, na Justificativa, após diversas considerações: "Cumprirá, também, se cri-

* Palestra proferida no TRF da 3ª Região, em São Paulo, na abertura do Curso de Direito Tributário da Escola de Magistrados da Justiça Federal, a 12.4.93.

em formas de sensibilizar os candidatos à magistratura e os juízes, ainda os mais experientes, para a necessidade de reflexão crítica permanente e de necessária atenção à evolução da vida humana e da sociedade, bem assim do sentido das transformações na ordem institucional e no sistema jurídico positivo. Disso resulta que os cursos de formação e aperfeiçoamento de magistrados não podem significar mero intento de estudos com natureza de pós-graduação, apenas destinados ao desenvolvimento técnico de anterior aprendizagem na Faculdade de Direito, nem, de outra parte, hão de possuir objetivos exclusivamente práticos, em detrimento da investigação, da reflexão e da elaboração doutrinária. Não cabe, também, submeter-se essa formação a fórmulas que imponham ou insinuem ao magistrado moldes de comportamento, impeditivos do enriquecimento da personalidade e da liberdade de julgar".

Felicito, desse modo, os ilustres Juízes do egrégio TRF da 3ª Região pela criação desta Escola de Magistrados e a seu primeiro Diretor, eminente Juiz Dr. José Kallás, formulando votos muito cordiais pelo pleno sucesso de seus trabalhos e, em particular, pelo êxito deste Curso de Direito Tributário, cuja abertura ora ocorre, sob os auspícios da nova Escola de Magistrados.

Permitam-me que, nesta ocasião, lhes dirija algumas considerações sobre tema sempre atual: "A idependência do Poder Judiciário e dos magistrados".

2. *Os princípios básicos do Poder Judiciário brasileiro, no Império e na República. Atributos inerentes. Revisão parcial. Nota de independência*

O sistema americano que nos serviu de modelo, ao implantar-se a República, faz mais de um século, assenta basicamente no princípio da *supremacia da Constituição*, à qual se subordinam todos os Poderes, que nela têm definidos os respectivos limites, e no postulado da *independência do Judiciário*, que se manifesta, por primeiro, na prerrogativa eminente de proceder à revisão judicial das leis e dos atos normativos, diante da Constituição, anulando-os quando com esta incompatíveis.

Édouard Laboulaye, versando, em 1866, sobre o Judiciário, na Constituição americana, ponderou que foram os americanos os primeiros "a fazer do Poder Judiciário um verdadeiro poder político; os primeiros a compreender o papel da Justiça num país livre; os primeiros a encontrar esta nova verdade, até aqui pouco compreendida na Europa". Observa, noutro passo: "Jamais, entre nós, a Justiça foi um poder político; ela foi sempre um ramo da Administração, uma dependência do Poder Executivo, uma função do governo, e uma função subalterna". Referindo-se, porém, ao caráter desse Poder, na Constituição americana, acrescenta: "Estabeleceu-se ali um Poder Judiciário independente, um Poder que, colocado entre as leis do Congresso e a Constituição, tem o direito de afirmar: 'Esta lei é contrária à Constituição, e, conseqüentemente, é nula'. ... Não há, aí, nenhum motivo de perturbação da ordem, mas, bem pelo contrário, uma das maiores causas de paz e de quietude social" (*apud* "História dos Estados Unidos. Terceira Época: a Constituição dos Estados Unidos" (1866), trad. de L. Nequete, inserto em "O Poder Judiciário e a Constituição", *AJURIS* 4/13 e 14 e 19 e 20, 1977).

Entre nós, a influência dos dois sistemas fez-se notar. A Constituição Imperial de 1824 orientou-se no sentido do liberalismo de tendência européia, colocado o Judiciário em uma posição secundária, no confronto com o Legislativo e o Executivo.

Embora a Carta de 1824, no art. 10, afirmasse que os poderes políticos reconhecidos pela Constituição do Império do Brasil são quatro: o poder legislativo, o poder moderador, o poder executivo e o poder judicial, bem assim, no art. 151, proclamasse que o poder judicial é independente, certo é que, nessa quadra de nossa história política, ele se limitava a dirimir controvérsias de direito privado e aplicar a lei penal, escapando, por inteiro, ao seu controle os atos da administração pública e a validade das leis. Já em 1857, José Antônio Pimenta Bueno, Marquês de São Vicente, o mais ilustre comentarista da Constituição do Império, anotava: "O poder judicial tem por encargo o domínio, a aplicação das leis que formam o direito particular, a ordem civil, que regulam e compõem os interesses dos indivíduos entre si na qualidade de particulares ...; é o protetor dos direitos e interesses individuais, da propriedade, da liberdade, honra, vida, de tudo o que é caro aos homens como homens...". E, noutro passo, observa: "Ele não é autorizado a invadir as raias do Poder Legislativo, não tem por isso mesmo direito de decretar decisões por via de disposição geral, e só sim de estabelecê-las em relação à espécie que lhe é subordinada. Não possui jurisdição para decidir questões de ordem administrativa, pois que pertencem à competência exclusiva do governo" (*apud Direito Público Brasileiro e Análise da Constituição do Império*, Senado Federal, ed. 1978, pp. 34 e 35). O controle da constitucionalidade das leis cabia ao Poder Moderador e ao Poder Legislativo, a este último incumbindo velar na guarda da Constituição, interpretar as leis e suspendê-las (CF de 1824, art. 15, itens 8 e 9). A independência do Judiciário havia de ser, desse modo, entendida, apenas, como *independência da autoridade judicial, do magistrado*, definida pelo mesmo Pimenta Bueno como "a faculdade que ele tem, e que necessariamente deve ter de administrar a justiça, de aplicar a lei como ele exata e conscienciosamente entender, sem outras vistas que não sejam a própria imparcial justiça, a inspiração de seu sagrado dever. Sem o desejo de agradar ou desagradar, sem esperanças, sem temor algum", acrescentando: "A independência do magistrado deve ser uma verdade, não só de direito como de fato; é a mais firme garantia dos direitos e liberdades, tanto civis como políticas dos cidadãos; é o princípio tutelar que estabelece e anima a confiança dos povos na reta administração da justiça; é preciso que o povo veja e creia que ela realmente existe" (ob. cit., n. 457, p. 324).

Com a República, estabeleceu-se, entretanto, um marco fundamental na história do Judiciário brasileiro, que, em sua organização e ação, passou a inspirar-se no liberalismo de vertente norte-americana, desvinculando-se do sistema de orientação continental e alcançando, aí, em conseqüência, contornos institucionais de Poder Político.

Campos Sales, então Ministro da Justiça do Governo Provisório, em documento histórico do Judiciário brasileiro, que é a Exposição de Motivos ao Generalíssimo Deodoro da Fonseca, propondo a criação e organização da Justiça Federal (o que se veio a concretizar no Dec. 848, de 11.10.1890, depois incorporado, em seus preceitos gerais, na Constituição de 1891), proclamava: "A função do liberalismo do passado ... foi opor um limite ao poder violento dos reis; o dever do liberalismo na época atual é opor um limite ao poder ilimitado dos parlamentares. Essa missão histórica incumbe, sem dúvida, ao Poder Judiciário, tal como o arquitetam poucos povos contemporâneos e se acha consagrado no presente decreto". E, adiante, anotava: "A magistratura que agora se instala no país, graças ao regime republicano, não é um instrumento cego ou mero intérprete na execução dos atos do poder legislativo. Antes de aplicar a lei, cabe-lhe o direito de exame, podendo dar-lhe ou recusar-lhe sanção, se ela lhe parecer conforme ou contrária à lei orgânica". Adiante, asseverou: "Aí está posta a profunda diversidade de índole que existe entre o poder judiciário, tal como se achava instituído no regime decaído, e aquele que agora se inaugura, calcado sobre os moldes democráticos do sistema federal. De poder subordinado, qual era, transforma-se em poder soberano, apto na elevada esfera da sua autoridade para interpor a benéfica influência do seu critério decisivo, a fim de manter o equilíbrio, a regularidade e a própria independência dos outros poderes, assegurando, ao mesmo tempo, o livre exercício dos direitos do cidadão. É por isso que na grande União Americana com razão se considera o poder judiciário como a pedra angular do edifício federal e o único capaz de defender com eficácia a liberdade, a autonomia individual. Ao influxo de sua real soberania desfazem-se os erros legislativos e são entregues à austeridade da lei os crimes dos depositários do Poder Executivo".

Em conferência pronunciada em 1952, examinando a nova posição do Judiciário na República, Seabra Fagundes observou: "Vínhamos, em 1891, do Império, onde a Justiça não tinha nenhuma expressão política. Era um poder que se limitava a dirimir as controvérsias do direito privado, de modo que os atos da Administração Pública escapavam, por inteiro, ao seu controle. E, de chofre, pela instituição da República, o Poder Judiciário foi elevado a plano de excepcional importância na vida política do país. Atribuiu-se-lhe, ao lado da função que já era sua, de mero dirimidor das questões de ordem privada, uma outra, de maior importância: a de guardar os direitos individuais contra as infrações decorrentes de atos do Poder Executivo e do Poder Legislativo, inclusive e notadamente quando esses atos afetassem textos constitucionais. Isto equivalia, de certo modo, a fazê-lo fiador da seriedade mesma do regime como construção política, pois ao declarar a prevalência da Lei Suprema em face de atos legislativos ou administrativos que a afetavam, o que fazia o Judiciário era preservar as próprias instituições republicanas, pela contenção dos demais poderes nas suas órbitas estritas de ação e pela garantia ao indivíduo da sobrevivência dos seus direitos, fossem quais fossem as prevenções contra eles armadas".

No contexto desse sistema — qual escreveu Edward S. Corwin — como os poderes "legislativo" e "executivo", sob a Constituição, o poder "judiciário" também implica certos atributos incidentais ou *inerentes*. "Um deles é a faculdade de interpretar o direito em vigor, seja a Constituição, quer as leis do Congresso ou os precedentes judiciais, com uma autoridade que obriga, constitucionalmente, ambos os ramos do Governo". Noutro passo, acrescenta: "Intimamente ligado a esse atributo do poder judiciário existe outro, o de proferir 'decisões finais'. Quando se confia a um tribunal dos Estados Unidos a determinação de uma questão, seja de direito ou de fato, sua decisão só pode ser revista, constitucionalmente, por um *tribunal* de instância superior, e não pelos outros dois ramos do Governo ou pelos seus órgãos" (in *A Constituição Norte-Americana e seu Significado Atual*, trad. de Lêda Boechat Rodrigues, pp. 162-165). Cooley, à sua vez, anotou: "Os diversos departamentos governamentais são iguais em dignidade e em autoridade que é coordenada, não podendo nenhum deles submeter o outro a sua jurisdição, nem privar de qualquer porção de seu poder constitucional. Mas o poder judiciário é autoridade suprema na interpretação da Constituição e na interpretação das leis e as suas interpretações devem ser aceitas e observadas pelos outros departamentos". Não cabe, diante da decisão judicial definitiva, opção dos que lhe são destinatários — quer se cuide de particulares, quer de detentores de poder — no sentido do acatamento, ou não, do julgado. Por sua natureza, o que se contém na sentença judicial, desde que esta seja definitiva ou se torne irrecorrível, no âmbito do Poder Judiciário, constitui, na ordem democrática, comando incontrastável, tornando-se, pois, fora de propósito indagação ou dúvida sobre se órgão ou autoridade, de qualquer nível ou hierarquia, a que se dirija, cumprirá a decisão judicial.

Os estudiosos do regime americano, de mais de dois séculos, asseveram que, na virtude que exibe a Constituição de 1787 para dominar crises, reside a sua extraordinária contribuição ao constitucionalismo, cumprindo ver, na *judicial review*, a fórmula que acaba por garantir à ordem constitucional a estabilidade dela exigida. Ademais disso, a competência para operar, acerca da lei, a chamada *judicial review* revela manifesto "poder político", porquanto, se este existe no órgão que faz a lei, importa entender, inafastavelmente, estar presente, por igual, no órgão que dispõe de império para declarar-lhe a invalidade. Daí resulta, outrossim, a compreensão de que a função judiciária, que aos magistrados republicanos incumbe exercer, não se pode considerar como atividade estritamente jurídica. No controle sobre os atos do Legislativo e do Governo evidencia-se o caráter político de que está investido o Judiciário, no desempenho da competência para proclamar a inconstitucionalidade ou invalidade de tais atos. Essa função política, que, em ditos limites, se revela, numa democracia, onde consagrado o controle judicial da constitucionalidade das leis e atos do governo, traz, em si, ínsita a nota de *independência*.

3. *Controle jurisdicional*

De outra parte, dentre os princípios fundamentais da ordem democrática, e na visão de um Poder Judiciário independente, estabeleceu-se, entre nós, o compromisso pelo Estado do *controle jurisdicional*: a lei não excluirá da apreciação do Poder Judiciário lesão ou ameaça a direito (CF de 1988, art. 5º, XXXV). Não há, nessa norma, simples promessa, senão que, nela, já se retrata, de maneira definitiva, traço marcante da fisionomia do Estado, proveniente do pacto fundamental, que se expressa, basicamente, na garantia maior da inafastabilidade da tutela, por um Poder Judiciário independente, dos direitos e da liberdade dos cidadãos.

Manteve-se, dessa maneira, o princípio da unidade de jurisdição, no inc. XXXV do art. 5º da Constituição de 1988, ainda com maior amplitude, na medida em que não se excluirá da apreciação do Poder Judiciário "lesão ou ameaça a direito", e não apenas "lesão de direito individual", tal como definido o postulado nas Constituições de 1946 e 1967. Observou, nesse sentido, adequadamente, o ilustre Prof. Celso Agrícola Barbi:

"A redação do inciso legal em exame permite a conclusão de que o direito cuja ameaça ou lesão não pode ser subtraída da apreciação do Poder Judiciário não é mais apenas o direito subjetivo individual, mas também o direito coletivo, nome que é usado, com freqüência, como sinônimo de interesse difuso ou de interesse legítimo.

"Desse modo, a Constituição deu um grande passo para o aprimoramento dos costumes na atividade dos órgãos públicos, vedando à lei retirar da apreciação do Poder Judiciário a ameaça ou lesão de direito coletivo, interesse difuso, ou interesse legítimo.

"Em outras palavras, a Constituição deu ao Poder Judiciário a atribuição de controlar a legalidade dos atos da Administração, impedindo-a de praticar atos ilegais que firam direito coletivo, interesse difuso ou legítimo, ou tirando os efeitos a esses atos e suas conseqüências" (in "Garantias constitucionais processuais", *RT* 659/8).

Tornam-se, em face disso, desde logo, ilegítimas ou injustas as restrições à *ação*, como poder de exigir do Estado o exercício da jurisdição, que incumbe aos juízes e tribunais prestar, em todo o território nacional, e à *defesa*, como instituto também essencial em qualquer processo. Certo está, entretanto, que nem a ação nem a defesa podem ser visualizadas na exclusividade de um ato. Realizar-se-á, assim, a plenitude do controle jurisdicional, de maneira justa, somente quando houver atenção ao devido processo legal, à garantia da participação real no feito de demandante e demandado, e à observância do contraditório, "mediante uma distribuição eqüitativa de meios e possibilidades processuais" entre as partes. Registrou, nesse sentido, com inteira propriedade, Ada Pellegrini Grinover, em *Novas Tendências do Direito Processual*, 1ª ed., 1990, p. 11: "A plenitude e a efetividade do contraditório indicam a necessidade de se utilizarem todos os meios necessários para evitar que a disparidade de posições no processo possa incidir sobre seu êxito, condicionando-o a uma distribuição desigual de forças. A quem *age* ou se *defende* em juízo devem ser asseguradas as mesmas possibilidades de obter a tutela de suas razões". Não é possível, ademais, deixar, aqui, de ter presente outra lição de Ada Pellegrini Grinover, em seu *Processo Constitucional em Marcha*, p. 8, item 2: "Desse modo, as garantias constitucionais do devido processo legal convertem-se de garantias exclusivas das partes em garantias da jurisdição, e transformam o procedimento em um processo jurisdicional de estrutura cooperatória, em que a garantia de imparcialidade da jurisdição brota da colaboração entre partes e juiz. A participação dos sujeitos no processo não possibilita apenas a cada qual aumentar as possibilidades de obter uma decisão favorável, mas significa cooperação no exercício da jurisdição. Para cima e para além das intenções egoísticas das partes, a estrutura dialética do processo existe para reverter em benefício da boa qualidade da prestação jurisdicional e da perfeita aderência da sentença à situação de direito material subjacente".

4. O processo como instrumento de ação política estatal e a justiça social. Princípio da acessibilidade de todos à Justiça e a independência do Poder Judiciário. Bem comum

Nos dias em curso, o processo, em realidade, na condição também de eficaz instrumento de ação política estatal, não pode deixar de receber o influxo do universal reclamo de justiça social, que é a tônica de nossa época, e se põe entre os objetivos fundamentais da República, ao pretender "construir uma sociedade livre, justa e solidária", afirmando "a dignidade da pessoa humana" (CF, arts. 2º, III, e 3º, I). A existência de instrumentos que tornem reais — e não meramente simbólicos — os direitos do cidadão comum é imperativo de um Estado democrático de Direito, tal como o concebe a Constituição de 1988.

Exsurge, desse modo, como decorrência natural, que não é possível pensar em uma ordem democrática, sob a égide da justiça social, sem assegurar a tutela jurisdicional a todos os cidadãos, afastada discriminação de qualquer natureza. A garantia, em concreto, do acesso efetivo à jurisdição, por todos, na defesa de seus direitos e da liberdade, quando violados ou ameaçados, constitui, de tal sorte, postulado central dessa ordem, que aos Poderes do Estado cumpre diligenciar na plena consecução. Assume, no particular, especial relevo a norma do inc. LXXIV do art. 5º da Constituição, ao estipular que "o Estado prestará assistência jurídica integral e gratuita aos que comprovarem insuficiência de recursos", o que se completa com o art. 134 e parágrafo único da Lei Magna de 1988, quando prevêem a Defensoria Pública como "instituição essencial à função jurisdicional do Estado, incumbindo-lhe a orientação jurídica e a defesa, em todos os graus, dos necessitados, na forma do art. 5º, LXXIV", e sua organização "em cargos de carreira, providos, na classe inicial, mediante concurso público de provas e títulos, assegurada a seus integrantes a garantia da inamovibilidade e vedado o exercício da advocacia fora das atribuições institucionais".

Acerca desse tema, Mauro Cappelletti anota que o acesso à Justiça pode, hoje, ser encarado como o requisito fundamental — "o mais básico dos direitos humanos" — de um sistema jurídico moderno e igualitário que pretenda garantir, e não apenas proclamar, os direitos de todos, (in Mauro Cappelletti e Bryant Garth, *Acesso à Justiça*, trad. de Ellen Gracie Norhfleet, 1978, p. 12).

Em verdade, superada está a época em que o direito ao acesso à proteção judicial significava, essencialmente, o *direito formal* do indivíduo agravado de propor ou contestar uma demanda, não constituindo preocupação do Estado, neste plano, afastar a "pobreza no sentido legal" — a incapacidade que muitas pessoas têm de utilizar plenamente a Justiça e suas instituições. Nessa linha, observa Mauro Cappelletti: "A justiça, como outros bens, no sistema do *laissez faire*, só podia ser obtida por aqueles que pudessem enfrentar seus custos; aqueles que não pudessem fazê-lo eram considerados os únicos responsáveis por sua sorte. O acesso formal, mas não efetivo, à justiça correspondia à igualdade, apenas formal, mas não efetiva" (ob. cit., p. 9). À medida, entretanto, que a visão individualista dos direitos, refletida nas "declarações de direitos", dos séculos XVIII e XIX, foi se modificando, com o movimento no sentido de se reconhecerem, também, os direitos e deveres sociais dos governos, comunidades, associações e indivíduos, assegurando-se, nas modernas Constituições, entre outros, os direitos ao trabalho, à saúde, à segurança material e à educação, o direito ao acesso efetivo à Justiça vem logrando particular atenção, como de importância capital entre os novos direitos individuais e sociais, uma vez que a titularidade de direitos é destituída de sentido na ausência de mecanismos para sua concreta reivindicação. O Estado democrático encontra-se preso a seus jurisdicionados pelo dever de garantir-lhes o regular exercício de seus direitos conquistados, quanto de facilitar-lhes a reintegração ou a defesa de direitos violados, ou ameaçados, ou ainda a reparação de lesões oriundas de atos ilícitos, bem assim de proporcionar-lhes condições de realizar a dignidade da pessoa humana.

É, no particular, pois, questão de primeiro plano a oferta de justiça, pelo Estado, compatível com a procura e a necessidade decorrentes de uma convivência social, cada vez mais complexa, posto que se acentua, extraordinariamente, nos países de desequilíbrios sociais graves. Entre nós, a melhoria do serviço público de administração da justiça, incumbência institucional do Poder Judiciário, enquanto Poder Político do Estado, afirma-se como anseio profundo da Nação. O serviço de justiça ao povo há de ser prestado de forma satisfatória, o que pressupõe boa qualidade, acessibilidade a todos e pronto desempenho. Nessa ordem, as preocupações com o acesso efetivo à Justiça, por todos, inclusive pelos menos favorecidos da fortuna, tornaram-se, nas últimas décadas, de uma forma mais intensa, questão, ao mesmo tempo, do interesse da Ciência do Direito, quanto da Sociologia Jurídica. As relações entre o processo civil e a justiça social, entre a igualdade jurídico-formal e a desigualdade sócio-econômica, ganham, neste plano, significativas dimensões. A função do Poder Judicário cresce, em conseqüência, de interesse, não só ao saber dos profissionais do Direito, mas, também, relativamente ao domínio da Sociologia Jurídica.

Estudos de natureza sociológica, no campo da administração da justiça, evidenciam, de outra parte, que dificuldades de todas as ordens cercam os pobres e necessitados, quer as econômicas, quer as condicionantes sociais e culturais, constituindo, todas elas, obstáculos reais ao acesso à Justiça. Em razão disso, lamentavelmente, são milhares (e cada vez maior se torna o número) os estados de insatisfação que se perpetuam e se convertem em decepções permanentes ou em casos de violência, ou procuram soluções aos conflitos à margem das estruturas oficiais do Poder Judicário, porque as pessoas não se animam ou não podem litigar em juízo, nem logram meios a fazê-lo. Disso resulta, em conseqüência, lhes ficar distante o acesso à tutela jurisdicional, que o Estado moderno lhes promete como um dos princípios fundamentais da ordem democrática. Entre nós, no art. 5º, XXXV, da Constituição de 1988, como referido, assenta-se o princípio básico da inafastabilidade da tutela jurisdicional, ocorrendo lesão ou ameaça a direito. São, destarte, ilegítimas ou injustas as restrições ou omissões do Poder Público e de quem quer que seja a dificultarem o efetivo acesso de todos ao Poder Judiciário. Incompatível com a fisionomia e as metas do Estado de Direito, realmente democrático, sob a égide da justiça social, é não assegurar tutela jurisdicional a todos os cidadãos, notadamente quando acusados, por mais revoltantes sejam os ilícitos, ou quando essa discriminação se dá por razões de fortuna.

5. Acesso ao Poder Judiciário e instrumentos constitucionais

Neste plano da acessibilidade de todos ao Judiciário, como Poder Político independente, é de ter presente, ainda, o inc. LXX do art. 5º da Constituição, quanto ao *mandado de segurança coletivo*, que pode ser impetrado por: a) partido político com representação no Congresso Nacional; b) organização sindical, entidade de classe ou associação legalmente constituída e em funcionamento há pelo menos um ano, em defesa dos interesses de seus membros ou associados. Nesse sentido, também, o inc. XXI do art. 5º da Constituição estipula que "as entidades associativas, quando expressamente autorizadas, têm legitimidade para representar seus filiados judicial ou extrajudicialmente".

Na mesma perspectiva, e tendo em conta o controle dos atos do Poder Público, se põe o inc. LXXIII do art. 5º da Lei Maior, ao preceituar que "qualquer cidadão é parte legítima para propor ação popular que vise a anular ato lesivo ao patrimônio público ou de entidade de que o Estado participe, à moralidade administrativa, ao meio ambiente e ao patrimônio histórico e cultural, ficando o autor, salvo comprovada má-fé, isento de custas judiciais e do ônus da sucumbência".

De maior significação é, ainda, a legitimidade ativa ampla para a ação de inconstitucionalidade de lei ou ato normativo federal ou estadual, diante da Constituição Federal, de que cuida o art. 103 da Lei Magna, estendida, inclusive, a confederação sindical ou entidade de classe de âmbito nacional (art. 103, IX), além dos partidos políticos com representação no Congresso Nacional e do Conselho Federal da Ordem dos Advogados (art. 103, VIII e VII), a par das demais autoridades e órgãos previstos no dispositivo citado. Relevante, também, a criação da representação de inconstitucionalidade de lei ou ato estadual ou municipal, em face da Constituição estadual, perante o Tribunal de Justiça (CF, art. 125, § 2º).

6. Poder Judiciário independente e o princípio do "devido processo legal"

Outro princípio básico do Direito Processual Constitucional, imediatamente referido a um Poder Judiciário independente, está no art. 5º, LIV, da Carta de 1988, segundo o qual "ninguém será privado da liberdade ou de seus bens sem o devido processo legal". Como garantia dos litigantes, o *due process of law* é, no dizer de Willoughby, um fundamental *principle of justice*. Postulado expresso da ordem constitucional, com suas origens na cláusula 39 da Magna Carta de 1215 e na Emenda XIV à Constituição americana, ao lado do controle jurisdicional (art. 5º, XXXV), acima examinado, e dos princípios do contraditório e da plenitude de defesa (art. 5º, LV), fecha, na expressão de José Afonso da Silva, "o ciclo das garantias processuais". Acrescenta o autor citado: "Garante-se o *processo*, e quando se fala em 'processo', e não em simples procedimento, alude-se, sem dúvida, a formas instrumentais adequadas, a fim de que a prestação jurisdicional, quando entregue pelo Estado, dê a cada um o que é seu, segundo os imperativos da ordem jurídica. E isso envolve a garantia do contraditório, a plenitude do direito de defesa, a isonomia processual e a bilateralidade dos atos procedimentais, conforme a autorizada lição de Frederico Marques". Para os juristas americanos, como observa Manoel Gonçalves Ferreira Filho, "o *due process of law* tem duas faces: uma formal, outra substancial. O aspecto formal consiste na sujeição de qualquer questão que fira a liberdade ou os bens de um ser humano ao crivo do Judiciário, por meio do juiz natural, num processo contraditório, em que se assegure ao interessado ampla defesa. O substancial importa em que as normas aplicadas quanto ao objeto do litígio não sejam desarrazoadas, portanto intrinsecamente injustas" (in *Comentários à Constituição Brasileira*, p. 67). Detendo-se no exame dessa cláusula constitucional, Pinto Ferreira anota que ela "abrange de forma compreensiva: a) o direito à citação, pois ninguém pode ser acusado sem ter conhecimento da acusação; b) o direito de arrolamento de testemunhas, que deverão ser intimadas para comparecer perante a justiça; c) o direito ao procedimento contraditório; d) o direito de não ser processado por leis *ex post facto*; e) o direito de igualdade com a acusação; f) o direito de ser julgado mediante provas e evidência legal e legitimamente obtida; g) o direito ao juiz natural; h) o privilégio contra a autoincriminação; i) a indeclinabilidade da prestação jurisdicional quando solicitada; j) o direito aos recursos; l) o direito à decisão com eficácia de coisa julgada" (in *Comentários à Constituição Brasileira de 1988*, v. 1/175 e 176).

7. *Princípios do contraditório e da ampla defesa e do juiz natural*

Já no inciso seguinte, de n. LV, o art. 5º da Constituição garante aos litigantes, em processo judicial ou administrativo, e aos acusados em geral, o *contraditório* e a *ampla defesa*, com os meios e recursos a ela inerentes, garantias que se põem como decorrências lógicas do devido processo legal e a ele estão incindivelmente vinculadas na formulação coerente do sistema constitucional, assim como sucede com o *juiz natural* que a Constituição contempla no inc. XXXVII do art. 5º, reafirmando, de certo modo, no inc. LIII do mesmo artigo, eis que, depois de preceituar, no inc. XXXVII, que "não haverá juízo ou tribunal de exceção", proclama no inc. LIII, de forma ampla, que "ninguém será processado nem sentenciado senão pela autoridade competente". Pinto Ferreira, acerca desse último dispositivo, anotou: "A pessoa deve ser julgada nos países democráticos de direito somente pelo *juiz natural*, cuja existência é um dos princípios básicos e fundamentais da jurisdição". E prossegue: "O juiz natural (*juge naturel, Gezetzliche Richter*) é somente aquele integrado no Poder Judiciário, com todas as garantias pessoais e funcionais previstas na Constituição Federal (art. 95). Somente os juízes, tribunais e órgãos jurisdicionais previstos na Constituição se identificam ao juiz natural, princípio que se estende ao poder de julgar também previsto em outros órgãos, como o Senado nos casos de impedimento de agentes do Poder Executivo" (ob. cit., p. 175). Ada Pellegrini Grinover, em *O Processo em sua Unidade — II*, 1984, p. 19, referindo-se à norma do § 4º do art. 141 da Constituição de 1946, ao proclamar "a lei não poderá retirar da apreciação do Poder Judiciário nenhuma lesão de direito individual", escreveu: "A norma, que tem sido interpretada como garantia do devido processo legal, no que concerne ao juiz natural, consagra, em última análise, o princípio de que só é juiz o órgão do Estado investido de jurisdição. E tem-se notado, com percuciência, que o preceito acima transcrito deu à regra do juiz natural, no direito pátrio, alcance maior do que em outros ordenamentos: 'Em nosso sistema normativo, o que existe, de maneira concludente e clara, é o princípio de que ninguém pode ser subtraído de seu *juiz constitucional*. Somente se considera juiz natural ou autoridade competente, no direito brasileiro, o órgão judiciário cujo poder de julgar derive de fontes constitucionais'". Referindo-se, ainda, ao tema, em período anterior a 1988, anota a ilustre Profa. Grinover: "Pode-se afirmar, assim, sem receios, que o princípio do juiz natural, hoje, é duplamente garantido pela Constituição: quanto ao aspecto da proscrição de tribunais extraordinários, pelo art. 153, § 15, *in fine*; no que tange à garantia do juiz constitucionalmente competente, pelo § 4º do mesmo dispositivo (da Emenda Constitucional 1/69)".

De outra parte, a Constituição, no art. 5º, LV, refere-se a qualquer "processo judicial ou administrativo", ao assegurar o *contraditório*, impondo, assim, na expressão de Manoel Gonçalves Ferreira Filho, "a condução dialética do processo", de tal sorte que "em cada passo do processo cada parte tenha a oportunidade de apresentar suas razões, ou, se for o caso, as suas provas", assegurando-se, destarte, a igualdade entre as partes (*par conditio*). Como registra Celso Agrícola Barbi, a ampla defesa, que, no dispositivo, também se garante a quem acusado, "é uma decorrência do princípio do contraditório, porque de nada serviria ouvir sempre a parte se não se lhe desse oportunidade de se defender amplamente", acrescentando: "Essa amplitude inclui tanto o poder de discutir como o de provar" (ob. cit., p. 10) e ainda os meios a ela inerentes, inadmissíveis, porém, no processo, as provas obtidas por meios ilícitos, qual dispõe o art. 5º, LVI, do Estatuto Supremo, na afirmação do princípio da licitude na colheita das provas. Celso Ribeiro Bastos, sobre o princípio da ampla defesa do acusado, em processo judicial ou administrativo, anota: "Por ampla defesa deve-se entender o asseguramento que é feito ao réu de condições que lhe possibilitem trazer para o processo todos os elementos tendentes a esclarecer a verdade. É por isso que ela assume múltiplas direções, ora se traduzirá na inquirição de testemunhas, ora na designação de um defensor dativo, não importando, assim, as diversas modalidades, em um primeiro momento. Por ora basta salientar o direito em pauta como um instrumento assegurador de que o processo não se converterá em uma luta desigual em que ao autor cabe a escolha do momento e das armas para travá-la e ao réu só cabe timidamente esboçar negativas. Não. Forçoso se faz que ao acusado se possibilite a colocação da questão posta em debate sob um prisma conveniente à evidenciação da sua versão. É por isto que a defesa ganha um caráter necessariamente contraditório". Noutro passo, observa: "Às alegações, argumentos e provas trazidas pelo autor é necessário que corresponda uma igual possibilidade de geração de tais elementos por parte do réu. Há que haver um esforço constante no sentido de superar as desigualdades formais em sacrifíco da geração de uma igualdade real" (*apud Comentários à Constituição do Brasil*, v. 2º/216-267, 1989).

Anota, ainda, Ada Pellegrini Grinover, em *Liberdades Públicas e Processo Penal*, Ed. RT, 1982, p. 18: "Vãs seriam as liberdades do indivíduo, se não pudessem ser reivindicadas e defendidas em juízo. Mas é necessário que o processo possibilite efetivamente à parte a defesa de seus direitos, a sustentação de suas razões, a produção de suas provas. A oportunidade da defesa deve ser legalmente plena, e o processo deve desenvolver-se com aquelas garantias, em cuja ausência não se pode caracterizar o 'devido processo legal' inserido em toda Constituição realmente moderna".

8. Efetividade das normas constitucionais e a independência do Poder Judiciário

De outra parte, é preciso ter presente que a normatividade que decorre de Constituição, enquanto esta é fundamento e primado da ordem jurídica e das instituições políticas, no sistema vigorante, há de encontrar seiva vital na realidade histórica de seu tempo, nas circunstâncias, nos fatos sociais. A necessária pretensão de eficácia, de efetividade, que exsurge do conteúdo normativo da Constituição, se cabe, desse modo, pôr-se no contexto amplo e para ela significativo da realidade atual, a esta, entretanto, não pode a Constituição ceder seu império, enquanto invocada para fundamentar expressões de vontade, inclusive normativas, dos outros Poderes constituídos. Se não se admite, para os efeitos normativos, visualizar um Estado abstrato e de forma teórica, longe da realidade histórica, no instante mesmo em que se cuida de fazer eficaz a normatividade da Constituição, não menos exato é que a adaptação de seu texto a uma dada realidade não pode suceder, corretamente, sem que se compreenda sua vontade, que deve, então, ser força ativa a orientar os comportamentos individuais dos cidadãos e as manifestações do Poder, na ação dos principais responsáveis pela aplicação da ordem constitucional. Diante dessa normatividade maior e fundamental, de sua constante vocação à eficácia e do necessário respeito que há de merecer, não resta espaço legítimo, portanto, a opor-lhe razões de conveniência ditadas pela conjuntura, pela realidade de fatos presentes, por vezes, suscetíveis de rápida mutação, ou de parâmetros concebidos na antevisão de planos de ação político-administrativa, se não estiverem em conformidade com a Constituição. Consoante acentuou, admiravelmente, o ex-Presidente da Corte Constitucional alemã Konrad Hesse: "Todos os interesses momentâneos — ainda quando realizados — não logram compensar o incalculável ganho resultante do comprovado respeito à Constituição, sobretudo naquelas situações em que a sua observância revela-se incômoda". Como acentuou, à sua vez, Walter Burckhardt, "aquilo que é identificado como vontade da Constituição deve ser honestamente preservado, mesmo que, para isso, tenhamos de renunciar a alguns benefícios, ou até a algumas vantagens justas. Quem se mostra disposto a sacrificar um interesse, em favor da preservação de um princípio constitucional, fortalece o respeito à Constituição e garante um bem da vida indispensável à essência do Estado, mormente do Estado democrático". Noutro passo, de referência a quem, ao contrário, não se dispõe a esse sacrifício, acrescenta: "Malbarata, pouco a pouco, um capital que significa muito mais do que todas as vantagens angariadas, e que, desperdiçado, não mais será recuperado" (in Hesse, *A Força Normativa da Constituição*, trad. de Gilmar Ferreira Mendes, ed. Sérgio Antonio Fabris, pp. 21 e 22).

Dessa maneira, guarda da Constituição e dos direitos e liberdades dos cidadãos, sem qualquer discriminação, não cabe a um Poder Judiciário independente desprezar os princípios da Lei Magna, a que está vinculado, notadamente os do devido processo legal, do contraditório e da ampla defesa, para decidir causas sob seu controle, ao atropelo de fatos ou ao impacto de protestos, mesmo quando a origem destes possa ter suas raízes em justa indignação. O respeito à Constituição e às leis há de ser postulado primeiro da ação do Poder Judiciário independente. Somente assim nele poderão todos os cidadãos, sem qualquer distinção, ter a certeza de que seus direitos e liberdades serão garantidos, de conformidade com a ordem jurídica e os valores que a informam.

9. Menção a outras dimensões da independência do Judiciário como Poder Político

Para não dilatar demasiadamente a exposição, não examinarei, aqui, outras dimensões da independência do Judiciário como Poder Político, tais como a autonomia administrativa e financeira, a que se referem o art. 99 da Cf, e seus §§ da Constituição, bem assim seu caráter nacional, afirmado no art. 93 da Lei Magna, com a uniformidade de tratamento da Magistratura, em seus âmbitos federal e estadual, e a unidade institucional do Poder Judiciário, em torno de princípios e valores fundamentais e de critérios comuns de organização e ação, na busca dos interesses e objetivos maiores permanentes da instituição judiciária, destinada a administrar, no território nacional, o serviço público essencial da Justiça, quer no plano da União, quer na esfera dos Estados-membros e do Distrito Federal.

10. A independência dos magistrados. O juiz de nossos dias. O juiz e o raciocínio judiciário. Os poderes do juiz na condução do processo. A imparcialidade do juiz e o relacionamento com as partes. Igualdade formal e igualdade efetiva. Independência do magistrado e o princípio da fidelidade à lei. Os princípios de fundamentação da sentença e de publicidade

Já antes da República, não se pode negar, porém, a existência de uma dimensão de independência do Judiciário, enquanto *manifestada na ação dos magistrados*, a eles se referindo o art. 151 da Constituição do Império, quando preceituava que o poder judicial é independente, não obstante a limitação das próprias garantias funcionais, tão bem expresso por Tavares de Lyra, em *Instituições Políticas do Império*, ed. Senado Federal, 1979, pp. 173 e 174, que observa: "Para a maioria dos Juízes, o direito não tinha dinamismo e raramente deixou de ser a letra fria e inflexível da lei, mesmo quando contrária à Constituição. ... Mas, em parte, isso era efeito da mentalidade jurídica do tempo e da organização política do Império, porque nossa história registra que do confronto entre as capitulações e serviços do Poder Judiciário, o que sobreleva e avulta é a grande moral da magistratura brasileira, sua resistência heróica na adversidade, sua imaculada probidade, sua serena coragem no desempenho de seu dever social".

Releva observar, assim, desde logo, que o juiz, na fase republicana brasileira, não há de ser autômato, na aplicação da lei, senão que lhe cumpre, antes, verificar de sua conformidade com a Constituição, como está expresso, inclusive, no art. 13 da Lei 221, de 20.11.1894. É que, cumpre observar, nesse sentido, vencida está a era em que uma concepção predominante diversa do comportamento dos poderes constitucionais, como "províncias estanques do Estado", operava, em princípio, a submissão inquestionável do magistrado ao texto literal e frio da lei, reduzida a função judiciária a atividade estritamente jurídica, incumbindo ao juiz, apenas, dizer o Direito, tal como preexiste a seu pronunciamento, jungido a limites lógico-formais, sem permissão para liberdades que possam acrescentar ao mundo jurídico qualquer elemento que, aí, já não figure de modo explícito ou latente. Nesta quadra do tempo, não é possível ter do juiz, apenas, a fisionomia que lhe retrata esta passagem de Cícero, no *De legibus*, 3, 2: "pode o magistrado dizer-se a lei a falar; e a lei dizer-se o magistrado em mudez (*dici potest magistratum legem esse loquentem, legem autem mutum magistratum*)", visão, essa, ainda projetada, no século XVIII, quando Montesquieu, repetindo o conceito ciceroniano, escreve que "os juízes da nação não são ... senão a boca que pronuncia as palavras da lei", "seres inanimados que não lhe podem moderar nem a força, nem o vigor" (*De L'Esprit des Lois*, 11,6). Hão, em verdade, os órgãos judiciários, de nossos dias, de ter presente a realidade do mundo social e econômico em que exercem seu ofício, ao voltar-se para a concretude do caso que lhes incumbe dirimir. Só desta maneira atenderão ao caráter prático de seu ofício, considerando, outrossim, na aplicação da lei, conforme preceito em voga, os fins sociais a que ela se dirige, quanto as exigências do bem comum.

Em torno da atividade judiciária, nesse sentido, anotou Miguel Seabra Fagundes: "Adstrito de um lado ao *princípio de fidelidade à lei*, que preside às atividades judiciárias, mas de outro obrigado a decidir pelo princípio de *não denegação da justiça*, imperativo do próprio conteúdo ético, utilitário e jurídico do Estado (Donati; Alípio Silveira), o juiz, partindo dos textos, quando possível e enquanto possível, tangenciando-lhes a rigidez, recorrendo aos princípios gerais que a doutrina e o direito comparado lhe fornecem, alcança soluções superando a omissão da lei escrita ou ampliando-a na sua compreensão" (in "Contribuição da jurisprudência a evolução do Direito brasileiro", *RF* 126/18).

Em outro aspecto de sua atuação, impende sinalar, é certo que não podem os órgãos do Judiciário exercer suas funções, permanecendo, apenas, no campo das idéias. A idéia, como observa Lavelle, é, tão-somente, um intermediário, e é nos seres verdadeiros e nas relações vivas que com eles mantemos que encontramos o real, e não nas idéias (*Le Moi et son Destin*, pp. 167 e 168). Se, como proclamou Ravà, o Direito é uma consciente tentativa para aplicar a idéia eterna da Justiça, segundo as condições concretas de um dado lugar, de certa população, de um determinado momento, ao mensageiro desse ideal incumbe viver e sentir essa realidde. O Direito, para servir a sociedade, não pode ficar na pura abstração, mas deve existir no conviver humano, ser companheiro da vida, assistindo e protegendo, promovendo o convívio harmônico e a segurança nas relações sociais. Os órgãos judiciários de qualquer nível, desse modo, hão de estar atentos aos fatos, ao tempo em que atuam, não lhes bastando o conhecimento da técnica do Direito, para que se resolvam adequadamente os conflitos e se avance, de maneira segura e equilibrada, em direção ao que deve ser. Válido é, no particular, afirmar-se que, em princípio, o que se procura, no processo, é a vida, nas suas múltiplas manifestações. E os órgãos judiciários têm que penetrar na parte noturna do ser, nas suas manifestações de rebeldia, na sua variada manifestação: no crime, na fraude civil, no desamor, no ódio. Em princípio, em cada processo há problemas humanos, e não apenas problemas de técnica jurídica. Não é possível, destarte, admitir-se que aos juízes caiba, predominantemente, a tarefa de especulação abstrata ou a simples exegese do Direito constituído. Se não lhes é possível a criação livre do Direito, para o caso concreto, partindo os juízes, nas decisões, ou de meras ideologias ou concepções pessoais sobre a sociedade ou o homem, ou curvando-se ao império das emoções no subjetivismo de seus julgamentos, não lhes compete, também, perder-se em puras divagações doutrinárias alheias às realidades da vida. Desse modo, o conhecimento do mundo, de par com uma profunda seriedade moral, a presença do humano e do social, à luz de seu tempo, o amor ao saber e à verdade, a inflexibilidade na defesa do valor da justiça, não podem estar ausentes da vida dos juízes. Cumpre-lhes, pois, com independência, sem temor algum, pelo estudo e a reflexão, tecer suas construções, a partir da descoberta de elementos existentes na intimidade do ordenamento jurídico, com base nos quais encontram, dentro do possível e enquanto cabível, a prudente solução às transformações sociais necessárias e, por vezes, idiscutivelmente, desejadas. Nisso está uma das mais significativas atividades dos tribunais e juízes, na busca do bem comum, que não se compreende, nem se pode realizar, sem Justiça. Se a interpretação das leis e a construção do Direito não podem negar ou violar os limites, expressamente, demarcados, da fonte principal, legislativa, indiscutível é, todavia, que imensos domínios se abrem à adaptação dos textos legislativos, tantas vezes inadequados à época e às exigências vitais da sociedade, para os que sabem ver a função social e conciliadora da Justiça viva, da Justiça dinâmica. Devem os juízes, outrossim, vislumbrar, de maneira constante, o caráter prático do grave ofício de julgar e, desse modo, embora seguros nos exercícios lógico-formais, nas construções teóricas e nas doutrinas hermenêuticas, cumpre-lhes não expor suas decisões, em nenhum momento, ao perigo da ausência do real, certos de que é na perspectiva deste que cabe desenvolver o raciocínio judiciário, orientado, permanentemente, por elementos de índole axiológica.

De outro lado, na pugna judiciária, não é suficiente se desenhe mera igualdade formal na relação processual, como a entendia bastante a antiga concepção privatística do processo, para propiciar uma justa solução das demandas. Distante de mais de um século está a quadra em que exacerbado individualismo reduzia a limites estreitos a área de atividade do juiz, aparecendo as demandas como de interesse exclusivo dos litigantes, intervindo o Estado, tão-só, para que as regras fossem observadas pelos contendores e não se fizesse justiça pelas próprias mãos. Tornada predominante, porém, a concepção publicística do processo, não apenas cresceu de ponto a importância da jurisdição no quadro das funções do Estado, alçada à eminência de prerrogativa da soberania nacional, como a finalidade do processo deixou de ser exclusivamente a proteção dos direitos subjetivos, passando a garantir ou a atuar o direito objetivo, o que seria de interesse do Estado e não apenas dos particulares.

Nessa linha do pensamento político-filosófico, recolhido pelo constitucionalismo pátrio e expresso na independência institucional e funcional do Judiciário, como Poder Político, foram aumentados os poderes do juiz, na cena judiciária, que deixou de ser espectador quase inerte da batalha judicial, cabendo-lhe impulsionar o andamento das causas, determinar provas, reprimir a má conduta das partes, conhecer, *ex officio*, de circunstâncias até então dependentes de alegação do interessado. E nada parece, todavia, ter ocorrido, como antes se supunha, em prejuízo da imparcialidade do magistrado. Cumpre, nesse sentido, antes de tudo, ter presente que o que bem interessa é a verdade na decisão final. O triunfo na luta judiciária não deve resultar de pequenos lapsos na atividade do adversário, nem convém à Justiça que as demandas se inutilizem por preliminares de natureza processual, mas, sim, que se decidam os conflitos no seu mérito, pela efetiva existência do direito ao lado do vencedor. Manter o juiz, em relação aos membros do Ministério Público, advogados, procuradores judiciais e defensores públicos, que se hão de ter como efetivos colaboradores na administração da Justiça (CF, arts. 127, 131, 132, 133 e 134), a mais ampla abertura, prestando-lhes, inclusive, se necessário, esclarecimentos, chamando a atenção dos litigantes para aspectos das causas não suficientemente elucidados, alertando-os, outrossim, para circunstâncias descuidadas, por um ou outro dos demandantes, mas que podem ser conhecidas, *ex officio*, pelo magistrado, não constitui, por si só, quebramento da imparcialidade do julgador, mas representa, isto, sim, forma de favorecer o andamento das causas e a justiça das decisões. Não há, inclusive, o juiz de recear que essa atividade esclarecedora denuncie sua opinião sobre certos pontos do processo, pois a derradeira decisão pende sempre da concorrência de uma pluralidade de fatores. Na condução do processo, contribui, desse modo, o magistrado para que, da atuação do direito objetivo, ocorra, quanto possível, a realização efetiva da justiça, no desate das controvérsias.

Não é menos exato, entretanto, de outra parte, que os tribunais e juízes, enquanto órgãos do Poder Judiciário, não obstante a ampla independência que lhes garante o sistema jurídico para o exercício da jurisdição, não estão autorizados, pela ordem constitucional, a desprezar a lei válida e decidir o caso concreto por critérios pessoais, subjetivos, qual estivessem a criar a norma que lhes pareça mais justa ou mais conveniente a solver a hipótese em exame. A autoridade dos tribunais e juízes decorre da Constituição e das leis em conformidade com a Carta Magna. A só investidura como autoridade judiciária não lhes empresta aptidão a decidir, discricionariamente, apenas, por invocação de princípios ideológicos ou de convicções pessoais, ou pressões de quem quer que seja, deixando à margem a lei válida (isto é, conforme à Constituição), ou o devido processo legal, aplicáveis à espécie. De contrário, seria admitir, desde logo, a substituição do legislador pelo juiz, dos órgãos legislativos pelos judiciários, com evidente desprezo ao preceito básico do sistema democrático, relativo à separação e harmonia dos Poderes, cujo exercício há de dar-se nos limites deferidos na Constituição, ou o desprezo ao princípio da imparcialidade, que constitui marca essencial da atividade jurisdicional do magistrado, singularmente considerado, ou de um tribunal.

Cumpre entender, entretanto, que, com isso, não se diminui a independência do magistrado ou a autonomia dos tribunais na sua legitimação para, em decidindo litígios, interpretar a lei, atentos a seus fins sociais e aos imperativos do bem comum, que também lhes cumpre promover, no ato de julgar.

Emprestou-se, ademais, nesse sentido, *status* constitucional a antiga norma do Direito Processual ordinário, quanto à obrigatoriedade de *fundamentação da sentença*, sob cominação de nulidade. É o que está no inc. IX do art. 93, ao determinar sejam "fundamentadas todas as decisões, sob pena de nulidade". Diante do inc. IX do art. 93 da Lei Magna em vigor, é cabível afirmar que não mais é possível julgamento secreto e não fundamentado, o que, no dizer de Celso Agrícola Barbi, "é uma tranqüilidade para o cidadão, que quer saber por que não teve êxito em sua demanda" (ob. cit., p. 11). Não teria, destarte, sentido compreender a independência do magistrado como a autorizá-lo a decidir as causas discricionariamente, senão que, cada vez mais se faz imperativo, como garantia de todos, que os julgamentos encontrem, na ordem jurídica, as bases de sua formulação. Põe-se, também, aqui, que aos magistrados e tribunais não se há de reconhecer legitimidade para proferir decisões sem respeito ao devido processo legal, ao contraditório e à ampla defesa, garantias processuais constitucionais de todos os cidadãos.

Outro princípio que, no ponto, não pode ser desconsiderado, e ganhou espaço constitucional no art. 5º, LX, da Lei Maior de 1988, foi o da *publicidade* dos atos processuais, estipulando-se, no dispositivo referido: "A lei só poderá restringir a publicidade dos atos processuais quando a defesa da intimidade ou o interesse social o exigirem"; constando ainda, da parte inicial do inc. IX do art. 93 que "todos os julgamentos dos órgãos do Poder Judiciário serão públicos..., podendo a lei, se o interesse público o exigir, limitar a presença, em determinados atos, às próprias partes e a seus advogados, ou somente a estes".

Sinala, no particular, Celso Ribeiro Bastos que a publicidade dos atos processuais "insere-se em um campo mais amplo da transparência da atuação dos poderes públicos em geral. É uma decorrência do princípio democrático. Este não pode conviver em regra com o sigilo, o segredo, o confinamento a quatro portas, a falta de divulgação, porque por este caminho, da sonegação dos atos à coletividade, impede-se o exercício importante de um direito do cidadão em Estado governado pelo povo, qual seja: o do controle". E prossegue: "Não há dúvida, portanto, de que a publicidade dos atos, e especificamente dos atos jurisdicionais, atende ao interesse das partes e ao interesse público. Protege o magistrado contra insinuações e maledicências; da mesma forma que protege as partes contra um possível arbítrio ou prepotência. E confere à coletividade, de um modo geral, a possibilidade de controle sobre atos que são praticados com a força própria do Estado" (*Comentários à Constituição do Brasil*, v. 2/285).

11. Encerramento

Cumpre terminar. A dimensão política que revela no Judiciário o caráter de Poder do Estado independente e lhe empresta competência para a revisão judicial dos atos dos outros Poderes e de seus próprios atos, bem assim lhe atribui o amplo controle jurisdicional e a unidade de jurisdição (CF, art. 5º, XXXV), não confere, todavia, império, conforme a Constituição, para que os tribunais e juízes julguem as causas como simples eco dos sentimentos e das aspirações populares, por mais justos sejam. Para que o Estado de Direito democrático tenha no Judiciário o verdadeiro fiador das liberdades e dos direitos dos cidadãos e da própria independência dos outros Poderes, é necessário que o exercício da independência do Judiciário e dos magistrados não se confunda nunca com meros ímpetos ou gestos discricionários ditados pelo subjetivismo ou pela emoção de cada momento, por parte dos tribunais, ou dos juízes, com desprezo ao devido processo legal. E nisso está, também, a respeitabilidade do Poder Judiciário, que não há de existir como coroa de glória dos magistrados, mas, antes, como símbolo e certeza da garantia que a ordem constitucional confere à liberdade e aos direitos de todos. Muito obrigado.

O SUPREMO TRIBUNAL FEDERAL, CORTE CONSTITUCIONAL (UMA PROPOSTA QUE VISA A TORNAR EFETIVA A SUA MISSÃO PRECÍPUA DE GUARDA DA CONSTITUIÇÃO)*

CARLOS MÁRIO VELLOSO
Ministro do Supremo Tribunal Federal — Professor Titular da Universidade de Brasília-Unb

1. Introdução: o STF e a República, o Supremo Tribunal de Justiça do Império, o STF e o controle de constitucionalidade

A história do Supremo Tribunal Federal se confunde com a história da República. "Elas se interligam e se integram nas grandezas e vicissitudes, nos dias de glória e nos instantes de sombra", registrou o Senador José Sarney no discurso que proferiu na Sessão Especial que o Senado realizou, comemorativa do centenário de instalação do STF, em 19.4.91. O STF teve como antecessor o Supremo Tribunal de Justiça do Império, criado pela Constituição de 1824, mas que somente se instalou a partir de 1828.

O Supremo Tribunal de Justiça da Constituição Imperial de 1824 não se afirmou, entretanto, como poder político. Ele não era, na verdade, um Tribunal às inteiras. É bem possível que os limitados poderes de moderação do Imperador tenham impedido aquele Tribunal de exercer com largueza a função jurisdicional. Talvez por isso, ou também por isso, o Supremo Tribunal de Justiça não foi um poder. É certo que concorreu para que tal ocorresse a inexistência, na Constituição de 1824, do controle judicial da constitucionalidade das leis. Sabemos que, por influência do constitucionalismo francês, o controle de constitucionalidade, na Carta Imperial, era do próprio Poder Legislativo.

A República, proclamada a 15.11.1889, marca o surgimento do STF como poder. O Dec. 510, de 22.6.1890, significou o primeiro passo para a instituição do STF nos moldes da Suprema Corte norte-americana. O Dec. 848, de 11.10.1890, transformou o Supremo Tribunal de Justiça no STF. Promulgada a Constituição republicana, a 24.2.1891, instalou-se o STF, no dia 28.2.1891, com quinze ministros, a maioria deles vinda do Supremo Tribunal de Justiça, maioria, essa, que, entretanto, "pouco se demoraria no novo Tribunal", informa Lêda Boechat Rodrigues (*História do Supremo Tribunal Federal*, I/7, Rio, ed. Civilização Brasileira, 1965). O Poder Judiciário, na República, assume posição de poder político. Esclarece Seabra Fagundes, em conferência pronunciada em 1952, que "vínhamos, em 1891, do Império, onde a

* Texto básico da palestra proferida em 16.10.92, no Seminário de Direito Constitucional, com vistas à reforma constitucional, promovido pelo Tribunal de Contas do Município de São Paulo.

Justiça não tinha nenhuma expressão política. Era um poder que se limitava a dirimir as controvérsias do direito privado, de modo que os atos da Administração Pública escapavam, por inteiro, ao seu controle. E, de chofre, pela instituição da República, o Poder Judiciário foi elevado a plano de excepcional importância na vida política do País. Atribuiu-se-lhe, ao lado da função que já era sua, de mero dirimidor das questões de ordem privada, uma outra, de maior importância: a de guardar os direitos individuais contra as infrações decorrentes de atos do Poder Executivo e do Poder Legislativo, inclusive e notadamente quando esses atos afetassem textos constitucionais. Isto equivalia, de certo modo, a fazê-lo fiador da seriedade mesma do regime como construção política, pois, ao declarar a prevalência da Lei Suprema em face de atos legislativos ou administrativos que a afetavam, o que fazia o Judiciário era preservar as próprias instituições republicanas, pela contenção dos demais poderes nas suas órbitas estritas de ação e pela garantia ao indivíduo da sobrevivência dos seus direitos, fossem quais fossem as prevençõess contra eles armadas". Adotou a Carta de 1891, portanto, o modelo norte-americano, que mereceu elogios de Édouard Laboulaye: "Onde, porém, começa a diferença, onde os Estados Unidos fizeram uma verdadeira revolução, foi quando eles intuíram que a justiça deveria fazer-se também um poder político" ("Do Poder Judiciário", in *A Constituição dos Estados Unidos*, 4/13, trad. de Lenine Nequete, Ajuris, 1866). O STF passa a realizar, com a Constituição republicana de 1891, aquilo que o Imperador de certa forma desejava: relata a notável historiadora do STF, Lêda Boechat Rodrigues, que, "em julho de 1889, indo Salvador de Mendonça, acompanhado de Lafayette Rodrigues Pereira, despedir-se de D. Pedro II, a fim de cumprir missão oficial nos Estados Unidos, ouviu do Imperador as seguintes palavras: 'Estudem com todo o cuidado a organização do Supremo Tribunal de Justiça de Washington. Creio que nas funções da Corte Suprema está o segredo do bom funcionamento da Constituição norte-americana. Quando voltarem, haveremos de ter uma conferência a esse respeito. Entre nós as coisas não vão bem, e parece-me que se pudéssemos criar aqui um tribunal igual ao norte-americano, e transferir para ele as atribuições do Poder Moderador da nossa Constituição, ficaria esta melhor. Dêem toda a atenção a este ponto'" (ob. cit., p. 1). Salvador de Mendonça e Lafayette Rodrigues Pereira não tiveram tempo de trazer ao Imperador as suas observações: a 15.11.1889, quatro meses depois, a República era proclamada. A idéia, entretanto, registra Lêda Boechat Rodrigues, "parecia estar na consciência de outros", dado que a Constituição de 1891, conforme já falamos, adotou, no tocante ao STF, o modelo da Suprema Corte americana, outorgando-lhe, expressamente, 'o poder de declarar a inconstitucionalidade das leis'" (ob. e loc. cits.).

2. O controle de constitucionalidade: florescimento da idéia

A história do STF, do Supremo Tribunal republicano, que a 28.2.91 comemorou o seu centenário, confunde-se com a história da República e é a própria história do controle jurisdicional da constitucionalidade das leis no Brasil, esse mesmo controle de constitucionalidade que, segundo Mauro Cappelletti, neste século, principalmente após a II Grande Guerra, passa por "magnífico florescimento", sendo adotado em países que não o conheciam, e alargando-se e consolidando-se em Estados que já o praticavam (*O Controle Judicial de Constitucionalidade das Leis no Direito Comparado*, trad. de Aroldo Plínio Gonçalves, Porto Alegre, Sérgio Fabris Editor, 1984). Esse magnífico florescimento do controle de constitucionalidade tem causas, sobressaindo dentre estas, registra Anna Cândida da Cunha Ferraz, forte em

Cappelletti (ob. cit.) e L. Favoreu ("Europe Occidentale", in *Le Contrôle Juridictionnel des Lois*, Paris, Economica-Presses Universitaires D'Aix-Marseille, 1986, pp. 17 e ss.), "o renascimento do 'constitucionalismo'. Após a II Guerra Mundial, como forma de reação às experiências trágicas dos governos tirânicos e absolutos do antes-guerra, redescobre-se a noção de 'Constituição' e, como decorrência, a necessidade de progetê-la e resguardá-la principalmente contra a ação dos poderes políticos" (Anna Cândida da Cunha Ferraz, "Apontamentos sobre o controle da constitucionalidade", *Revista da Procuradoria-Geral do Estado de São Paulo* 34/27). Os povos perceberam, na verdade, após sofrerem na carne os desmandos do autoritarismo estatal, que vale a pena redescobrir a Constituição, que vale a pena pugnar pela idéia de Constituição. Redescobriram que a Constituição é o breviário dos povos livres e que, por isso mesmo, é preciso defendê-la, é preciso imaginar mecanismos de defesa da Constituição. Por isso, o "magnífico florescimento" do controle de constitucionalidade, que ocorre a partir, principalmente, do 2º pós-guerra, tal como aponta Mauro Cappelletti.

3. As Cortes Constitucionais européias e o STF como Corte Constitucional

Após a I Grande Guerra surgem, na Europa, as Cortes Constitucionais. A primeira foi criada com a Constituição da Áustria de 1920, inspirada no gênio de Kelsen e que foi suprimida em 1938, com a ocupação alemã. A Constituição da Tcheco-Eslováquia, de 1921, instituiu a Corte Constitucional, o mesmo ocorrendo com a Constituição da Espanha de 1931. Ambas tiveram, entretanto, duração efêmera.

Após a II Grande Guerra restaura-se, com a Lei Constitucional de 12.10.45, a Corte Constitucional austríaca. A Constituição da Itália, que teve vigência a partir de 1.1.48, instituiu a Corte Constitucional italiana, que foi instalada em 1956. O Tribunal Constitucional Federal alemão foi criado pela Lei Fundamental de 1949. Chipre, em 1960, instituiu a sua Corte Constitucional, o mesmo ocorrendo com a Turquia, em 1961, a Iugoslávia, em 1963, a Tcheco-Eslováquia, em 1968. Nos anos 70 e 80 prosseguiu a expansão do controle jurisdicional na Europa: em 1975 foi a vez da Grécia; a Espanha, em 1978, criou o seu Tribunal Constitucional, também o fazendo Portugal, em 1982, e a Polônia, em 1986.

No Brasil, em 1987/1988, a Assembléia Nacional Constituinte debateu em profundidade o tema relacionado com as Cortes Constitucionais, com a defesa da Constituição, com o controle de constitucionalidade. A efetivação do ajuste da Constituição formal à Constituição substancial, real, fez parte das cogitações dos constituintes. Muitos propugnavam por uma Corte Constitucional segundo o modelo europeu. Prevaleceu, entretanto, no seio da Assembléia Constituinte, o bom senso. Não seria possível que fosse desprezada a experiência centenária de controle de constitucionalidade que vinha sendo praticado pelo STF, que construiu, em termos de controle jurisdicional da constitucionalidade das leis, uma doutrina brasileira. O constituinte consagrou, então, o STF como Corte Constitucional, estabelecendo competir-lhe, precipuamente, a guarda da Constituição. É o STF, então, a partir de 1988, a Corte Constitucional do Brasil. Justamente para que pudesse o STF realizar a sua missão de Corte Constitucional, criou a Constituição de 1988 o Superior Tribunal de Justiça, que passou a exercer a competência do Supremo Tribunal no que concerne ao contencioso de direito federal comum; vale dizer, ao tempo em que a Constituição confere ao STF as galas de guardião maior da Constituição, ela deseja que o STJ seja o responsável pela integridade, pela autoridade e pela uniformidade de interpretação do direito federal comum. Aliás, para que isto ocorra, em toda a sua extensão, é preciso retirar do STF e passar para o STJ certas competências que não condizem com a sua condição de Corte Constitucional, do que, mais à frente, falaremos.

4. As competências do STF: originária e recursal ordinária e extraordinária

Ao STF a Constituição confere outras competências, além da competência maior de guardá-la e defendê-la. Segundo a Constituição de 1988, ao STF são conferidas competências em três planos: em primeiro lugar, competências originárias; depois, competência recursal ordinária e, finalmente, competência recursal extraordinária. Nesta última, mediante o recurso extraordinário, o STF realiza o controle de constitucionalidade na sua forma difusa, já que, na ordem constitucional brasileira, são dois os tipos de controle de constitucionalidade adotados: o difuso, conferido a qualquer juiz ou tribunal, e que chega ao STF através do recurso extraordinário, e o concentrado, que o STF realiza no julgamento da ação direta de inconstitucionalidade, assim de sua competência exclusiva.

5. Competências originárias

5.1 A ação direta de inconstitucionalidade

Examinemos, a vôo de pássaro, dado que o tempo não nos permitirá exame aprofundado do tema, as competências do STF.

Comecemos com as competências originárias, inscritas no art. 102, I, "a" até "q". A primeira delas, inscrita na alínea "a", é, ao que penso, a mais importante das competências do STF: compete-lhe processar e julgar, originariamente, a ação direta de inconstitucionalidade de lei ou ato normativo federal ou estadual. Esta é, repito, a competência maior do STF. Apenas essa competência poria o STF em pé de igualdade com o Tribunal Constitucional alemão, com o Tribunal Constitucional espanhol, com a Corte Constitucional italiana e com o Tribunal Constitucional português. É a competência maior, porque é mediante o julgamento da ação direta de inconstitucionalidade que o STF realiza o controle concentrado, guarda a Constituição. É claro que, na competência recursal extraordinária, o STF também guarda a Constituição. É no controle direto, em abstrato, todavia, que o STF afirma-se como Corte Constitucional, guarda maior da Constituição.

Podem ser objeto da ação direta os atos normativos federais e estaduais. Não há, na ordem constitucional brasileira, controle em abstrato de lei ou ato normativo municipal em face da Constituição Federal.

A ação direta de inconstitucionalidade, mediante a qual, repito, o controle concentrado é realizado, desenvolve-se num processo objetivo, sem partes, com vistas à proteção da ordem jurídica, no qual não há litígio que diga respeito a direitos individuais. Quando do julgamento da Repr. 1.016-SP, o Min. Moreira Alves registrou que a representação de inconstitucionalidade, que é, hoje, a ação direta de inconstitucionalidade, tem "caráter excepcional com acentuada feição política pelo fato de visar ao julgamento, não de uma relação jurídica concreta, mas da validade da lei em tese". E acrescentou que não é ela "uma simples ação declaratória de nulidade, como qualquer outra, mas, ao contrário, um instrumento especialíssimo de defesa da ordem jurídica vigente estruturada com base no respeito aos princípios constitucionais vigentes" (*RTJ* 95/993 e 999). Por isso, disse eu, em voto proferido no STF, na Recl. 390-RS, que não é admissível reclamação para o fim de garantir a autoridade da decisão proferida na ação direta de inconstitucionalidade. Dado que a reclamação é cabível em dois casos —

para preservar a competência da Corte e para garantir a autoridade de suas decisões (CF, art. 102, I, "l") — estou em que ela poderá ser admitida, em princípio, no primeiro caso, vale dizer, para preservar a competência do STF, não, entretanto, na segunda hipótese. É que a decisão proferida no controle concentrado de constitucionalidade tem a natureza de norma, de norma em sentido negativo, porque ela afasta da ordem jurídica a norma incompatível com o ato normativo inicial, na linha, aliás, da lição de Kelsen, citada por Jorge Miranda, no sentido de que "anular uma lei é fazer uma norma geral, fazê-la com sinal negativo". (H. Kelsen, *La Garantie Juridictionnelle de la Constitution*, pp. 28 e 29, *apud* Jorge Miranda, *Manual de Direito Constitucional*, 2ª ed., t. II/323, Coimbra Editora). Destarte, a decisão ou ato praticado com base em norma inválida, porque assim declarada, em tese, pelo STF, também será inválido, mas a declaração dessa invalidez deverá ser buscada mediante a utilização do processo ordinário e das ações que integram o que Cappelletti denomina de jurisdição constitucional das liberdades (*La Giurisdizione Costituzionale delle Libertà*, Milão, 1955) — os remédios ou garantias constitucionais, e que são, na Constituição vigente, o *habeas corpus*, o mandado de segurança individual e coletivo, o *habeas data*, o mandado de injunção e a ação popular.

5.2 O contencioso criminal e os direitos fundamentais

Na alínea "b" do inc. I do art. 102 estabelece a Constituição que compete ao STF processar e julgar, originariamente, nas infrações penais comuns, o Presidente da República, o Vice-Presidente, os membros do Congresso Nacional, seus próprios Ministros e o Procurador-Geral da República. E, nas infrações penais comuns e nos crimes de responsabilidade, os Ministros de Estado, os membros dos Tribunais Superiores, os do Tribunal de Contas da União e os chefes de missão diplomática de caráter permanente.

Temos, na alínea "b", uma competência originária para o julgamento de infrações penais comuns; na alínea "c", também uma competência originária para o julgamento de infrações penais comuns e mais os crimes de responsabilidade.

As Cortes Constitucionais européias realizam, de regra, segundo o Min. Oscar Corrêa, forte no magistério de Jean-Claude Béguin (*Le Contrôle de la Constitutionnalité des Lois en Republique Fédérale d'Allemagne*, Paris, Economica, 1982, pp. 34 e ss.) e Louis Favoreu (*Les Cours Constitutionnelles*, Coleção "Que-sais-je?", Paris, Presses Universitaires de France, 1986), quatro tipos de competências que podem ser agrupadas em quatro grandes classes: 1) contencioso quase-penal; 2) contencioso dos direitos constitucionais ou fundamentais; 3) contencioso das normas; 4) contencioso dos litígios entre órgãos constitucionais (Oscar Dias Corrêa, *O STF, Corte Constitucional do Brasil*, Forense, 1987, pp. 70-72). O STF, Corte Constitucional, realiza todos esses contenciosos. No ponto, art. 102, I, "b" e "c", temos o contencioso penal. Diria até que o STF tem, em matéria penal, uma competência muito vasta, que poderia ser reduzida. Oportunamente, voltaremos ao tema.

Registre-se que a competência para o processo e julgamento dos Ministros de Estado, nos crimes de responsabilidade, é para os casos em que esse tipo de crime não seja conexo com o crime de responsabilidade do Presidente ou do Vice-Presidente da República (CF, art. 52, I). Havendo conexão, a competência para o julgamento é do Senado Federal, depois de obtida autorização da Câmara dos Deputados, na forma do disposto no art. 51, I, da Constituição. Não havendo conexão, a competência é do STF, dispensada a autorização da Câmara, conforme decidido por esta Corte na Queixa-Crime 427-DF, de que foi relator o Min. Moreira Alves.

Segue-se, na alínea "d", a competência do STF para julgar, originariamente, o *habeas corpus*, sendo paciente qualquer das pessoas referidas nas alíneas "b" e "c" — Presidente e Vice-Presidente da República, membros do Congresso Nacional, seus próprios Ministros, o Procurador-Geral da República, Ministro de Estado, membros dos Tribunais Superiores, do TCU e chefes de missão diplomática de caráter permanente. A alínea "d" ainda estabelece competência originária do STF para julgar o mandado de segurança e o *habeas data* contra atos do Presidente da República, das Mesas da Câmra dos Deputados e do Senado Federal, do TCU, do Procurador-Geral da República e do próprio STF. Também aí, o STF exercita o contencioso penal (julgamento de *habeas corpus*, o que se dá, comumente, em matéria penal) e o contencioso dos direitos fundamentais (julgamento do *habeas corpus*, do *habeas data* e do mandado de segurança).

5.3 Contencioso dos litígios entre órgãos constitucionais

As alíneas "e" e "f" estabelecem que ao STF compete processar e julgar, originariamente, o litígio entre Estado estrangeiro ou organismo internacional e a União, o Estado, o Distrito Federal ou o Território (alínea "e") e as causas e os conflitos entre a União e os Estados, a União e o Distrito Federal, ou entre uns e outros, inclusive as respectivas entidades da Administração indireta. Tem-se, aqui, o contencioso denominado, nas Cortes Constitucionais européias, entre órgãos constitucionais.

5.4 A extradição e a homologação de sentença estrangeira e o "exequatur"

Na alínea "g", prescreve a Constituição que ao STF competirá julgar, originariamente, a extradição solicitada por Estado estrangeiro. A alínea "g" deverá ser interpretada tendo presente o inscrito nos incs. LI e LII do art. 5º da Constituição, a estabelecerem que nenhum brasileiro será extraditado, salvo o naturalizado, em caso de crime comum, praticado antes da naturalização, ou de comprovado envolvimento em tráfico ilícito de entorpecentes e drogas afins, na forma da lei, e que não será concedida extradição de estrangeiro por crime político ou de opinião. A extradição está regulada, em plano infraconstitucional, na Lei 6.815, de 19.8.80, com a redação da Lei 6.964, de 9.12.81, lei que define a situação jurídica do estrangeiro no Brasil. No julgamento da extradição, realiza o STF o contencioso penal.

A alínea "h" confere ao STF competência para a homologação das sentenças estrangeiras e a concessão do *exequatur* às cartas rogatórias, que podem ser conferidas pelo Regimento Interno a seu Presidente.

5.5 O "habeas corpus"

A alínea "i" estabelece que compete ao STF julgar, originariamente, o *habeas corpus*, quando o coator ou o paciente for tribunal, autoridade ou funcionário cujos atos estejam sujeitos diretamente à jurisdição do STF, ou se trate de crime sujeito à mesma jurisdição em uma única instância.

Aqui, cabe distinguir: quando o coator ou paciente for autoridade ou funcionário cujos atos estejam sujeitos diretamente à jurisdição do STF, a competência será do STF; o mesmo deve ser dito quando se trate de crime sujeito à jurisdição do STF em uma única instância. Todavia, tratando-se de Tribunal de Justiça, Tribunal Regional Federal, Tribunal de Alçada ou Tribunal Militar de Estado-membro, a competência não é do STF, mas do STJ. A esta conclusão chega-se numa interpretação construtiva, tendo em vista, sobretudo, o sistema instituído pela Constituição. Em trabalho doutrinário que escrevi, ainda quando integrava o STJ, examinei e debati o tema: "O Superior Tribunal de Justiça —

Competências originária e recursal", in *Recursos no Superior Tribunal de Justiça*, coordenação do Min. Sálvio de Figueiredo Teixeira, Saraiva, 1991, pp. 3-47, 18-20. O STF, conforme dou notícia no trabalho mencionado, tem entendido que é sua a competência em tais casos. A questão, entretanto, não está encerrada, dado que há, no Plenário, matéria a ser decidida em reclamação, com julgamento suspenso em razão de pedido de vista formulado por um dos eminentes Ministros. No HC 67.915-SP, reiterei, em voto pormenorizado, o meu entendimento no sentido da competência do STJ para o julgamento dos citados *habeas corpus*.

5.6 A revisão criminal e a ação rescisória

Também aí, na citada alínea "i", o STF exercita o contencioso criminal, o que ocorre, também, na alínea "j", primeira parte, a prescrever que compete ao STF processar e julgar, originariamente, a revisão criminal. Esta alínea "j" ainda estabelece que compete ao STF processar a ação rescisória de seus julgados. Que julgados? Do Plenário, das Turmas, dos Relatores? Sim, do Plenário, das Turmas e dos Relatores, desde que preencham os requisitos do CPC, art. 485.

5.7 A reclamação e o controle concentrado

A alínea "l" prescreve que ao STF compete julgar a reclamação para a preservação de sua competência e garantia de autoridade de suas decisões. O instituto da reclamação, disse eu em voto que proferi no STF, na Recl. 390-RS, tem por finalidade preservar a competência da Corte e garantir a autoridade de suas decisões, e está disciplinado no Regimento Interno do STF, arts. 156 a 162, e na Lei 8.038, de 28.5.90, arts. 13 a 18. Parte legítima para a reclamação é o Procurador-Geral da República, Chefe do Ministério Público da União, ou o interessado na causa. A reclamação, que foi instituída pelo STF, no seu Regimento Interno, e depois constitucionalizada, situava-se no processo subjetivo. Daí por que o Regimento Interno, ao discipliná-la, em termos procedimentais, estabeleceu que "o relator poderá determinar a suspensão do curso do processo em que se tenha verificado o ato reclamado, ou a remessa dos respectivos autos ao Tribunal" (RISTF, art. 158). Teve em mira, portanto, o Regimento Interno um processo judicial onde a decisão estivesse sendo descumprida ou a competência da Corte afrontada (RISTF, art. 161, I, II e III). A Lei 8.038, de 28.5.90, é certo, alterou, ligeiramente, a redação do art. 158 do RISTF, ao dispor, no art. 14, II, que o relator, ao despachar a inicial, "ordenará, se necessário, para evitar dano irreparável, a suspensão do processo ou do ato impugnado". Penso, entretanto, que não houve alteração substancial no que está no art. 158 do RISTF. Quando o inc. II do art. 14 da Lei 8.038/90 se refere a ato impugnado, está se referindo, ao que deduzo, a ato praticado no processo, porque poderá determinar "a suspensão do processo ou do ato impugnado". Ora, casos haverá em que não será necessário suspender o processo, mas, apenas, o ato praticado no processo e que descumpre decisão ou afronta a competência da Corte Suprema. Este raciocínio se reforça diante do que está posto no art. 17 da citada Lei 8.038/90: "julgando procedente a reclamação, o Tribunal cassará a decisão exorbitante de seu julgado ou determinará medida adequada à preservação de sua competência". Refere-se a lei, está-se a ver, a decisão, apenas a decisão, e não a ato. Em apoio da tese no sentido de que a reclamação pressupõe a existência de um processo no qual terão ocorrido os pressupostos, dissertou amplamente o eminente Min. Néri da Silveira, no voto que proferiu na Recl. 389-PR, com apoio em acórdãos específicos da Corte: Recl. 831, relator o Min. Amaral Santos, *RTJ* 56/539, e Recl.

134, relator o Min. Alfredo Buzaid, *RTJ* 104/18.

No controle concentrado, conforme vimos, não me parece admissível a reclamação para garantir o cumprimento de decisão. Reporto-me, no ponto, ao que já foi exposto, linhas atrás, quando cuidamos da ação direta.

5.8 A execução de suas sentenças

A alínea "m" confere competência originária ao STF para a execução de sentença nas causas de sua competência originária, facultada a delegação de atribuições para a prática de atos processuais.

5.9 A competência da alínea "n"

A alínea "n" consagra competência nova do STF, ao qual competirá julgar a ação em que todos os membros da Magistratura sejam direta ou indiretamente interessados, e aquela em que mais da metade dos membros do tribunal de origem estejam impedidos ou sejam direta ou indiretamente interessados.

São três as hipóteses em que ao STF competirá julgar, originariamente, a ação: a) quando todos os membros da Magistratura sejam direta ou indiretamente interessados; b) quando mais da metade dos membros do tribunal de origem estejam impedidos; c) ou sejam direta ou indiretamente interessados.

O STF tem interpretado a disposição constitucional em apreço de forma a restringir a competência aos casos em que a intervenção do Tribunal, como cúpula do sistema judicial, se torne, efetivamente, necessária.

Assim é que, no julgamento da Ação Originária 8-CE, de que fui relator, decidiu no sentido de que, se não é objeto da causa uma vantagem ou um direito peculiar, próprio da Magistratura, mas vantagem ou direito de todos os servidores públicos, não compete ao STF julgar, originariamente, a causa (*RTJ* 138/3). Na AOr 38-SP, também por mim relatada, não foi outro o entendimento da Corte (*RTJ* 138/11). No voto que proferi por ocasião do julgamento da primeira, AOr 8-CE, aduzi razões às quais me reporto (*RTJ* 138/3).

5.10 Conflitos de jurisdição ou de competência

A alínea "o" estabelece que compete ao STF processar e julgar os conflitos de competência entre o STJ e quaisquer Tribunais, entre Tribunais Superiores, ou entre estes e qualquer outro Tribunal.

A regra é esta: o conflito de competência entre o STJ e qualquer outro Tribunal, entre Tribunais Superiores (STJ, TSE, STM e TST) e entre Tribunais Superiores e qualquer outro Tribunal será julgado pelo STF.

E o conflito de competência entre um Tribunal Superior e juiz de 1º grau será da competência do STF? Literalmente, não, presente a regra inscrita na alínea "d" do inc. I do art. 105 da Constituição. Literalmente, presente esta última disposição, a competência é do STJ. Todavia, o STF, acertadamente, interpretando a norma da alínea "o" do inc. I do art. 102, com observância do sistema judicial consagrado na Carta, deu pela sua competência. Destarte, envolvendo-se no conflito um Tribunal Superior — STJ, TSE, STM e TST — a competência para processar e julgar esse conflito é do STF.

5.11 Medida cautelar em ação direta

A alínea "p" confere competência ao STF para processar e julgar medida cautelar nas ações diretas de inconstitucionalidade. A Constituição concede ao STF, pois, competência para suspender a eficácia de lei ou ato normativo federal ou estadual objeto de ação direta. Essa competência, o STF a exercita pelo seu Plenário (RISTF, arts. 5º, X, e 169 e ss.).

5.12 Mandado de injunção

Finalmente, estabelece a alínea "q" competência para o julgamento do mandado de injunção. Ao STF compete processar e julgar o mandado de injunção quando a elaboração da norma regulamentadora for atribuição do Presidente da República, do Congresso Nacional, da Câmara dos Deputados, do Senado Federal, das Mesas de uma dessas Casas Legislativas, do TCU, de um dos Tribunais Superiores, ou do próprio STF. Como se verifica, a competência, no caso, dá-se em razão da autoridade ou órgão omisso na regulamentação do preceito constitucional que confere o direito, liberdade ou prerrogativa inerente à nacionalidade, à soberania e à cidadania (CF, art. 5º, LXXI). Quer dizer, se a norma infraconstitucional ausente cabe ser elaborada pelo Presidente da República, ou pelo Congresso Nacional, pela Câmara dos Deputados, pelo Senado Federal, pelas Mesas de uma dessas Casas Legislativas, pelo TCU ou qualquer dos Tribunais Superiores, ou o próprio STF, ao STF competirá julgar, originariamente, o mandado de injunção. É isto o que está na Constituição, na alínea "q".

Esclareça-se que, na competência da alínea "q", realiza o STF o contencioso dos direitos fundamentais, exercitando, no ponto — assim também o faz no julgamento do *habeas corpus*, do mandado de segurança e do *habeas data* — a jurisdição constitucional das liberdades.

6. A competência recursal ordinária do STF

O STF tem, ainda, competência recursal ordinária — art. 102, II. Compete ao STF julgar, em recurso ordinário, o *habeas corpus*, o mandado de segurança, o *habeas data* e o mandado de injunção decididos em única instância pelos Tribunais Superiores, se denegatória a decisão (art. 102, II, "a").

Julgará o STF, ademais, em recurso ordinário, o crime político, — art. 102, II, "b" — que é julgado, originariamente, pelos juízes federais (art. 109, IV). O recurso, no caso, passa ao largo do TRF e do STJ. Isto não tem sentido. O crime político deve ser julgado pelo juiz federal e o recurso deveria ser para o TRF, com recurso especial para o STJ, e recurso extraordinário, se ocorrente o pressuposto constitucional, vale dizer, o contencioso constitucional (art. 102, III).

7. A competência extraordinária do STF

Estabelece a Constituição, no art. 102, III, que compete ao STF julgar, mediante recurso extraordinário, as causas decididas em única ou última instância, quando a decisão recorrida: a) contrariar dispositivo da Constituição; b) declarar a inconstitucionalidade de tratado ou lei federal; c) julgar válida lei ou ato de governo local contestado em face da Constituição. Está claro que não cabe recurso extraordinário, hoje, por dissídio jurisprudencial. O dissídio jurisprudencial, em termos de direito federal comum, é pressuposto do recurso especial, da competência do STJ (CF, art. 105, III, "c").

7.1 Recurso extraordinário de decisão de 1º grau

Registre-se que, hoje, é possível o recurso extraordinário de decisão de juiz de 1º grau. No sistema anterior à Constituição de 1988, o STF decidia no sentido de que, versando a causa matéria constitucional, não seria observada a alçada, por isso que a CF de 1967 estabelecia que o recurso extraordinário era cabível de decisão de Tribunal. Assim, se se tratasse de matéria constitucional e fosse observada a alçada, haveria interceptação do recurso extraordinário, impedindo-se, dessa forma, a ocorrência do contencioso constitucional da competência do STF. No sistema da Constituição de 1988 a situação é diferente, dado que, no dispositivo que cuida do recurso extraordinário — CF, art. 102, III — estabelece-se, apenas, que compete ao STF julgar, mediante recurso extraordinário, as causas decididas em única ou última instância. Não se exige, portanto, que a decisão seja de Tribunal. Essa conclusão se reforça diante da comparação do art. 102, III, que cuida do recurso extraordinário, e do art. 105, III, que trata do recurso especial. No RE 136.154-DF, o STF decidiu na forma acima exposta, nos termos, aliás, do voto que então proferi e que peço licença para ler e transcrever:

"Sr. Presidente, ao que apreendi, numa causa de alçada regida pela Lei 6.825/80, proferida a sentença pelo juiz de 1º grau, a União Federal, ao invés de interpor, na forma do art. 4º e seu § 1º da mencionada Lei 6.825/80, recurso de embargos infringentes do julgado, interpôs apelação para o TRF. Este, ao argumento de que o recurso cabível seriam os mencionados embargos infringentes para o próprio juiz que decidira a questão no 1º grau, não conheceu da apelação.

"No sistema anterior à Constituição de 1988, o STF e o TFR decidiam no sentido de que, versando a causa matéria constitucional, não seria observada a alçada, por isso que a Constituição de 1967, expressamente, estabelecia que o recurso extraordinário seria cabível de decisão de Tribunal.

"De modo que, se se tratasse de matéria constitucional e fosse observada a alçada, haveria a interceptação do recurso extraordinário, impedindo-se, assim, a ocorrência do contencioso constitucional da competência do STF. Assim era no sistema da Constituição de 1967.

"A Constituição de 1988 introduziu, entretanto, profunda alteração, ao que penso: no dispositivo que cuida do recurso extraordinário para o STF, art. 102, III, estabelece-se que compete ao STF 'julgar, mediante recurso extraordinário, as causas decididas em única ou última instância'. Vêm, em seguida, os pressupostos constitucionais, pressupostos especiais ao cabimento do extraordinário (alíneas "a", "b" e "c").

"É de se indagar: o dispositivo constitucional, posto no inc. III do art. 102, refere-se, também, à decisão de juízo de 1º grau? O Sr. Min. Relator entende que não, baseando-se em argumento que tirou da Carta de 1946, que dispunha, expressamente, que das decisões dos juízes caberia o extraordinário (CF/46, art. 101, III). Não obstante relevante o argumento, quer-me parecer que ele cede diante de um outro contido na Constituição de 1988. Aliás, antes mesmo da promulgação desta, em palestra que proferi, já apontava a distinção, e retirava conseqüências dos dois dispositivos; refiro-me ao art. 105, III, da Constituição de 1988, que, ao prever as hipóteses de cabimento do recurso especial para o STJ, dispõe: 'Compete ao Superior Tribunal de Justiça: ... III — julgar, em recurso especial, as causas decididas, em única ou última instância, pelos Tribunais Regionais Federais ou pelos Tribunais dos Estados, do Distrito Federal e Territórios,...'".

"Feito o contraste entre os dois dispositivos, art. 102, III, e art. 105, III, entendo que a outra conclusão não se pode chegar senão a esta: no que toca ao recurso extraordinário, que compreende o contencioso constitucional, a Constituição não exige que a decisão proferida em única ou última instância seja de Tribunal, tal como expressamente exige no que concerne ao recurso especial, que diz respeito ao contencioso de direito federal comum da competência do STJ. A distinção tem a sua razão de ser: é que compete ao STF, precipuamente, a guarda da Constituição (CF, art. 102). Destarte, qualquer ofensa à Constituição deverá ser, de imediato, afastada ou corrigida pela Corte Constitucional.

"Assim, Sr. Presidente, peço licença ao Sr. Min. Relator para divergir de S. Exa. O recurso extraordinário é cabível, em linha de princípio, também de decisão de juiz de 1º grau, nas causas de alçada.

"No caso, interposta a apelação no regime da Lei 6.825/80, lei que veio, aliás, a ser revogada, posteriormente, em junho/91,...

"*O Sr. Min. Marco Aurélio* (relator): No âmbito da Justiça do Trabalho continuamos a ter, pela Lei 5.584/70, as causas de alçada exclusiva da Junta de Conciliação e Julgamento. E há um detalhe, a Carta atual não repete aquela regra sobre o esgotamento dos recursos na esfera trabalhista.

"*O Sr. Min. Carlos Velloso*: Nas jurisdições trabalhista e eleitoral é diferente. A Constituição deixa a critério da lei estabelecer competências dos órgãos trabalhista e eleitoral. A CLT e o Código Eleitoral são expressos ao estabelecer, no TST e no TSE, o contencioso constitucional. Cabe recurso de revista por violação de norma constitucional. Como cabe recurso especial para o TSE por violação da Constituição (CF, art. 121, § 4º, I).

"*O Sr. Min. Marco Aurélio* (relator): Temos causas de alçada exclusiva das Juntas de Conciliação e Julgamento, com o detalhe de que a Carta atual, como frisei, não repete a regra sobre o esgotamento.

"*O Sr. Min. Carlos Velloso*: No que toca às jurisdições trabalhista e eleitoral, creio que deve prevalecer o entendimento no sentido de, versando a causa matéria constitucional, ela não estará sujeita à alçada.

"*O Sr. Min. Marco Aurélio* (relator): Mas, Ministro, por que admitimos isso no tocante aos feitos que tramitam perante a Justiça do Trabalho e não o admitimos em relação àqueles que tramitam na Justiça Comum?

"*O Sr. Min. Carlos Velloso*: Porque nas jurisdições trabalhista e eleitoral é diferente, tendo em vista a própria Constituição (CF, art. 111, § 3º; art. 113; art. 121, § 4º, I).

"*O Sr. Min. Marco Aurélio* (relator): V. Exa. está admitindo que a lei ordinária possa restringir um preceito constitucional, que é o inc. III, assentado o cabimento do recurso extraordinário contra decisões de 1º grau?

"*O Sr. Min. Carlos Velloso*: Nas jurisdições trabalhista e eleitoral, penso que, versando a causa matéria constitucional, não seria observada a alçada. Essa questão, aliás, não está em causa. Reservo-me para, quando a questão vier a esta Casa, examiná-la mais profundamente. O que é certo é que há o contencioso constitucional no TSE e no TST. No TSE, por força da própria Constituição, que estabelece o cabimento do recurso especial de decisão do TRE, quando proferida contra disposição expressa da Constituição (CF, art. 121, § 4º, I). No TST, a CLT, ao cuidar do recurso de revista, dispõe ser este cabível por violação da Constituição (CLT, art. 896, "c"), certo que a Constituição é expressa no afirmar que a lei disporá sobre a competência do TST e sobre a Constituição, investidura, jurisdição, competências, garantias e condições de exercício dos órgãos da Justiça do Trabalho (CF, art. 111, § 3º; art. 113).

"*O Sr. Min. Marco Aurélio* (relator): Contra a decisão da Junta, Exa.?

"*O Sr. Min. Carlos Velloso*: Tratando-se de matéria constitucional, acho que não se aplica a alçada. A minha solução seria esta, pelo menos por ora, mas quero deixar claro que não estamos decidindo essa questão, que vai merecer um maior estudo em outro julgamento. Por ora, estamos diante de uma questão que é da Justiça Comum, em que a Constituição expressamente reservou o contencioso de direito federal comum para um Tribunal Superior, o STJ, e o contencioso constitucional para a Corte Suprema, para a Corte Constitucional.

"Sr. Presidente, com essas breves considerações, acentuo que este é um caso em que o STF precisaria de conhecer do recurso, para o fim de dirimir as dúvidas. Todavia, na hipótese, o recurso extraordinário não poderá ser conhecido, por isso que a União Federal não interpôs, a tempo e modo, o recurso ordinário cabível da decisão do Juiz de 1º grau. Interpôs, sim, fora do prazo dos embargos infringentes, ao que compreendi, o recurso de apelação, que o TRF não conheceu, porque incabível.

Não conheço, por isso, do recurso extraordinário."

7.2 O recurso extraordinário: origem

A respeito do recurso extraordinário, falamos em conferência que proferimos ("O Superior Tribunal de Justiça na Constituição", *RDA* 175/9 e *RDP* 90/79):

"Este recurso, o extraordinário, que tem origem no direito americano, não foi, entretanto, instituído pela Constituição de 1787. Foi o *Judiciary Act*, de 1789, leciona Barbosa Moreira, que permitiu a revisão das decisões dos mais altos tribunais estaduais pela Suprema Corte, mediante *writ of error*, decisões que versavam, basicamente, a constitucionalidade e a legitimidade de leis e normas estaduais, 'bem como de títulos, direitos, privilégios e isenções à luz da Constituição, dos tratados e das leis da União'. Nos dias de hoje, acrescenta o eminente Processualista, 'em termos ainda mais amplos, a Corte Suprema pode reexaminar decisões dos Tribunais dos Estados quer através do *appeal*, quer do *writ of certiorari* (28 U.S.C. § 1.257)' (J. C. Barbosa Moreira, *Comentários ao CPC*, Forense, V/436). O direito processual argentino absorveu, pelas Leis 27, de 1862, e 48, de 1863, o recurso extraordinário, que é interposto das sentenças definitivas dos tribunais superiores das províncias e julgado pela Corte Suprema. No Brasil, o recurso extraordinário surgiu com a República, inspirado no *Judiciary Act*, de 1789, através do Dec. 848, de 24.10.1890, que organizou a Justiça Federal. A Constituição de 1891 o acolheu, no art. 59, § 1º, com o nome, simplesmente, de recurso: § 1º do art. 59: 'Das sentenças das Justiças dos Estados, em última instância, haverá recurso para o Supremo Tribunal Federal: a) quando se questionar sobre a validade, ou a aplicação de tratados e leis federais, e a decisão do Tribunal do Estado for contra ela; b) quando se contestar a validade de leis ou de atos dos Governos dos Estados em face da Constituição, ou das leis federais, e a decisão do Tribunal do Estado considerar válidos esses atos, ou essas leis impugnadas'. A denominação de recurso extraordinário, anota Barbosa Moreira, surgiu no primeiro Regimento Interno do Supremo Tribunal 'passando à Lei 221, de 20.11.1894, art. 24, ao Dec. 3.084, de 5.11.1898, Parte III, arts. 678, letra "d", e 744, e a outros diplomas' (Barbosa Moreira, ob. e loc. cits., p. 437). As Constituições que se seguiram, todas elas, cuidaram do recurso extraordinário.

"3.4 O recurso extraordinário nas Constituições brasileiras

"Vejamos, resumidamente, os pressupostos do recurso extraordinário nas Constituições brasileiras, a fim de que nos seja possível uma melhor análise dos requisitos do recurso especial na Constituição de 1988.

"A primeira Constituição republicana, a Constituição de 1891, estabelecia, já vimos, no § 1º do art. 59, que 'das sentenças das Justiças dos Estados, em última instância, haverá recurso para o Supremo Tribunal Federal: a) quando se questionar sobre a validade, ou a aplicação de tratados e leis federais, e a decisão do Tribunal do Estado for contra ela; b) quando se contestar a validade de leis ou de atos dos Governos dos Estados em face da Constituição, ou das leis federais, e a decisão do Tribunal do Estado considerar válidos esses atos, ou essas leis impugnados'.

"A reforma constitucional de 1926 introduziu alteração e o recurso extraordinário ficou regulado da seguinte forma: § 1º do art. 60: 'Das sentenças das Justiças dos Estados em última instância haverá recurso para o Supremo Tribunal Federal: a) quando se questionar sobre a vigência, ou a validade das leis federais em face da Constituição e a decisão do Tribunal do Estado lhes negar aplicação; b) quando se contestar a validade de leis ou de atos dos Governos dos Estados em face da Constituição, ou das leis federais, e a decisão do Tribunal do Estado considerar válidos esses atos, ou essas leis impugnadas; c) quando dois ou mais Tribunais locais interpretarem de modo diferente a mesma lei federal, podendo o recurso ser também interposto por qualquer dos Tribunais referidos ou pelo Procurador-Geral da República; d) quando se tratar de questões de direito criminal ou civil internacional'.

"A Constituição de 1934, no art. 76, III, prescrevia competir à Corte Suprema julgar, 'em recurso extraordinário, as causas decididas pelas Justiças locais em única ou última instância: a) quando a decisão for contra literal disposição de tratado ou lei federal, sobre cuja aplicação se haja questionado; b) quando se questionar sobre a vigência ou validade de lei federal em face da Constituição, e a decisão do Tribunal local negar aplicação à lei impugnada; c) quando se contestar a validade de lei ou ato dos Governos locais em face da Constituição, ou de lei federal, e a decisão do Tribunal local julgar válido o ato ou a lei impugnada; d) quando ocorrer diversidade de interpretação definitiva da lei federal entre Cortes de Apelação de Estados diferentes, inclusive do Distrito Federal ou dos Territórios, ou entre um destes Tribunais e a Corte Suprema, ou outro Tribunal Federal'.

"A Carta Política de 1937 estabelecia, a seu turno, no art. 101, III, competir ao Supremo Tribunal 'julgar, em recurso extraordinário, as causas decididas pelas Justiças locais em única ou última instância: a) quando a decisão for contra a letra de tratado ou lei federal, sobre cuja aplicação se haja questionado; b) sobre a vigência ou validade da lei federal em face da Constituição, e a decisão do Tribunal local negar aplicação à lei impugnada; c) quando se contestar a validade de lei ou ato dos Governos locais em face da Constituição, ou de lei federal, e a decisão do Tribunal local julgar válida a lei ou o ato impugnado; d) quando decisões definitivas dos Tribunais de Apelação de Estados diferentes, inclusive do Distrito Federal ou dos Territórios, ou decisões definitivas de um destes Tribunais e do Supremo Tribunal Federal derem à mesma lei federal inteligência diversa'.

"A Constituição de 1946, no art. 101, III, dispunha competir ao Supremo Tribunal 'julgar em recurso extraordinário as causas decididas em única ou última instância por outros Tribunais ou Juízes: a) quando a decisão for contrária a dispositivo desta Constituição ou à letra de tratado ou lei federal; b) quando se questionar sobre a validade de lei federal em face desta Constituição, e a decisão recorrida negar aplicação à lei impugnada; c) quando se contestar a validade de lei ou ato de governo local em face desta Constituição ou de lei federal, e a decisão recorrida julgar válida a lei ou o ato; d) quando na decisão recorrida a interpretação da lei federal invocada for diversa da que lhe haja dado qualquer dos outros Tribunais ou o próprio Supremo Tribunal Federal'.

"A Constituição de 1967, sem e com a EC 1/69, estabelecia os pressupostos do recurso extraordinário da seguinte forma, no art. 119, III: compete ao STF 'julgar, mediante recurso extraordinário, as causas decididas em única ou última instância por outros Tribunais, quando a decisão recorrida: a) contrariar dispositivos desta Constituição ou negar vigência de tratado ou lei federal; b) declarar a inconstitucionalidade de tratado ou lei federal; c) julgar válida lei ou ato do governo local contestado em face da Constituição ou de lei federal; ou d) der à lei federal interpretação divergente da que lhe tenha dado outro Tribunal ou o próprio Supremo Tribunal Federal'."

8. O STF e a jurisdição constitucional

Dizíamos que a história do STF se confunde com a história do controle de constitucionalidade. Afirmei, também, que compete ao STF, precipuamente, a guarda da Constituição. É na jurisdição constitucional que a Corte Suprema realiza essa competência fundamental, substancial, essencial, precípua, como está no art. 102 da Constituição, jurisdição constitucional que foi ampliada pela Constituição de 1988.

A jurisdição constitucional compreende o controle de constitucionalidade, nos seus dois tipos, controle difuso e controle concentrado, e compreende, também, a jurisdição constitucional das liberdades, que se realiza, segundo Mauro Cappelletti, mediante a utilização dos remédios ou garantias constitucionais, o *habeas corpus*, o mandado de segurança, o *habeas data*, o mandado de injunção e a ação popular. No que concerne ao controle de constitucionalidade, repito, foi ele ampliado pela Constituição de 1988. O controle difuso surgiu no julgamento do famoso caso Marbury *versus* Madison, de 1803, que revelou o gênio do Juiz Marshall, da Suprema Corte americana. O controle difuso foi instituído no Brasil pelo Dec. 848, de 1890, e ratificado pela Constituição de 1891. Já, o controle concentrado começou a ser introduzido na ordem constitucional brasileira com a Constituição de 1934, que criou a ação direta interventiva, a ser proposta perante o STF, "único foro competente para julgá-la ... por decisão da maioria absoluta de seus membros", legitimado para a causa apenas o Procurador-Geral da República, "com objeto restrito — a declaração de inconstitucionalidade era um *prius* para a intervenção — a decisão do STF produzia efeitos *erga omnes* sobre a lei ou ato estadual, considerados em tese, visto que a partir da decisão do STF, tais atos seriam 'sustados' pelo Presidente da República e não mais produziriam efeitos", registra Anna Cândida da Cunha Ferraz (ob. e loc. cits., p. 27).

A Constituição de 1934 estabeleceu, aliás, no campo da jurisdição constitucional, outras inovações: estabeleceu que os Tribunais somente poderiam declarar a inconstitucionalidade pelo voto da maioria absoluta dos seus membros e atribuiu ao Senado competência para suspender a execução de lei ou ato declarado inconstitucional pelo STF.

A Carta Política de 1937, como não poderia deixar de acontecer, trouxe retrocesso, já que ela simplesmente dava forma jurídica a uma ditadura.

A Emenda Constitucional 16/65 inaugurou, no Brasil, o controle de constitucionalidade em abstrato, concentrado, ao instituir a ação direta genérica, da competência do STF e legitimação exclusiva do Procurador-Geral da República. O objeto da ação consistia no controle em tese de lei ou ato normativo federal e estadual. Leciona Anna Cândida que "passa, assim, o STF a funcionar como 'Corte Constitucional exclusiva' para o exercício do controle, 'abstrato' ou em tese, de certos atos legislativos e normativos. Convivem, destarte, lado a lado, com temperamentos, embora, o controle 'difuso' e o 'concentrado', ainda que sem uma Corte Constitucional específica" (ob. e loc. cits., p. 34).

A Emenda Constitucional 16/65 dispôs, ainda, que a lei poderia estabelecer processo de competência originária dos Tribunais de Justiça estaduais para declarar a inconstitucionalidade de lei ou ato municipal em face da Constituição estadual.

A Constituição de 1967 não trouxe alteração. A Emenda Constitucional 1/69 instituiu, no art. 15, § 3º, "d", ação direta interventiva nos Tribunais de Justiça, *prius* da intervenção do Estado-membro no Município.

A Constituição de 1988 ampliou a jurisdição constitucional, ampliando a legitimação para a ação direta de inconstitucionalidade: a Constituição legitimou, no art. 103, I a IX, um leque de autoridades, órgãos e até entidades privadas para a ação direta de inconstitucionalidade. E mais: criou a Constituição a ação direta de inconstitucionalidade por omissão (art. 103, § 2º) e a argüição de descumprimento de preceito fundamental decorrente da Constituição, que será apreciada pelo STF, na forma da lei (art. 102, parágrafo único).

Na criação da ação direta de inconstitucionalidade por omissão, inspirou-se o constituinte brasileiro na Constituição portuguesa de 1976.

A argüição de descumprimento de preceito fundamental decorrente da Constituição depende de normatização infraconstitucional, vale dizer, deverá ser regulamentada pelo legislador ordinário, o que ainda não aconteceu.

A jurisdição constitucional das liberdades, em que o STF realiza o contencioso dos direitos fundamentais, também foi ampliada pela Constituição de 1988, que criou o mandado de segurança coletivo, o mandado de injunção e o *habeas data* e alargou o raio de proteção da ação popular, ao estabelecer que protegerá ela, além do patrimônio público, o meio ambiente, o patrimônio histórico e cultural, também a moralidade administrativa, a moralidade administrativa que causa incômodos a muitos e a que a jurisprudência administrativa francesa sempre emprestou a maior proteção.

9. Competências originárias: sugestões para alteração

Agora chegou o momento de formularmos sugestões para uma possível reforma constitucional, no que toca às competências do STF. Primeiro que tudo, esclareço que falo em meu nome pessoal e não em nome do Tribunal que tenho a honra de integrar. Quem fala em nome do STF é o seu Presidente, devidamente autorizado pela Corte. De modo que, repito, falo em meu nome pessoal, como professor, num debate científico.

Entendo que ao STF, Corte Constitucional, ao qual compete, precipuamente, a guarda da Constituição, não devem ser cometidas competências de direito federal comum, senão, neste campo, aquelas de todo em todo necessárias, já que o contencioso de direito federal comum é do STJ. Vejamos o que deveria ser excluído, de imediato, da competência do STF.

9.1 Competência penal: art. 102, I, "c"

O julgamento dos Ministros de Estado, nos crimes comuns e de responsabilidade, poderia ser transferido ao STJ, que já tem competência para processar e julgar, originariamente, o *habeas corpus*, o mandado de segurança e o *habeas data* contra ato dessas autoridades (CF, art. 105, I "b" e "c"). Também a competência para o julgamento dos membros do TCU e dos chefes de missão diplomática de caráter permanente poderia passar para o STJ. Repito: a competência do STF é para as questões constitucionais. Somente em caráter excepcional é que deve ostentar competência para as questões de direito federal comum.

9.2 Mandado de segurança contra atos do TCU: art. 102, I, "d"

A competência originária para o julgamento de mandado de segurança contra ato do TCU deveria ser do STJ. Reporto-me, no ponto, à conferência que proferi a respeito do tema — "O STJ na Constituição", *RDA* 175/9 e *RDP* 90/79 — na qual aduzi: "Começo por indicar uma competência originária do STF que deveria ser do STJ: julgar, originariamente, os mandados de segurança contra atos do TCU. Ora, os Tribunais de Contas tiveram as suas competências aumentadas pelo constituinte de 1988, o que foi muito bom, em termos de busca da moralidade administrativa. Visando, por exemplo, à moralidade administrativa, procurando evitar a fraude contra a Constituição, no que concerne à admissão de servidores públicos, estabeleceu a Constituição que ao TCU competirá apreciar, para fins de registro, a legalidade dos atos de admissão de pessoal, a qualquer título, na administração direta e indireta, incluídas as fundações instituídas pelo Poder Público (CF, art. 70, III). Dirá o Tribunal de Contas, pois, da legalidade do ingresso do servidor público. Esta foi, na verdade, uma excelente medida adotada pelo constituinte, porque a Constituição de 1967 já exigia o concurso público para ingresso no serviço público. E aconteceu o que vimos: a Constituição foi fraudada, no ponto. De modo que, agora, haverá uma fiscalização efetiva por parte do Tribunal de Contas. Isto quer dizer que o direito administrativo, no que concerne aos servidores públicos, será interpretado pelo STF, no caso de o servidor que se julgar prejudicado pela decisão do TCU impetrar mandado de segurança contra ato da Corte de Contas. Imaginemos que um outro servidor, na mesma situação, prefira a ação ordinária contra a União, tendo em vista o ato do Tribunal de Contas. O mandado de segurança poderá ser julgado de um modo e a ação ordinária de outro, sem possibilidade de recurso ao Supremo Tribunal, se não tiver sido instaurado o contencioso constitucional. E não haverá possibilidade de ocorrer a uniformização da jurisprudência".

Transferindo-se, para o STJ, a competência originária para o julgamento de mandados de segurança contra atos do TCU, evitar-se-ia a possibilidade de divergência entre as duas Cortes — STF e STJ — numa mesma matéria.

9.3 Litígio de Estado estrangeiro: art. 102, I, "e"

A competência para julgar, originariamente, o litígio entre Estado estrangeiro ou organismo internacional e a União, o Estado, o Distrito Federal ou o Território deve, igualmente, ser do STJ.

Reporto-me, novamente, à conferência que proferi, acima indicada. Disse eu, no ponto: "Em muitas das competências originárias do Supremo Tribunal poderá ocorrer o mesmo. Exemplifiquemos com a competência originária da letra "e" do inc. I do art. 102 da Constituição: competência do Supremo Tribunal para julgar, originariamente, o litígio entre Estado estrangeiro ou organismo internacional e a União, o Estado, o Distrito Federal ou Território. Ao STJ competirá, por sua vez, julgar, em recurso ordinário, as causas em que forem partes Estado estrangeiro ou organismo internacional, de um lado, e, de outro, Município ou pessoa residente ou domiciliada no País (CF, art. 105, II, "c"), certo que estas últimas causas são julgadas, em 1º grau, pelo Juiz Federal (CF, art. 109, II). As causas — a que o Supremo julga, originariamente e a que o STJ julga, em recurso ordinário — poderão assentar-se num mesmo tratado, ou numa mesma lei. As interpretações poderão ser diferentes, sem possibilidade de uniformização dessa interpretação".

Na verdade, a competência da alínea "e" é determinada em razão da pessoa. O mesmo deve ser dito em relação à competência do STJ, competência recursal ordinária, inscrita no art. 105, II, "c". A matéria, portanto, pode ser a mesma, o tratado pode ser o mesmo. Divergindo as Cortes, no âmbito puramente do direito federal, a divergência poderá ser irremediável, dado que, se a questão não comportar o contencioso constitucional, não haverá recurso extraordinário. Principalmente por isso, penso que a competência da alínea "e" deve ser do STJ.

9.4 Litígios das entidades da Administração indireta: art. 102, I, "f"

A competência da alínea "f", à primeira vista, pode parecer que deva ser do

STJ. No ponto, entretanto, penso que a matéria, por interessar sobremaneira à federação, deve ser da competência do STF. Menos, é certo, a competência para o julgamento das ações da Administração indireta. Suprimiria, portanto, na alínea "f", a frase: "inclusive as respectivas entidades da administração indireta". Estas causas, de regra, ficam bem no contencioso ordinário. Quer dizer, devem ser julgadas pelo juiz de 1º grau, com os recursos cabíveis.

9.5 A extradição solicitada por Estado estrangeiro: art. 102, I, "g"

Penso que não mais se justifica a competência da alínea "g": o processo e o julgamento da extradição solicitada por Estado estrangeiro. Por que essa competência na Corte Constitucional, quando em alguns países ela é da competência do juiz de 1º grau? A competência, no caso, deve ser da Corte à qual compete o contencioso de direito federal comum, o STJ.

Dir-se-á que poderá haver sobrecarga na competência do STJ. Isto, entretanto, poderá ser solucionado, com facilidade, já que o STJ, tal como acontece com as Cortes de Cassação francesa e italiana, pode ter o número de seus juízes aumentado. É que a Constituição prevê, apenas, um número mínimo. E o STJ poderá, a exemplo do que já foi feito, expandir-se em termos de seções especializadas, evitando-se, com isto, os males dos Tribunais gigantes. A especialização, nos moldes preconizados, implica, na verdade, a existência de vários Tribunais num mesmo Tribunal.

9.6 A homologação de sentença estrangeira e a concessão de "exequatur" às cartas rogatórias: art. 102, I, "h"

Não há motivo relevante que justifique a competência da Corte Constitucional, no caso. A homologação de sentença estrangeira dificilmente provoca discussão constitucional. As questões postas são, de regra, de Direito Processual. O mesmo pode ser dito em relação à concessão de *exequatur* às cartas rogatórias. Essa competência deve ser, pois, do STJ.

9.7 O "habeas corpus", coator Tribunal de 2º grau: art. 102, I, "i"

Não deve ser da competência do STF julgar, originariamente, *habeas corpus* contra atos de Tribunais de 2º grau. A competência originária do STF para o julgamento de *habeas corpus* deve ocorrer, apenas, no caso de o coator ser Tribunal Superior. Penso, aliás, que essa questão deveria ser resolvida por decisão do STF, numa interpretação construtiva da alínea "i" do inc. I do art. 102 da Constituição. Foi o que sustentei no julgamento do HC 67.915-SP, restando vencido, entretanto, na honrosa companhia dos Mins. Marco Aurélio e Célio Borja.

9.8 O mandado de injunção: art. 102, I, "g"

A competência para o julgamento de mandado de injunção, quando a elaboração da norma regulamentadora for atribuição do TCU, deve ser, também, do STJ, na linha da competência originária para o julgamento de mandado de segurança e *habeas data*. Reporto-me, no ponto, ao que foi dito relativamente à alínea "d".

Seria bom que a Constituição, ao cuidar do mandado de injunção, deixasse expresso que o Tribunal, julgando procedente a injunção, elaborasse a norma para o caso concreto, assim viabilizando o exercício dos direitos e liberdades constitucionais e das prerrogativas inerentes à nacionalidade, à soberania e à cidadania. Segundo penso, a Constituição apenas explicitaria o que está implícito no inc. LXXI do art. 5º.

10. A competência recursal ordinária: art. 102, II

No que toca ao *habeas corpus*, já que é possível a sua substituição pela impetração originária, pode ser excluída a competência do STF para julgar, em recurso ordinário, o *habeas corpus* decidido, em única instância, pelos Tribunais Superiores, se denegatória a decisão.

Quanto ao crime político, penso que deve ele ser julgado pelo juiz federal, com recurso para o TRF. Da decisão deste último seriam cabíveis, em tese, recurso especial e recurso extraordinário, não se descartando a possibilidade da impetração de *habeas corpus* para o STJ. E da decisão deste, de *habeas corpus* para o STF. Daí não se justificar, ao que penso, a competência recursal ordinária inscrita no art. 102, III, "b".

11. Da intervenção federal: CF, arts. 34 a 36

Os pressupostos materiais da intervenção federal estão expressamente inscritos na Constituição (art. 34). A intervenção dependerá, estabelece a Constituição, no art. 36: a) no caso dos incs. I, II, III e V do art. 34 — manter a integridade nacional, repelir invasão estrangeira ou de uma unidade da Federação em outra, pôr termo a grave comprometimento da ordem pública e reorganizar as finanças do Estado — da verificação, por parte do Poder Executivo, da ocorrência dos motivos; b) no caso do inc. IV do art. 34 — garantir o livre exercício de qualquer dos Poderes nas unidades da Federação — de solicitação do Poder Legislativo ou do Poder Executivo coacto ou impedido, ou de requisição do STF, se a coação for exercida contra o Poder Judiciário (art. 36, I); c) no caso de desobediência a ordem ou decisão judiciária — inc. VI do art. 34 — de requisição do STF, do STJ ou do TSE (art. 36, II), observando-se, então, a matéria: matéria constitucional, STF; matéria de direito federal comum, STJ; matéria eleitoral, TSE; d) no caso do inc. VII do art. 34 — assegurar a observância de princípios constitucionais sensíveis — de provimento, pelo STF, de representação do Procurador-Geral da República, vale dizer, no caso de o STF julgar procedente a ação direta interventiva (art. 36, III); e) para o fim de prover a execução de lei federal — art. 34, VI, 1ª parte — de provimento, pelo STJ, de representação do Procurador-Geral da República (art. 36, IV). A representação, nesta hipótese, objetiva, apenas, garantir a execução de lei federal pelo Estado-membro. Não se trata, pois, da representação do Procurador-Geral inscrita no inc. III do art. 36, que consubstancia ação direta de inconstitucionalidade, interventiva. Esta, aliás, compõe a jurisdição constitucional concentrada, que é da competência exclusiva do STF.

Quando integrava o STJ, manifestei-me contrário à competência conferida àquela Corte para participar do processo de intervenção federal (CF, art. 36, II e IV). É que, segundo sempre me pareceu, a competência para requisitar a intervenção federal deve ser, exclusivamente, do STF, por isso que a intervenção federal é medida patológica, que trata mal o princípio federativo. Ela deveria ser cuidada, pois, pela Corte Constitucional, já que se trata de matéria puramente constitucional (Carlos Mário da S. Velloso, "O Superior Tribunal de Justiça — Competências originária e recursal", in *Recursos no Superior Tribunal de Justiça*, Saraiva, 1991, pp. 3-47). Certo que a matéria provoca o contencioso constitucional, torna-se, de regra, cabível o recurso extraordinário para o STF, o que demonstra que a intervenção federal deve ser da competência exclusiva do STF.

12. Da ação direta de inconstitucionalidade: os efeitos da declaração de inconstitucionalidade

No que toca aos efeitos da declaração de inconstitucionalidade na ação direta de inconstitucionalidade por ato comissivo, deve a Constituição prever a possibilidade de o STF emprestar efeitos *ex tunc* ou *ex nunc* à declaração de inconstitucionalidade. Quanto à decisão proferida na cautelar, os seus efeitos são *ex nunc*, quer dizer, contam-se a partir da decisão. Já, a decisão de mérito tem efeitos *ex tunc*. Casos há, entretanto, em que seria adequado o efeito *ex nunc*. A Constituição da República Portuguesa expressamente autoriza o Tribunal Constitucional, em certos casos, a fixar os efeitos da inconstitucionalidade a partir da decisão (art. 282º, n. 4). Leciona, a propósito, José Manuel M. Cardoso da Costa, cuidando do Tribunal Constitucional de Portugal: "Por outro lado, o Tribunal pode sempre afastar a eficácia *ex tunc* da sua decisão (e eventualmente o efeito repristinatório), quando isso for exigido pela segurança jurídica, pela eqüidade ou por especiais razões de interesse público (art. 282º, n. 4)" (*A Jurisdição Constitucional em Portugal*, 2ª ed., Coimbra, 1992).

12.1 Da ação direta de inconstitucionalidade por omissão: efeitos

Os efeitos da declaração de inconstitucionalidade por omissão são os inscritos no § 2º do art. 103 da Constituição: "declarada a inconstitucionalidade por omissão de medida para tornar efetiva norma constitucional, será dada ciência ao Poder competente para a adoção das providências necessárias e, em se tratando de órgão administrativo, para fazê-lo em trinta dias".

Ponho-me de acordo, no ponto, com o magistério de José Afonso da Silva, a dizer que, "no caso de inconstitucionalidade por omissão, propugnáramos por uma decisão judicial normativa, para valer como lei se após certo prazo o legislador não suprisse a omissão. A sentença normativa teria esse efeito. Mas o legislador constituinte não quis dar esse passo à frente" (*Curso de Direito Constitucional Positivo*, 5ª ed., Ed. RT, p. 54).

É hora, penso, de, mediante emenda, o constituinte derivado "dar esse passo à frente".

12.2 Legitimação do Tribunal de Justiça para a ação direta

A Constituição confere legitimidade ao Governador de Estado e à Mesa da Assembléia Legislativa para a propositura da ação direta (CF, art. 103, IV e V). Por que não conferi-la, também, ao Tribunal de Justiça do Estado-membro, cúpula do Poder Judiciário estadual? Não se justifica o tratamento discriminatório. O constituinte derivado deve, ao que pensamos, incluir, dentre os legitimados para a ação direta — CF, art. 103 — o Tribunal de Justiça estadual.

13. As questões constitucionais controvertidas: a possibilidade de recurso à Corte Constitucional

No Tribunal constitucional alemão há o controle de normas em abstrato, a requerimento do Governo Federal, do Governo Estadual e de um terço dos membros do Parlamento Federal; o controle de normas em concreto, mediante provocação de juiz ou tribunal; ainda há, no Tribunal Constitucional alemão, o recurso constitucional (*verfassungsbeschwerde*) contra decisão judicial lesiva de direitos fundamentais, ou ato normativo (Gilmar F. Mendes, "O apelo ao legislador...", in *Revista do Ministério Público do Trabalho* 3/69).

Para o fim de evitar decisões díspares em questões constitucionais que assumem feição nacional, decisões polêmicas de juízes e Tribunais inferiores, com desprestígio para o Judiciário, imagino que a Constituição poderia prever um recurso direto ao STF, não obrigatório, entretanto, para o juiz, que decidiria do seu cabimento. A idéia é esta: tratando-se de questão constitucional controvertida, de repercussão nacional, o juiz ou o Tribunal da causa — e aqui busco inspiração no controle concentrado em concreto, existente no Tribunal Constitucional alemão — poderá, a requerimento do Procurador-Geral da República, suspendendo o processo, submeter a questão constitucional à decisão do STF.

A medida, ao que penso, não apresenta os inconvenientes da avocatória, que, aliás, não admito. Ora, a medida que imaginamos não é obrigatória para o juiz ou o tribunal, que decidirá da necessidade e da conveniência do recurso. Incontestavelmente, de outro lado, há questões que demandam decisão imediata. O caso dos 147% dos aposentados da Previdência Social é um exemplo marcante. Quando a questão chegou ao STF, quando o Supremo a decidiu, acabou-se a polêmica. Ora, se aquela questão controvertida, polêmica, tivesse sido submetida ao STF no seu nascedouro, os aposentados teriam recebido aumento dos proventos muito antes do que ocorreu.

Hoje, o Procurador-Geral da República tem grande independência, não se submete ao Executivo. Ele seria senhor da conveniência e da necessidade de formular, ao juiz ou Tribunal da causa, o pedido de submissão da questão constitucional ao STF. E o juiz ou o Tribunal decidiria, livremente, pela remessa da questão constitucional à Corte Suprema.

Esse recurso, que denominamos de recurso constitucional, ao que penso, poderá simplificar e encerrar, de modo definitivo, com demoradas e infindáveis discussões, com decisões díspares e conflitantes de juízes e tribunais. Penso que valeria a pena tornar viável a idéia. O artigo da Constituição instituidor do "recurso constitucional" ficaria assim redigido: "Surgindo, no feito, questão constitucional controvertida, de repercussão nacional, o juiz ou o tribunal poderá, a requerimento do Procurador-Geral da República, suspendendo o processo, submeter a questão constitucional à decisão do Supremo Tribunal Federal, que terá efeito vinculante em relação aos órgãos do Poder Judiciário e ao Poder Executivo".

14. Da audiência do Procurador-Geral e da citação do Advogado-Geral da União: CF, art. 103, §§ 1º e 3º

O § 1º do art. 103 dispõe que: "O Procurador-Geral da República deverá ser previamente ouvido nas ações de inconstitucionalidade e em todos os processos de competência do Supremo Tribunal Federal". A primeira parte do transcrito parágrafo — o Procurador-Geral da República deverá ser previamente ouvido nas ações de inconstitucionalidade — é perfeita. O Procurador-Geral deve oferecer parecer nas ações diretas. A segunda parte, entretanto, do citado § 1º — e em todos os processos de competência do Supremo Tribunal Federal — é matéria de Regimento Interno do Tribunal e não se justifica ter sido posta na Constituição. O dispositivo, aliás, tem atrasado, sobremaneira, os serviços do STF, que deve encaminhar à Procuradoria-Geral, que está assoberbada de processos, todas as ações que chegam ao Tribunal. Certas ações, é certo, devem ser encaminhadas para o parecer do Ministério Público; não todas, entretanto. Ao Regimento Interno do Tribunal é que cabe disciplinar o assunto. Estou certo de que o Chefe do Ministério Público Federal estará de acordo com a proposta que ora formulamos.

Também não tem embasamento científico o que está posto no § 3º do art. 103 da Constituição: "Quando o Supremo Tribunal Federal apreciar a inconstitucionalidade, em tese, de norma legal ou ato normativo, citará, previamente, o Advogado-Geral da União, que defenderá o ato ou texto impugnado".

É que se tem, na hipótese da ação direta, uma questão puramente jurídica, certo que, nas informações prestadas pelo órgão que elaborou a norma infraconstitucional objeto da ação direta, já está a defesa da norma impugnada. Portanto, a interferência do Advogado-Geral, na defesa do ato ou texto impugnado, é uma demasia, servindo, apenas, para procrastinar o julgamento da ação. A proposta ora feita, se acolhida, acelerará, sobremaneira, o julgamento das questões constitucionais pelo STF, o que é fundamental, principalmente quando se trata de julgamento de inconstitucionalidade no controle concentrado, que exige decisão rápida. Em palestra que tivemos, em Paris, com o Prof. G. Vedel, em janeiro/92, não pôde ele compreender — ele que foi Presidente do Conselho Constitucional francês — que, no Brasil, demorasse mais de ano o julgamento de uma ação direta de inconstitucionalidade. Muito mais de ano costuma uma ação direta permanecer com o Advogado-Geral da União. Isto, evidentemente, é um absurdo, que o constituinte derivado afastaria de uma penada, simplesmente eliminando o desnecessário § 3º do art. 103 da Constituição.

15. Conclusão

Senhores, é hora de terminar. Peço-lhes que me desculpem se não lhes trouxe algo novo. A excelência desta Casa, a excelência dos que me ouvem merecia trabalho melhor, penso. O que lhes trouxe, entretanto, é o que brotou da minha ciência e da minha consciência, em homenagem a Vossas Excelências e, sobretudo, em homenagem à Constituição, que devo guardar e proteger. Muito obrigado.

Perguntas

O Sr. Eurípedes Sales: Antes de passarmos às perguntas, que já são em número de três, gostaria de lembrar que hoje à tarde, às 15h, teremos o Senador Marco Maciel falando sobre Parlamentarismo e Presidencialismo e, no próximo dia 22, quinta-feira, aula com o Prof. Otávio Bueno Magano, às 9:30h, tendo como tema "A seguridade social".

A primeira pergunta é do Prof. Rodolfo de Camargo Mancuso: a perda de competência para o controle das questões federais, que passou do STF para o STJ, acarretou, ao ver de V. Exa., algum enfraquecimento do STF ou, ao contrário, contribuiu para preservar a atribuição específica do STF como Corte Constitucional?

O Sr. Carlos Mário Velloso: Penso que a competência conferida ao STJ para realizar a inteireza, a autoridade e a uniformidade do Direito Federal comum contribuiu para fazer com que o STF pudesse realizar a guarda da Constituição, realizar aquilo que sempre achamos que devia fazer, ou seja, realizar o ajuste da Constituição formal à Constituição substancial.

Há pouco, antes de iniciar a minha palestra, me dizia o eminente Presidente do Tribunal de Alçada, Dr. Luís Osvaldo Caron, e também um ilustre Conselheiro desta Casa, o que, aliás, tenho recolhido em debates, em palestras que tenho feito, que o STF, com a Constituição de 1988, tem alcançado uma expressão muito maior do que aquela que ele tinha. De maneira que acho que foi muito bom o que fez a Constituição de 1988, ao instituir o STJ.

O Sr. Eurípedes Sales: A segunda indagação: ao longo da história do STF, tem variado o número de seus Ministros. Entende V. Exa. que o acúmulo de carga judiciária do STF pode ser aliviado com o aumento do número de seus membros?

O Sr. Carlos Mário Velloso: Eu penso que aumentar o número de membros do Tribunal é a solução mais fácil para se resolver o problema, mas não é a melhor. Eu acho que, como Corte Constitucional, não pode o Supremo ter ampliado o número de seus juízes. É que a Corte decide, em Plenário, a questão constitucional. Ora, se a Corte for muito grande, as decisões serão obtidas com maior dificuldade.

De outro lado, uma Corte menor será mais uniforme, será menos heterogênea, as questões podem ser discutidas com mais profundidade. Para mim, o Supremo representou uma surpresa muito boa: ali se discute muito e, em certos debates, as discussões parecem alcançar alto grau de exaltação.

Quero prestar homenagem aos meus Colegas, que são de altíssimo nível cultural. As teses jurídicas que sustentam, o fazem até com certo arrebatamento. O certo é que as questões constitucionais devem ser realmente debatidas e discutidas. Agora, se se tem uma Casa muito grande, nunca se chegará ao fim. Eu acho que precisamos encontrar forma de retirar competências do STF, competências que não podem mais estar ali, porque hoje o Supremo é, essencialmente, Corte Constitucional.

O Sr. Eurípedes Sales: A terceira pergunta parece que já foi respondida ao final da palestra de V. Exa. No entanto, vou formulá-la: como vê V. Exa. o alvitre da instituição da avocatória dentre as atribuições do STF?

O Sr. Carlos Mário Velloso: Falo por mim, e não em nome da Casa. Aliás, desde o primeiro momento tenho feito essa ressalva. Falo por mim, como professor de Direito, num debate científico, em que não pode haver preconceito. Nós temos que expor as nossas idéias do modo como as concebemos, sob pena de nos transformarmos em impostores. Pois bem, eu sou contra a avocatória. A avocatória, infelizmente, adquiriu feição autoritária no Brasil, porque ela foi instituída com a Emenda Constitucional 7, que não foi obra do Congresso Nacional.

Há um trabalho do professor e magistrado Sacha Calmon Navarro Coelho, professor de Direito de grande expressão em Minas, onde ele demonstra, com base no Direito Comparado, que, sempre que o Estado adota uma postura autoritária, procura retirar competências dos magistrados; a avocatória, infelizmente, retira. De maneira que eu não concordo com ela.

Há, entretanto, juristas do melhor nível, no Brasil, que concordam com a avocatória, como, p. ex., o eminente professor, advogado e jornalista Walter Ceneviva, que é favorável à avocatória.

A sugestão que proponho me parece que é muito superior, muito melhor do que a avocatória. Fica por conta do juiz deferir ou não o recurso.

O Sr. Eurípedes Sales: Pergunta da Dra. Lilian Franco: "Qual a espécie de norma regulamentadora a ser elaborada por um dos Tribunais Superiores que justificaria a interposição de mandado de injunção perante o STF?"

O Sr. Carlos Mário Velloso: O mandado de injunção está assim previsto no art. 5º, LXXI, da Constituição: "Conceder-se-á mandado de injunção sempre que a falta de norma regulamentadora torne inviável o exercício de direitos e liberdades constitucionais e das prerrogativas inerentes à nacionalidade, à soberania e à cidadania". Pode ocorrer, portanto, num determinado momento, que esses direitos, que essas prerrogativas, que essas liberdades, estejam com o seu exercício inviabilizado, porque falta uma norma infraconstitucional regulamentadora. Vou lhes dar um exemplo: a Constituição, no art. 7º, XXI, diz que o trabalhador tem direito a aviso prévio proporcional ao tempo de serviço, sendo no mínimo de 30 dias, nos termos da lei. Vejam, está inviabilizado o exercício do direito, porque não existe a lei. Então, o empregado que tem 10 anos de casa, dispensado, vai receber aviso prévio de 30 dias, igual ao empregado que tem 1 ano de casa. Diante de mandados de injunção de empregados que foram dispensados, eu tenho entendido que cabe ao Tribunal formular a norma para o caso concreto. E formulei a seguinte norma: faz jus a 10 dias de aviso prévio por ano de serviço, ou fração superior a 6 meses, observado o mínimo de 30 dias. O sujeito com 10 anos de casa vai fazer jus a 100 dias, que me parece razoável.

Mas o STF, por sua maioria, tem entendido que não cabe ao Supremo elaborar a norma para o caso concreto. Então, sugiro que fique expresso na Constituição que deverá o Tribunal, para o caso concreto, com efeito *inter partes*, não *erga omnes*, elaborar a norma.

E há assim na Constituição outros direitos constitucionais, muitos outros, cujos exercícios estão inviabilizados em razão da inexistência da norma regulamentadora. O mandado de injunção contém caso de inconstitucionalidade por omissão em concreto. O mandado de injunção complementa a ação direta de inconstitucionalidade por omissão. Em certos casos, a ausência de norma regulamentadora decorre de omissão de órgão administrativo ou de Tribunal: quando, p. ex., a lei que viabiliza o exercício de direito depende de regulamentação.

O Sr. Eurípedes Sales: Antes de fazer a leitura das próximas duas perguntas, quero anunciar que se encontra presente neste Plenário o Conselheiro deste Tribunal José Altino Machado.

As duas perguntas são do Prof. Expedito Pinheiro: "Sr. Ministro, na opinião de V. Exa., o Presidente da República afastado, Sr. Fernando Collor de Mello, tem condições jurídicas de levar a decisão do processo de *impeachment* mais longe no tempo do que o prazo de 180 dias previstos pela Constituição Federal?". Posteriormente faço a segunda pergunta.

O Sr. Carlos Mário Velloso: Foi estabelecido um roteiro pelo Presidente do STF, porque o Presidente do STF assume a Presidência do Senado, ou a presidência, mais especificamente, do processo que se realiza no Senado para o julgamento do Presidente da República pelo crime de responsabilidade.

Ao que estou informado, o Presidente do STF, um Magistrado de altíssimo nível, também professor de Direito Processual, o Min. Sydney Sanches, com base na lei específica e na Constituição, elaborou um roteiro processual a ser observado no julgamento do *impeachment*. E, ao que estou informado, o processo estará concluído em menos de 180 dias.

O Sr. Eurípedes Sales: E a última pergunta, Sr. Ministro: "E cessando o afastamento de S. Exa., o Sr. Presidente Fernando Collor, sem prejuízo do regular prosseguimento do processo, reassumindo suas funções, como fica o exercício de seu governo em relação à atual reforma ministerial, empreendida pelo Governo Itamar?".

O Sr. Carlos Mário Velloso: Da mesma forma que o Presidente em exercício ao assumir quis efetivar uma presidência de acordo com a sua personalidade, se ocorrer a hipótese do retorno do Presidente, ele poderia também realizar uma reforma administrativa de acordo com a sua personalidade.

Isso tudo é feito com a colaboração do Congresso Nacional. Não sei se os Srs. verificaram, mas o Presidente em exercício editou uma medida provisória realizando reforma administrativa, que deverá ser aprovada ou não pelo Congresso Nacional. Estas questões estão sujeitas a decisão política. Se um Presidente tem maioria no Congresso, ele pode baixar a medida provisória, que será aprovada; se não tiver, ela acaba não se convertendo em lei.

De maneira que esta questão é bem complexa, porque há os complicadores políticos, há os dados políticos que devem ser observados, e não somente o dado jurídico. O dado jurídico é este: poderia fazer, porque poderia também baixar medidas provisórias. O complicador político surgiria em seguida, como surge para qualquer Presidente, com o apoio ou não no Congresso, para a aprovação ou não dessas medidas.

O Sr. Eurípedes Sales: Não havendo mais qualquer indagação por parte da platéia, o Cons. Paulo Planet Buarque fará a entrega a V. Exa. de uma lembrança deste Tribunal de Contas.

O Sr. Paulo Planet Buarque: Sr. Ministro, ao tempo em que eu uma vez mais manifesto profundo agradecimento deste Tribunal a V. Exa., pela presença e por tudo aquilo que nos foi dado aprender, queria transferir a V. Exa. algo que gostaríamos que guardasse entre os seus mais preciosos livros, uma medalha comemorativa do Tribunal; no verso e no anverso a História de São Paulo. (É feita a entrega da medalha.)

O Sr. Carlos Mário Velloso: Sr. Conselheiro Paulo Planet Buarque, esteja certo de que recebo, com muita honra, a medalha que o Tribunal de Contas do Município de São Paulo me confere. Quero registrar que a recebo numa casa da esperança, porque é razoável esperemos que as Cortes de Contas, que a Constituição de 1988 fortaleceu, façam realizar, no Brasil, a moralidade e a probidade administrativa, que o povo brasileiro tanto deseja. É lícito que esperemos que isto ocorra, principalmente nesta Casa de vetustas e robustas tradições.

Muito obrigado, Sr. Conselheiro.

O Sr. Eurípedes Sales: Ministro, para nós, além do conhecimento de V. Exa., da cultura que demonstrou nesta palestra, fica uma certeza, certeza bem maior do que a presença de V. Exa., a certeza de que os nossos direitos estão muito bem guardados, estão guardados no baú da sabedoria jurídica que encerra o STF.

Muito obrigado a V. Exa., por ter participado junto conosco deste Curso de Direito Constitucional que visa à reforma de 1993.

Assim encerramos mais esta aula, lembrando que à tarde teremos a palestra do Senador Marco Maciel, de Pernambuco. Muito obrigado.

CONTROLE DA ADMINISTRAÇÃO PÚBLICA NA CONSTITUIÇÃO DE 1988*

SÉRGIO FERRAZ

Ex-Presidente do Instituto dos Advogados Brasileiros — Ex-Professor Titular de Direito Administrativo da Universidade Católica do Rio de Janeiro

1. Introdução

A vastidão do tema do controle da atividade administrativa torna imperioso seu prévio confinamento, pena de se ter não uma palestra, mas um ensaio de consideráveis proporções. Doutra parte, as tecnicalidades de alguns dos tópicos do tema em questão envolvem o risco de resvalar o expositor para searas de aridez indiscutível, provocando desnecessário cansaço aos seus indulgentes e eventuais ouvintes. Disso tudo decorreu nossa eleição apriorística, por circunscrever a exposição aos aspectos de controle contidos na Constituição de 1988, com o quê, inclusive, estamos guardando fidelidade ao propósito maior deste Congresso, proclamado em todo o pertinente e respectivo material promocional: a definição dos "Novos rumos do Direito Administrativo" brasileiro.

2. Função administrativa

Impõe-se, num primeiro momento, estabelecer o patamar conceitual do nosso trabalho.

Ao falarmos em controle da atividade administrativa, teremos em vista, de início, o desempenho, pelo Poder Público, da chamada *função administrativa.* Não desconhecemos quão tormentosa é a tarefa de definir tal função, sendo múltiplos os critérios e as escolas que a ela se dedicam, com resultados consideravelmente diversificados. Sem fazermos, aqui e agora, uma opção por qualquer delas, proclamaremos, todavia, nossa adesão, para os estritos propósitos desta exposição, ao chamado *critério residualista*. Com essa expressão estamos a designar uma corrente de pensamento (que é, p. ex., a de A. Gordillo), segundo a qual diz-se *administrativa* toda função estatal que não se identifica com a jurisdicional e a legislativa. O critério residualista, conquanto possa merecer críticas sob a perspectiva da rarefação de suas fronteiras conceituais, revela-se, contudo, útil quando o objeto do estudo não é o próprio exame e classificação das diferentes funções estatais. Assim, se o que se tem em vista — tal como ocorre com o propósito desta exposição — é uma *atividade* (*in casu*, o controle), que incide sobre uma das *funções* estatais (no caso, a administrativa), não há prejuízo científico na aceitação da conceituação residual, até porque jurisdição (aplicação, ao caso concreto, de uma norma genérica e aprioristi-

* Transcrição da conferência proferida no VII Congresso Brasileiro de Direito Administrtivo (Blumenau, abril/92).

ca de composição de condutas conflitantes ou reciprocamente resistentes) e legislação (produção e edição da antes referida norma) constituem conceitos com alto teor de univocidade de sentido.

Em resumo, por toda a nossa palestra, ao nos referirmos a função administrativa, estaremos contemplando as atividades estatais que não podem ser subsumidas aos escaninhos da legislação e da jurisdição.

2.1 Agentes administrativos

Doutra parte, uma ponderação desde já se impõe, e ela se faz até mesmo pela estreita vinculação do plano da exposição à Constituição de 1988: na forma do que se decanta do art. 37, *caput*, da Lei Maior, a função administrativa pode até ser prioritariamente desempenhada pelo Poder Executivo, mas dele não é apanágio: desempenham-na, também, o Legislativo e o Judiciário, a Administração direta e a indireta (bem assim a fundacional), a União, os Estados, o Distrito Federal e os Municípios. Mas não só.

2.2 Ampliação do elenco: as autorizações e as permissões, as privatizações

Fenômenos marcantes estão a sublinhar, em nossos dias, a diversificação da execução das atividades em benefício dos administrados.

De um lado, ganham relevo cada dia maior as delegações administrativas, nas formas tripartidas, constitucionalmente assentadas (arts. 21, XII, e 175): autorização, permissão, concessão. Conseqüência expressiva dessa flexibilização se reflete na adoção das figuras da autorização e sobretudo da permissão, para atuações que nada têm de precárias e que, pelo contrário, demandam do particular ingentes investimentos, a requererem (até mesmo em razão do equilíbrio das contraprestações, constitucionalmente assegurado no art. 175) um mínimo de estabilidade, no tempo, da existência da relação entre Poder Público e executor particular da função. Foi certamente em razão de correto — mas audacioso, sobretudo na perspectiva doutrinária — entendimento dessas novas dimensões que o constituinte de 1988 não teve receio em referir-se a *contrato de permissão* (com todas as garantias daí decorrentes), outorgando, destarte, a essa figura um grau de consistência mais avançado do que aquele já alcançado com a idéia, antes difundida, das *permissões condicionadas*.

A par das figurações, acima relembradas, é indiscutível que, doutro lado, adquire dia a dia mais presença e expressão a transferência da própria função (e não apenas de sua execução) para a empresa privada — é o fenômeno da *privatização*, que surge como verdadeira pedra-de-toque, na tentativa de modernização do Estado, para além dos figurinos das Administrações indiretas e descentralizadas, que, de modo geral, se vêm revelando desgastadas e ineficazes, nas últimas décadas.

2.3 A relação de administração pública

A breve incursão, que se fez no item precedente, aos novos canais de satisfação das necessidades e anseios da coletividade teve apenas por fito trazer luz para o sugestivo dinamismo que a flexibilização da atividade estatal vem conhecendo, tal como analisado na Constituição de 1988. Qualquer que seja, entretanto, o molde adotado, inclusive o das privatizações mais extremadas, uma realidade permanecerá intangível: a satisfação precípua da necessidade e do interesse públicos constitui o cerne eidético da função administrativa. Ao concretizá-la, o Estado — ou o particular que em seu nome, por qualquer figura de direito, atue — não está praticando atos de dono, que, como tal, gozaria do atributo da *disponibilidade*, em razão do qual poderia, inclusive, despir-se da função. Na clássica e feliz imagem de Cirne Lima, ao *realizar* efetivamente tais deveres, por si ou por terceiros, está o Estado empenhado numa *relação de administração*. E, como tal, sujeito — bem como assim também sujeitos os particulares que façam suas vezes — a todo um plexo de mecanismos de controle, como é curial que ocorra com todos os que não estão a braços com mera relação de propriedade.

Daí a última estaca no patamar conceitual até aqui elaborado: mesmo quando a execução da função administrativa se aparta, intensamente, quanto à identidade do executor, da figura do Estado, ainda assim o tema do controle incide massivamente, como consectário inafastável da constatação de que, na base de todas essas atuações, existe o estatuto típico da relação de administração.

3. *Política e ética da administração*

Para que o exercício da função administrativa possa mais aptamente atingir os fins a que proposta, impende a observância de dois parâmetros: a) o de que se encarte numa *política* de administração, com o quê, de regra, se viabiliza e se otimiza sua eficácia. Limitamo-nos à enunciação da questão, eis que a política da administração pública é tema alheio a nossa exposição; b) o de que observe uma *ética* administrativa, com o quê se assegura (ao menos esse o propósito) a higidez axiológica das atuações estatais, dado essencial na configuração da validade de qualquer ação nas relações de administração.

3.1 *Os princípios da administração pública*

A Constituição de 1988 oferece linhas seguras de amarração da ética administrativa. Consubstanciam-se elas nos chamados princípios da administração pública. Não se afeiçoaria ao tempo que nos foi reservado mergulhar a fundo no tema. Limitamo-nos a referi-lo, eis que falar de controle de administração pública, sem mencioná-lo, seria esdruxularia incomensurável. O que pretendemos deixar nitidamente assentado é que, ao controlar o acompanhamento ou a execução da função administrativa, o órgão ou agente controlador deverá ter em conta se:

a) na origem e no resultado, foram respeitados os princípios da legalidade, da impessoalidade, da moralidade e da razoabilidade, da proporcionalidade, da publicidade (CF, art. 37, *caput*);

b) houve, ou não, causação de dano a terceiros; em caso positivo, impor-se-á o dever da reparação, num regime de *responsabilidade objetiva, independentemente da natureza jurídica do agente direto* (CF, art. 37, § 6º);

c) correta e efetivamente motivada a atuação. O dever de motivação, insculpido no art. 93, X, da Constituição, dirige-se não apenas à *função administrativa* desempenhada pelo Judiciário, mas sim a que qualquer agente estatal (ou que atue em nome do Estado, por *delegação* ou *atribuição* estatal) assuma, o que é decorrência inevitável do *caput* do art. 37. Acresce que, num sistema jurídico em que não se discute a possibilidade da sindicabilidade judicial do desvio e do abuso do poder, automaticamente se exige a motivação do ato administrativo, por isso que só do exame de sua existência, autenticidade e propriedade se pode chegar à constatação das aludidas patologias.

4. *Os tipos de controle da administração pública: introdução*

Cabe agora examinar os diferentes tipos de controle da administração pública, inseridos na Constituição de 1988. Por evidente, em razão do confinamento a que vestibularmente nos vinculamos, só iremos discorrer efetivamente sobre as inovações aqui operadas pela Carta de 1988.

Conforme iremos verificar, se a administração pública bem não anda, isso não se deve à ausência de mecanismos de controle. Bem antes, eles existem, em excesso até, talvez. O que falta é, provavelmente, uma *cultura de controle*, que, introjetando em administradores e administrados, com todas as suas conseqüências, a idéia de relação de administração pública, tornasse operante toda a farta coleção de remédios constitucionalmente consagrados. Provavelmente, com o tempo iremos conhecer, também entre nós, o efetivo primado da lisura administrativa.

4.1 O controle interno

A taxinomia consigna, em primeiro lugar, o *controle interno*, ou autocontrole. Sob essa denominação enquadram-se os mecanismos de controle existentes dentro da própria estrutura administrativa a ser controlada. Tais mecanismos atuam mediante a operacionalização dinâmica do conceito de *hierarquia*.

Em verdade, no que diz respeito ao controle interno a Constituição de 1988 não trouxe novidades conceituais. Assim é que continua ela a traduzir-se em atos de invalidação, revogação, aprovação e homologação. Provavelmente, a única inovação aqui, defluente da nova ordem constitucional, esteja concretizada num *enriquecimento conteudístico*, de *qualidade*, do autocontrole, eis que está ele agora textualmente balizado por diretrizes *éticas*, consubstanciadas nos princípios da atuação administrativa, antecedentemente referidos.

4.1.1 Peculiaridades nas fundações e nas empresas estatais

Como subtipo de controle interno cabe referir a incidência, nas empresas estatais e nas fundações, dos equipamentos de controle próprios dessas entidades (o Ministério Público e os diversos conselhos, previstos nas leis atinentes a tais pessoas), cuja existência não se afasta nem se adultera pelo só fato de eventualmente integrarem elas a Administração Pública.

4.2 O controle externo

Em contraste com o que registrado relativamente ao controle interno, o *controle externo* se revela muito ampliado na Constituição de 1988. Entende-se por controle externo aquele que é exercido pelo Legislativo, particularmente mediante a atuação do Tribunal de Contas.

Anote-se, em primeiro lugar, que o âmbito da atuação do Legislativo e das Cortes de Contas é, hoje, imenso, por isso que não mais restrito à legalidade, abrangendo também a *legitimidade* e a *economicidade* da atuação administrativa (CF, art. 70, *caput*).

Da mesma sorte, vitalizou-se, de muito, o papel dos Tribunais de Contas. Dificilmente pode-se dizer serem eles, hoje, apenas um *auxiliar* (CF, art. 71, *caput*) do Legislativo, no exercício do controle externo. Basta, para chegar-se a tal conclusão, meditar na conjugação de alguns comandos constitucionais. Verifique-se, p. ex., que, a teor do inc. X do art. 71, pode o Tribunal *sustar* a execução do ato que impugnar, se não corrigidas as ilegalidades que nele aponta; a sustação é, *in casu*, uma providência mandatória e de plano eficaz, sendo objeto de mera *comunicação* ao Legislativo, salvo quando se trata de contrato, hipótese em que o ato de sustação será adotado diretamente pelo Legislativo, *ex vi* do § 1º do art. 71. Mas, *mesmo no caso de contrato*, se o Legislativo ou o Executivo não sustarem sua execução, no prazo de 90 dias da data em que apontada pelo Tribunal a ilegalidade, à Corte é integralmente atribuída a competência para agir, podendo decidir como considerar necessário, assumindo, inclusive, a prática do ato de sustação, diretamente (CF, art. 71, § 2º). Nesse contexto e ampliação de competências assume ainda ênfase a natureza executória direta de que agora revestidas as decisões do Tribunal de

Contas de que resulte imputação de débito ou multa: têm elas, *ex vi* do art. 71, § 3º, eficácia de título executivo.

4.2.1 A sustação, pelo Legislativo, dos atos normativos do Executivo

Categórica inovação, no campo do controle externo, se encontra insculpida no art. 49, V, da Lei Maior: a competência do Congresso Nacional para "sustar os atos normativos do Poder Executivo que exorbitem do poder regulamentar ou dos limites da delegação legislativa". Deixando-se de lado o sabor parlamentarista de tal competência, a verdade é que está posta em texto constitucional, sendo, pois, só por isso, dotada de indiscutível eficácia. Além disso, é preciso proclamar que o constituinte, aqui, "disse menos do que queria" ou do que devia: sendo o preceptivo indiscutivelmente um meio de resguardo do princípio da separação de Poderes, tem-se, por conseqüência, que, além dos atos normativos do Executivo, também os atos administrativos, nos normativos eventualmente exorbitantes respaldados, se submetem à regra da sustação, do art. 49, V. Estamos, pois, em face de fortíssimo procedimento de controle administrativo.

4.3 O controle da cidadania

As alterações mais profundas no sistema constitucional de controle da função administrativa expressam-se nos meios para tanto postos à disposição da cidadania. Além de fazer-se ela atuante presença com a intermediação do Judiciário, revela-se ela também eficaz mediante ações diretas. Imprescindível, por tudo isso, certa detença neste segmento do nosso tema.

4.3.1 Seus alicerces

Na cerimônia de promulgação da Constituição, o Presidente da Assembléia Nacional Constituinte, Deputado Ulisses Guimarães, a batizou: Constituição-Cidadã, Constituição da Cidadania. A fórmula tinha finalidade clara: indicar não só que essa era uma Lei Magna nascida dos anseios manifestados, direta e indiretamente, pela cidadania; mas também, e acima disso, uma Constituição que assegura ao cidadão — e o conclama a isso! — a fiscalização (*pari passu*) e a correção da atividade administrativa. A proclamação da Constituição-Cidadã, para não se revestir das feições da simples dicção retórica, se fez juridicamente instrumentalizada, com o levantamento de três pilares técnico-jurídicos fundamentais: a consagração e difusão da idéia de interesses e direitos difusos e coletivos; a criação de remédios processuais de tutela a tais interesses difusos e coletivos; a adoção e expansão da técnica das legitimações extraordinárias (processuais e políticas), coletivas e difusas. O levantamento desse tripé enseja a realização efetiva da regra do parágrafo único do art. 1º da Lei Maior, segundo o qual o poder, que emana todo do povo, por ele é exercido, não só por meio de seus representantes, mas também diretamente.

4.3.2 Seu exercício por meio do Judiciário

Como decorrência de todos os vetores acima enunciados, de muito se ampliaram as atuações de controle do Judiciário, bem como as pertinentes vias de acesso. Assim, e como simples exemplos:

a) O Judiciário aprecia não mais apenas a lesão, mas também qualquer *ameaça* a direito (com o quê, *v. g.*, se dá berço constitucional ao mandado de segurança preventivo e às ações cautelares em geral) — CF, art. 5º, XXXV.

b) As entidades associativas podem representar seus filiados (judicial e extrajudicialmente) — CF, art. 5º, XXI.

c) Sem prejuízo da letra "b" supra, a ela aditando reforço, tem-se o fenômeno da legitimação coletiva (direta ou substitutiva, conforme o caso), não só no caso do mandado de segurança (CF, art. 5º, LXX), mas também nos pleitos em defesa de direitos e interesses coletivos ou individuais das categorias profissionais (CF, art. 8º, III).

d) O vetor axiológico da moralidade, no exercício da atividade administrativa, teve o controle de sua observância depositado nas mãos do cidadão, que conta, para tanto, com o eficaz instrumento da ação popular, ampliada em seu escopo na nova Lei Maior (CF, art. 5º, LXXIII).

Coexistindo com todas essas conquistas, permanecem íntegros, como meios de controle, o *habeas corpus* e o *mandado de segurança*.

4.3.3 Seu exercício direto, perante a Administração Pública; o direito à informação e à privacidade; o direito de petição; o processo administrativo; a garantia do devido processo legal

A par da intermediação do Judiciário, tem o cidadão outros meios de controle na Lei Maior, no particular intensamente aprofundada e ampliada.

Em primeiro tomo, assinale-se que, conquanto a Constituição assegure o direito à privacidade (art. 5º, particularmente nos incs. X, XI e XII), garante, em contrapartida, um *direito à informação* (art. 5º, XIV), tutelado, inclusive, por um novo remédio processual constitucional específico — o *habeas data* (art. 5º, LXXII). Aliás, no que particularmente diz respeito ao *habeas data*, ressalte-se que, na forma da consagração constitucional, serve ele não só para realizar concretamente o direito à informação, senão também para compelir a Administração à retificação de dados equívocos ou adulterados, guardados em seus registros. Trata-se, pois, de um excelso instrumento de controle, posto à disposição do cidadão.

Em segundo tomo, merece referência a circunstância de ter sido o clássico direito de petição (art. 5º, XXXIV, "a"), valioso meio de contraste da atuação administrativa, adequadamente regulado e aparelhado. Isso porque, exercitando-se ele por meio de um processo administrativo, irá *diretamente* beneficiar-se da extensão, a este conferida, das clássicas e fundamentais garantias do processo judicial: publicidade, contraditório, ampla defesa (CF, art. 5º, LV). Caberia, a propósito, sublinhar que, ao ter sido assim conotado, o processo administrativo, *com esse perfil*, é o único que preenche a previsão do *devido processo legal*, este por seu turno agora alçado à condição de garantia constitucional expressa (CF, art. 5º, LIV). O resultado desse conjunto pode ter sabor verdadeiramente revolucionário, capaz de reformular toda a *praxis* do nosso Direito Administrativo, classicamente vincado a uma visão autoritária: tal sabor concentracionário do poder não mais estará apto a prevalecer a partir do simples momento em que o processo administrativo deixa de ser *propriedade* da Administração ou de seus agentes. Lançado ele à luz, à transparência das garantias judiciais, tornará evidente a motivação dos atos administrativos, inviabilizará as decisões ou os pareceres reservados, concretizará a idéia de igualdade. Em suma, com essas tônicas, o processo administrativo passa a ser, só por si, um extraordinário instrumento de controle da atividade administrativa.

4.3.4 Seu exercício pelos meios políticos; a atuação direta do cidadão, perante as Cortes de Contas

Ademais de tudo até aqui enunciado, goza também o cidadão, na nova ordem constitucional, de valiosos meios de ação política para o controle da atividade administrativa.

Parece-nos claro que, como tal, funcionam, com formidável alcance, o plebiscito, o referendo e a iniciativa legislativa popular (provisão genérica no art. 14). Mas, para além dessas notáveis conquistas, importa destacar duas inovações controladoras, de ousadíssima amplitude: a) o direito do contribuinte de questionar a *legitimidade* das contas municipais (CF, art. 31, § 3º); b) o direito do cidadão, ou de suas entidades representativas, de denunciar irregularidades ou ilegalidades perante as Cortes de Contas da União, Estados, Distrito Federal e Municípios (CF, art. 74, § 2º).

4.3.5 A plena eficácia dos direitos e garantias fundamentais

Aduza-se, por ser de imperativo relevo, que a Constituição de 1988 repele qualquer interpretação tendente a transformar todas as conquistas, até aqui examinadas, em simples proclamações programáticas ou retóricas. Nessa perspectiva é que cumpre estudar — o que não é propósito desta exposição — o mandado de injunção (art. 5º, LXXI), a argüição de descumprimento de preceito fundamental (art. 102, parágrafo único) e a inconstitucionalidade por omissão (art. 103, § 2º) sempre à luz do § 1º do art. 5º, pelo qual "as normas definidoras dos direitos e garantias fundamentais têm aplicação imediata".

4.4 O controle institucional: introdução

Não bastassem todos esses variadíssimos meios de controle da atividade administrativa, a Constituição de 1988 ainda fundou um outro tipo de controle, que denominaremos *institucional*, por isso que confiado a duas instituições de inserção constitucional.

4.4.1 O Ministério Público

Muito já se escreveu sobre as novas dimensões e o merecido enobrecimento do Ministério Público no seio da nova Constituição.

Para os propósitos específicos de nossa exposição, conviria, agora, destacar o art. 129, com foco: no inc. III, em razão do qual se confia ao Ministério Público (particularmente por meio da ação civil pública, mas também com o inquérito civil) a "proteção do patrimônio público e social, do meio ambiente e de outros interesses difusos e coletivos" (mesmo quando a agressão ou ameaça parta da Administração Pública); no inc. IV, que manteve a legitimação ativa da Instituição para a ação direta de inconstitucionalidade e, particularmente, a representação interventiva (quase sempre calcada em atos da função administrativa infringentes aos chamados princípios sensíveis da Constituição); no inc. VII, que põe nas mãos do *Parquet* o controle externo da atividade policial.

4.4.2 A Advocacia e a Ordem dos Advogados do Brasil

A Constituição de 1988 alçou a seu patamar a Advocacia e sua instituição aglutinadora, a Ordem dos Advogados do Brasil. Tendo em vista que o Estatuto básico da profissão e de sua instituição, a Lei 4.215/63, comanda à entidade (art. 18, I) e ao advogado individualmente considerado (art. 87, I e X) o dever de lutar pela ordem jurídica, pela Constituição, pela boa aplicação das leis e pelo aperfeiçoamento das instituições (competindo-lhes representar contra autoridades e funcionários, pela falta de exação ou pelo abuso no desempenho de suas atribuições), conclui-se que à Advocacia e à OAB cabe agora, igualmente, um excelso papel no conjunto das atividades de controle administrativo. Tal conclusão ganha particular ênfase quando se traz a lume o art. 129 da mesma Lei 4.215, segundo o qual os Presidentes do Conselho Federal, das Seções e Subseções "têm qualidade para agir, mesmo criminalmente, contra qualquer pessoa que infringir as disposições desta lei...". Todo esse arcabouço adquire expressivas tintas definitivas ao se verificar, no art. 103, VII, da Constituição Federal, que também à OAB foi conferida legitimação ativa para a ação direta de inconstitucionalidade.

Assim aparelhados, deverão os advogados, mais que nunca, adotar como norma de agir, em suas vidas, as célebres palavras de Poincaré, ao discursar por ocasião do Centenário da restauração da Ordem dos Advogados na França: "Porque constrói, por seu trabalho, uma situação normal, o Advogado não depende mais do que de si mesmo. É o homem livre em toda a extensão da palavra. Sobre ele pesam tão-somente servidões voluntárias. Autoridade alguma exterior detém sua atividade individual. A ninguém dá conta de suas opiniões, de suas palavras, de seus atos. Sobre sua cabeça não pende outra autoridade que a da Lei".

PROCESSO LEGISLATIVO: NATUREZA JURÍDICA E OBJETO — A LEI INJUSTA E SUA INCONSTITUCIONALIDADE SUBSTANCIAL, NO ESTADO DEMOCRÁTICO DE DIREITO*

ANTONIO SOUZA PRUDENTE
Juiz Federal Titular da 6ª Vara da Seção Judiciária do Distrito Federal — Professor na AEUDF

1. Introdução

Somente no sentido impróprio, ou, no mínimo, com significado bastante amplo, a Constituição Federal de 1967, a Emenda Constitucional 1/69 e a Carta Magna, em vigor desde 5.10.88, inseriram, em seus textos, a expressão "processo legislativo".

Não obstante a crítica de Manoel Gonçalves Ferreira Filho, que indaga se a expressão designaria a "matéria" ou o "sujeito", entende José Cretella Jr. que, na verdade, significa, em sua primeira e inequívoca acepção, objeto e técnica, "o processo nomogenético, o *iter*, o caminho, o trâmite da norma geral, impessoal e abstrata, desde o projeto primitivo, até a promulgação da norma". Conclui o ilustre Administrativista que, "sob o aspecto subjetivo, a expressão *processo legislativo* pode designar a causa eficiente, a participação efetiva dos membros do Parlamento na formação da lei. Em relação à causa final específica, o processo legislativo compreende a série de normas que o dispositivo pertinente ao tema enumera na Constituição".[1]

Ainda que o vocábulo *processo* advenha do latim (*processus*), com derivação do verbo *procedere*, apresentando-se em sentido equivalente a *procedimento*, pois que exprime, também, *ação de proceder* ou *ação de prosseguir*, na linguagem jurídica há perfeita distinção entre processo e procedimento.

Na terminologia jurídica, o processo tem sentido amplo e restrito.

Em sentido amplo, entende-se por processo o conjunto de princípios e de regras jurídicas indispensáveis à administração da Justiça.

Em sentido menos amplo, ensina Vicente Greco Filho que "o processo é uma entidade complexa que apresenta dois aspectos: o intrínseco ou essencial e o exterior. Na essência, o processo é a relação jurídica que se instaura e se desenvolve entre autor, juiz e réu. Na exterio-

* Palestra proferida no "I Congresso Brasileiro de Direito Constitucional", em 24.10.92, no Centro de Convenções de Brasília (DF), sob o patrocínio da OAB/DF e da Fundação Santo Ivo.

1. José Cretella Jr., *Comentários à Constituição Brasileira de 1988*, 1ª ed., v. V/2.708, Forense Universitária, 1991.

rização, o processo se revela como uma sucessão ordenada de atos dentro de modelos previstos pela lei, que é o procedimento".[2]

Em sentido estrito, processo é relação jurídica, pública e dinâmica, que se instaura, desenvolve-se e se encerra entre as partes e o juiz, pela sentença, como ato de prestação jurisdicional do Estado.

Colhe-se aqui, por oportuna, a lição de Niceto Alcalá-Zamora y Castillo, na fala de que: "Los términos *proceso* y *procedimiento* (y aun algunos otros, como litigio, pleito, causa y juicio) se emplean con frecuencia, incluso por procesalistas eminentes, como sinónimos o intercambiales. Conviene, sin embargo, evitar la confusión entre ellos, porque se bien todo proceso requiere para su desarrollo un procedimiento, no todo procedimento es un proceso (*v. gr.*, el que se utilice para la extradición). El proceso se caracteriza por su finalidad jurisdiccional compositiva del litigio, mientras que el procedimiento (que puede manifestarse fuera del campo procesal, cual sucede en el orden administrativo o en el legislativo) se reduce a ser una coordinación de actos en marcha, relacionados o ligados entre sí por la unidad del efecto jurídico final, que puede ser el de un proceso o el de una fase o fragmento suyo (*v. gr.*, procedimiento incidental o impugnativo). Así, pues, mientras la noción de proceso es esencialmente teleológica, la de procedimiento es de índole formal, y de ahi que, como luego veremos, tipos distintos de proceso se puedan substanciar por el mismo procedimiento, y viceversa, procedimientos distintos sirvan para tramitar procesos de idéntico tipo. Ambos conceptos coinciden en su caráter dinámico, reflejado en su comun etiomología, de *procedere*, avanzar; pero el proceso, además de un procedimiento como forma de exteriorizarse, comprende los nexos — constituyan o no relación jurídica — que entre sus sujetos (es decir, las partes y el juez) se establecen durante la substanciación del litigio".[3]

Nesse contexto, inexiste, *stricto sensu*, *processo legislativo*, que somente em sentido impróprio ou lato pode ser dessa forma considerado.

Correto é falar-se, pois, em *procedimento legislativo*, como, assim, já o observa, cientificamente, o constitucionalista lusitano José Jaquim Gomes Canotilho, nesse magistério: "A idéia de procedimento no direito constitucional não é um fenômeno novo. A 'legitimação segundo o procedimento' (Luhmann) há muito que era um princípio básico do exercício dos poderes públicos, destacando-se, pela sua importância, o *procedimento legislativo*, isto é, o conjunto de regras jurídicas (constitucional e regimentalmente definidas) disciplinadoras da atividade legiferante. Do mesmo modo, a função jurisdicional (seja a dos clássicos Tribunais ordinários, seja a dos Tribunais administrativos, seja ainda a mais moderna dos Tribunais constitucionais) esteve sempre vinculada a formas de tramitação e decisão aglutinadas sob a designação genérica de *processo jurisdicional*. Hoje, a procedimentalização é idéia corrente relativamente à função administrativa, devendo a actividade administrativa estar sujeita a um procedimento que, sem aniquilar a eficiência da actividade administrativa, garanta a proteção jurídica dos administrados (procedimento administrativo). O que há, porém, de especificamente novo, na moderna teoria do procedimento, é a acentuação da imprescindibilidade no direito constitucional e na teoria da Constituição de uma adequada dimensão procedimental. Em primeiro lugar, porque a dinamização de um programa normativo-

2. Vicente Greco Filho, *Direito Processual Civil Brasileiro*, 3ª ed., v. 2/77, Saraiva, 1988.

3. Niceto Alcalá-Zamora y Castillo, *Proceso, Autocomposición y Autodefensa*, 2ª ed., México, 1970, n. 67, pp. 115 e 116.

constitucional — a sua "entrada no tempo" — implica a transformação da lei constitucional em *law in public action*, isto é, o processo de realização das normas constitucionais aponta para a necessidade de se 'trazer para a rua' (Haberle) a própria Constituição. Um instrumento considerado adequado para a conversão da Constituição (considerada, tradicionalmente, de uma forma estática, como uma ordem jurídica fundamental do Estado) em ordem dinâmica de uma comunidade é o procedimento. Em segundo lugar, a democratização do exercício do poder através da *participação* pressupõe que esta participação se traduza, mediante a sua canalização através de 'procedimentos justos', numa influência qualitativa no resultado das decisões. Daqui deriva, em terceiro lugar, que a participação através do procedimento, além de ser um *meio de comunicação* ascendente e descendente entre governantes e cidadãos, é, igualmente, uma *compensação* e uma *garantia* dos particulares e das comunidades (locais, regionais, grupais) perante as tarefas crescentes de conformação política e econômica levadas a efeito por uma burocracia e tecnocracia estaduais sem qualquer transferência democrática (exs. planificações urbanísticas e rodoviárias, política do meio ambiente etc.). ... Designa-se por procedimento legislativo a sucessão de série de actos (ou de fases, consoante a posição doutrinal respeitante à natureza de procedimento) necessárias para produzir um acto legislativo. A lei é o acto final do *procedimento*. As várias fases procedimentais, disciplinadas com maior ou menor particularização nos vários ordenamentos, estão preordenadas à produção de um acto final, a que chamaremos *lei formal* de Assembléia. Deste modo, o procedimento legislativo é um *complexo de actos, qualitativa e funcionalmente heterogêneos e autônomos, praticados por sujeitos diversos e dirigidos à produção de uma lei do Parlamento*. Noutros termos: procedimento legislativo é a forma da função legislativa, isto é, o modo ou o *iter* segundo o qual se opera a exteriorização do poder legislativo".[4]

Nesta ótica, o procedimento legislativo há de ser visto, aqui, em seu significado estritamente jurídico, ainda que pudesse ser entendido, também, no sentido sociológico, como observa Nélson de Souza Sampaio, quando se refere "ao conjunto de fatores reais ou fáticos que põem em movimento os legisladores e ao modo como eles costumam proceder ao realizar a tarefa legislativa. Sob esse ângulo, estudaríamos a influência que teriam sobre o surgimento e a marcha de determinados projetos de lei a opinião pública, as crises sociais, as pressões de grupos organizados, *lobbing*, os acordos de partidos, as compensações políticas, a composição partidária ou social da assembléia, a troca de votos (*log-rolling*) entre parlamentares etc. Nessas hipóteses, estaríamos fazendo a 'sociologia do processo legislativo' e seria mais recomendável falar de 'conduta' ou 'comportamento legislativo', reservando a expressão 'processo legislativo' para a linguagem jurídica".[5]

1.1 Objeto do processo legislativo

Nos termos do art. 59 de nossa Constituição Federal, o processo legislativo tem por objeto a elaboração de emendas à Constituição, leis complementares, leis ordinárias, leis delegadas, medidas provisórias, decretos legislativos e resoluções.

Verifica-se no elenco do processo legislativo, em referência, que, ali, se encontram atos de efeitos concretos, como as resoluções e os decretos legislativos, não sendo incluídos outros atos afinados àquela sistemática instauradora de normas ge-

4. José Joaquim Gomes Canotilho, *Direito Constitucional*, 4ª ed., Coimbra, Livraria Almedina, 1989, pp. 766-769.

5. Nélson de Sousa Sampaio, *O Processo Legislativo*, Saraiva, 1968, p. 1.

rais e abstratas, tais como os regimentos internos de cada Casa Legislativa (CF, arts. 51, III, e 52, XII) e dos tribunais (CF, art. 96, I, "a"), bem como os decretos e regulamentos do Poder Executivo (CF, art. 84, IV), no que subsiste a crítica de Pontes de Miranda, à luz da Constituição anterior, que "apenas cogita do processo legislativo estrito senso".[6]

Observa, ainda, José Afonso da Silva que "as medidas provisórias não constavam da enumeração do art. 59, como objeto do processo legislativo, e não tinham mesmo que constar, porque sua formação não se dá por processo legislativo. São simplesmente editadas pelo Presidente da República. A redação final da Constituição não as trazia nessa enumeração. Um gênio qualquer, de mau gosto e ignorante, e abusado, introduziu-as, aí, indevidamente, entre a aprovação do texto final (portanto, depois do dia 22.9.88) e a promulgação-publicação da Constituição, no dia 5.10.88".[7]

Penso, com a vênia merecida, que o gênio fantasmagórico, a que se refere o ilustre Publicista, não fora tão abusado e ignorante assim, pois as medidas provisórias estão mais autorizadas que os decretos legislativos e as resoluções, a figurarem no rol do processo legislativo, por força de seu procedimento, mesmo sumário, previsto no art. 62 e respectivo parágrafo único da Lei Maior, a despeito do repúdio que nutro por sua gênese e espécie excepcional e autoritária, no Estado de Direito.

Convence-nos, a todo modo, o magistério de Manoel Gonçalves Ferreira Filho, no ponto, quando diz que, "na verdade, todas as exegeses propostas para a expressão 'processo legislativo' no art. 59 da Constituição não são plenamente satisfatórias. Faltou ao constituinte, segundo tudo indica, uma visão clara da sistemática dos atos normativos. Forçoso é reconhecer, porém, que essa sistematização não é simples. Toda tentativa nesse sentido tem de partir da distinção entre atos normativos gerais e individuais. Se "norma é o sentido de um ato através do qual uma conduta é prescrita, permitida ou, especialmente, facultada, no sentido de adjudicada à competência", como ensina Kelsen, não é incorreto distinguir entre as normas gerais que prescrevem conduta a pessoas indiscriminadas que possam estar numa mesma situação, e normas individuais que prescrevem conduta a pessoa ou pessoas determinadas. ... Ao lado dos atos gerais, num mesmo nível, estão outros, porém, de caráter particular ou individual, desde que dispõem para caso ou situação determinada. Neste rol é que se devem incluir os decretos legislativos e as resoluções previstas no art. 59 da Constituição de 1988".[8]

1.2 Conclusão

De concluir-se, pois, que a natureza jurídica do denominado "processo legislativo" é, estritamente, procedimental, que se revela numa sucessão ordenada de atos, praticados por sujeitos e órgãos diversos, de acordo com as competências e os modelos, constitucionalmente previstos, para a produção de atos normativos, no Parlamento.

Somente, nesse contexto, o "processo legislativo" poderá exteriorizar a "alma" da Constituição, como instrumento de participação democrática, no Estado de Direito, atrelado à garantia fundamental do *due process of law*, que, substancialmente, estabelece a justiça legal, pela produção de atos normativos justos.

6. Francisco Cavalcante Pontes de Miranda, *Comentários à Constituição de 1967 com a Emenda n. 1 de 1969*, 3ª ed., Rio de Janeiro, Forense, 1987, p. 123.

7. José Afonso da Silva, *Curso de Direito Constitucional Positivo*, 5ª ed., revista e ampliada, de acordo com a nova Constituição, Ed. RT, 1989, p. 452.

8. Manoel Gonçalves Ferreira Filho, *Curso de Direito Constitucional*, 17ª ed., Saraiva, 1989, p. 160.

Ainda, nesse espaço amplo da dinâmica procedimental-nomogenética, é que cresce e se desenvolve o objeto do "processo legislativo", a ponto de romper as amarras do elenco constitucional (art. 59), autorizando-o em outras esferas infralegais, para a produção de atos normativos gerais e individuais, que se atrelem aos princípios da Lei Fundamental.

2. *O Estado de Direito*

O anúncio preambular de nossa Constituição Federal, de 5.10.88, apregoa que os representantes do povo brasileiro reuniram-se em Assembléia Nacional Constituinte, para instituir um Estado Democrático, destinado a assegurar o exercício dos direitos sociais e individuais, a liberdade, a segurança, o bem-estar, o desenvolvimento a igualdade e a justiça, como valores supremos de uma sociedade fraterna, pluralista e sem preconceitos, fundada na harmonia social e comprometida, na ordem interna e internacional, com a solução pacífica das controvérsias.

Dentre os princípios fundamentais que inspiram a nossa Carta Magna destacam-se os que determinam que "a República Federativa do Brasil, formada pela união indissolúvel dos Estados e Municípios e do Distrito Federal, constitui-se em Estado Democrático de Direito e tem como fundamentos a soberania, a cidadania, a dignidade da pessoa humana, os valores sociais do trabalho e da livre iniciativa, o pluralismo político" (art. 1º, I a V) e que "todo poder emana do povo, que o exerce por meio de representantes eleitos, ou diretamente, nos termos desta Constituição" (art. 1º, parágrafo único), bem ainda, que "são poderes da União, independentes e harmônicos entre si, o Legislativo, o Executivo e o Judiciário" (art. 2º), constituindo-se "objetivos fundamentais da República Federativa do Brasil construir uma sociedade livre, justa e solidária; garantir o desenvolvimento nacional; erradicar a pobreza e a marginalização e reduzir as desigualdades sociais e regionais; promover o bem de todos, sem preconceitos de origem, raça, sexo, cor, idade e quaisquer outras formas de discriminação" (art. 3º, I a IV).

3. *A lei injusta, em hipótese concreta*

Neste contexto, o Estado de Direito não tolera a lei substancialmente injusta, sem conteúdo ético, falaciosa, tirânica, instrumento de opressão.

Leis dessa feitura, ainda que formalmente constitucionais, deixam espaço aos avanços da corrupção, que se institucionaliza por sua aplicação diuturna, através dos órgãos e agentes oficiais do Poder.

No complexo legal do ordenamento jurídico brasileiro, destaca-se, dentre outras, por seu elevado teor de violência e injustiça, a Lei 5.741, de 1.12.71, que "dispõe sobre a proteção do financiamento de bens imóveis vinculados ao Sistema Financeiro da Habitação".

Esta lei, produzida na fase mais aguda do regime ditatorial-militar, por um Parlamento subserviente a toques de baionetas, visa à proteção do Sistema Financeiro da Habitação, a macro-imobiliária estatal, que é espaço aberto ao enriquecimento ilícito de seus agentes financeiros, sob o amparo legal, e ao aniquilamento substancial do mutuário, que lhe é submetido pelo intervencionismo voraz do Poder Público.

A famigerada Lei 5.741, de 1.12.71, manifesta-se *injusta* e *inconstitucional* quando determina: a) a citação editalícia, pelo prazo exíguo de 10 dias, do executado e de seu cônjuge, que se acharem fora da jurisdição da situação do imóvel hipotecado (art. 3º, § 2º), inviabilizando, assim, a *ampla defesa constitucional* (CF, art. 5º, LV), que se instrumentalizaria através da citação regular, por carta precatória, consoante previsão da sistemática processual civil codificada, em casos que tais (CPC, arts. 200 e 204 e 205); b) o despejo do executado que estiver na posse direta do imóvel, para que o desocupe, no prazo de 30 dias, entregando-o ao exeqüente (agente financeiro), antes de sua defesa, através da ação de embargos, que a lei somente admite, em regra, sem efeito suspensivo (arts. 4º, § 2º, e 5º, parágrafo único), negando vigência à norma fundamental garantidora de que "ninguém será privado da liberdade ou de seus bens sem o devido processo legal" (CF, art. 5º, LIV); c) a venda do imóvel hipotecado, em praça pública, única, com reduzida publicidade — edital pelo prazo de 10 dias — ordenando a adjudicação do imóvel buscado ao credor exeqüente (agente financeiro), na ausência de licitantes, no prazo de 48 horas, pelo valor do débito exeqüendo — saldo devedor (arts. 6º e 7º) — favorecendo o enriquecimento ilícito do agente financeiro, e não pelo preço justo da avaliação do imóvel, como determina a lei processual codificada (CPC, arts. 690, § 2º, e 714), evitando-se o confisco executório do bem do devedor e a frontal violação de seu direito constitucional à propriedade (CF, art. 5º, *caput*).

Leis como esta — n. 5.741/71 — que protege o Sistema Financeiro da Habitação e não protege a *habitação do mutuário*, atentam contra a dignidade da pessoa humana e não concorrem para construir uma sociedade livre, justa e solidária, como assinalam os objetivos constitucionais.

Nessa ótica, falece, por contrariar a lógica do razoável, o enunciado da Súmula 207 do TFR, na dicção de que, "nas ações executivas regidas pela Lei 5.741/71, o praceamento do imóvel penhorado independe de avaliação". É a consagração jurisprudencial da injustiça.

Os intérpretes e aplicadores da lei não devem esquecer os fins sociais a que ela se destina e as exigências do bem comum (LICC, art. 5º). Tal princípio há de ser observado, também, pelo Parlamento, já na realização do processo legislativo, como que no controle político de constitucionalidade das leis.

Agrava-se, sobremodo, a situação do executado pela malsinada Lei 5.741/71 quando, no momento processual da alienação do imóvel hipotecado, em praça única, aplicam-se-lhe, subsidiariamente, as normas de exceção dos Provimentos 117 e 118 do egrégio e extinto Conselho da Justiça Federal, bem ainda do Provimento 15 da extinta Corregedoria-Geral da Justiça Federal, datados de maio/75 (os dois primeiros) e de abril/79 (este último), todos dispondo no sentido de que "aos oficiais de justiça-avaliadores compete ainda efetivar as hastas públicas de bens imóveis".

Ora, no Estado Democrático de Direito, somente a *lei*, em sentido estrito, pode inovar, originariamente, na ordem jurídica, estabelecendo competências, criando ou extinguindo direitos e obrigações, ou determinando privilégios e penalidades, nos casos nela previstos.

A nossa Constituição estabelece que "ninguém será obrigado a fazer ou deixar de fazer alguma coisa senão em virtude de lei" (art. 5º, II), excluindo-se, assim, dessa garantia fundamental qualquer ato normativo inferior, sem respaldo legal.

Somente a União, através do Parlamento, tem *competência privativa* para legislar sobre *Direito Processual* (CF de 1967, com a EC 1/69, art. 8º, XVII, "b"; CF de 5.10.88, art. 22, I). Tal competência não fora outorgada, constitucionalmente (nem o será, com certeza), a juízes e Tribunais ou a qualquer administrador público.

Mesmo que se pretendesse atribuir aos aludidos provimentos natureza regulamentar (o que não têm, à míngua de qualquer disposição legal sobre a matéria), mereceria a lembrança oportuna, aqui, da lição abalizada de Oswaldo Aranha Bandeira de Mello, na fala de que "o regulamento tem limites decorrentes do direito positivo. Deve respeitar os textos constitucionais, a lei regulamentada, a legislação em geral, e as fontes subsidiárias a que ela se reporta. Ademais sujeita-se a comportas teóricas.

Assim, não cria, nem modifica e sequer extingue direitos e obrigações, senão nos termos da lei, isso porque o inovar originariamente na ordem jurídica consiste em *matéria reservada à lei*".[9]

De ver-se, pois, que se afiguram formalmente inconstitucionais os indigitados provimentos do extinto Conselho e da extinta Corregedoria-Geral da Justiça Federal, que alçaram, sem base legal, os oficiais de justiça-avaliadores, no âmbito da Justiça Comum Federal, à condição, também, de *leiloeiros públicos*, para efetivarem as hastas públicas de bens imóveis, nos processos de execução da competência da Justiça Federal.

Esses provimentos, como tantos outros similares, não encontram respaldo, também, na recente Lei 8.472, de 14.10.92, que dispõe sobre a composição e a competência do novo Conselho da Justiça Federal. Apresentam-se como atos normativos inválidos, no ordenamento jurídico brasileiro.

Nenhuma norma provimental pode criar *competência* para quem quer que seja, se a lei não a autoriza. Na verdade, somente a lei, como ato legislativo típico, oriundo do Parlamento, pode criar ou extinguir competências para o agente público, no Estado de Direito.

Quando os decretos, regulamentos, resoluções, portarias, ofícios-circulares, pareceres e telex-normativos (pasmem!) inovam na ordem jurídica, originária e autonomamente, estamos diante do "Estado de Exceção", que aniquila o *Estado de Direito*.

Na espécie dos provimentos citados, que transformaram os oficiais de justiça-avaliadores, também, em leiloeiros públicos de bens imóveis, no âmbito da Justiça Federal, contrariando os princípios constitucionais do Estado de Direito, temos, em conseqüência, no campo fático, como resultado abortivo, dessa situação de excrescência e de excepcionalidade jurídica, a pior figura de leiloeiro já imaginável.

Sem condições fáticas de atender às exigências do princípio da ampla publicidade, moralizador, das concorrências públicas, o *oficial de justiça-avaliador e leiloeiro*, na Justiça Comum Federal, não apregoa, nem anuncia nada, por lhe faltarem os meios, a qualificação e a competência para o desempenho desse múnus público.

Todos os juízes federais sabemos que as praças de bens imóveis, nos feitos de execução da competência da Justiça Federal, se encerram, quase sempre, sem licitantes e com praceamento negativo, por *incompetência* (sob todos os ângulos) de seu leiloeiro designado — o oficial de justiça-avaliador. Neste espaço, o oficial de justiça desempenha função que não lhe é própria. Exerce um encargo público, sem competência legal para tanto.

Nenhuma lei (*stricto sensu*), neste País, atribui competência a oficial de justiça para o exercício da função de leiloeiro público. De concluir-se, pois, que os atos praticados pelo oficial de justiça no processo de execução (comum, fiscal ou especial — hipotecária) se afiguram *absolutamente nulos, por inconstitucionalidade formal* (os provimentos que lhe deram essa competência são formalmente nulos, por contrariarem os princípios constitucionais do processo legislativo, *lato sensu*) e *substancial* (pela injustiça resultante das praças por ele realizadas, sem concorrentes, a possibilitar, no caso específico da Lei 5.741/71, a adjudicação do imóvel penhorado ao credor exeqüente — agente financeiro — pelo saldo devedor, em evidente confisco do patrimônio do executado e conseqüente enriquecimento ilícito da entidade exeqüente), não podendo ser convalidados, judicialmente, por contrariarem, na essência, princípios de ordem pública.

9. Oswaldo Aranha Bandeira de Mello, *Princípios Gerais de Direito Administrativo*, 2ª ed., v. I/360, Forense, 1979.

Urge, pois, uma revisão nesse modelo procedimental, anômalo e excepcional, para que se restaure a garantia constitucional do devido processo legal (*due process of law*), mantendo-se a subsistência do Estado de Direito, em nossos Tribunais.

4. *A lei, como ato privativo do Parlamento*

Nessa ótica jurídica, merece destaque o magistério de Ruy Barbosa Nogueira, em dissertação sobre a "Constituição no país da epidemia das normas", cujos tópicos mais significativos se expressam nestas letras: "A lei ou norma é ato da maior responsabilidade de quem a elabora e da mais ampla ou geral conseqüência para a sociedade. Como já acentuara Santo Tomás de Aquino, na *Suma*, Volume das Leis, o legislador julga em geral e para o futuro; enquanto o juiz julga cada caso e para o presente... Norma de *conduta social*, seja Constituição ou o mais inferior dos atos normatizantes são comandos para alcançar objetivos previamente valorados, julgados e autorizados para, *conclusivamente*, atingirem os fins necessários e suficientes. São atos sérios, de muita responsabilidade por suas conseqüências sociais. Não podem ser elaborados e emitidos por órgãos ou autoridades incompetentes. Exigem não só habilitação prévia ou comprovada capacidade científico-técnico-legislativa da competência formal e material dos Parlamentos... Portanto, a estatuição de *normas* criando, alterando ou extinguindo direitos e obrigações é função tópica e privativa dos Poderes Legislativos. Não dos Poderes Executivos e muito menos dos multifários órgãos administrativos que, sem competência e sem efetiva responsabilização, vêm, diariamente e com usurpação de poderes legislativos, emitindo tantos e tão pretensos atos de criação, modificação ou extinção de direitos e obrigações, cujos órgãos ou funcionários chegam a qualificá-los, nominativamente, de 'normativos', neles incluindo até sanções! Se para impor o cumprimento de obrigações são ilegítimos a violência, a força bruta ou o excesso de poder, são ridículas as ameaças destes dentro do estado de direito. Tanto mais o serão quanto coatores de atos ilegais, expedidos a jatos intermitentes e *supressivos* do tempo".[10]

5. *A corrupção nos desvios substanciais da lei*

Nesta linha de convicção, observa o ilustre advogado e professor Waterloo Marchesini Júnior que "o apregoado interesse social em favor das classes economicamente menos favorecidas, que inspirou o ordenamento especial e a própria política da habitação, até hoje não se impôs com a intensidade necessária para resolver o problema habitacional deste País subdesenvolvido e já conformado com as suas continuadas crises, jamais superadas por planos e projetos fantásticos, que apenas atordoam e enganam os combalidos administrados, ferindo-lhes a boa-fé e corroendo a cidadania. ... o Sistema Financeiro da Habitação, principalmente na última década, não tem cumprido as metas preconizadas e desejáveis e, ao invés de propiciar a aquisição da casa própria pelas classes da população de menor renda, tem servido às camadas economicamente privilegiadas, que até enriqueceram mais, porque se aproveitaram das benesses governamentais e dos grosseiros erros cometidos pela Administração Pública, na gerência dos recursos arrecadados através do Fundo de Garantia do Tempo de Serviço (FGTS) e de outros meios, que o contribuinte é obrigado a custear.

"Com a extinção do Banco Nacional de Habitação, nos idos de 1986, o problema ficou muito mais grave e, na prática, o governo federal não encontrou uma solução

10. Ruy Barbosa Nogueira, "Constituição no país da epidemia das normas", *RTFR* 145/180 e 181, edição especial.

plausível para resolver, definitivamente, a crise habitacional brasileira. Numa seqüência de atos administrativos (portarias, resoluções, circulares) e, até mesmo, de leis ordinárias, tenta-se mostrar ao povo que a oportunidade para aquisição da casa própria é uma realidade para todas as pessoas que, preenchendo os requisitos essenciais da Lei 4.380, de 21.8.64, pleiteiem o financiamento com garantia hipotecária. Porém, tudo não passa de engodo.

"Para insegurança dos administrados, todas as medidas propostas e executadas no âmbito do Sistema Financeiro da Habitação, paulatinamente, têm sido contrárias aos interesses individuais e, em especial, de milhares de mutuários, que são sacrificados pelo governo federal, normalmente dado à prática de arbitrariedades e inconstitucionalidades, pois sabedor do insignificante número de jurisdicionados encorajados a buscar, no Judiciário, a contemplação dos seus direitos e garantias."[11]

A corrupção se oficializa, quando encontra, na lei, os caminhos da injustiça.

Afigura-se oportuna, a propósito do tema, a observação de Célio Silva Costa, na fala de que, "numa Carta, como a nossa, que propugna por 'uma sociedade livre, justa e solidária' e por 'reduzir as desigualdades sociais' (art. 3º, I e III); que tem na ordem econômica um fator de 'justiça social' (art. 170); que se propõe a reprimir 'o abuso do poder econômico' (art. 173, § 5º); que limita as taxas de juros reais, como ganhos de capital, não excedentes de 12% a.a. (art. 193, § 3º); que estabelece a ordem social tendo como base 'o primado do trabalho, e como objetivo o bem-estar e a justiça sociais' (art. 193), permitir-se o locupletamento do credor sobre o devedor, pelo ganho imoderado ou extraordinário, enquanto aquele mais se enriquece e este mais se empobrece, a pretexo de que esteja a obrigação assim prevista na letra do contrato, sem nenhuma consideração pela *equivalência das prestações*, não é somente injurídico, porque é mais: é imoral, indecente, indigno, anti-social, anticoletivo ou anticomunitário. Seria selvático e não urbano. Incrível.

"Donde que, modernamente, na cidade ignara, na urbe cosmopolita, com os centros empresariais conduzidos por feras sequiosas e vorazes, ostentando presas afiadas e garras aguçadas, a condicionar todo o tráfico jurídico, com a colaboração tentacular da mercadologia, tendo como vivandeira a publicidade insinuante e insólita, o devedor que apenas contrata praticamente por *adesão*, quando apõe sua assinatura no lugar a isso reservado na fórmula instrumental peculiar aos contratos de massa, não pode gerar uma obrigação como outrora, de total fidelidade aos termos estipulados pelo credor. *Pacta sunt servanda* não é mais um princípio absoluto. É uma regra, sujeita a exceções, pelo visto.

"Nos tempos atuais, máxime na democracia social, o contrato não pode ser considerado um grilhão que aprisione, uma cadeia que escravize, um látego que açoite, uma forma de suplício chinês, um estigma que envergonhe o devedor. Jamais será um instrumento de escravidão para o devedor. Não seria um serviço forçado, assim criado em benefício do credor. Somente porque contratasse, não estaria o devedor contingenciado a sofrer a vida inteira, para pagar um valor extraordinariamente ascendido, sem o correlativo incremento da prestação, por parte do credor. Não estaria obrigado, por isso, a negociar suas vísceras, barganhar a dignidade de sua família, de sua esposa e filhos, mergulhar o lar no caos da indigência, fazer trato com o diabo, tudo para atender à concupiscência do credor. ... O Direito é um meio para atingir fins colimados pelo homem em atividade; sua missão é eminentemente

11. Waterloo Marchesini Júnior, *Sistema Financeiro da Habitação — Propriedade, Mútuo e Hipoteca*, Juruá Editora, 1992, pp. 13 e 14.

social construtiva. Logo, não mais prevalece o pensamento antigo, que dava ao juiz, como agente do Direito, a função de aplicar suas normas de forma cega, empedernida, hermética, obcecada, obsessiva, álgida, indiferente às ruínas que, inconsciente ou conscientemente, possam resultar de uma tal aplicação."[12]

Cita-se, ainda, a título de mais um exemplo de ato normativo corruptor de nosso ordenamento jurídico, a Lei 8.237, de 30.9.91, que, ao dispor sobre a remuneração dos servidores militares federais das Forças Armadas, negou vigência à norma do inc. X do art. 37 da Carta Magna em vigor, por estabelecer uma revisão geral da remuneração dos servidores públicos militares, federais, sem contemplar os servidores públicos civis, com os mesmos índices daquela revisão.

A norma do art. 37, X, de nossa Lei Fundamental é bastante em si, de eficácia plena. O comando isonômico, ali contido, é endereçado, expressamente, ao legislador ordinário, para cumpri-lo, ao editar a lei de revisão geral da remuneração dos servidores públicos. Essa norma, sem dúvida, tem por objetivo evitar que a revisão geral da remuneração dos servidores públicos tenha data diversa, como tantas vezes ocorria, bem como impede que se aplique aos servidores militares índice diferente do que for estabelecido para os civis e vice-versa.

Se é certo que a referida Lei 8.237/91 não fixou, expressamente, um índice ou percentual de aumento da remuneração dos militares por ela visados, fora exatamente com a intenção de proceder à burla ao Texto Supremo, camuflando o aumento da remuneração verificada aos militares, numa estratégia própria de um País de moralidade decadente, a nível de seus governantes eleitos pelo sufrágio popular. Contudo, será de fácil verificação aritmética a apuração desse índice de aumento, na fase processual de liquidação do julgado, com amplo contraditório e transparência democrática.

A isonomia, que resulta do comando constitucional do art. 37, X, da Lei Maior, afasta a orientação da Súmula 339 do STF, na espécie.

No Estado de Direito, a Constituição Federal não pode ser amortalhada pelo jogo imoral dos espertos.

Na esfera da tributação, inúmeras são as leis e atos normativos infralegais que violam os princípios norteadores de nosso Sistema Tributário Nacional e atentam contra as limitações constitucionais do poder de tributar. Assim, os impostos, disfarçados de "empréstimos compulsórios", os IOFs, as sobretarifas do FNT, os Finsociais, já declarados inconstitucionais, em suas cobranças, por nossos Tribunais.

No fenômeno jurídico da tributação, o Estado tem cometido toda espécie de abuso contra o administrado contribuinte, impondo-lhe a máxima fascista *solve et repete*.

Na topografia da corrupção legal, registra-se o recente confisco da poupança pública, através da retenção de cruzados novos pelo Banco Central do Brasil, com base na Lei 8.024/90, cuja inconstitucionalidade os nossos Tribunais vieram de declarar, tardiamente, reconhecendo a violação do direito de propriedade, do ato jurídico perfeito e do devido processo legal. A imoralidade estatal já se houvera consumado e a injustiça atingira seus objetivos espúrios, com o aval da inércia da cúpula do Judiciário, obstruindo, na cassação de liminares, a atividade corajosa dos magistrados singulares.

Merece ser lembrada, aqui, a lição hermenêutica de Juarez Freitas, na convicção de que "o intérprete transdogmático não é um

12. Célio Silva Costa, *A Interpretação Constitucional e os Direitos e Garantias Fundamentais na Constituição de 1988*, Editora Liber Juris, 1992, pp. 60 e 75.

servo da lei, pois não a obedece, pura e simplesmente, mas funde o seu horizonte com o da norma jurídica, sendo este o motivo pelo qual deve, frontal e resolutamente, desaprisionar-se de formalismos excessivos, oriundos, em boa medida, do exagerado apego ao tronco romanístico-continental. Destarte, sem sucumbir aos arroubos sofísticos de uma insustentável, por arbitrária, hermenêutica do Direito Livre, deve compreender que *a única forma de ser fiel a uma norma iníqua é não aplicá-la*, pois esta é a sua correta aplicação. E mais: toda norma injusta, por contrariar os princípios de justiça, esculpidos no topo do ordenamento jurídico, é, substancial e manifestamente, inconstitucional. A hermenêutica transdogmática pode e deve servir como garantidora da eficácia de tais princípios, para que a nossa Constituição, no que tem de melhor e mais favorável aos injustiçados, seja lembrada e, sobretudo, respeitada. Seu objetivo maior é, pois, fornecer ao intérprete e, de modo especial, ao aplicador a argumentação lógica, técnica e jurídica, mas também ética e política, para, ao afastar as leis injustas, aproximar o Direito e o Estado da Sociedade Civil e de suas mais prementes necessidades de justiça prática, concreta e solidamente fundamentada pelos juízes mais sensíveis às carências de nosso povo."[13]

O Estado de Direito, que preconiza a nossa Constituição, sem dúvida, é aquele que se governa por leis justas e se submete à jurisdição de uma Magistratura independente, sábia, ética e imparcial.

6. Conclusão e crença no Estado de Direito, na lição de Rui Barbosa

Precisamos marchar, para a construção de um Brasil melhor, numa postura ética individual e coletiva, na crença de que o Estado Democrático de Direito está diante de nós, no raio das possibilidades de cidadãos livres, que somos e haveremos de ser, à luz da crença de nossos Maiores, assim transmitida: "Creio na liberdade onipotente, criadora das nações robustas; creio na lei, a primeira das suas necessidades; creio que, neste regímen, soberano é só o direito, interpretado pelos tribunais; creio que a República decai, porque se deixou atrasar, confiando-se às usurpações da força; creio que a federação perecerá, se continuar a não acatar a justiça; creio no governo do povo pelo povo; creio, porém, que o governo popular tem a base da sua legitimidade na cultura da inteligência nacional pelo desenvolvimento nacional do ensino, para o qual as maiores liberalidades do erário constituirão sempre o mais reprodutivo emprego da riqueza comum; creio na tribuna sem fúrias e na imprensa sem restrições, porque acredito no poder da razão e da verdade; creio na moderação e na tolerância, no progresso e na tradição, no respeito e na disciplina, na impotência fatal dos incompetentes e no valor insuprível das capacidades.

"Rejeito as doutrinas de arbítrio. Abomino as ditaduras de todo o gênero, militares ou científicas, coroadas ou populares. Detesto os estados de sítio, as suspensões de garantias, as razões de Estado, as leis de salvação pública. Odeio as combinações hipócritas do absolutismo, dissimulado sob as formas democráticas e republicanas. Oponho-me aos governos de seita, aos governos de facção, aos governos de ignorância."[14]

Brasília (DF), em 24 de outubro de 1992.

13. Juarez Freitas, *A Substancial Inconstitucionalidade da Lei Injusta*, EDIPUCRS, 1989, pp. 107 e 108.

14. Rui Barbosa, *Campanhas Parlamentares*, v. IV/13 e 14, Livraria Editora Iracema.

JURISPRUDÊNCIA

Inelegibilidade

A vedação do § 7º do artigo 14 da Constituição Federal não alcança a irmã da concubina de Prefeito. Precedentes: recurso extraordinário nº 100.220, relatado pelo Ministro Néri da Silveira, cujo acórdão foi publicado na Revista Trimestral de Jurisprudência nº 119/21 e recurso extraordinário nº 106.046, relatado pelo Ministro Djaci Falcão, cujo julgamento foi concluído em 09 de março de 1988.

Recurso Extraordinário Nº 157868-8 Paraíba
Relator: Ministro Marco Aurélio
Recorrente: Regina Lúcia Medeiros da Nóbrega Carvalho
Recorrida: Coligação da Mudança PSDB/PRN
J: 2.12.92 - *DJU* de 28.5.93

ACÓRDÃO

Vistos, relatados e discutidos estes autos, acordam os Ministros do Supremo Tibunal Federal, em sessão plenária, na conformidade da ata do julgamento e das notas taquigráficas, por maioria de votos, em conhecer do recurso e lhe dar provimento, nos termos do voto do Relator.

Brasília, 02 de dezembro de 1992 - Octávio Gallotti (Presidente) - Marco Aurélio - (Relator).

RELATÓRIO

O Senhor Ministro Marco Aurélio — O acórdão impugnado mediante este recurso extraordinário tem a seguinte ementa:

"Candidata a Prefeito. Irmã de concubina do atual Chefe do Executivo Municipal. Registro de candidato. Inelegibilidade. Parentesco (art. 14, § 7º, da CF).

O parentesco natural é o que resulta da consangüinidade (art. 332, CC). A afinidade geralmente prevista é a em linha reta (art. 335, CC).

A extensão de afinidade em concubinato para integrar o conceito de família ainda não se percebe em nosso direito.

A família legítima é decorrente do casamento e seus descendentes. A natural, qualquer dos pais e seus descendentes.

Parentescos afins (art. 14, § 7º, CF) são aqueles resultantes da união natural e estável entre homem e mulher, em situação análoga à dos cônjuges.

Tratando-se de afinidade em segundo grau, colateral e afim, fica clara a inelegibilidade da irmã da concubina".

A Corte de origem, por votação unânime, conheceu do recurso interposto pela Interessada quanto à elegibilidade e, no mérito, negou acolhida ao pedido de reforma do acórdão proferido pelo Tribunal Regional Eleitoral (folhas). A Recorrente protocolou, então, o recurso extraordinário de folhas 192 a 207, salientando o enquadramento da hipótese no artigo 121, § 3º, da Constituição Federal. Segundo as razões apresentadas, o decidido acabou por implicar violência ao teor do § 7º do artigo 14 da Lei Máxima, discrepando da jurisprudência desta Corte. Discorre sobre os preceitos do Código Civil atinentes ao parentesco e sobre a regra insculpida no § 3º do artigo 226 do Diploma Maior. Aponta a Recorrente que a decisão impugnada discrepa da melhor doutrina acerca das noções de parentesco, exsurgindo o conflito de entendimentos considerada a interpretação desta Corte sobre norma idêntica à do § 7º que vigorou até a edição da atual Carta. Alude-se, mais, à lição de constitucionalistas sobre a plenitude do gozo dos direitos políticos positivos de votar e de ser votado, transcrevendo-se à fol. trecho de voto do Ministro Moreira Alves no julgamento da ação direta de inconstitucionalidade nº 41, segundo o qual: "Ora, integrando as normas que estabelecem exceção à regra geral o denominado *direito excepcional*, só admitem elas interpretação estrita, não sendo aplicáveis por analogia e, portanto, não indo além dos casos nelas expressos, nem se estendendo para abarcar as conseqüências lógicas desses mesmos casos, máxime, nesta última hipótese, quando a conseqüência lógica da exceção é objeto de outra norma geral que a proíbe..." (*Revista Trimestral de Jurisprudência* 134/1.020 e 1.021).

A Recorrente pleiteia o conhecimento do recurso e o deferimento do pedido nele formulado para restabelecer-se o respectivo direito, declarando-se a elegibilidade. O ilustre Ministro Paulo Brossard admitiu o extraordinário em face à relevância da matéria (fol.). A Recorrente ajuizou a demanda cautelar revelada pelo processo em apenso, na qual despachei concedendo a liminar para que, realizadas as eleições, não viesse a ocorrer a própria perda do objeto do recurso extraordinário (fol. 115 dos autos em apenso).

A Coligação da Mudança apresentou as razões de contrariedade de fols., afirmando que a inelegibilidade declarada decorreu das normas contidas nos §§ 5º e 7º do artigo 14 e no § 3º do artigo 226, ambos da Constituição Federal. Ressaltou, ainda, a circunstância de haverem participado do julgamento no Tribunal Superior Eleitoral integrantes desta Corte, o que estaria, consoante o sustentado, a demonstrar o convencimento que possuem sobre o acerto do que decidido.

Recebi estes autos para exame em 19 de outubro de 1992. Remetido o processo à Procuradoria-Geral da República, opinou a ilustre Subprocuradora-Geral da República, Dra. Odília Ferreira da Luz Oliveira, pela realização de diligência para saber-se do êxito, ou não, da Recorrente no pleito realizado. No mais, pronunciou-se no sentido da ausência de enquadramento do recurso no permissivo legal e, portanto, pelo não-conhecimento deste. Disse da finalidade do preceito do § 7º do artigo 14 da Constituição Federal — "assegurar a liberdade de escolha do eleitor, protegendo-a da influência dos titulares do poder, tanto maior quanto menor for a circunscrição eleitoral. Por esse motivo não se pode interpretá-lo de modo a acarretar-lhe a ineficácia".

À fol. despachei, deferindo a diligência. Peticionou a Coligação da Mudança PSDB/PRN tendo-a como irrelevante, mas informando que a Recorrente logrou sucesso nas eleições. Pediu a juntada da Ata Geral de Apuração e de documentos relativos à situação da Recorrente. Vieram-me os autos conclusos para exame em 13 de novembro de 1992, sendo que em 20 do citado mês liberei-os para julgamento.

É o relatório.

VOTO

O Senhor Ministro Marco Aurélio (Relator) — Em primeiro lugar, submeto ao Plenário a ratificação da liminar concedida. Não o fiz antes tendo em conta a necessidade de imprimir ao feito tramitação célere. O deferimento ocorreu em 29 de setembro de 1992 e, portanto, três dias antes do pleito. Voto no sentido do referendo, mesmo porque já se exauriram os efeitos próprios aos limites em que deferida.

Quanto ao recurso extraordinário, foi interposto com observância aos pressupostos de recorribilidade que lhe são próprios. Os documentos de fols. revelam regular a representação processual, sendo que, publicado o acórdão que se pretende alvejar no Diário de 21 de setembro de 1992 — segunda-feira (fol.) — deu-se a protocolação do recurso em 24 seguinte — quinta-feira (fol.). No tocante ao preparo, dispensa-o a prática jurisprudencial adotada no Tribunal Superior Eleitoral e nesta Corte. Portanto, tenho como atendidos os pressupostos gerais de recorribilidade. Passo ao exame dos específicos.

Nunca é demais frisar que o direito de votar e ser votado está dentre aqueles que encontram as linhas mestras na Lei Básica Federal. A premissa, irrefutável, é conducente à certeza de que no Diploma Maior estão fixadas as balizas desses direitos políticos, especialmente quando concernentes a fatos que importam em vedações. Ou bem a própria Constituição Federal contém regra proibitiva e aí a imperatividade ocorre, ou, silente a respeito, não abre margem à disciplina mediante atuação do legislador ordinário. Por outro lado, em matéria de limitação a direito, mormente quando relacionado à cidadania, em si, os preceitos respectivos são *numerus clausus*, exaustivos, e somente cabe emprestar-lhes interpretação estrita. Impertinente é, por isso mesmo, o apego maior a conceitos ligados quer à moral, quer à ética, sob pena de grassar subjetivismo contrário à natureza da norma e à própria segurança almejada. De *lege ferenda*, tudo é possível, no que se mostre impulsionado pelo interesse público. De *lege lata*, cumpre a cada qual o respeito ao que disposto, muito embora entenda-se ser mais adequado enfoque diverso.

Soma-se a esses aspectos outro da maior importância e que, assim, é indispensável ao bom exame da espécie. Em se tratando de eleições, o melhor crivo é o do sufrágio popular, quando os mais diversos segmentos da sociedade atuam objetivando a escolha de seus representantes. Portanto, se a Carta contempla hipóteses nas quais fica excluída a participação popular, isto no que obstaculizado até mesmo o registro de candidaturas, devem ser observadas tal como se contêm, mesmo porque tanto vulnera a norma aquele que exclui do campo de aplicação caso contemplado, como o que inclui tema que lhe é estranho. A idéia ganha contornos inflexíveis toda vez que se tenha o envolvimento de regra proibitiva. Estas premissas devem servir de norte ao seguro desfecho que será dado ao inconformismo da Recorrente.

O que se tem neste processo? o Juízo Eleitoral, o Tribunal Regional Eleitoral e o Tribunal Superior Eleitoral concluíram, a uma só voz, que a irmã da concubina de prefeito guarda parentesco afim no segundo grau com este último e, por isso, é inelegível no território de jurisdição do titular da Prefeitura — o parente — a teor do disposto no § 7º do artigo 14 da Lei Máxima Federal, no que dispõe: "São inelegíveis, no território de jurisdição do titular, o cônjuge e os parentes consangüíneos ou afins, até o segundo grau ou por adoção, do Presidente da República, de Governador de Estado ou Território, do Distrito Federal, de Prefeito ou de quem os haja substituído dentro dos seis meses anteriores ao pleito, salvo se já titular de mandato eletivo e candidato à reeleição".

Os três Órgãos da Justiça Eleitoral atuaram, é certo, tendo como escopo maior afastar qualquer utilização da máquina administrativa na candidatura, hoje vitoriosa, da Recorrente. Todavia, fizeram-no com abandono do ordenamento jurídico e, mais ainda, da interpretação conferida, sob o ângulo constitucional, por esta Corte.

O preceito definidor da inelegibilidade parte das ligações mantidas pelos cônjuges e parentes consangüíneos e afins e, com a decisão atacada, entre estes últimos foram enquadrados o concubino e a irmã da concubina.

Elasteceram-se, mais ainda, as noções ortodoxas sobre o parentesco, no que, a rigor, apenas se faz ligado à consangüinidade. Na concepção até aqui prevalente, o chamado parentesco afim não mais pressupõe o ato formal da celebração do casamento, no qual a autoridade que o preside há de declarar, solenemente, que "de acordo com a vontade que ambos acabais de afirmar perante mim, de vos receberdes por marido e mulher, eu, em nome da lei, vos declaro casados" (artigo 194 do Código Civil), lavrando-se assento no livro de registro.

Sem que a Recorrente e o Prefeito possuíssem ascendentes em comum, sem que entre a irmã da primeira e o segundo se pudesse falar em casamento tal como definido no Código Civil, decretou-se a existência do que hoje já compõe até mesmo o cenário constitucional e, portanto, o parentesco afim, distinguindo-se como caracterizado no segundo grau.

Eis um caso típico de mau trato ao texto constitucional, o que aliás ficou assentado quando esta Corte analisou, creio que pela última vez, a matéria, pouco importando que o tenha feito sob a óptica da Constituição de 1969, pois idênticos os preceitos relativos ao tema. O § 7º do artigo 14 da Carta de 1988 repete a norma proibitiva da letra "d" do § 1º do artigo 151 da Constituição de 1969, considerada a redação imprimida pela Emenda Constitucional nº 22, de 1982, e esta Corte, enfrentando situação inversa, ou seja, na qual o Tribunal Superior Eleitoral concluiu pela elegibilidade da irmã da concubina de prefeito, e assim, teve-a diante da ligação exclusivamente eclesiástica, consignou, contra um único voto, inexistente a violência ao dispositivo. A *contrario sensu*, se agora, neste processo, foi declarada a inelegibilidade e se ambos os dispositivos são idênticos, outra não pode ser a conclusão, senão a do enquadramento do extraordinário no permissivo da alínea "a" do inciso III do artigo 102 da Carta, com o que prevalecerão a eficácia do que nela se contém, sem ampliações, por mais chegadas à moralidade pública que o sejam, e, alfim, a vontade popular, no que eleita a Recorrente.

No caso, elevou-se a ligação presumida da irmã da concubina do Prefeito com este último a patamar no qual não se situam, nem mesmo, os parentes consangüíneos no terceiro e quarto grau. A citada irmã, porque da concubina do Prefeito, não é elegível, mas o são os tios, sobrinhos e primos deste último. O paradoxo afasta até mesmo o exercício da interpretação voltada à *mens legis* do preceito.

Nem se diga que o enfoque até aqui prevalente, aliás, a representar mudança de orientação na jurisprudência do Tribunal Superior Eleitoral e colocação em plano secundário de decisão do Pleno deste Tribunal, encontra base no artigo 226 da Carta Federal. A uma, porque, ao conter alusão aos parentes consangüíneos e afins até o segundo grau — pai e mãe, irmão e irmã, filho e filha, sogro e sogra, genro e nora, cunhado e cunhada — a Constituição Federal remete ao Código Civil, no que este define o parentesco por consangüinidade e por adoção e, também, ao costume e a normas esparsas, no que consagram a extravagante forma de parentesco, que é o por afinidade. A duas, porquanto a regra do § 3º do mencionado artigo não equipara a união estável entre o homem e a mulher ao casamento. Revela-a como a consubstanciar entidade familiar visando, justamente e como está na norma, a estimular o casamento e somente com este é que se passa a ter pessoas com o *status* de cônjuges e que, portanto, ficam aproximadas dos parentes recíprocos pelo elo da afinidade. Frise-se, por oportuno, que o dispositivo constitucional é de clareza meridiana, e digo mesmo pedagógica e limitativa, ao preceituar o objetivo da consideração da união estável — estender aos partícipes e descendentes a proteção do Estado. Eis a regra em comento: "Para efeito de proteção do Estado, é reconhecida a união estável entre o homem e a mulher como entidade familiar, devendo a lei facilitar sua conversão".

É possível tomar-se a regra como a reforçar a jurisprudência desta Corte sobre a inelegibilidade da concubina. Contudo, daí a entender-se que alcança terceiros estranhos à própria união estável — e o concubinato não requer a concordância dos parentes dos envolvidos, mas, ao contrário, quase sempre não conta com os bons olhos os familiares — é passo demasiadamente largo, especialmente quando isto ocorre não com a finalidade anunciada no preceito — de colocação sob a égide do Estado, mas de prejudicar os "parentes", como se não bastasse a contrariedade natural decorrente da singular forma de vida em comum. Esta o é quanto aos envolvidos e respectiva prole, não incluindo, necessariamente, os "parentes".

Permita-me o Tribunal incorporar a este voto a boa doutrina que já teve oportunidade de revelar, aos jurisdicionados, no julgamento do precedente referido:

> "A inelegibilidade, que decorre do parentesco, pressupõe vínculos, assim como definidos na ordem civil. Com efeito, está no art. 332, do Código Civil, que o parentesco é legítimo ou ilegítimo, segundo procede, ou não do casamento; natural ou civil, conforme resultar de consangüinidade, ou adoção. O parentesco por afinidade resulta do casamento, de acordo com o direito civil. Preceitua o art. 334, do diploma aludido que cada cônjuge é aliado aos parentes do outro por vínculo da afinidade: esta, na linha reta, não se extingue com a dissolução do casamento, que a originou, na conformidade do art. 335, do CCB. Nasce, a teor do art. 335 referido, a afinidade do casamento civil. Anotou Clóvis Bevilaqua, acerca do art. 334, do Código Civil: "Afinidade é o vínculo que se estabelece entre cada cônjuge e os parentes do outro. Entre esses parentes, porém, não há relação alguma de ordem jurídica, ainda que, na sociedade, haja aproximação entre as famílias, e, na linguagem comum, se encontrem expressões traduzindo esse fato". (in *Código Civil dos Estados Unidos do Brasil — Comentado* — 11ª ed., vol. II, pág. 231).

Não tenho como possível aplicar a regra constitucional em apreço aos parentes da companheira do candidato ou do titular de qualquer dos cargos indicados no dispositivo maior aludido.

Com efeito, não há afinidade, no

sentido da lei civil, entre o Prefeito e os parentes de sua companheira, em ordem a se tornarem esses inelegíveis ao cargo, na forma do art. 151, § 1º, letra d, da Constituição, suso transcrito, ou entre o candidato cuja companheira seja irmã do titular do cargo e este. *O concubinato não funda família legítima*; segundo a lei civil, esta nasce do casamento celebrado na conformidade de seus preceitos. As disposições conceituais do direito parental inserem-se no Capítulo I, do Título V, do Livro I, do Código Civil, arts. 330 a 336. Não há falar, dessarte, em relação parental por afinidade, entre concubino e parentes da concubina. Se o concubinato é situação de fato, em que homem e mulher partilham estado de vida em comum, emprestando a lei, por vezes, conseqüências jurídicas a esse relacionamento, não há, todavia, extrair daí efeitos a se projetarem na ordem civil, no plano do direito parental. Certo é que marido e mulher, segundo a lei civil, não são parentes. Se o dispositivo constitucional em exame estabelece inelegibilidade para o cônjuge, no território de jurisdição do titular, não resulta a compreensão do termo "cônjuge" de conceitos de direito parental. Estes são invocáveis, entretanto, no que concerne aos parentes, consangüíneos ou afins, até o segundo grau, ou por adoção.

Assim sendo, o precedente invocado, qual seja, o RE 98.935-8-Piauí, não serve a fundamentar, juridicamente, o apelo em exame. Distintas são as situações decorrentes do relacionamento entre concubinos, onde há vida em comum, máxime quando ocorre sob o mesmo teto, *more uxorio*, com interesses pessoais e patrimoniais, de ordinário, em comum, e aquelas que, eventualmente, possam existir entre o concubino e os parentes da companheira, onde, por vez, a recusa de aceitação do estado de vida, assim constituído, cria situações conflitivas. Se é de pressupor que homem e mulher, vivendo inobstante à margem do casamento, segundo a lei civil, mantenham interesses sentimentais e materiais, de molde a trazer-lhes unidades de vida, o mesmo não é, desde logo, de concluir, quanto aos parentes de um em relação ao outro. Não cuidou, de outra parte, a Constituição, ao estabelecer a inelegibilidade em apreço, de simples relações de amizade, por mais íntimas sejam entre o titular do cargo contemplado e candidato à sua sucessão. Se assim fosse, o amigo íntimo do titular poderia ser inelegível, no pleito referente a sucessão desse. Não é tal o espírito da Constituição, ao prever a inelegibilidade em causa. Se cabe reconhecer que essa saudável inelegibilidade, que vem do direito anterior, é necessária "para impedir o nepotismo, ou a perpetuação no poder através de interposta pessoa", cumpre notar que a própria Constituição estabelece, desde logo, limite à restrição, dispondo que a inelegibilidade dos parentes do titular, no território de sua jurisdição, não ultrapassa o segundo grau. No sistema da Emenda Constitucional nº 19/1981, a inelegibilidade atingia os parentes até o terceiro grau do titular. Isso significa que, hoje, o sobrinho, que é parente colateral, em terceiro grau, pode suceder seu tio, em qualquer dos cargos referidos na norma constitucional. Não se tratando, pois, de inelegibilidade, no plano parental, que assuma caráter absoluto, como de referência ao cônjuge, mas, ao contrário, afirmando-se como de índole relativa, limitada em sua extensão, força será entender que os motivos que levaram esta Corte, por razões de moralidade, a tornar a companheira inelegível, para suceder seu companheiro, titular de um dos cargos aludidos no artigo 151, § 1º, letra d, da Constituição, não se fazem, aqui, da mesma maneira, presentes a justificar a extensão da inelegibilidade, no preceito prevista, a quem não possui a condição jurídica civil de parente, por afinidade.

Bem anotou, portanto, o eminente Ministro Rafael Mayer, em seu voto condutor do acórdão recorrido (fls.):

> "Se o concubinato dá nascimento ao parentesco consangüíneo ilegítimo dos filhos de ambos os concubinos com os parentes de cada um, todavia ele não é razão de formação do vínculo de afinidade. "dado que não é possível encontrar no efeito o que na causa não existe" (Orlando Gomes, *Direito da Família*, 4ª ed., pág. 333). *Affinitatis causa fit ex nuptiae*, princípio que não se infirma em face da proibição constante do artigo 183, II do Código Civil.

Descabe, obviamente, por incomportável, imiscuir no sistema completo e exaustivo das linhas e graus de parentesco constante da lei civil uma nova entidade, e a tanto importaria o considerar o irmão da concubina como parente afim em segundo grau do concubino. A situação não se subsume, portanto, na previsão constitucional.

Por outro lado, não cabe a transposição da realidade do concubinato, com as peculiaridades de suas conotações já advertidas, ao plano das relações de parentesco que se firmam em determinações legais e não trazem necessariamente uma correspondência factual de comunhão de interesses e reciprocidade de influências. Se a afinidade legítima é uma ficção jurídica que não reclama ou supõe um efetivo e subjacente relacionamento social ou natural para configurar-se, a suposta afinidade ilegítima advinda do concubinato nada significa, jurídica ou sociologicamente, além de acarretar o impedimento para o matrimônio, quando em linha reta (artigo 183, II do CC).

Daí não estar autorizada a extensão lógica do tratamento dado ao concubinato, como causa de inelegibilidade, à espécie sob exame, pois a inequívoca diversidade de situações não permite a subsunção do caso ao modelo construído pela jurisprudência.

De todo correto o entendimento do venerável acórdão que deu exata aplicação ao preceito constitucional, sem apresentar divergência com o acórdão paradigma, adotado sob pressuposto diverso."

Do exposto, não vendo ofensa ao artigo 151, § 1º, letra "d", da Constituição, fundamento do apelo, no julgado recorrido, não conheço do recurso extraordinário."

O precedente foi formalizado com o julgamento do recurso extraordinário nº 100.220. A íntegra está publicada na *Revista Trimestral de Jurisprudência* 119, fols. 210 a 226. Atuou como Relator o cuidadoso Ministro Néri da Silveira, tendo havido declaração de voto, após pedido de vista, do Ministro Sydney Sanches, estando licenciado o Ministro Décio Miranda, tudo indicando que uma das cátedras estava vaga. Por oito votos a um, concluiu esta Corte que a inelegibilidade decorrente de parentesco não alcança a irmã de concubina de Prefeito, sendo que da composição de outrora estão presentes, hoje, neste Plenário, os Ministros Relator Néri da Silveira, Moreira Alves, Sydney Sanches e Francisco Rezek. Este Pleno teve oportunidade de ratificar a tese no julgamento do recurso extraordinário nº 106.046, cujo acórdão, no entanto, ainda não foi publicado. Deste julgamento participou V. Exª, Presidente, e a conclusão ocorreu na Sessão de 9 de março de 1988, havendo funcionado como Relator o Ministro Djaci Falcão. Ficou vencido o Ministro Oscar Corrêa, sendo que foi confirmada a decisão do Tribunal Superior Eleitoral em que se declarou a elegibilidade da irmã da concubina.

Por tudo, conheço deste recurso extraordinário e dou acolhida ao pedido nele formulado para, reformando o acórdão de fols., concluir pela elegibilidade da Recorrente, com o que afasto a pecha que serviu de base ao indeferimento do registro.

É o meu voto.

VOTO

O Senhor Ministro Néri da Silveira: — Sr. Presidente. Fui Relator, como observou o ilustre Ministro Marco Aurélio, do Recurso Extraordinário nº 100.220, da Paraíba, em que idêntica matéria se discutiu neste Plenário. Os fundamentos desse voto foram lidos à Corte, ao longo do pronunciamento brilhante do Sr. Ministro Marco Aurélio, fato que me honra pelas anotações de S. Exa..

Penso que o novo sistema constitucional não modificou o tratamento jurídico a ser conferido à matéria. Por primeiro, a inelegibilidade em debate, tão bem analisada pelo ilustre constitucionalista Manoel Gonçalves Ferreira Filho, como restrição a uma das dimensões da capacidade política do cidadão de participar da atividade estatal, é matéria da maior significação na dinâmica do sistema democrático. De uma forma geral, as inelegibilidades são de direito estrito, exceções que se põem ao postulado básico do sistema democrático quanto ao direito de ser escolhido para governar ou representar o povo. Essa compreensão do tema não se modificou, evidentemente, no sistema constitucional atual.

De outra parte, a inovação que a Constituição trouxe a respeito da organização familiar, especialmente com os conceitos inseridos em seu art. 226, §§ 3º e 4º, não tem o condão de alterar, no particular, os princípios consagrados em nosso sistema jurídico. Em verdade, o art. 226, § 3º, estabelece, "verbis": "Para efeito da proteção do Estado, é reconhecida a união estável entre o homem e a mulher como entidade familiar, devendo a lei facilitar sua conversão em casamento".

A Constituição atual não equiparou, de forma alguma, a união fora do casamento ao casamento. A família, base da sociedade, tem ainda no casamento sua matriz. É o casamento a instituição que a Constituição quer permaneça para fundar a sociedade. Seguindo o que os Tribunais já haviam, de certo modo, consagrado, para certos efeitos, em sua jurisprudência, nos regimes constitucionais anteriores, a Constituição previu a "união estável", para fins de proteção do Estado, estabelecendo, ainda, que a lei facilitará a sua conversão em casamento. O que quer o nosso sistema constitucional, portanto, é que a família se organize, preferencialmente e fundamentalmente, com base no casamento.

Não cabe extrair, entretanto, dessa disposição maior, meramente protetiva de situações que antes ficavam à margem da lei, conclusões de equiparação entre as uniões decorrentes de concubinato e as provenientes do casamento. Ora, se realmente essas normas da Lei Magna não podem ter extensão maior no sentido de beneficiar e de dar "status", tal como se fosse casamento, para os efeitos sociais e jurídicos, também não se podem incluir nessa situação de fato, com conseqüências jurídicas determinadas, restrições que a ordem positiva não quis, de explícito, estabelecer. Se a lei das inelegibilidades dispôs, especificamente, sobre matéria que concerne ao direito parental e este, de acordo com nosso sistema positivo, é próprio da família nascida do casamento, não cabe serem considerados como parentes, para os efeitos dessa Lei, aqueles a quem a lei, explicitamente, não os considera como tais. No direito civil que está em vigor, porque a Constituição não o modificou neste ponto, não há nenhuma regra que considere como parentes, por afinidade, os parentes de um concubino em relação ao outro, tal como decorre da relação de afinidade, por via do casamento. "Data venia", por relevantes sejam as razões, não é possível, em matéria de direito estrito, entender que inelegibilidade, aí, existe, com base em parentesco, nos termos contemplados na Constituição. Certo está, entretanto, que inelegibilidade, na situação dos autos, pode resultar de outros princípios que o sistema de inelegibilidades consagra, mas isso não é identificável, por via de presunção, como sucede com o parentesco.

Assim, será possível a impugnação da candidatura ou da diplomação de parente da concubina de Prefeito, sem dúvida alguma, como, no caso concreto, da irmã da companheira do titular atual do cargo, se for possível provar o abuso do poder econômico ou o abuso do exercício do cargo, para favorecer a essa candidata. Isso poderá, também, acontecer, tornando-se inelegível o amigo íntimo do prefeito, desde que comprovado o abuso do exercício do cargo em favorecimento à candidatura do compadre ou de pessoa da maior intimidade e afetividade do Prefeito em exercício. A Constituição não prevê nenhuma inelegibilidade em decorrência dessa relação sentimental, da aproximação entre o titular e candidato com tais vínculos de afetividade. Mas todos sabemos, de outra parte, que será possível argüir inelegibilidade ou fazer impugnações a candidaturas, dentro das formas previstas no Direito Eleitoral, se precisamente essa intimidade entre o candidato e o prefeito fizer com que esse se prevaleça do cargo para dar auxílio, abusivamente, a candidatura de amigo íntimo.

Dessa maneira, embora não sejam inelegíveis por força do parentesco, — se ocorrer, realmente, por laços sentimentais, abuso de poder econômico ou má utilização da máquina administrativa, para favorecer candidato assim vinculado ao prefeito ou a pessoa de sua intimidade, como a companheira, — evidente é que, por essa segunda causa, poderia ser argüída inelegibilidade. Disso, todavia, não se cuida no caso presente.

A alegação de inelegibilidade, é, tão-só, em decorrência de relação de parentesco entre a candidata e a concubina do prefeito. Não encontro fundamento no nosso sistema para afirmar essa inelegibilidade.

Do exposto, mantendo os termos do voto que proferi, invocando precedente do Tribunal a esse respeito, conheço do recurso e lhe dou provimento, acompanhando o brilhante voto do Sr. Ministro-Relator.

VOTO

O Sr. Ministro Francisco Rezek: — Reconheço a lógica que há de ter presidido a decisão do Tribunal Superior Eleitoral. Afinal, o § 7º do 14º artigo da Constituição diz, na trilha de textos anteriores a 1988, que "são inelegíveis no território de jurisdição do titular, o cônjuge e os parentes consangüíneos ou afins, até o segundo grau ou por adoção, do Presidente da República, de Governador de Estado ou Território, do Distrito Federal, de Prefeito ou de quem os haja substituído dentro dos seis meses anteriores ao pleito, salvo se já titular de mandato eletivo e candidato à reeleição".

Seria de esperar que o Judiciário desse à palavra "cônjuge" uma interpretação estrita, a concubina mesma não seria alcançada. E se essa interpretação pudesse elastecer-se em determinada medida, seria para alcançar a concubina e os afins conseqüentes. Não tenho, pois, dificuldade maior em entender o que se passou no Tribunal Superior Eleitoral quando, por unanimidade, tomou esta decisão em desacordo com a que prevaleceu neste Plenário anos atrás.

Quero entretanto observar que o regime constitucional de 1988 não produziu na ordem jurídica modificação jusitificativa de mudança na jurisprudência do Supremo. Não encontro força bastante no texto novo para voltar atrás quanto ao que foi decidido no precedente. Compartilho a tese de que a inelegibilidade não deve determinar-se em função seja da analogia, seja de uma compreensão extensiva do texto no seu rigor gramatical.

Por isso, bastante contrafeito — porque penso ser esta a primeira vez que voto nesta Casa em sentido diverso de um acórdão que prevaleceu no Tribunal Superior Eleitoral — vejo-me na contingência de acompanhar os eminentes Ministros relator e Néri da Silveira, provendo o recurso extraordinário para preservar entendimento anterior desta Casa.

VOTO

O Senhor Ministro Ilmar Galvão: Sr. Presidente, também acompanho o eminente Relator.

Entendo que se está diante de norma que tem por escopo impedir a perpetuação no poder de membros da mesma família, ou seja, a formação de oligarquias familiares. Todavia, se essa norma não tem a virtude de abarcar todas as hipóteses desse vício, a dificuldade ou a deficiência deve ser atribuída ao legislador, que para prevenir esses inconvenientes deverá diligenciar os meios próprios. A meu ver, não resulta dessa deficiência da norma uma delegação de competência ao juiz para suprir a omissão do legislador, tanto mais quando se trata de restrição a direitos em que a interpretação da lei há de fazer-se, como se sabe, em termos restritos, no qual o rol dos parentes inelegíveis não pode ser tido como enumerativo, mas taxativo. Se assim não fosse, estaria o juiz, por igual, autorizado a afastar a inelegibilidade, por exemplo, quando se visse diante de parentes, inimigos políticos e insusceptíveis, por isso, de formarem oligarquias. É muito comum o fenômeno de famílias que digladiam politicamente, como verdadeiros inimigos, nos municípios interioranos, mas, nem por isso o juiz está autorizado a afastar a inelegibilidade. Ocorre que, muitas vezes, um inimigo político, no exercício do poder, torna inelegível um parente, um irmão, um cunhado, que está situado no outro partido e que, com ele, jamais iria concorrer para a formação de oligarquias.

Diante de tais considerações, e tendo em vista ainda o precedente do Supremo Tribunal Federal, que foi trazido à colação pelo eminente Relator, o meu voto é no sentido de dar provimento ao recurso.

VOTO (PRELIMINAR)

O Sr. Ministro Carlos Velloso: — Sr. Presidente, o § 7º do art. 14 da Constituição Federal torna inelegível, "no território de jurisdição do titular", o cunhado do prefeito. Em razão disso, a questão a saber é a seguinte: a irmã da concubina do prefeito é inelegível? Respondo, *data venia*, pela afirmativa, tal como fiz, aliás, no Tribunal Superior Eleitoral. A Constituição de 1988, no § 3º do art. 226, empresta tratamento especialíssimo à "união estável entre o homem e a mulher", considerando-a "entidade familiar", o que representa, inegavelmente, considerável avanço em relação à Constituição de 1967, que estabelecia, no art. 175, que a família seria constituída pelo casamento. Há quem afirme que a Constituição de 1988, no citado

§ 3º do art. 226, não estaria a equiparar a "união estável entre o homem e a mulher" ao casamento. Todavia, forçoso é reconhecer que a Constituição admite como certa a "união estável entre o homem e a mulher" e a considera "como entidade familiar"; só por isso, portanto, deveria ser mantido o acórdão do Tribunal Superior Eleitoral, que decidiu pela inelegibilidade da irmã da concubina do prefeito.

Esclareça-se, de outro lado, que a Constituição de 1988, ao estabelecer, no citado § 7º do art. 14, a inelegibilidade em apreço, teve em mira evitar a formação de oligarquias familiares, oligarquias familiares que são das piores formas de corrupção da democracia representativa, bem o disse o eminente advogado Rafael Mayer, que nos brindou com uma bela sustentação oral. Quem se der ao trabalho de examinar algumas obras de sociologia eleitoral, quem se der ao trabalho de ler, por exemplo, o precioso livro, "Coronelismo, Enxada e Voto", do Ministro Victor Nunes Leal, há de concordar com a afirmativa que fez, da tribuna, o eminente Advogado Rafael Mayer.

Sr. Presidente, o que precisa ser tomado em linha de conta, ao que penso, é o dado real: o irmão da esposa do prefeito é inelegível, vale dizer, o irmão de quem vive com o prefeito, na linguagem pitoresca do homem do interior, "de papel passado", é inelegível; agora, se não existir o "papel passado", o irmão de quem vive *more uxorio* com o prefeito é elegível. Ora, a visualização da questão, sob o ponto de vista puramente formal, não realiza os objetivos da norma constitucional, dado que significa interpretação puramente literal, *data venia*. Vale repetir: aplicar a lei é realizar os seus objetivos e não aferrar-se servilmente a sua letra fria.

Com estas brevíssimas considerações, Sr. Presidente, peço vênia ao Sr. Ministro Relator e aos Srs. Ministros que o seguiram para, opondo respeitosa divergência aos votos que proferiram, não conhecer do recurso extraordinário.

VOTO

O Senhor Ministro Celso de Mello — O Supremo Tribunal Federal, ao julgar o Recurso Extraordinário nº 98.935-Piauí (*RTJ* 103/1321), proclamou que o regime das inelegibilidades — não obstante afeta a capacidade eleitoral passiva dos cidadãos — comporta interpretação construtiva dos preceitos que lhe compõem a estrutura normativa.

Dentro desse contexto, revela-se legítima a exegese teleológica das normas pertinentes à disciplina jurídica da inelegibilidade. A *ratio* desse instituto e os relevantes objetivos a que ele se acha finalisticamente vinculado justificam a interpretação normativa consubstanciada na decisão proferida pelo Tribunal Superior Eleitoral.

Impõe-se observar que o constituinte revelou-se claramente hostil a práticas ilegítimas que denotam o abuso do poder econômico ou que caracterizam o exercício distorcido do poder político-administrativo. Com o objetivo de proteger a normalidade e a legitimidade das eleições contra a influência, *sempre censurável*, do poder econômico ou o abuso, *absolutamente inaceitável*, do exercício de função pública é que se definiram situações de inelegibilidade, destinadas a obstar, precisamente, dentre as várias hipóteses possíveis, a formação de grupos hegemônicos, que, monopolizando o acesso aos mandatos eletivos, virtualmente patrimonializam o poder governamental, convertendo-o, numa inadmissível inversão dos postulados republicanos, em verdadeira *res domestica*.

As formações oligárquicas constituem grave deformação do processo democrático. A busca do poder não pode limitar-se à esfera reservada de grupos privados, sob pena de frustrar-se o princípio do acesso universal às instâncias governamentais.

Legitimar-se o controle monopolístico do poder, por núcleos de pessoas unidas por vínculos de *ordem familiar* ou de *natureza quase-familiar*, equivaleria a ensejar, em última análise, o domínio do próprio Estado por grupos privados. Não se pode perder de perspectiva, neste ponto, que a questão do Estado é, por essência, a questão do poder. A patrimonialização do poder constitui situação de inquestionável anomalia a que esta Suprema Corte não pode permanecer indiferente. A consagração de práticas hegemônicas na esfera institucional do poder político conduzirá o processo de governo a verdadeiro retrocesso histórico, o que constituirá, na perspectiva da atualização e modernização do aparelho de Estado, situação de todo inaceitável.

A decisão emanada do Tribunal Superior Eleitoral, tendo presente esse contexto, prestigiou valores fundamentais consagrados pela Carta da República e ajustou-se, *na fidelidade a tais parâmetros axiológicos*, à advertência feita pelo Plenário do Supremo Tribunal Federal quando do julgamento do RE nº 98.935-Piauí, ocasião em que esta Corte, pela voz do em. Ministro Cordeiro Guerra, salientou que "... quem analisa detidamente os princípios que norteiam a Constituição na parte atinente às inelegibilidades, há de convir que sua intenção, no particular, é evitar, entre outras coisas, a perpetuidade de grupos familiares, ou oligarquias, à frente dos executivos."

Atribuir se elegibilidade plena à irmã da concubina do atual Prefeito do Município de Santa Terezinha refletiria um paradoxo, pois corresponderia, em última análise, a conceder a ela o que se nega, *peremptoriamente*, aos irmãos da esposa *legítima* do Chefe do Poder Executivo, qualquer que seja a instância política em que este possa exercer o seu mandato.

É preciso salientar, neste ponto, que a família assumiu, à luz do novo ordenamento constitucional, uma nova configuração jurídica, ditada pela própria realidade social, que lhe elasteceu a noção conceitual, para, agora, nela incluir e abranger as uniões estáveis, expressamente qualificadas pelo legislador constituinte como entidade familiar (CF, art. 226, § 3º). Dessa maneira — e tal como acentuado na decisão recorrida —, entendo que é inelegível para o cargo de Prefeito a irmã da concubina do atual titular do mandato.

Com estas considerações, e pedindo vênia ao eminente Relator e aos ilustres Ministros que acompanharam S. Exª, não conheço do presente recurso extraordinário.

É o meu voto.

VOTO (PRELIMINAR)

O Senhor Ministro Sepúlveda Pertence — Senhor Presidente, no Tribunal Superior Eleitoral compus o acórdão unânime, conduzido pelo voto primoroso do ilustre Ministro Hugo Gueiros que, a partir de uma análise detida da legislação brasileira e seus vários setores, demonstrou, a meu ver, o artificialismo da distinção privatística que, com todas as vênias, domina o entendimento contrário ao da decisão recorrida.

Já assinalei, em caso recente, que as normas de inelegibilidade partem da observação sociológica dos costumes políticos, e essa mesma realidade deve presidir a sua interpretação, não, é óbvio, para criar regras novas, mas para entender as regras existentes na medida e na extensão necessárias a coibir a fraude à Constituição. E creio que, nesse sentido, milita o acórdão do RE 98.935, já antigo e reiterado deste Tribunal, que alcançou, com a inelegibilidade do cônjuge, o concubino ou a concubina, sem que, é claro, jamais este Tribunal tenha dito que concubino é cônjuge.

Há menos de um mês, no RE 157.959, afirmamos a inelegibilidade do Prefeito para o cargo de Vice-Prefeito.

Agora, Senhor Presidente, não entendo por que seccionar a linha de raciocínio compreensivo, que predomina no RE 98.935, também em matéria de concubinato, para consagrar a elegibilidade plena da irmã da concubina do Prefeito.

Senhor Presidente, se algo tivesse que aditar aos votos que acabam de proferir os Ministros Carlos Velloso e Celso de Mello, eu partiria do artigo 226, § 3º, da Constituição, tantas vezes citado nesta assentada.

Nele se lê: "Para efeito de proteção do Estado, é reconhecida a união estável entre o homem e a mulher como entidade familiar, devendo a lei facilitar sua conversão em casamento".

Sublinho a oração final: "*devendo a lei facilitar sua conversão em casamento*".

Senhor Presidente, se a lei, por imperativo constitucional, deve estimular, facilitar a conversão do concubinato em casamento, não posso entender que, na interpretação dessa mesma Constituição, que manda estimular e facilitar a conversão do concubinato em casamento, se deva adotar a exegese ortodoxa, privatista, que, ao contrário, tem estimulado, nos costumes políticos brasileiros, a prática inversa: conversão do casamento em concubinato.

E quem passou pelo TSE, nas últimas décadas, é testemunha de que, seguramente, serão dezenas os casos que ali chegaram, nos quais casamentos sólidos se converteram em concubinato, sem nenhuma ruptura da continuidade da vida familiar, apenas para fraudar a inelegibilidade constitucional. São dezenas, hoje, as primeiras damas ex-esposas, com todas as prerrogativas da primeira dama: dirigentes das obras sociais, das entidades assistenciais, "patronesses" dos bailes de "debutantes", mas já não mais esposas; concubinas, porque foi conveniente que se tornassem elegíveis ou que viabilizassem a elegibilidade do irmão, do cunhado ou do sobrinho.

Ora, Senhor Presidente, não creio seja essa a linha da orientação do Tribunal. Os dois casos a que me referi marcam, a meu ver, a inteligência devida a uma Constituição que se pretende efetiva, e não objeto fácil de fraudes.

Portanto, peço vênia aos votos dissidentes para perseverar na convicção manifestada no TSE e não conhecer do recurso.

VOTO (PRELIMINAR)

O Senhor Ministro Paulo Brossard: Senhor Presidente, participei da decisão do Tribunal Superior Eleitoral que ora é objeto de apreciação por esta Corte, mercê de recurso extraordinário por mim admitido, dada a relevância da tese e a conveniência mesma de que ela fosse reapreciada pelo Supremo Tribunal Federal.

Mantenho a orientação que adotei no Tribunal Superior Eleitoral, a despeito dos eruditos votos que concluíram pelo conhecimento do recurso e seu provimento.

Entendo que, no regime anterior talvez fosse arrojada a constução que concluísse pela inelegibilidade da irmã da concubina, mas sob o atual regime constitucional parece-me difícil não se adotar esse entendimento. Não que a Constituição haja conferido ao concubinato o gerar relações de parentesco. Não, mas a Constituição deu a esta situação de fato um relevo jurídico que antes não possuía e este relevo não foi gratuito, e não há de ser tido como gratuito na interpretação e aplicação da norma constitucional.

À luz do Código Civil, é claro que o concubinato não gera parentesco, mas à luz do Direito Eleitoral penso que o concubinato gera situação que a Constituição quis fulminar, e fulminou, estabelecendo a inelegibilidade de parentes.

O eminente Ministro Sepúlveda Pertence lembrou casos de casais que legalmente desfazem a sociedade conjugal, mantendo-a de fato absolutamente íntegra, sem solução de continuidade, para afastar a ineligibilidade. A Constituição não pode ser desta forma trateada, ofendida, vilipendiada, mediante um expediente forense, que não altera em nada a sociedade conjugal estabelecida há anos, e que é desfeita para formalmente elidir a inelegibilidade. Isso é uma óbvia fraude à lei.

Se não se desse a interpretação vitoriosa no TSE, chegar-se-ia à conclusão de que aos inconvenientes do casamento seriam preferíveis as vantagens do concubinato.

Fico no texto constitucional; parece que não é este o desejo da Constituição, tanto assim que fala em facilitar a conversão de uma situação de fato em uma situação jurídica: do concubinato no casamento.

Com as vênias devidas aos votos que conheceram do recurso e lhe deram provimento, dele não conheço.

VOTO

O Senhor Ministro Octavio Gallotti (Presidente): — Não participei da decisão do Tribunal no Recurso Extraordinário 100.220, tantas vezes hoje lembrado, relatado pelo eminente Ministro Néri da Silveira, na sessão do dia 14 de novembro de 1984, poucos dias antes de minha posse.

Participei, todavia, do julgamento do Recurso Extraordinário 106.043, cujo acórdão não está ainda publicado, mas onde foi ratificada aquela mesma orientação, no sentido da elegibilidade.

Observei, então, que considerava justificável a inelegibilidade diretamente decorrente do concubinato ou do casamento eclesiástico, que fora admitida pelo Tribunal Superior Eleitoral, por decorrer de um fato certo e concreto.

Mas, a partir do ponto — disse eu — em que se viesse a presumir que esse concubinato, essa união eclesiástica, pudessem vir a gerar, em relação aos parentes de cada um dos parceiros, uma repercussão, aliança ou afinidade, capazes de se equiparar às geradas pelo casamento civil, estaríamos então — supunha eu e continuo convencido — ingressando num caminho menos sólido e admitindo uma interpretação que não se coaduna com o sentido estrito que devem possuir os impedimentos à elegibilidade.

Recordo, agora, que o § 7º do art. 14 da Constituição menciona expressamente o parentesco por adoção, como gerador de uma inelegibilidade, a despeito de estarem os filhos adotivos hoje expressamente equiparados, pela Constituição, aos demais filhos, o que está a indicar, na mesma linha de pensamento do eminente Ministro Néri da Silveira, (como Relator do RE 100.220), que vínculos simplesmente sentimentais não devem gerar, reflexamente, outras alianças capazes de acarretar a inelegibilidade.

Sobreveio a norma do § 3º do art. 226 da Constituição: "Para efeito da proteção do Estado, é reconhecida a união estável entre o homem e a mulher como entidade familiar, devendo a lei facilitar sua conversão em casamento".

Não me inscrevo entre os que consideram que daí decorra uma equiparação entre o casamento e a chamada união estável. A cláusula final "devendo a lei facilitar sua conversão em casamento" está a indicar, segundo penso, que há ainda uma fórmula de união, considerada superior pela Constituição Federal.

Com essas breves considerações, acompanho o eminente Relator, pedindo vênia aos Colegas que dele divergiram, para conhecer do recurso e dar-lhe provimento.

Extrato de Ata
Recurso Extraordinário N. 157.868-8
Origem: Paraíba
Relator: Min. Marco Aurélio
Recte.: Regina Lúcia Medeiros da Nóbrega Carvalho
Advs.: Henrique Neves da Silva e Outro
Recda.: Coligação da Mudança PSDB/PRN
Advs.: Luiz Rafael Mayer e Outro

Decisão: Por maioria de votos, o Tribunal conheceu do recurso e lhe deu provimento, nos termos do voto do Relator, vencidos os Ministros Carlos Velloso, Celso de Mello, Sepúlveda Pertence e Paulo Brossard, que não o conheciam. Confirmada a medida cautelar. Votou o Presidente. Falaram: pela recorrente, o Dr. Henrique Neves da Silva e, pela recorrida, o Ministro Luiz Rafael Mayer. Plenário, 02.12.92.

Presidência do Senhor Ministro Octavio Gallotti, Vice-Presidente. Presentes à sessão os Senhores Ministros Néri da Silveira, Paulo Brossard, Sepúlveda Pertence, Celso de Mello, Carlos Velloso, Marco Aurélio, Ilmar Galvão e Francisco Rezek. Ausentes, justificadamente, os Senhores Ministros Sydney Sanches, Presidente, e Moreira Alves.

Vice-Procurador-Geral da República, Dr. Moacir Antonio Machado da Silva.

Luiz Tomimatsu - Secretário

JURISPRUDÊNCIA

Ementa:- Contribuição de melhoria. Recapeamento de via pública já asfaltada, sem configurar a valorização do imóvel, que continua a ser requisito ínsito para a instituição do tributo, mesmo sob a égide da redação dada, pela Emenda nº 23, ao art. 18, II, da Constituição de 1967.

Recurso extraordinário provido, para restabelecer a sentença que julgara inconstitucional a exigência.

Recurso Extraordinário Nº 116148-5 São Paulo
Relator: O Senhor Ministro Octavio Gallotti
Recorrentes: Benedito Simplício dos Santos e Outros
Recorrida: Prefeitura Municipal de Bragança Paulista
J: 16.2.93 - DJU de 21.5.93

ACÓRDÃO

Vistos, relatados e discutidos estes autos, acordam os Ministros do Supremo Tribunal Federal, em Primeira Turma, na conformidade da Ata do julgamento e das notas taquigráficas, à unanimidade de votos, conhecer do recurso e dar-lhe provimento, nos termos do voto do Relator.

Brasília, 16 de fevereiro de 1993 — Moreira Alves (Presidente) — Octavio Gallotti (Relator).

RELATÓRIO

O Senhor Ministro Octavio Gallotti — Reformando sentença de primeiro grau, o acórdão recorrido cassou, por maioria, a segurança concedida em primeiro grau, para declarar a ilegalidade e a inconstitucionalidade de contribuições de melhoria, cobradas pela Municipalidade de Bragança Paulista. Eis o teor da decisão, do Primeiro Tribunal de Alçada Civil de São Paulo, da lavra do eminente Juiz Laerte Nordi:

"Vistos, relatados e discutidos estes autos de Apelação nº 367.528-9, da comarca de Bragança Paulista, sendo apelante Prefeitura Municipal de Bragança Paulista — recorrente Juízo de Ofício e apelados Benedito Simplício dos Santos e Outros:

Acordam, em Quinta Câmara do Primeiro Tribunal de Alçada Civil, por maioria de votos, dar provimento aos recursos oficial e voluntário.

1 - É mandado de segurança impetrado com o objetivo de desconstituir lançamentos tributários, correspondentes à contribuição de melhoria.

A sentença de fls. concedeu a ordem, recorrendo o magistrado de ofício, na forma do artigo 12 da Lei nº 1.533, de 31 de dezembro de 1951.

Apelou a Prefeitura de Bragança Paulista, alegando: a) não há qualquer impedimento para a adoção do critério usado no cálculo do valor da contribuição de melhoria, tomando-se por base a testada dos imóveis beneficiados; b) a afirmação de que a valorização foi nenhuma, por se tratar de recapeamento, se choca com incontáveis decisões de nossos tribunais, que admitem a cobrança da contribuição de melhoria em obras tais (*RT* 571/265 e 588/132); c) os imóveis de propriedade dos impetrantes foram beneficiados pela execução das obras de pavimentação; d) a cobrança está afinada com a Emenda nº 23/83 e com o próprio espírito do legislador; e) não houve infringência ao artigo 18, II, da Constituição Federal, tendo sido observados os artigos 81 e 82 do Código Tributário Nacional; f) em nenhum momento, no prazo do edital, houve qualquer impugnação ao procedimento.

Recurso respondido e isento de preparo.

A Procuradoria Geral da Justiça opinou pelo não provimento dos recursos.

É o relatório.

2 - Repete-se, nestes autos, o mesmo debate da Apelação nº 364.494-1, da Comarca de Bragança Paulista, a que se deu provimento, por maioria, reconhecendo-se a legitimidade da cobrança da contribuição de melhoria, por obras de recapeamento asfáltico, em tais condições, nada resta senão renovar os fundamentos da decisão recente, de 14 de abril de 1987.

Na resistência aos lançamentos tributários correspondentes à contribuição de melhoria, os impetrantes invocam os fundamentos: a) nulidade da notificação, que não observara o disposto no artigo 80, § 1º, I, do Código Tributário Municipal; b) a contribuição de melhoria tem, como base de cálculo, a valorização trazida ao imóvel do contribuinte pela obra pública; em conseqüência, ilegais os lançamentos, resultantes da singela divisão do custo da obra pela testada dos imóveis, situação não alterada pela Emenda Constitucional nº 23, de dezembro de 1983.

Após amplo debate, em tema que tem suscitado permanentes divergências, concluiu o ilustre juiz de primeiro grau, em sentença bem fundamentada, pela concessão da ordem, não só porque ferida a norma legal, como também porque seria injusto carrear aos proprietários dos imóveis fronteiriços à avenida todo o custo de uma obra de recapeamento, quando toda a população se beneficiou dessa obra.

Preservada, porém, a convicção de S. Exa. e daqueles que oficiaram nos autos, deles se diverge.

Nas razões de recurso, a apelante fez referência a acórdão desta Câmara, na Apelação nº 330.027, da Comarca de Araraquara, com transcrição de trecho relativo à justeza do critério adotado na cobrança da contribuição de melhoria, como forma de recuperação do custo da obra.

No mesmo sentido, voto declarado por este Relator na Apelação nº 353.803, da Comarca da Praia Grande, com algumas anotações sobre a cobrança ligada à pavimentação asfáltica: "O edital de fls. 46, de entrega da obra, foi publicado em 05 de janeiro de 1984, em plena vigência da Emenda Passos Porto (nº 23/83), que deu nova redação ao artigo 18, II, da Constituição Federal ("Contribuição de melhoria arrecadada dos proprietários de imóveis beneficiados por obras públicas, que terá como limite total a despesa realizada"), com a intenção clara de viabilizar a cobrança dos serviços de pavimentação, afastado o requisito da valorização".

"Destarte, realizada a obra, o seu custo será repassado aos beneficiários, indiscutivelmente os proprietários dos imóveis lindeiros; o debate está a sugerir, em função da nova mentalidade que se pretende implantar neste país, considerações de ordem social, política e comunitária".

"Vale lembrar, uma vez mais, que as Prefeituras, como os Estados e União, não geram recursos próprios, que são extraídos da comunidade e que revertem em seu benefício; os Prefeitos, Governadores, Presidente da República, nada mais são que administradores desses recursos, que tirados da comunidade (povo), são devolvidos na forma de obras, serviços e melhoramentos, sempre com a finalidade de melhorar a qualidade de vida".

Esses trechos, de votos anteriores, definem o pensamento, antes mesmo da Emenda Passos Porto, nas hipóteses em que as obras públicas observam as regras impostas pelo Decreto-Lei nº 195/67, como é o caso dos autos.

Se assim era, melhor será com o advento da Emenda Passos Porto, que alterou a redação do artigo 18, II, da Carta Magna, com a intenção específica de viabilizar a cobrança da contribuição de melhoria, evitando que os diretamente beneficiados pela obra pudessem escapar à cobrança, apoiados em artifícios legais.

Dizia o texto anterior, que poderiam União, Estados, Distrito Federal e Municípios, além dos impostos, cobrar: "contribuição de melhoria, arrecadada dos proprietários de imóveis valorizados por obras públicas, que terá como limite total a despesa realizada e como limite individual o acréscimo de valor que da obra resultar para cada imóvel beneficiado".

Sensível à realidade, já que o requisito da valorização inviabilizava a cobrança, com nítido prejuízo dos demais integrantes da comunidade, aos quais era repassado o custo da obra, o legislador editou a Emenda nº 23/83, com a seguinte redação: "Contribuição de melhoria arrecadada dos proprietários dos imóveis beneficiados por obras públicas, que terá como limite total a despesa realizada".

As diferenças entre os dois textos são fundamentais e desconhecê-las é postergar a profunda mudança operada e, via de cosneqüência, neutralizar o esforço do legislador: excluiu-se a expressão "imóveis valorizados", substituindo-se por "imóveis beneficiados" e eliminou-se a parte final"... e como limite individual o acréscimo do valor que da obra resultar para cada imóvel beneficiado".

O eminente Juiz deste Primeiro Tribunal de Alçada Civil, Régis de Oliveira, com a habitual competência, interpreta a intenção do constituinte, em excelente trabalho sobre os reflexos da Emenda Passos Porto: "O que pretendeu o constituinte? Primeiro, eliminar na base de cálculo o fato valorização como requisito necessário à identificação da hipótese de incidência. Basta o benefício que da obra resultar aos contribuintes previamente definidos por critérios subjetivos. Em segundo lugar, dispensa o limite individual de valorização que decorre da construção de obra pública".

E adiante, afirma o culto Juiz e Professor: "Como se vê, a contribuição de melhoria pode ter como base de cálculo ou a valorização imobiliária em lindes definidos pelo poder tributante ou, então, o custo da obra. É alternativa que remanesce à disposição do contribuinte. Na redação anterior ao inciso II do artigo 18 apenas se admitia a cobrança da contribuição, na hipótese de haver valorização para os imóveis lindeiros. Ademais, o limite individual era o acréscimo de valor que resultasse da obra para cada imóvel beneficiado. Em sua nova redação, basta o benefício da obra resultante para o imóvel. É aferição objetiva".

"Eventualmente, poderá haver depreciação de imóveis por construção de obra. São Paulo teve recente exemplo pela construção do denominado vulgarmente "Minhocão". Por causa da realização da obra, houve desvalorização e inúmeros proprietários tiveram ganho de causa por ato lícito da Administração Pública" (*RT* 469/71).

Tem-se em resumo, que em face da nova redação dada ao inciso II, do artigo 18 da Constituição Federal, perdeu a valorização a importância do texto anterior; será indispensável, apenas, que tenha sido realizada a obra, repassando-se o seu custo aos proprietários dos imóveis lindeiros, por ela beneficiados, respeitada a legislação local.

Ao contribuinte, assim considerado o proprietário de imóvel beneficiado pela obra (não necessariamente valorizado), restará a alternativa de provar, em ação própria e autônoma (não o mandado de segurança em que a dilação probatória é vedada) que o seu imóvel não sofreu qualquer benefício efetivo, ou, mesmo, que até foi desvalorizado.

Os motivos acima, justificadores da reforma, repetem os que constam da Apelação nº 359.455, da mesma Comarca de Bragança Paulista, provida por unanimidade por esta Quinta Câmara, figurando como apelante a Prefeitura e como apelado Toshio Tanabe.

Na espécie, além dos fundamentos já alinhados, impõem-se alguns complementos, já que se trata de contribuição de melhoria cobrada por recapeamento de via pública, da qual, segundo o pensamento do douto magistrado, se beneficiaram todos.

No entanto, o Colendo Supremo Tribunal Federal, em acórdão de sua Primeira Turma, Relator o Ministro Alfredo Buzaid, no Recurso Extraordinário nº 97.661-2, de São Paulo, firmou a orientação de que, nos termos do artigo 77 do Código Tributário Nacional, o recapeamento asfáltico de via pública comporta a contribuição de melhoria.

Por isso, nada a reparar no comportamento da Municipalidade, que fez publicar o edital em 12 de julho de 1985, com menção ao memorial descritivo, orçamento de custo, parcela de custo a ser financiada, a delimitação da área beneficiada com a relação dos imóveis nela compreendidos (conforme a testada, nos termos da legislação municipal) e, depois, providenciou os lançamentos compatíveis, com todos os elementos identificadores, a ponto de o digno juiz "a quo", acertadamente, rejeitar a preliminar de nulidade desses lançamentos.

Tudo correto, dentro das prescrições legais, a autorizar a reforma do julgado, independentemente da profunda alteração introduzida pela Emenda nº 23/83; com efeito, se de contribuição de melhoria se cuidava e se as formalidades legais foram observadas, o mandado de segurança seria negado, porque o pressuposto da valorização (para os que entendem subsistente) demandaria produção de prova e desbordaria dos limitres estreitos do remédio heróico.

Todavia, invadiu-se o mérito e se apreciou o pedido, com exame dos efeitos da Emenda Passos Porto, para declarar que o requisito da valorização não mais existe, devendo o custo da obra ser repassado aos proprietários dos imóveis beneficiados, consoante disposto na legislação local (admitido aqui o critério do artigo 78 do Código Tributário Municipal).

Em resumo: a) os lançamentos estão corretos e não há nulidade a declarar; b) o recapeamento asfáltico de via pública comporta a cobrança da contribuição de melhoria, na esteira da jurisprudência do Supremo Tribunal Federal; c) após a Emenda nº 23/83, desapareceu o requisito da valorização, bastando que o imóvel seja beneficiado pela obra; d) saber se o imóvel foi ou não beneficiado (há a hipótese da depreciação, como se viu) depende da prova, vedada no mandado de segurança; e) a cobrança, fundada na lei municipal, está adequada à norma constitucional.

3 - Pelo exposto, dão provimento aos recursos oficial e voluntário, para negar a segurança, invertidos os ônus da sucumbência. (fls.)

Ficou vencido o ilustre Magistrado Scarance Fernandes, Revisor, com a declaração de voto abaixo reproduzida:

"1) Trata-se de mandado de segurança, concedido pela sentença de fls..

Há recurso de ofício e voluntário da Municipalidade (fls.), este recebido (fls.) e respondido (fls.).

Manifestou-se a Procuradoria da Justiça pelo improvimento.

2) Com a devida venia ousei divergir do r. voto da maioria, por entender que a sentença julgou adequadamente a causa.

A solução a ser dada à espécie "sub judice" depende da exata conceituação de taxa e contribuição de melhoria.

Como preleciona Hely Lopes Meirelles "a contribuição de melhoria não se confunde com a taxa, por ser recuperatória do custo de obra pública, ao passo que esta última é remuneratória de serviço público. Além disso, é diverso o fato gerador de cada uma dessas espécies tributárias, pois a contribuição de melhoria incide sobre o imóvel valorizado pela obra, e a taxa sobre a utilização, efetiva ou potencial do serviço prestado ou posto à disposição do contribuinte. Diferem também quanto à base de cálculo, que é a relação custo da obra-acréscimo valor ativo do imóvel, para a contribuição de melhoria, e o valor do serviço para a taxa (in *Finanças Municipais*, pags. 18 e 19).

A apelante pretende cobrar taxa de pavimentação para recuperar o custo da obra, que na espécie não é sequer obra nova, asfaltamento, mas mera reparação de asfalto já deteriorado ou recapeamento asfáltico e não para remunerar serviço público.

Não se pode esquecer que a taxa atinge o indivíduo como tal e a contribuição de melhoria o indivíduo qualificado, ou seja, como proprietário.

A pavimentação de uma via pública, é inegável, traz benefícios gerais para a comunidade, mas não se pode negar que somente certos imóveis ficam valorizados pela obra. Ambos os tributos têm requisitos essenciais, decorrentes da Constituição Federal, que os define e assim não é constitucional substituir o procedimento da contribuição de melhoria pelo rito rápido da taxa.

A jurisprudência, a respeito do custeio de obras públicas, é pacífica na Corte Suprema, no sentido de tratar-se de hipótese de contribuição de melhoria, decorrente do benefício ocorrido para o imóvel do contribuinte. (*RTJ* 89/54, 103/125, 105, 43, JTA 94/327, 95/194).

Poder-se-ia argumentar que a Emenda Passos Porto" (Emenda Constitucional nº 23, de 1º de dezembro de 1983, trouxe alterações no tocante a base de cálculo do tributo.

A respeito o ilustre Procurador da Justiça traz à colação o ensinamento de Paulo de Barros Carvalho, que merece ser transcrito:

"Permite a Constituição Federal no art. 18, II, a instituição de contribuição de melhoria, arrecadada dos proprietários de imóveis beneficiados por obras públicas, que terão como limite total a despesa realizada". Acrescenta que essa formulação, mesmo com a modificação introduzida pela Emenda Passos Porto exige a valorização imobiliária para que a contribuição de melhoria possa ser cobrada. Diz: "se as taxas pressupõem serviços públicos ou exercício regular do poder de polícia, as contribuições de melhoria levam em conta a realização de obras públicas que, uma vez concretizada, determina a valorização dos imóveis circunvizinhos. A efetivação da obra pública por si só nã o é suficiente. Impõe-se um fator aleatório que, acrescentado à atuação do Estado, complemente a descrição factual. E a valorização imobiliária nem sempre é corolário da realização de obras públicas. Muitas há que, sobre não acarretarem incremento de valor nos imóveis adjacentes, até colaboram para a diminuição de seu preço de mercado. Por isso, do incremento valorativo que o bem imóvel experimenta, em razão da obra efetuada pelo Estado, quer o direito positivo brasileiro que seu proprietário colabore com o Erário pagando a chamada "contribuição de melhoria". (cf. in *Curso de Direito Tributário*, ed. Saraiva, 1985, pg. 31).

No mesmo sentido a lição de Geraldo Ataliba, Aires Fernandino Barreto e Cleber Giardino, em trabalho datado de 30 de dezembro de 1983 (*R. Inf. Legisl.*, Brasília, a. 21, nº 81, jan/mar-1984) ao afirmarem que "o novo texto não trouxe nenhuma alteração substancial ao perfil constitucional da contribuição de melhoria. Na verdade — a despeito da supressão da cláusula "que terá como limite individual o acréscimo de valor que da obra resultar para cada imóvel beneficiado", e da substituição da expressão "imóveis valorizados" por "imóveis beneficiados" — manteve-se intacto o tributo, como da tradição do nosso direito constitucional, em coerência com a melhor doutrina".

"Sabidamente, o "limite individual" para cobrança da contribuição correspondia, tão só, à indicação constitucional explícita da sua base de cálculo. Ora, recaindo o tributo — como ainda recai — sobre o acréscimo de valor de bens imóveis por força de obras públicas, sua base de cálculo, mesmo sem a citada explicitação constitucional, permanece imodificada a expressão econômica desse "acréscimo de valor". Assim, a exemplo do que ocorre com todos os demais tributos referidos na Constituição, também a base de cálculo da contribuição de melhoria passa a ser aludida apenas implicitamente. Por conseqüência, o limite "total" da despesa realizada (com a obra pública) persiste atuando como mero parâmetro externo da arrecadação, isto é, sem prejuízo do limite individual implícito. Este, à sua vez, corresponde ao nível, ou grau, de "benefício" que, para os imóveis, objetivamente considerados, advém da obra pública realizada".

"Assim, o arquétipo da hipótese de incidência da contribuição de melhoria persiste sendo a "valorização imobiliária causada por obra pública". A dicção "imóvel beneficiado" ganha, no contexto, a mesma significação que ostenta sua antecessora "imóvel valorizado"; é certo que o "benefício", por ser critério para determinação de tributo, não pode deixar de ter consistência econômica imediatamente apreensível".

"É dizer: o termo "beneficiado" não se refere a proprietário, senão indiretamente; o imóvel é que deverá ser beneficiado pela obra. Do ponto de vista subjetivo poderá haver, ou não, benefício. O critério de aferição do tributo, todavia, descarta esse ângulo; importa apenas o benefício agregado do imóvel e isto fatalmente se traduz em valorização".

"Além do mais, a manutenção da designação "contribuição de melhoria", como espécie de tributo, ao lado das taxas e dos impostos, obriga o intérprete a reconhecer nessa rigorosa sistematização, a persistência de uma fidelidade aos postulados científicos elaborados pela doutrina. Em conseqüência, não pode esse tributo confundir-se com taxa, nem ter regime semelhante. Continua sendo um *tertium genus*, rigorosamente distinto das demais espécies. O custo da obra não constitui sua base de cálculo; na forma constitucional, é mero "limite" de cobrança, a qual, portanto, poderia ser maior, não fosse essa restrição".

"Com as alterações procedidas, é certo, o texto constitucional perdeu em clareza e objetividade. Mas agora só lhe falta a supressão do malsinado "limite total". Com isso ter-se-á no Brasil, em plenitude, a clássica contribuição de melhoria, esse justíssimo instrumento de restituição, ao patrimônio público, de parte de benefícios individuais obtidos à custa do esforço da comunidade".

Portanto, o elemento específico desse tributo continua a ser a valorização do bem particular, sem o que inexiste o fato imponível a ensejar a contribuição de melhoria.

É patente a inconstitucionalidade da lei em questão, ao dispor que a base de cálculo é o "custo global das obras" (art. 77), independentemente da valorização do imóvel por ela beneficiado.

O caso dos autos, oriundo da Comarca de Bragança Paulista é bastante ilustrativo, pois como bem salientou o magistrado, a via pública já era asfaltada e foi apenas recapeada, em virtude do desgaste, donde se conclui que a valorização dos imóveis foi nenhuma.

Por outro lado, a via pública em preferência é de grande movimento, pois serve de saída para vários municípios vizinhos, suportando, portanto, intenso tráfego. Ora, se essa via desgastar-se e anualmente houver necessidade de seu recapeamento, qual é a valorização que têm os imóveis? Todo o ano sofre um aumento de valor? Evidentemente não, e a persistir essa situação haverá o manifesto prejuízo dos proprietários lindeiros em favor de toda a comunidade. Não é essa, com o devido respeito, a finalidade do tributo debatido.

2) Acrescente-se ainda que, consoante lúcida análise do ilustre Procurador de Justiça, Cesar Crissiúma de Figueiredo Jr., no Mandado de Segurança nº 364.494, da mesma Comarca, a lei analisada além de não especificar em seu texto os elementos configuradores da base de cálculo para o rateio do custo da obra entre os contribuintes, o executivo municipal mediante critério não previsto no diploma legal, indica no "Edital" de fls. 32, que o "custo final total da Contribuição de Melhoria, será rateado entre os imóveis beneficiados proporcionalmente às suas testadas, multiplicadas pela metragem da metade da via pública, ambos os lados", circunstância que se traduz em indevida "legislação" pelo executivo, vedado pelo art. 6º, parágrafo único da Constituição Federal.

Como a base de cálculo é elemento integrante do tributo, este só poderia ser previsto no texto legal questionado.

Assim, além da base de cálculo prevista na lei encontrar-se divorciada do fato gerador da "Contribuição de Melhoria", que é o benefício caracterizado pela valorização do bem particular, o "Edital" inova de forma arbitrária ao prever critério não constante do texto legal.

Por tais razões, pelo meu voto mantinha a bem lançada sentença." (fls.)

Recorrem os contribuintes, argumentando no essencial:

"13. O v. Acórdão, ao decidir que o Art. 18, II, da Constituição Federal, após o advento da Emenda Constitucional nº 23/83, modificou o fato gerador da contribuição de melhoria, acabou por ferir de forma expressa a disposição constitucional, dando assim condições à interposição do presente recurso extremo, com fundamento no disposto no Art. 119, III, alínea "a" (primeira Parte) da Constituição Federal.

14. O Artigo 18, II da Constituição Federal é taxativo em sua disposição, fazendo no seu texto menção específica ao fator *benefício*. Pois bem, o v. Acórdão recorrido nega expressamente tal caráter no tributo, considerando que para a incidência da contribuição de melhoria, basta a obra.

15. Tal entendimento é anômalo e perigoso, pois descaracteriza o fato gerador da contribuição de melhoria, tradicionalmente aceito pela doutrina e expressiva jurisprudência, merecendo por isso urgente modificação por parte do Pretório Excelso." (fls. 123)

O recurso foi admitido ante as seguintes considerações do nobre Presidente Marcus Vinicius dos Santos Andrade:

"A contribuição de melhoria constitui espécie autônoma de tributo, distinguindo-se dos demais pelo fato gerador da respectiva obrigação tributária, que consiste na valorização imobiliária decorrente da obra pública.

Compõem aspectos fundamentais para o seu lançamento a valorização dos imóveis e o custo da obra. Outras bases de cálculo não se coadunam com a natureza da contribuição de melhoria.

Impende trazer à colação o ensinamento de Paulo de Barros Carvalho, "in verbis":

"Se as taxas pressupõem serviços públicos ou o exercício regular do poder de polícia, as contribuições de melhoria levam em conta a realização de *obra pública* que, uma vez concretizada, determine a valorização dos imóveis circunvizinhos. A efetivação da obra pública por si só não é suficiente. Impõe-se um fator aleatório que, acrescentado à atuação do Estado, complemente a descrição factual. E a valorização imobiliária nem sempre é corolário da realização de obras públicas. Muitas há que, sobre não acarretarem incremento de valor nos imóveis adjacentes, até colaboram para a diminuição de seu preço de mercado. Por isso, do incremento valorativo que o bem imóvel experimenta em razão de obra efetuada pelo Estado, quer o direito positivo brasileiro que seu proprietário colabore com o erário, pagando a chamada *contribuição de melhoria*" (*Curso de Direito Tributário*, ed. Saraiva, 1985, pág. 31).

José Celso de Mello Filho, tecendo comentários acerca da Contribuição de Melhoria e a Emenda Constitucional nº 23/83, preleciona:

"A Emenda Constitucional nº 23/83, ao modificar a redação do artigo 18, II, da Carta Federal, pretendeu tornar mais acessível ao Poder Público (aos Municípios, em especial) a utilização dessa espécie tributária, cujo lançamento se reveste de caráter procedimental complexo. Assim, o legislador constituinte não mais se referiu à valorização imobiliária decorrente da execução de obra pública. Contenta-se com o mero fato de os imóveis serem "beneficiados por obras públicas", excluindo, aparentemente, do fato gerador dessa espécie tributária, a exigência de efetiva valorização do imóvel beneficiado. O Congresso Nacional, no desempenho de sua função constituinte, pretendeu autorizar o Poder Público a cobrar a contribuição de melhoria em face da mera existência da obra realizada, sem qualquer preocupação com o aspecto da valorização imobiliária dela resultante. Não parece, contudo, que a simples alteração redacional, introduzida pela Emenda Constitucional nº 23/83, venha a legitimar esse entendimento. O fato gerador da contribuição de melhoria continua sendo a real valorização da unidade imobiliária, beneficiada pela obra pública executada. Pondere-se, por necessário, que é indispensável, para efeito de cobrança desse tributo, a existência de um nexo de causalidade entre a execução da obra pública e o benefício do imóvel, traduzido, dentre outros elementos, pela sua valorização. O critério do benefício aumento do valor do imóvel, como elemento informador da hipótese de incidência da contribuição de melhoria, não sofreu, em virtude da Emenda Constitucional nº 23/83, qualquer descaracterização. Note-se, ainda, que a cláusula final do artigo 18, II, que estabelecia o limite individual desse tributo, foi suprimida. Retornou-se ao sistema vigente à época da Carta Federal de 1967 (artigo 19, § 3º), que reconhecia apenas um só limite: o de que o total da arrecadação desse tributo não poderia exceder o custo da obra que lhe deu causa" (*Constituição Federal Anotada*, ed. Saraiva, 1986, págs. 117/118).

Esse o entendimento firmado no Colendo Supremo Tribunal Federal, consoante se depreende da leitura dos julgados publicados in *JSTF*, Lex, 94/202 e RTJ 116/1057.

No caso em tela, a cobrança levou em conta, tão-somente, o custo total da obra, rateado pela testada dos imóveis, sem considerar o benefício a que alude o inciso II, do artigo 18 da Magna Carta.

Assim, conveniente seja a matéria reexaminada pelo Pretório Excelso.

3. Posto isso, defiro o recurso extraordinário.

4. Processe-se a argüição de relevância, observado o diposto no artigo 328, § 1º, do Regimento Interno do Supremo Tribunal Federal." (fls.)

O Ministério Público Federal, em parecer do eminente Subprocurador-Geral Miguel Frauzino Pereira, após resumir a controvérsia, propõe que não se conheça do recurso, assim motivando essa opinião:

"3. A redação anterior do supramencionado inciso II do art. 18 era a seguinte:

"II — contribuição de melhoria, arrecadada dos proprietários de imóveis *valorizados* por obras públicas, que terá como limite total a despesa realizada *e como limite individual o acréscimo de valor que da obra resultar para cada imóvel beneficiado*" (grifei).

4. A Emenda Constitucional nº 23/83 assim alterou esse texto:

"II — contribuição de melhoria, arrecadada dos proprietários de imóveis *beneficiados* por obras públicas, que terá como limite total a despesa realizada" (grifei).

5. Houve, pois, substituição do adjetivo "valorizados" por "beneficiados" e suprimiu-se o limite individual de acréscimo do valor do imóvel.

6. O parecer, que aprovou a emenda no Congresso Nacional, afirmou:

"Tem razão o ilustre Autor da PEC nº 40, ao pretender que a contribuição de melhoria seja "um instrumento a mais para reforçar suas receitas (do Poder Público), especificamente como ressarcimento de obras realizadas". Entendemos, contudo, que a preocupação do Autor com a pequena realização de receita decorrente de tributo potencialmente forte, não foi desfeita com a redação proposta. Isto porque, se a alteração do fato gerador — de acréscimo patrimonial para a realização de obra pública — é um avanço real, persiste a principal dificuldade para a implantação do tributo no País: a quantificação do acréscimo de valor que da obra resultar para cada imóvel beneficiado.

Por outro lado, urge a simplificação desse tributo após a decisão do Supremo Tribunal Federal segundo a qual "a nota distintiva essencial entre a contribuição de melhoria e a taxa é que a primeira está sempre vinculada a uma obra pública, ao passo que a segunda se condiciona a um serviço público especial". Com tais decisões — uniformes e reiteradas — aliadas às dificuldades já descritas, impostas à cobrança da contribuição de melhoria, viu-se o Poder Público impossibilitado de recuperar despesas decorrentes de obras públicas.

Por essas razões, o substitutivo aceitou a idéia de que o fato gerador deve ser a realização de obra que beneficie imóvel e, entre as limitações à cobrança, deixou apenas a referente ao custo da obra (como havia feito, aliás, o constituinte de 67)". (fls.).

7. O Código Tributário do município recorrido estabeleceu que o fato gera-

dor da contribuição de melhoria é o benefício trazido ao imóvel pela execução de obras públicas e a base de cálculo é o custo total das obras. A determinação da contribuição far-se-á rateando-se o custo parcial ou total das obras entre todos os imóveis beneficiados, proporcionalmente às suas testadas (arts. 75, 77 e 78, pg. 33 do opúsculo juntado entre as fls. 38 e 39).

8. Não se verifica qualquer conflito entre a lei municipal e os dispositivos constitucionais então vigentes. O novo texto da EC 23/83 em nada modificou o fato gerador da contribuição de melhoria, que continuou sendo a valorização ou benefício — não importa, aqui, a discussão semântica — decorrente da realização de obras públicas: o que fez foi suprimir o limite da contribuição individual.

9. Também, não há que se falar seja a valorização a base de cálculo de tal gênero especial de tributo, pois não é ele cobrado mediante alíquota aplicada sobre determinado valor, mas, através de quotas obtidas pelo rateio de custos, as quais tinham um limite, na redação primitiva do art. 18, II, da Carta de 1969, e deixaram de tê-lo, a partir da EC 23/83.

10. Não têm razão, portanto, os recorrentes ao sustentar violação de direito líquido e certo, porque teriam sido desprezados os fatores individuais de valorização, que ainda constituiriam a base de cálculo do tributo. Repetindo o que ficou dito acima, a contribuição de melhoria não tem base de cálculo: é distribuição proporcional de custos. O requisito da valorização individual somente era exigido antes da EC 23/83, para a limitação da quota a que o imóvel beneficiado estaria sujeito.

11. Enfim, para o deslinde da causa é despiciendo discutir a identidade dos termos "valorização" e "benefício", já que não se nega a execução da obra pública, autorizadora da contribuição de melhoria, fundada em lei municipal, que se conformava com a norma constitucional então vigente. Caberia examinar, apenas, se as obras públicas teriam, gerado ou não benefício aos imóveis dos recorrentes — que se esquivam deste aspecto, além de tratar-se de matéria de prova, incomportável na própria ação escolhida, como bem salientou o acórdão recorrido, e mais ainda no grau extraordinário. Já os outros pontos questionados no apelo não possuem índole constitucional.

12. Independentemente do debate sobre a subsistência ou não do requisito da valorização, o aresto impugnado merece subsistir por outros fundamentos suficientes e inatacados, como se vê de sua conclusão:

"Em resumo: a) os lançamentos estão corretos e não há nulidade a declarar; b) o recapeamento asfáltico de via pública comporta a cobrança da contribuição de melhoria na esteira da jurisprudência do Supremo Tribunal Federal; c) após a Emenda nº 23/83, desapareceu o requisito da valorização, bastando que o imóvel seja beneficiado pela obra; d) saber se o imóvel foi ou não beneficiado (há a hipótese da depreciação, como se viu) depende da prova, vedada no mandado de segurança. e) a cobrança, fundada na lei municipal, está adequada à norma constitucional."

(fls. 107/108).

Opino, pois, que não seja conhecido o recurso." (fls. 203/6)

É o relatório

VOTO

O Senhor Ministro Octavio Gallotti (Relator): — Apreciando o Recurso Extraordinário nº 115.863, interposto por outros contribuintes da Prefeitura de Bragança Paulista (também ora Recorrida), contra o acórdão na Apelação nº 364.494-1 — o mesmo cujo debate diz a Corte paulista aqui se reproduzir — deu-lhe provimento a Segunda Turma do Supremo Tribunal Federal, em decisão bem resumida nessa ementa:

"Recurso Extraordinário Constitucional. Contribuição de Melhoria. Art. 18, II, da CF/67, com a redação dada pela EC nº 23/83. Recapeamento asfáltico.

"Não obstante alterada a redação do inciso II do art. 18 pela Emenda Constitucional nº 23/83, a valorização imobiliária decorrente de obra pública — requisito ínsito a contribuição de melhoria — persiste como fato gerador dessa espécie tributária.

"Hipótese de recapeamento de via pública já asfaltada: simples serviço de manutenção e conservação que não acarreta valorização do imóvel, não rendendo ensejo à imposição desse tributo" (DJ 8-5-92).

Em conjunto, foi julgado, na sessão de 29 de outubro de 1991, o recurso Extraordinário nº 116.147, cujo acórdão se acha publicado no volume 138 da "Revista Trimestral de Jurisprudência". Em ambas as assentadas (unânimes), oficiou como Relator o eminente Ministro Célio Borja.

Tenho como incensurável esse magistério, pleno de fundamentos históricos, econômicos e sobretudo jurídicos, sobre a figura tributária em questão: a contribuição de melhoria.

A Emenda Constitucional nº 23, de 1983, ao reduzir a expressão literal do texto anterior, revela, sem dúvida, a preocupação de eliminar as inegáveis dificuldades práticas, de mensuração da exigência, advindas da necessidade de respeitar-se o valor acrescido ao imóvel, como resultado da obra pública.

Mas a circunstância de deixar de ser explícita, no permissivo constitucional (mais ainda abreviado na Carta de 1988), essa limitação da base de cálculo, não desfigura o fato gerador próprio do tributo, como bem fixado pelo eminente Ministro Carlos Velloso, com sólido apoio doutrinário nos precedentes a que me referi (RREE 115.863 e 116.147): "A hipótese de incidência continuou sendo a *valorização imobiliária* decorrente de obra pública, certo que a dicção *imóvel beneficiado* não tem outra significação que *imóvel valorizado*" (grifos no original, *RTJ* 138/623).

Versando, em conteúdo e declaradamente, o mérito da controvérsia tributária, resolveu-a, a maioria do Tribunal *a quo*, em franca oposição à tese acima registrada, claramente afastando o requisito da valorização.

É fruto indissociável, dessa inaceitável concepção, o fundamento subsidiário que, à douta Procuradoria Geral da República, se afigura autônomo e suficiente para manter o acórdão recorrido, qual seja a dependência do exame de prova, vedada no mandado de segurança.

Os fatos, são, no caso, líquidos e certos: custo de recapeamento asfáltico, rateado pela testada, e não a realização de pavimentação nova, suscetível de vir a caracterizar benefício direto a imóvel determinado, com possível incremento de seu valor.

Conheço, portanto, do recurso e dou-lhe provimento para conceder a segurança, restabelecendo a sentença de primeiro grau.

Extrato de Ata
Recurso Extraordinário N. 116.148-5
Origem: São Paulo
Relator: Min. Octávio Gallotti
Rectes. Benedito Simplício dos Santos e Outros
Advs.: Júlio de Toledo Funck e Outros
Recda.: Prefeitura Municipal de Bragança Paulista
Adv. Newton Flávio de Prospero

Decisão: A Turma conheceu do recurso e lhe deu provimento, nos termos do voto do Relator. Unânime. Falou pelo Ministério Público Federal o Dr. Miguel Frauzino Pereira. 1a. Turma, 16-2-93.

Presidência do Senhor Ministro Moreira Alves. Presentes à sessão os Senhores Ministros Octávio Gallotti, Sepúlveda pertence, Celso de Mello e Ilmar Galvão.

Subprocurador-Geral da Reública, Dr. Miguel Frauzino Pereira.

Ricardo Dias Duarte — Secretário

Ementa: Ação Direta de Inconstitucionalidade - Lei Nº 8.541/92 (Art. 56 e §§) - Alegada Ofensa ao Princípio Constitucional do Concurso Público e à Regra de Validade Temporal das Provas Seletivas (CF, art. 37, II e III) - Ato de Efeitos Concretos - Inidoneidade Objetiva Dessa Espécie Jurídica para Fins de Controle Normativo Abstrato - Juízo de Constitucionalidade Dependente da prévia Análise de Atos Estatais Infraconstitucionais - Inviabilidade da Ação Direta - Não-Conhecimento.

- Atos estatais de efeitos concretos, ainda que veiculados em texto de lei formal, não se expõem, em sede de ação direta, à jurisdição constitucional abstrata do Supremo Tribunal Federal. A ausência de densidade normativa no conteúdo do preceito legal impugnado desqualifica-o — enquanto objeto juridicamente inidôneo — para o controle normativo abstrato.

- A ação direta de inconstitucionalidade não constitui sucedâneo da ação popular constitucional, destinada, esta sim, a preservar, em função de seu amplo espectro de atuação jurídico-processual, a intangibilidade do patrimônio público e a integridade do princípio da moralidade administrativa (CF, art. 5º, LXXIII).

- Não se legitima a instauração do controle normativo abstrato quando o juízo de constitucionalidade depende, para efeito de sua prolação, do prévio cotejo entre o ato estatal impugnado e o conteúdo de outras normas jurídicas infraconstitucionais editadas pelo Poder Público.

A ação direta não pode ser degradada em sua condição jurídica de instrumento básico de defesa objetiva da ordem normativa inscrita na Constituição. A válida e adequada utilização desse meio processual exige que o exame "in abstracto" do ato estatal impugnado seja realizado exclusivamente à luz do texto constitucional.

Desse modo, a inconstitucionalidade deve transparecer diretamente do texto do ato estatal impugnado. A prolação desse juízo de desvalor não pode e nem deve depender, para efeito de controle normativo abstrato, da prévia análise de outras espécies jurídicas infraconstitucionais, para, somente a partir desse exame e num desdobramento exegético ulterior, efetivar-se o reconhecimento da ilegitimidade constitucional do ato questionado.

Ação Direta de Inconstitucionalidade Nº 842-1
Origem: Distrito Federal
Relator: Ministro Celso de Mello
Reqte.: Procurador-Geral da República
Reqdo.: Presidente da República
Reqdo.: Congresso Nacional
J: 26.2.93 - DJU de 14.5.93

ACÓRDÃO

Vistos, relatados e discutidos estes autos, acordam os Ministros do Supremo Tribunal Federal, em Sessão Plenária, na conformidade da ata de julgamentos e das notas taquigráficas, por maioria de votos, em não conhecer da ação.

Brasília, 26 de fevereiro de 1993 — Sydney Sanches (Presidente) — Celso de Mello (Relator).

RELATÓRIO

O Senhor Ministro Celso de Mello — O Procurador-Geral da República ajuíza ação direta de inconstitucionalidade, perante esta Corte, nos seguintes termos (fls.):

"O Procurador-Geral da República, com fundamento no art. 103, VI, da Constituição Federal, vem ajuizar, perante esse colendo Supremo Tribunal Federal, Ação Direta de Inconstitucionalidade do art. 56 e seus §§ 1º e 2º da Lei nº 8.541, de 23 de dezembro de 1992, que dispõe:

'Art. 56 - Fica o Ministro da Fazenda

autorizado a convocar para a segunda etapa do concurso público para o Cargo de Auditor Fiscal do Tesouro Nacional, a que se refere o Edital nº 18, de 16 de outubro de 1991, da Escola de Administração Fazendária, conforme as necessidades dos serviços de tributação, arrecadação e fiscalização, os candidatos habilitados de acordo com os critérios mínimos exigidos na 1ª etapa e classificados além do qüingentésimo selecionado, dentro do número de vagas do cargo na referida carreira.

"§ 1º - A autorização de que trata este artigo estende-se até 16 de outubro de 1993.

" 2º - O prazo previsto no parágrafo anterior poderá, a critério do Ministro da Fazenda, ser prorrogado por período não superior a um ano.'

2. A presente inciativa atende às representações formuladas por Antônio Eleutério de Souza, Miguel Roberto da Silva, Roberto Jacob Nicolau Mussi Filho, Ricardo de Borba Mussi e pela União dos Auditores Fiscais do Tesouro Nacional — UNAFISCO Nacional, que sustentam a incompatibilidade dos dispositivos impugnados com os arts. 5º, XXXVI, 37, *caput* e incisos II, III e IV, e 63, I, todos da Carta Magna em vigor.

3. Sem endossar *in totum* os termos das aludidas representações, mas considerando relevante a argüição no que se refere ao disposto no art. 37, incisos II e III, da Constituição Federal, entende o requerente ser inafastável o pronunciamento desse Pretório Excelso acerca do tema, que envolve princípio cuja tutela tem sido objeto de especial atenção em suas decisões, como se pode conferir na ementa do aresto prolatado na ADINMC nº 289-90-CE (Relator Exmº Sr. Ministro Sepúlveda Pertence, DJ, 03/08/90), onde se consignou o seguinte na sua parte final: 'Concurso Público. Rigor da Jurisprudência do STF na Salvaguarda do Princípio. Suspensão Cautelar de Preceitos Constitucionais Estaduais que possam ofendê-lo'.

4. O Edital nº 18, de 16/10/91 no item I, enuncia que 'a seleção, em âmbito nacional, para o cargo de Auditor Fiscal do Tesouro Nacional compreenderá duas etapas, *ambas de caráter eliminatório*, sendo a primeira destinada à classificação de 500 (quinhentos) candidatos, em provas de Conhecimentos, específicos e gerais, e a segunda, consistente no Programa de Formação aos candidatos selecionados'. O concurso público, em realidade, desdobrou-se em duas etapas, sendo requisito essencial para a investitura no cargo a habilitação prévia em ambos, nos termos do item 3, alínea "a", do Edital.

5. A inabilitação em qualquer das etapas implicava na eliminação do candidato. Por isso mesmo, o subitem 9.5.1 vedou expressamente a substituição, em caso de desistência ou eliminação de candidato selecionado, enquanto que o subitem 1.2 estabeleceu que, 'na eventualidade de, ao final de qualquer uma das etapas do processo seletivo, o número de candidatos selecionados ser menor do que o total de vagas do Anexo I, a administração ajustará a distribuição das vagas pelas cidades, segundo seus próprios critérios e necessidades'.

6. Encerrado o concurso público com a publicação do Edital nº 26, de 31/07/92, que homologou o resultado final do Curso de Formação, foi editada a Portaria nº 943, de 28/08/92, do Coordenador-Geral de Recursos Humanos do Ministério da Economia, Fazenda e Planejamento, que procedeu à nomeação de todos os candidatos aprovados nas duas etapas do processo seletivo.

7. O art. 56 da Lei nº 8.541, de 23/12/92, ora impugnado, em realidade, altera o resultado de concurso público já encerrado, proclamando a habilitação de candidatos que foram eliminados na Primeira Etapa, em clara afronta ao art. 37, inciso II, da Constituição Federal. A admitir semelhante artifício, ter-se-ia igualmente de considerar legítima a redução legal da nota mínima exigida para aprovação em concursos públicos já realizados, permitindo a investidura em cargos públicos de candidatos que não lograram aprovação prévia no certame, exigida na citada regra jurídica constitucional.

8. Ademais, o prazo de seis meses de validade do concurso teve início com a publicação do Edital que homologou o seu resultado final (Edital nº 26, de 31/07/92), exaurindo-se, porém, com a nomea-

ção de todos os candidatos aprovados (Portaria nº 943, de 28/08/92), de modo que o art. 56 da Lei nº 8.541, de 23/12/92, à guisa de prorrogar o prazo de validade do concurso, em verdade reavivou prazo já exaurido, vulnerando a norma do art. 37, inciso III, da Constituição Federal, que, ao facultar a prorrogação do prazo de validade de concurso público, pressupõe que as nomeações para as vagas correspondentes não tenham sido realizadas integralmente.

9. Requer o Autor medida cautelar de suspensão das normas impugnadas até o julgamento da ação, em face da relevância dos fundamentos jurídicos do pedido, e do *periculum in mora*, tendo em vista que a Portaria nº 77, de 5 de fevereiro de 1993, do Ministro de Estado da Fazenda, acaba de convocar para a Segunda Etapa do Concurso Público, a que se refere o Edital nº 18, de 16/10/91, da ESAF, os candidatos classificados do 501º ao 1500º lugares, só agora relacionados publicamente.

10. Isto posto, requer o Autor que, deferida a medida cautelar, colhidas as informações necessárias e ouvido o Advogado-Geral da União (art. 103, § 3º, CF), lhe seja dada vista dos autos para manifestação a respeito do mérito, pedindo, a final, seja julgada procedente a ação."

Por haver sido requerida a suspensão liminar da eficácia da norma impugnada, trago o feito à deliberação do Plenário do Supremo Tribunal Federal.

É o relatório.

VOTO

O Senhor Ministro Celso de Mello (Relator) — O ato impugnado não encerra conteúdo normativo. Trata-se de preceito que, embora veiculado em lei formal, ostenta caráter materialmente administrativo.

A regra legal em questão, interferindo em área ordinariamente afeta ao domínio administrativo, autoriza o Ministro da Fazenda, em função de situação concreta emergente, "a convocar para a segunda etapa do concurso público para o Cargo de Auditor Fiscal do Tesouro Nacional, a que se referee o Edital nº 18, de 16 de outubro de 1991, da Escola de Administração Fazendária, conforme as necessidades dos serviços de tributação, arrecadação e fiscalização, os candidatos habilitados de acordo com os critérios mínimos exigidos na 1ª etapa e classificados além do qüingentésimo selecionado, dentro do número de vagas do cargo na referida carreira" (fls. 2).

Ao viabilizar a habilitação de candidatos que, embora satisfazendo os critérios mínimos fixados em edital, não teriam sido classificados na primeira etapa do processo seletivo em causa, o ato estatal ora questionado qualifica-se como espécie jurídica nitidamente revestida de efeitos concretos.

O art. 56 e seus parágrafos da Lei nº 8.541/92 constituem regra de índole singular, destinada a autorizar o Ministro da Fazenda a praticar ato específico, limitado, em sua finalidade última, à mera convocação administrativa de um contingente subjetivamente determinado de candidatos que disputaram, em estágio preliminar de prova seletiva, a investidura originária em cargo público.

Não obstante o ato estatal impugnado configure, em função do critério subjetivo-orgânico, lei em sentido formal, o seu conteúdo exterioriza, de modo inquestionável, típico ato de caráter materialmente administrativo.

Os atos estatais de efeitos concretos — porque despojados de qualquer coeficiente de normatividade ou de generalidade abstrata — não são passíveis de fiscalização, em tese, quanto à sua legitimidade constitucional.

A Constituição de 1988 — fiel à orientação legada pela Emenda Constitucional nº 16, de 1965 —, ao dispor sobre o exercício da jurisdição constitucional concentrada pelo Supremo Tribunal Federal, restringiu a via da ação direta apenas ao contraste de "lei ou ato normativo federal ou estadual" (art. 102, I, a).

O controle concentrado de constitucionalidade, por isso mesmo, *tem uma só finalidade*: propiciar o julgamento, em tese, da validade de um ato estatal, de conteúdo normativo, em face da Constituição, viabilizando, assim, a defesa objetiva da ordem constitucional.

O *conteúdo normativo* do ato estatal, desse modo, constitui pressuposto essencial do controle concentrado, cuja instauração — decorrente de adequada utilização da ação direta — tem por objetivo essa abstrata fiscalização de sua constitucionalidade.

No controle abstrato de normas, em cujo âmbito instauram-se *relações processuais objetivas*, visa-se, portanto, a uma só finalidade: a tutela da ordem constitucional, sem vinculações quaisquer a situações jurídicas de caráter individual ou concreto.

Não se tipificam como normativos os atos estatais desvestidos de abstração, generalidade e impessoalidade. Esta Corte, em algumas oportunidades, já proclamou, sem maiores disceptações, a impropriedade da ação direta de inconstitucionalidade cujo objeto de impugnação fosse "... ato concreto, despido de qualquer atributo de abstração, generalidade ou normatividade" (*RTJ* 108/505, rel. Min. Décio Miranda), pois "... Não é a representação de inconstitucionalidade via adequada para impugnar ato administrativo, individual e concreto..." (*RTJ* 119/65, rel. Min. Néri da Silveira).

Ato de efeitos concretos: eis, em síntese, a qualificação da espécie estatal ora submetida, nesta sede jurisdicional abstrata, ao exame do Supremo Tribunal Federal. Atos dessa natureza — adverte Hely Lopes Meirelles (*Mandado de Segurança, Ação Popular, Ação Civil Pública, Mandado de Injunção, "Habeas Data"*, p. 17, 12ª ed., 1989, RT) "... nada têm de normativos; são atos de efeitos concretos, revestindo a forma imprópria de lei ou decreto, por exigências administrativas. Não contêm mandamentos genéricos, nem apresentam qualquer regra abstrata de conduta; atuam concreta e imediatamente como qualquer ato administrativo de efeitos individuais e específicos, (...)."

Idêntico magistério expende o saudoso Min. Alfredo Buzaid ("Do Mandado de Segurança", vol. I/129, item n. 67, 1989, Saraiva) quando acentua que "As chamadas leis e os denominados decretos de efeito concreto" — que veiculam o específico resultado pretendido, que lhes é ínsito — "têm, na realidade, corpo de lei e *alma* de ato administrativo".

Sendo assim, atos legislativos que ostentem a *atípica* condição jurídica de instrumentos veiculadores de resoluções materialmente administrativas, não se expõem — *não obstante impugnáveis por outros meios processuais institucionalizados* — ao controle normativo abstrato, cuja atuação reclama, até mesmo em função de sua especificidade e peculiaridade, objetos jurídicos próprios. Com isso, e em face do que dispõe o art. 102, I, a, da Lei Fundamental da República, acham-se pré-excluídos — para efeito da jurisdição constitucional de controle *in abstracto* do Supremo Tribunal Federal — as leis e os atos estatais *desprovidos* de normatividade.

Objeto do controle normativo abstrato, perante a Suprema Corte, são, em nosso sistema de direito positivo, *exclusivamente*, os atos normativos federais, distritais ou estaduais. Refogem a essa jurisdição excepcional de controle os atos materialmente administrativos, *ainda que incorporados ao texto de lei formal*.

Dentro desse contexto, portanto, não se revela lícita a utilização da ação direta de inconstitucionalidade como sucedâneo da ação popular constitucional, destinada, esta sim, a preservar, em função de seu amplo espectro de atuação jurídico-processual, a intangibilidade do patrimônio público e a integridade do princípio da moralidade administrativa (CF, art. 5º, LXXIII).

De outro lado, *e mesmo que se pudesse atribuir normatividade ao ato em questão*, ainda assim revelar-se-ia inviável o trânsito da presente ação direta, uma vez que o juízo de inconstitucionalidade que nela se pretende alcançar dependeria, necessariamente, da prévia análise e do conseqüente cotejo entre normas jurídicas subalternas, tais como os editais da ESAF (fls. 9/11 e 39/44), a Portaria do Secretário-Adjunto da SAF (fls. 21), as Portarias do Coordenador-Geral de Recursos Humanos da Secretaria de Administração-Geral do extinto Ministério da Economia, Fazenda e Planejamento (fls. 38 e 45), de um lado, e o conteúdo do ato estatal nesta sede impugnado, de outro.

A regra legal questionada autoriza o Ministro da Fazenda a convocar para a 2ª etapa do processo seletivo os candidatos habilitados de acordo com os critérios mínimos exigidos na primeira fase de concurso público destinado ao provimento dos cargos de Auditor Fiscal do Tesouro Nacional.

A análise do conteúdo do preceito em causa, inscrito no art. 56 da Lei nº 8.541/92, impõe — até mesmo para efeito de aferição do seu alcance e constatação de sua inteligibilidade — que se examinem, previamente, e como já referido, os textos do Decreto-lei nº 2.225/85, da Lei nº 8.112/90, do Decreto nº 92.360/86, do Edital nº 18/91, do Diretor-Geral da ESAF, além de algumas portarias editadas por agentes da Administração Pública.

Disso decorre que, entre o ato estatal questionado e as normas constitucionais invocadas como padrões de confronto (art. 37, II e III), interpõem-se, como elementos interpretativos condicionantes, diversas espécies jurídicas de desigual hierarquia, de cuja eventual inobservância — *e somente dela* — poderá emergir o pretendido juízo de inconstitucionalidade.

Com efeito, o concurso público em questão, destinado a selecionar candidatos para o cargo de Auditor Fiscal do Tesouro Nacional, desenvolveu-se, consoante a disciplina jurídica estabelecida em edital, em duas etapas, ambas de caráter eliminatório. A primeira etapa consistiu na realização de provas de conhecimentos, específicos e gerais, para classificação de 500 candidatos. A segunda etapa, por sua vez, compreendeu a ministração, aos candidatos selecionados na primeira fase, de um programa de formação.

A norma autorizativa ora impugnada permitiu que se convocassem "*os candidatos habilitados de acordo com os critérios mínimos exigidos na 1ª etapa e classificados além do qüingentésimo selecionado, dentro do número de vagas do cargo, na referida carreira*".

Ora, de acordo com o item 6 do Edital nº 18/91, expedido pelo Diretor-Geral da ESAF, os critérios mínimos para seleção dos candidatos impunham que estes, cumulativamente, houvessem obtido, nas Provas I e II, 30% do total de pontos de cada conjunto de disciplinas e 50% do total de pontos da prova (fls. 9).

Sem que se proceda à análise prévia do edital e se defina a situação jurídica dos candidatos que deixaram de ser classificados entre os quinhentos primeiros, não haverá como constatar a alegada ofensa ao postulado do concurso público.

Do mesmo modo, a questão do prazo de validade do concurso *também reclama* o prévio exame da Lei nº 8.112/90 (art. 12, § 1º) e do Edital ESAF nº 18/91.

A Carta Política prescreve, em seu art. 37, III, que "*o prazo de validade do concurso público será de até dois anos, prorrogável uma vez por igual período*".

A Lei nº 8.112, de 11/12/90, que dispõe sobre o Regime Jurídico dos Servidores Civis da União — invocada no preâmbulo do Edital ESAF nº 18/91 como seu fundamento de validade — preceitua em seu art. 12, § 1º, que o prazo de validade da prova seletiva será fixado no próprio edital do concurso.

O Edital ESAF nº 18/91 estipulou em seu item 10.2 que "*O concurso, para cada grupo que concluir a Segunda Etapa, terá validade de 6 (seis) meses, prorrogável uma única vez por igual período, a contar da data de publicação da homologação do resultado final do respectivo grupo, nos termos do subitem 10.1*" (fls. 10).

Vê-se, daí, que a alegada ofensa a quanto prescreve o art. 37, III, da Constituição depende, necessariamente, da interpretação de diplomas de índole infraconstitucional, de tal modo que o postulado juízo de inconstitucionalidade apenas reputar-se-á possível *se e quando* vulnerados preceitos normativos de caráter meramente ordinário.

O que se pretende, em última análise, portanto, na presente ação direta, é o exame de constitucionalidade de ato legislativo, a ser realizado — *com evidente subversão dos princípios que norteiam o controle normativo abstrato* — a partir do confronto do seu conteúdo com espécies jurídicas que lhe são hierarquicamente inferiores, para, daí, e em desdobramento exegético ulterior, estabelecer-se, mediante prévia aferição da inobservância dos editais e portarias mencionados, o cotejo conseqüente com o texto da própria Constituição da República.

Daí a advertência desta Corte quando do julgamento da Rp nº 1.418-RS, rel. Min.

Néri da Silveira (DJU de 25/3/88), no sentido de que: "Na ação direta de inconstitucionalidade, examinam-se as leis impugnadas, apenas, em seus conteúdos, no sistema normativo que definem e nos efeitos delas decorrentes, de forma abstrata, em face de preceitos da Constituição Federal, não cabendo, assim, em princípio, ao Supremo Tribunal Federal, no âmbito estrito desse processo, confrontar ou considerar, em sua individualidade concreta, casos, situações ou efeitos particulares, porventura resultantes da aplicação das leis, objeto da representação, até a data do julgamento."

Ora, situações de litigiosidade constitucional reflexa, ainda que ocorrentes, não se qualificam, por absoluta ausência de idoneidade jurídica, como objeto válido e adequado à fiscalização normativa abstrata.

Por estas razões, *não conheço* da presente ação.

É o meu voto.

VOTO — (MEDIDA LIMINAR)

O Senhor Ministro Ilmar Galvão: Senhor Presidente, o art. 56, que está sob enfoque, assim dispõe: "Art. 56 — Fica o Ministro da Fazenda autorizado a convocar para a segunda etapa do concurso público para o Cargo de Auditor Fiscal do Tesouro Nacional, a que se refere o Edital nº 18, de 16 de outubro de 1991, da Escola de Administração Fazendária, conforme as necessidades dos serviços de tributação, arrecadação e fiscalização, os candidatos habilitados de acordo com os critérios mínimos exigidos na 1ª etapa e classificados além do qüingentésimo selecionado, dentro do número de vagas do cargo na referida carreira."

Parece-me que se está diante de dispositivo de efeito normativo, dado que editada para regular, por seis meses, a convocação de candidatos para a segunda fase do concurso público destinado ao preenchimento de cargos de Auditor Fiscal do Tesouro Nacional, na medida das necessidades do serviço.

De outra parte, a inicial deixa evidenciado que os candidatos cuja convocação ficou autorizada integram o contingente dos não aprovados na primeira etapa, por não haverem sido classificados entre os quinhentos primeiros, critério comumente utilizado, atualmente, para os concursos da espécie, em face do grande número de concorrentes que se apresentam.

Na verdade, o dispositivo em causa não teria nenhum sentido, não teria justificada a sua existência, não fosse o objetivo evidente, que tem, de revalidar concurso já concluído, e, o que é pior, com aproveitamento de candidatos que nele foram reprovados. Do contrário, o próprio regulamento autorizaria a convocação, tornando desnecessária a edição de lei para esse fim.

Plausível, pois, a tese de que fere ela o princípio constitucional do concurso público.

Finalmente, o risco de dano de difícil reparação é por demais evidente.

Meu voto, pois, é no sentido de conhecer da ação, para o fim de deferir a cautelar, pedindo, para tanto, a devida vênia ao eminente relator.

VOTO

O Senhor Ministro Marco Aurélio — Senhor Presidente, confesso que fiz uma pesquisa de outros atos, atos estranhos ao atacado nesta ação direta de inconstitucionalidade, para saber do sinal do bom direito quanto à tese sustentada na inicial.

O que temos no artigo 56? Temos um dispositivo que, a meu ver, de forma pedagógica, revela simples política fiscal, tanto que foi lançado no bojo de uma lei que cuidou de inúmeras matérias ligadas à tributação e à cobrança de tributo pelo Estado.

Previu-se o que, no meu entender, não precisava estar lançado nessa lei; dispôs-se sobre uma possibilidade inerente ao edital de concurso: a convocação daqueles que — expressão do artigo — habilitados na primeira fase, não foram à época convocados para a segunda, sem que, com isto, possa-se cogitar, em si, da abertura de oportunidade a que candidatos reprovados venham a ser aproveitados.

Senhor Presidente, o ato para mim é concreto e, além desse aspecto, conforme salientou muito bem o nobre Relator — Ministro Celso de Mello, para se saber da inconstitucionalidade em si desse ato teríamos que passar ao exame de inúmeros outros, e digo aqui que não podemos presumir o excepcional; não podemos presumir o conflito do ato normativo com a Carta.

Não obstante, analisei esses inúmeros atos e, conforme já tive oportunidade de registrar, o edital alusivo àqueles quinhentos inicialmente convocados — portanto, com o resultado final do concurso quanto a esses que passaram à segunda etapa — foi publicado no Diário de 31 de junho de 1992. A publicidade do resultado parcial do concurso ocorreu nessa data. Indaga-se: a partir de quando passamos a contar o prazo de seis meses referente à validade do concurso, prorrogável por mais seis meses? Dessa mesma data. Ora, se a lei foi editada ainda dentro dos primeiros seis meses, ainda que queiramos examinar outros atos para saber do real sentido da regra inserta no artigo 56 e partir, então, para o cotejo com a Constituição Federal, temos que não há, no caso, a transgressão da norma referente à validade em si do concurso.

Peço vênia ao Ministro Ilmar Galvão, para acompanhar o Relator e não conhecer do pedido formulado.

É como voto.

VOTO

O Sr. Ministro Carlos Velloso: — Sr. Presidente, conheço da ação, nos termos do voto do Sr. Ministro Ilmar Galvão, com a vênia do Sr. Ministro Relator, que sempre produz votos doutíssimos.

Na verdade, a lei veio simplesmente para dispensar uma condição do concurso; ela aproveita a nota mínima, mas expressamente declara na parte final do dispositivo do art. 56: "... habilitados de acordo com os critérios mínimos exigidos na primeira etapa e classificados além do qüingentésimo selecionado,..."

Os selecionados seriam quinhentos, bem disse o Sr. Ministro Ilmar Galvão. A lei, portanto, altera uma das condições para habilitação.

De modo que, com a vênia do Sr. Ministro Relator e dos eminentes Colegas que o acompanharam, meu voto é no sentido de conhecer da ação.

VOTO

O Senhor Ministro Octávio Gallotti: — Sr. Presidente, também peço vênia, ao eminente Relator e aos Colegas que o acompanharam, para seguir o voto dos Srs. Ministros Ilmar Galvão e Carlos Velloso.

Vejo, no art. 56 da Lei nº 8.541, de 1992, um ato normativo cujo claro propósito é infringir o edital de um concurso já realizado e exaurido, mesmo porque, não fosse esse o seu escopo seria a lei inócua e essa é uma conclusão que se deve procurar afastar.

Por isso, Sr. Presidente, conheço da ação.

VOTO

O Senhor Ministro Néri da Silveira — Sr. Presidente. Também peço vênia ao eminente Ministro-Relator, para conhecer da presente ação.

Não vejo no art. 56 em discussão norma que disponha sobre situação concreta e individual, mas, ao contrário, cuida-se de uma regra de conteúdo abstrato, destinada e dirigida à Administração para que esta possa proceder em desconformidade com o que se estipulara anteriormente, em ato administrativo que surtira seus efeitos.

O concurso realizado, estabelecendo número certo de candidatos a serem aproveitados, já exaurira os seus efeitos. A norma vem autorizar a Administração, de acordo com as necessidades do serviço, a aproveitar os candidatos que compareceram a esse competitório e estão situados além do qüingentésimo selecionado, para que esses possam, então, ser convocados à segunda etapa do competitório. Se não houvesse a lei, a convocação não seria viável, em virtude de ato pleno e eficaz, que já produzira todos os seus efeitos.

Dessa maneira, a norma veio, efetivamente, modificar um "status" constituído anteriormente e com eficácia jurídica plena. Do contrário, não teria sentido a norma em si.

Releva observar que os §§ 1º e 2º complementam, inteiram esse pensamento, na medida em que tal autorização, para se proceder, estabelecida por prazo certo e, ainda numa segunda autorização, a critério do Ministro da Fazenda, pode ser prorrogada até um ano.

Penso que o concurso já estava exaurido nos seus efeitos. Ora, a Lei veio restaurar sua vigência, ao prever a possibilidade de se aproveitarem os candidatos situados além do qüingentésimo.

Esse dispositivo discutido, a meu ver, se reveste de natureza normativa e contempla, aí, uma disposição abstrata.

VOTO (MEDIDA LIMINAR)

O Sr. Ministro Moreira Alves: — Senhor Presidente, só se pode admitir ação direta para verificar a inconstitucionalidade, ou não, de uma lei confrontada diretamente com a Constituição Federal.

Ora, no caso, a questão, em tese, que se apresenta é a de se saber se não haverá invasão de competência, por parte do Poder Legislativo, ao aprovar projeto de lei que autorize o Ministro da Fazenda, com relação a ato administrativo praticado por ele no âmbito de sua competência, a fazer o que ele, em face do ato dele emanado, não poderia fazer.

O Sr. Ministro Sydney Sanches (Presidente): — Está praticando ato normativo?

O Sr. Ministro Moreira Alves: — Por isso, o problema, em verdade, se divide em dois. Esta lei seria um ato administrativo — lei apenas em sentido formal — que não poderia ser praticado pelo Poder Executivo. Sucede, porém, que essa questão constitucional não pode ser examinada em ação direta de inconstitucionalidade, porque o ato objeto desta ação é um ato administrativo sob forma de lei, e não um ato normativo.

Por esse motivo, e com a devida vênia dos que pensam em contrário, acompanho o eminente relator.

VOTO

O Senhor Ministro Sydney Sanches (Presidente/Relator):

Também peço vênia aos que dissentem para acompanhar o Relator, adotando como fundamentação o que ficou dito pelo Ministro Moreira Alves, isto é, o legislador não poderia fazer o que fez. Mas o que fez foi praticar um ato de conteúdo administrativo. E, em ação direta de inconstitucionalidade, não se examina ato administrativo, mas, sim, apenas normativo. É aliás, também esse, o primeiro fundamento do voto do Relator. Entendo que a lei, no caso, exatamente por seu conteúdo meramente administrativo, pode ser impugnada pela via da ação popular. Não só ela, mas qualquer ato da administração que, com base em tal norma, vier a ser praticado.

Por essa forma se poderá alcançar o resultado que se pretendeu pela via imprópria da presente ação.

Extrato de Ata
Ação Direta de Inconstitucionalidade N. 842-1 — medida liminar
Origem: Distrito Federal
Relator: Min. Celso de Mello
Reqte.: Procurador Geral da República
Reqdo.: Presidente da República
Reqdo.: Congresso Nacional

Decisão: Apresentado o feito em mesa, o julgamento foi adiado em virtude do adiantado da hora. Plenário, 18.2.93.

Decisão: Por maioria de votos, o Tribunal não conheceu da ação, vencidos os Ministros Néri da Silveira, Octavio Gallotti, Carlos Velloso e Ilmar Galvão, que dela conheceram. Votou o Presidente. Plenário, 26.2.93.

Presidência do Senhor Ministro Sydney Sanches. Presentes à sessão os Senhores Ministros Moreira Alves, Néri da Silveira, Octávio Gallotti, Celso de Mello, Carlos Velloso, Marco Aurélio, Ilmar Galvão e Francisco Rezek. Ausentes, justificadamente, os Senhores Ministros Paulo Brossard e Sepúlveda Pertence.

Procurador-Geral da República, Dr. Miguel Frauzino Pereira, substituto.

Luis Tomimatsu — Secretário

Impressão e Acabamento
GRÁFICA E EDITORA FCA
com filmes fornecidos pelo editor.
AV. HUMBERTO DE ALENCAR CASTELO BRANCO, 3972 - TEL.: 419-0200
SÃO BERNARDO DO CAMPO - CEP 09700 - SP

REVISTA
TRIMESTRAL DE
DIREITO PÚBLICO

(4/1993)

DOUTRINA: PERECIMENTO DO ESTADO — **Ataliba Nogueira** • CONSTITUIÇÃO E LEIS A ELA ANTERIORES — **Paulo Brossard** • DESVIO DE PODER NO CONTROLE DOS ATOS ADMINISTRATIVOS, LEGISLATIVOS E JURISDICIONAIS — **Caio Tácito** • ESTRUTURA, NATUREZA E EXPANSIVIDADE DAS NORMAS CONSTITUCIONAIS — **Raul Machado Horta** • EMPRESAS ESTATAIS E REGIME ADMINISTRATIVO (SERVIÇO PÚBLICO — INEXISTÊNCIA DE CONCESSÃO — DELEGAÇÃO — PROTEÇÃO AO INTERESSE PÚBLICO) — **Geraldo Ataliba** • "PODER" REGULAMENTAR ANTE O PRINCÍPIO DA LEGALIDADE — **Celso Antônio Bandeira de Mello** • CONDICIONAMENTOS E SACRIFÍCIOS DE DIREITOS — DISTINÇÕES — **Carlos Ari Sundfeld** • *PARECERES*: DESAPROPRIAÇÃO — IMISSÃO PROVISÓRIA — DEPÓSITO — **Caio Tácito** • DEMONSTRAÇÕES FINANCEIRAS — CORREÇÃO MONETÁRIA DE BALANÇOS (LEI 8.200) — **Fábio Konder Comparato** • APOSENTADORIA — REAJUSTE — ÍNDICES — **Amauri Mascaro Nascimento** • PRINCÍPIO DA LIVRE CONCORRÊNCIA — FUNÇÃO REGULAMENTAR E FUNÇÃO NORMATIVA — **Eros Roberto Grau** • LEGITIMIDADE DA "OPERAÇÃO PATRÍCIA" E O MODO DE SUA LIQUIDAÇÃO — **Luciano Benévolo de Andrade** • *ESTUDOS & COMENTÁRIOS*: PORTARIA, COMO ATO ADMINISTRATIVO — **João Luiz Teixeira Neto** • COMISSÃO PARLAMENTAR DE INQUÉRITO — INDICAÇÃO DE INTEGRANTES — **Josaphat Marinho** • ORGANIZAÇÃO POLICIAL INTEGRADA — **Dalmo de Abreu Dallari** • EMENDA 3/93 (À CONSTITUIÇÃO DE 1988) — **Geraldo Ataliba** • A DIMENSÃO DA REVISÃO CONSTITUCIOANL — **Diógenes Gasparini** • EFETIVAÇÃO DE SERVIDORES CELETISTAS E CONCURSO PÚBLICO — **Carlos Ari Sundfeld** • A AVOCAÇÃO DE CAUSAS PELO SUPREMO TRIBUNAL FEDERAL — **S. Aarão Reis** • MANDADO DE SEGURANÇA E DECADÊNCIA (INCONSTITUCIONALIDADE DO ART. 18 DA LEI 1.533/51) — **Francisco Barros Dias** • *CONFERÊNCIAS & DEBATES*: A INDEPENDÊNCIA DO PODER JUDICIÁRIO E DOS MAGISTRADOS — **José Neri da Silveira** • O SUPREMO TRIBUNAL FEDERAL. CORTE CONSTITUCIONAL (UMA PROPOSTA QUE VISA A TORNAR EFETIVA A SUA MISSÃO PRECÍPUA DE GUARDA DA CONSTITUIÇÃO) — **Carlos Mário Velloso** • CONTROLE DA ADMINISTRAÇÃO PÚBLICA NA CONSTITUIÇÃO DE 1988 — **Sérgio Ferraz** • PROCESSO LEGISLATIVO: NATUREZA JURÍDICA E OBJETO — A LEI INJUSTA E SUA INCONSTITUCIONALIDADE SUBSTANCIAL, NO ESTADO DEMOCRÁTICO DE DIREITO — **Antonio Souza Prudente** • *JURISPRUDÊNCIA*.

MALHEIROS
EDITORES

REVISTA TRIMESTRAL DE DIREITO PÚBLICO

20/1997

M